生态经济与美丽中国

Ecological Economy and Beautiful China

陈建成　于法稳 / 主　编
张　元　王昌海 / 副主编

社会科学文献出版社
SOCIAL SCIENCES ACADEMIC PRESS (CHINA)

目 录

第一篇　生态经济理论与方法专题

生态文明建设的理论基础及环境保护科学发展新视域
………………………………………………… 樊万选　胡俊辉 / 003
基于 PSR 模型与集对分析的耕地生态安全诊断
………………………………………… 张　锐　郑华伟　刘友兆 / 011
生态文明城市发展模式及指标体系研究进展 ………………… 王书玉 / 027

第二篇　绿色增长与发展专题

绿色发展进程：从理念到行动 ………………………… 李颖明　肖　珣 / 035
资源节约型社会建设对工业能源强度变化及其收敛性影响的实证分析
——以青岛市为例 ………………… 江世浩　刘　凯　王　玉 / 043
生态脆弱区产业经济负外部性的政府治理策略探析 ………… 潘　立 / 053
儒家与水生态文明研究 ………………………………………… 袁凤忠 / 062
基于熵权法的张掖市生态城市建设评价 ……………… 石贵琴　唐志强 / 071
敦煌市阳关镇的"五镇"锦囊 ………………………………… 马翠玲 / 084

第三篇　生态保护与建设专题

中国农村生态现代化建设的路径选择 ………………………… 邱春林 / 093
优化生产、生活、生态空间，构建美丽中国 ………………… 何传新 / 102
我国粮食安全综合评价方法的比较与改进 …………………… 揭昌亮 / 109
城镇生态资本效率测度及其区域差异分析 ………… 屈志光　严立冬 / 119
我国农村社区建设中存在的问题及对策研究
　　——以湖北省为例 …………………………… 苏忠林　李志刚 / 129
白马雪山民族生态文化价值研究 …………………… 李婉莹　刘德钦 / 138
资源枯竭型城市发展方式的问题与转变的思路 …… 高红贵　甘子君 / 145

第四篇　美丽乡村建设的理论与实践专题

我国农村生态文明建设的着力点
　　——美丽乡村建设十大模式综述及思考 ……… 周利梅　李军军 / 155
基于林改的林农合作社管理模式研究
　　——以砚山县双塘子合作社为例 ……………… 张媛媛　刘德钦 / 164
垃圾分类及处置可操作性办法研究 …………………………… 魏垂敬 / 171
农村生活垃圾资源化管理的多重效益 ……… 冯建国　薛正旗　段敏杰 / 178
酒泉市移民安置区经济发展和生态文明建设研究 …………… 关燕炯 / 186

第五篇　生态文明背景下新型城镇化建设专题

毕节试验区山区新型城镇化研究 …………………… 石玉宝　李垚林 / 197
生态城镇化——湖北新型城镇化道路的选择 ………………… 陈　胜 / 208
生态城镇化下的湘南工业园区开发 …………………………… 方　芳 / 217
城镇化、经济增长与中国 CO_2 排放 ………………………… 杨晓军 / 228

第六篇　生态系统服务与生态补偿专题

流域生态补偿：中国的实践模式与标准设计
　　………………………………………… 董战峰　王慧杰　葛察忠 / 245

城市群湿地可持续利用对策研究
  ——以长株潭城市群为例 ……………………………… 邝奕轩 / 255
广西自然保护区生态补偿机制优化研究 ……………………… 凌承海 / 263
基于过程模型的新疆草原生态补偿分析 ………………………… 孔令英 / 270

第七篇 现代农业与生态专题

关于我国发展生态农业的再思考 ……………………………… 欧阳金芳 / 281
关于中国生态农业发展的调查研究
  ——以农村沼气工程和秸秆综合利用项目为例 ………… 曹瑞冬 / 288
转变发展方式 做强生态产业
  ——四川南充转型发展的实践与探索 ……………………… 余培发 / 298
循环农业的产生、含义及生态经济特征 ……………………… 黄国勤 / 307
碳排放约束下的中国农业生产率研究 ……… 田 云 张俊飚 李谷成 / 315
高效生态农业是我国现代农业发展的未来趋势吗 … 王宝义 张卫国 / 332
泰安市岱岳区高效生态农业发展研究 ………………………… 张文华 / 343
龙头企业带动型农业产业化经营的风险及其防范
  ——基于新疆玛纳斯县的调查 ……………………………… 王 岩 / 353
"益贫式"农业生态资本运营模式研究
  …………………………… 邓远建 朱邦伟 陈光炬 严立冬 / 362

第一篇

生态经济理论与方法专题

生态文明建设的理论基础及环境保护科学发展新视域

樊万选 胡俊辉

摘 要 本文通过对马克思主义创始人的经典著作的解读,马克思主义生态思想奠定了生态文明建设的理论基础,全面总结和反思工业文明发展道路的历史经验和教训,从适应国际形势和环境保护实践的理论升华等方面阐述了生态文明建设是环境保护科学发展新视域,进而提出了加强生态文明建设,首先是要保护环境,重点是要创新机制的观点和建议。

关键词 生态文明 理论基础 环境保护 新视域

生态文明是人类为建设美好生态环境而取得的物质成果、精神成果和制度成果的总和。党的十八大提出要大力推进生态文明建设,把生态文明建设放在突出地位,并列入建设中国特色社会主义"五位一体"总布局,融入经济建设、政治建设、文化建设、社会建设各方面和全过程。十八届三中全会进一步提出,要紧紧围绕建设美丽中国这个主题深化生态文明体制改革,加快建立生态文明制度,健全国土空间开发、资源节约利用、生态环境保护的体制机制,推动形成人与自然和谐发展的现代化建设新格局。党中央创造性地提出建设生态文明的重大命题和战略任务,为我国实现人与自然、环境与经济、人与社会的和谐发展提供了坚实的理论基础、远大

---

* 河南省重点科技攻关项目"生态修复和生态文明建设与效益分析"(编号:132102310072)。

** 樊万选,河南理工大学万方科技学院教授,研究方向为生态与环境经济、可持续发展;胡俊辉,河南理工大学万方科技学院讲师,研究方向为资源环境与城市规划。

的目标和强大的实践动力，开辟了中国特色社会主义的新境界。

一 马克思主义生态思想奠定了生态文明建设的理论基础

人与自然关系的思想探索与实践研究，是近代社会科学和自然科学的核心话题之一。这种关系既是马克思生态思想的核心内容，也是生态文明的核心内容。马克思主义的创始人在其经典著作中论述其经济学和哲学观点时，从辩证法和唯物论的角度出发，对人与自然的关系进行了集中阐述，深刻揭示了人类与自然界的内在联系和发展规律，形成了马克思主义人与自然观的核心思想，也为当今我国开展生态文明建设提供了理论基础。

（一）《1844年经济学—哲学手稿》中关于人与自然关系的主要论述

马克思认为，自然界是人类劳动的对象、基础和前提，它为人类劳动提供了空间和条件，是人类生产资料的源泉。离开自然界，人类劳动的物质对象和客观条件就不存在，生产活动就不可能实现。《1844年经济学—哲学手稿》（以下简称《手稿》）中阐述，"没有自然界，没有外部的感性世界，劳动者就什么也不能创造。自然界、外部的感性世界是劳动者用来实现他的劳动，在其中展开他的劳动活动，用它并借助于它来进行生产的材料"，"自然界一方面在这样的意义上给劳动提供生活资料，即没有劳动加工的对象，劳动便不能存在"。

（二）自然界是人类生存发展的物质基础

马克思指出，自然界为人类的生存发展提供了物质保障，人类的生存发展离不开阳光、温度、水和空气等自然条件，也离不开各种动植物资源，人类每发展一步都要从自然界源源不断地获取生活资料。《手稿》中表述，"自然界也在一种较狭隘的意义上提供生活资料，即提供劳动者的肉体所需的资料"，"人在物质上只有依靠这些自然物——不管是表现为食物、燃料、衣着还是居室等——才能生活"，"人靠自然界来生活"。

（三）自然界是人类思想意识的物质来源

马克思主义唯物论认为，作为客观存在的自然界属于物质的范畴，具有物质的属性,可以为人们的意识所反映和认识,具有反映这种意识的人的大脑也是自然界物质的一部分。《手稿》中强调,"从理论领域来说,植物、动物、石头、空气、光等等,一方面作为自然科学的对象,一方面作为艺术的对象,都是人的意识的一部分,是人的精神的无机界,是人必须事先进行加工以便享用和消化的精神食粮","我们连同肉、血和脑都是属于自然界并存在于其中的"。

(四)人是自然界的一部分

马克思认为,无论是从起源来看还是从存在方式来看,人都是自然存在物,是自然界长期发展的产物,是自然界的一部分。正如《手稿》中表述的,"人直接地是自然存在物","它把整个自然界——首先作为人的直接的生活资料,其次作为人的生命活动的对象和工具——变成人的无机的身体。自然界,就它自身不是人的身体而言,是人的无机的身体","人的物质生活和精神生活同自然界相联系,这就等于说,自然界同自身相联系,因为人是自然界的一部分"。

哲学是时代精神的精华。马克思主义是一个开放的理论体系,具有与时俱进的理论品质,时刻关注着人类社会发展进程中出现的新情况和新问题,为解决这些问题提供世界观和方法论指导。而社会发展又会为理论的发展创造物质力量,在实践中检验和丰富马克思主义理论。

二 生态文明建设是环境保护科学发展的新视域

习近平在主持中共中央政治局第六次集体学习时强调,生态环境保护是功在当代、利在千秋的事业,要清醒认识保护生态环境、治理环境污染的紧迫性和艰巨性,清醒认识加强生态文明建设的重要性和必要性,以对人民群众、对子孙后代高度负责的态度,真正下决心把环境污染治理好、把生态环境建设好,努力走向社会主义生态文明新时代,为人民创造良好生活环境。我国肩负全面建设小康社会、推进社会主义现代化的历史重任,同时又处于落实科学发展观、加快转变经济发展方式的攻坚阶段。党的十七大明确提出要建设生态文明,并使之成为实现全面建设小康社会奋斗目标的新要求和深入贯彻落实科学发展观的重要内容。党的十八大和十八届三中全会更是把生态文明建设提升至与经济、政治、文化、社会四大建设并列的高度,列入建设中国特色社会主义的"五位一体"的总布局,成为全面建设小康社会的重要组成部分,标志着中国现代化转型正式进入了一个新的阶段。生态文明建设体现和丰富了科学发展观的基本内涵,赋予科学发展观以新内容和新视域。

(一) 生态文明建设是在全面总结反思工业文明发展道路的历史经验和教训基础上的理性选择

18世纪,以蒸汽机的发明和使用为标志的英国工业革命,开启了人类文明发展的新篇章——工业文明。在工业文明阶段,人类利用飞速发展的生产力和科学技术提高改造和利用自然的能力,大规模"征服"自然,创造了比过去任何时代都要多的物质财富,极大地提高了社会经济发展的速度和自身的生活水平。与此同时,由于无视自然生态固有的演替规律,将原本充满活力的有机自然生态看作机械、僵死的被征服与被掠夺的对象,并对其过度索取,人类为此付出了惨痛代价,遭到了大自然的无情报复,资源枯竭、环境危机和生态恶化日趋严重。在尝到了工业化带来的环境恶化苦果之后,这些发达工业化国家意识到资源是有限的,增长不等于发展,开始对"先污染后治理""先破坏后恢复""先开发后保护"的发展观念和发展模式进行深刻反思,也对新的发展理念与新的发展方式进行了艰难探索,生态文明发展道路应运而生。生态文明发展道路的提出是人类价值观念、生产方式、生活方式等方面的重大变革,是人类文明形态与文明发展理念、道路和模式的重大进步,是人类文明发展的必然结果和新趋势。中国作为一个发展中国家,且目前正处于工业化中期,因此,我党通过总结和借鉴发达国家工业化进程中的经验教训,认真审视了工业化所带来的严重生态环境问题,清醒地认识到发展已不能再以牺牲环境为代价,吸收了生态经济、可持续发展、循环经济理论等生态文明理论成果,并在自己的发展理念中及时提出建设生态文明的新要求。

(二) 生态文明建设是适应国际形势和环境、应对国际社会种种挑战的客观需要

随着全球经济一体化进程的加快,国际形势发生了许多新的变化,节约资源能源、保护环境、应对气候变化已成为国际社会高度关注的问题。国际形势的新变化给我国经济社会发展和对外交往带来了种种挑战。其一,

能源资源安全已经成为各国经济安全和国家安全的重要组成部分。随着工业化进程的不断加快，我国对石油、铁矿石等能源资源产品的需求不断增长，少数国家便以此为借口，趁机故意制造新的"中国威胁论"——环境资源威胁论。其二，面对日益严重的温室效应、臭氧层破坏以及其他破坏性气候和环境灾难，一些发达国家将气候变化问题作为获取竞争新优势的手段，要求我国超出一般发展中国家的水平，承担过高的减排责任，并不断施加压力。其三，在国际产业链中，我国由于自主知识产权产品较少，处于不利的分工地位，许多时候成为低端产品的"世界工厂"，并承受着随之而来的资源和环境的巨大代价。与此同时，一些西方发达国家却打着"保护有限环境和人民健康"的旗号，实行贸易保护主义，对我国的商品出口设置绿色贸易壁垒，给我国进出口贸易造成了不利影响。在这样的背景下，我国既要切实有效回应挑战，又要保护人类赖以生存的自然环境，肩负起应尽的国际责任，展示"负责任大国"的形象。生态文明建设战略目标的提出，顺应了国际形势的新变化，是应对这些变化所带来的种种挑战的有力举措，有利于我国提高发展的质量与效益，抢占国际竞争的制高点，赢得发展的主动权。

（三）生态文明建设是党和政府长期环境保护实践的理论升华

新中国成立后，历代中央领导集体在社会主义建设的伟大历程中，以战略眼光高度重视生态环境建设，对人与自然的关系、经济与生态如何协调发展进行了不断探索。以毛泽东同志为核心的党的第一代中央领导集体在积极推进国家工业化的同时，也从经验教训中领悟到生态环境建设的重要性，开展了保护环境、植树造林和水土保持等工作。在周恩来总理的关心过问下，国务院早在1974年就成立了我国第一个环境管理机构。以邓小平同志为核心的党的第二代中央领导集体充分认识到了生态环境保护的重要性，积极借鉴和吸收世界各国环境保护与建设的有益经验，勇于实践，例如实行严格的环境评价制度，在江河上游及重点水源地进行生态恢复和保护等，并在此基础上形成了可持续发展思想。以江泽民同志为核心的党的第三代中央领导集体将可持续发展思想上升到战略地位，将其确定为我国经济社会发展的重要指导方针。在此基础上，党中央提出了科学发展观，在十七大、十八大报告中又进一步明确提出了建设生态文明的新要求，并将到2020年成为生态环境良好的国家作为全面建设小康社会的重要目标之一。总之,在长期社会主义建设实践和思想探索的过程中,我国在资源环境问题和可持续发展问题上取得了一系列成果。建设生态文明,正是在这些成果的基础上,以科学发展观为指导,结合我国全面建设小康社会的具体实践而进行的一次重要理论创新,表明了我国对生态环境建设在经济社会发展全局中的重要作用的认识达到了新境界。

三 加强生态文明建设,首先是要保护环境,重点是要创新机制

发达国家经济发展进程的一般规律表明,人均 GDP 处于 800～3000 美元的发展阶段,往往对应着人口、环境等瓶颈约束最为严重的时期。我国目前正处在这个瓶颈严重约束期,而绿色发展面临的最大挑战在于我国经济水平相对较低,不可避免地要承担在发展经济的同时保护与改善生态环境的双重任务。过去经济发展对环境造成的破坏以及人口众多的国情等都对我国的环境保护造成了巨大压力。环境保护工作是生态文明建设的基础和重要组成部分,加强生态文明建设,首先是要保护环境,重点是要创新机制。

(一) 加强环境保护的制度创新,逐步建立和完善政府调控与市场引导的合理机制

应当结合经济体制改革和行政体制改革,进一步完善政府调控机制,扩大市场引导的作用领域和范围。在政府调控方面,要在已经基本建立的环境监控体系的基础上,进一步增强基层政府的环境管理能力,积极建立和完善环境与发展综合决策机制,增强政府在产业发展、环境保护方面的综合决策和协调能力。在市场引导方面,应当逐步建立有关自然资源有偿使用机制和价格形成机制,探索建立环境保护和生态恢复的经济补偿机制,培育和规范环境保护基础设施建设,研究探索由资源税费、环境税费构成的"绿色税收"体系和环境使用权的交易制度,逐步形成有利于资源节约和环境保护的市场运行机制。

（二）扩大社会力量参与，逐步形成有效的环境保护社会调控机制

应当把引导和扩大公众参与，逐步建立合乎我国现实的社会调控机制，作为我国环境保护事业发展的重要方向。当前，应当积极努力，为社会调控机制的形成创造良好的制度和政策环境：要逐步完善有关公民环境权的法律规定，保障公民能够有效行使健康权、知情权、检举权、参与权等各种权利；进一步公开环境状况和环境决策信息，完善公众参与各种环境决策的制度和程序，完善相关民事、行政诉讼和民事、行政赔偿的制度和程序；鼓励和引导民间组织和社区组织合法地开展各种环境保护社会监督和公益活动；进一步开展各种形式的环境宣传和教育活动，增强全社会节约资源和保护环境的意识，形成资源节约、环境友好和健康文明的社会文化氛围。

（三）建立环境治理中的激励和监督管理机制

建立以经济手段、法律手段为主体的环境保护机制，将环境保护由过去的政府行为，转变成在利益驱动和法律约束下的市场行为和企业行为，真正使治理污染成为社会公众自觉参与的行动。这一系列经济激励机制包括税收调控、污染治理收费、污染治理企业化和市场化。要健全法规标准，强化监督管理。制定和完善标准，对高消耗、高污染的行业新建项目，要从能源、水资源消耗以及土地、环保等方面提出更为严格的产业准入标准，加快制定产品强制性能效标准，修订和完善主要耗能行业的节能设计规范。

（四）制定和完善有利于生态保护和治理的倾斜政策机制

针对我国环境压力日趋增大的状况，应制定和完善必要的倾斜政策，调动各方力量及其积极性，充分发挥民间及其他渠道投资在环境保护中的作用。这些政策应包括环境保护的税收政策、金融政策和财政支持政策等。

（五）创建与环境保护相适应的科技支撑体制

建设环境友好型社会涉及多领域和多学科的技术交叉与应用，科技含量高，对科学技术的需求尤为迫切。应根据国家科技体制改革方针和总体部署，充分考虑环境科技工作的特点，积极推进与环境相关的科研体制改

革，尽快建立适应资源循环利用和环境保护与治理要求的，新兴、高效和强有力的科研与技术创新开发体系，力争短期内在环境污染控制技术、清洁能源等领域实现突破。

（六）建立环境动态监测预警机制

尽快建立能够覆盖全国的环境监测预警体系，在宏观上长期、系统、全面地对我国资源与环境状况进行监测，及时准确地反映我国环境污染与治理的状况，及时提供预防和减轻生态灾害的先行决策信息，及时掌握我国资源和生态安全的现状和变化趋势，以提高国民对环境状况的关注度和科学认识，促进资源的综合永续利用，加强对生态环境的保护。环境动态监测预警机制应包括生态与环境污染及治理动态监测体系、问题诊断体系和政策措施体系等。

基于 PSR 模型与集对分析的耕地生态安全诊断*

张　锐　郑华伟　刘友兆**

摘　要　耕地生态安全诊断是改善耕地生态系统安全状况、促进耕地可持续利用的重要基础。针对耕地生态系统的不确定性，本文构建了基于 PSR 模型的评价指标体系，在了解集对分析原理的基础上，利用原创联系度的可展性对其进行改进，建立基于集对分析法和改进熵值法的耕地生态安全评价模型，并对四川省的耕地生态安全进行诊断。研究结果表明：①1999~2010 年四川省耕地生态安全水平不断提高，耕地生态安全等级经历了"临界安全—较安全"的演变历程，但 2010 年"较安全"水平不高；②长远来看，压力是影响耕地生态安全的首要因素，压力和状态的障碍度呈现增加趋势，响应的障碍度不断下降；③单位耕地化肥负荷、人均耕地面积、单位耕地农药负荷、土地垦殖率、水土流失等是耕地生态安全等级提升的关键制约因素。为了促进耕地生态安全等级不断提升，需要进一步转变经济发展方式，加强土地利用监督管理，降低经济增长对土地资源的过度消耗；大力发展绿色农业，合理施用农药、化肥；积极开展农村土地整治，加强高标准基本农田建设；加大环境治理力度，有效控制水土流失程度。

关键词　耕地生态安全　集对分析　诊断　障碍因素

---

*　江苏省国土资源科技项目（编号：201320）；江苏省普通高校研究生科研创新计划项目（编号：CXLX13_301）。

**　张锐，女，江苏盐城人，南京农业大学公共管理学院博士研究生，研究方向为土地利用与政策；郑华伟，男，江苏淮安人，博士，南京农业大学农村发展学院讲师、硕士生导师，研究方向为资源利用与乡村发展；刘友兆，男，江苏涟水人，博士，南京农业大学公共管理学院教授、博士生导师，研究方向为土地利用与评价。

耕地资源作为最宝贵的自然资源之一，是非常重要的农业生产资料，具有食物生产、空间承载、生态服务等多种功能，经过人类长期的干预，耕地生态系统逐渐演变成具有高度耦合性的社会-经济-生态复合系统。[①] 伴随着经济社会的快速发展以及工业化、城镇化和现代化建设进程的快速推进，出现了土地生态环境日趋恶化、土地负荷加重、土地质量下降等一系列问题，耕地资源的稀缺性增强，耕地生态安全问题日渐凸显。[②] 因此，开展耕地生态安全诊断研究，优化耕地生态安全的改善路径，对于加强农村生态文明建设、保障我国粮食安全、维护国家生态安全、促进社会经济可持续发展具有非常重要的理论意义和现实意义。

国外学者主要将耕地生态安全与可持续利用相结合进行系统研究，Rasul 和 Thapa[③] 从农业生态环境、社会经济方面构建了评价指标体系，分析了孟加拉国的耕地可持续利用与生态状况；Beesley 和 Ramsey[④] 指出在农用地保护中，耕地生态价值与安全越来越受到农场主的认可与关注。国内学者关于耕地生态安全的研究主要集中在耕地生态安全内涵、耕地生态安全评价、耕地生态安全影响因素、耕地生态安全调控对策等方面。[⑤] 总体来看，耕地生态安全评价研究尚属起步阶段，定性分析相对较多，定量研究较少。耕地生态安全评价是对耕地生态系统的全面诊断，包括耕地资源负荷、经济社会发展、耕地产出水平、生态环境质量、政策管理水平等方面的内容，但现有的评价指标多集中于资源与环境状况，很少综合考虑人类活动、社会经济等对耕地生态安全评价的作用。与此同时，耕地生态安全诊断多采用综合评价法、层次分析法、物元分析法等，针对这些方法的不足之处，专家学者做了改进，取得了一定的研究成果。但由于耕地生态安全评价影响因素具有不确定性，评价指标与安全等级之间存在复杂的非线性关系，

[①] 张锐、刘友兆：《我国耕地生态安全评价及障碍因子诊断》，《长江流域资源与环境》2013年第7期。

[②] 王千等：《河北省耕地生态安全及空间聚集格局》，《农业工程学报》2011年第8期。

[③] G. Rasul, G. Thapa, "Sustainability Analysis of Ecological and Conventional Agricultural Systems in Bangladesh," *World Development* 31 (6), 2003, pp. 1721 - 1741.

[④] K. B. Beesley, D. Ramsey, "Agricultural Land Preservation," *International Encyclopedia of Human Geography* 25 (6), 2009, pp. 65 - 69.

[⑤] 张冰洁、宋戈：《松嫩高平原黑土区典型地域耕地生态安全评价及驱动力分析》，《水土保持研究》2012年第3期；任平等：《长江上游农业主产区耕地生态安全评价与空间特征研究》，《中国人口·资源与环境》2013年第12期。

所以至今尚没有一个统一的评价模型来诊断耕地生态安全水平。① 集对分析法②是一种综合的不确定性分析方法，能从整体和局部剖析研究系统内在的关系，把对不确定性的辩证认识转换成具体的数学问题，但尚未被应用到耕地生态安全诊断研究中。PSR 模型综合考虑社会、经济、资源与环境，突出了人地关系。

鉴于此，本文构建了基于 PSR 模型的耕地生态安全评价指标体系，建立基于集对分析法和改进熵值法的耕地生态安全诊断模型，并以四川省为例进行实证研究，有效诊断耕地生态安全的障碍因子，以期为改善耕地生态系统状况、协调人地关系、促进耕地资源可持续利用提供一定的参考依据。

一　耕地生态安全评价指标体系构建

耕地生态系统是人类在长期的利用中使耕地在自身组织功能的作用下形成的人工生态系统，它不仅为人类供给稳定的农产品，而且提供了一种新的生物生存环境，有利于生物多样性的存续与发展，同时还具有生态环境保护等功能。③ 耕地资源生态安全是指在一定的时间和空间尺度内，耕地生态系统处于保持自身正常功能结构和满足社会经济可持续发展需要的状态，在这种状态下，耕地生态系统有稳定、均衡、充裕的自然资源可供利用，生态环境处于健康状态。④ 耕地生态安全评价是以耕地生态系统为评价对象，对一定时间、一定区域的自然生态要素、社会经济要素进行综合评价，它本质上是一种诊断评价，目的是诊断由人类活动、自然因素引起的耕地生态系统破坏程度，剖析耕地生态安全的制约因素，以便发出预警，为管理者提供决策。⑤

---

① 施开放等：《基于改进 SPA 法的耕地占补平衡生态安全评价》，《生态学报》2013 年第 4 期。
② 王文圣等：《水资源系统评价新方法——集对评价法》，《中国科学》（E 辑：技术科学）2009 年第 9 期。
③ 唐秀美等：《基于生态适宜性评价的耕地生态系统服务价值变化研究》，《中国农业资源与区划》2011 年第 6 期。
④ 任平：《长江上游农业主产区耕地生态安全评价与空间特征研究》，《中国人口·资源与环境》2013 年第 12 期。
⑤ 郑华伟等：《基于 PSR 模型的土地利用系统健康评价及障碍因子诊断》，《长江流域资源与环境》2012 年第 9 期。

PSR 概念模型是由联合国 OECD 和 UNEP 提出的[①]，该模型以因果关系为基础，主要目的是评价生态系统的持续性，分析生态系统内在的因果关系，寻找人类活动与生态环境影响之间的因果链（从生态系统面临的压力出发，探讨生态系统的结构与功能，制定缓解生态系统压力的政策措施），得到较为普遍的认可与应用[②]。因此，本文运用 PSR 概念模型开展耕地生态安全诊断，借鉴 PSR 概念模型作为耕地生态安全评价指标体系的基本框架。如图 1 所示，人口增长、经济社会发展给耕地生态系统带来一定的压力（P）；人类不断利用土地资源，通过社会经济活动向耕地生态系统排放污染物，改变了耕地生态系统的结构与功能状态（S）；在压力之下，耕地生态系统在原有状态基础上做出反应，同时反馈于社会经济的发展过程；人类对耕地生态系统的反馈进一步做出响应（R），进行政策调整、环境保护等，改善耕地生态系统状态，使之保持良好的结构与功能，进而实现可持续发展。[③]

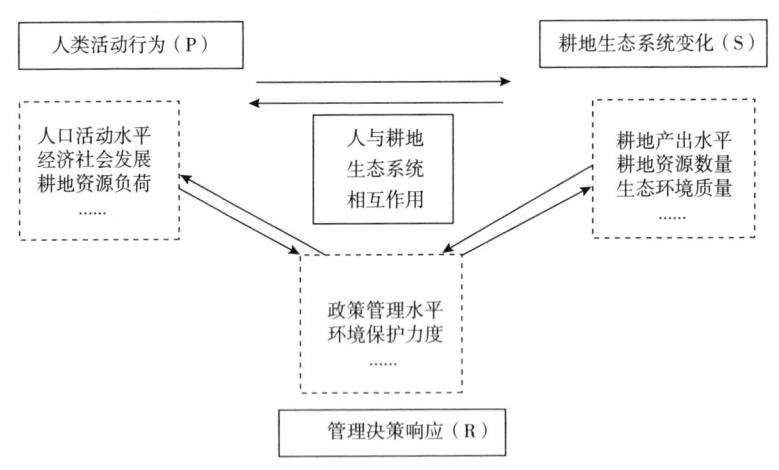

图 1　耕地生态安全评价的 PSR 模型框架

根据耕地生态安全（评价）内涵、PSR 概念模型，遵循指标选取的系统

[①] Rainer Walz, "Development of Environmental Indicator Systems: Experiences from Germany," *Environmental Management* 25 (6), 2000, pp. 613–623.
[②] 张锐、刘友兆：《我国耕地生态安全评价及障碍因子诊断》，《长江流域资源与环境》2013 年第 7 期。
[③] 郑华伟等：《基于 PSR 模型的土地利用系统健康评价及障碍因子诊断》，《长江流域资源与环境》2012 年第 9 期。

性、科学性、可获取性和可比性等原则，在参考现有研究成果的基础上，构建了基于PSR模型的评价指标体系（见表1）。基于PSR模型的评价指标体系可以从总体上反映耕地生态系统、社会经济发展目标与管理决策之间的相互依存、相互制约的关系，改变现有耕地生态安全评价研究中指标体系主要关注资源环境的状况，能更准确地反映耕地生态系统的各要素之间的关系。

表1 耕地生态安全评价指标体系

目标层	准则层	指标层	评价函数
耕地生态安全	压力	x_1人口密度（人/平方公里）	总人口除以土地总面积
		x_2人口自然增长率（‰）	—
		x_3城市化水平（%）	非农业人口除以总人口
		x_4单位耕地化肥负荷（千克/公顷）	化肥施用量除以耕地面积
		x_5人均耕地面积（公顷/人）	耕地面积除以总人口
		x_6单位耕地农药负荷（千克/公顷）	农药施用量除以耕地面积
	状态	x_7人均水资源量（吨/人）	—
		x_8土地垦殖率（%）	耕地面积除以土地总面积
		x_9耕地粮食单产（千克/公顷）	粮食总产量除以耕地面积
		x_{10}灾害指数（%）	成灾面积除以农作物播种面积
		x_{11}水土流失程度（%）	水土流失面积除以土地总面积
		x_{12}森林覆盖率（%）	—
	响应	x_{13}农民人均纯收入（元/人）	
		x_{14}有效灌溉面积比（%）	有效灌溉面积除以耕地面积
		x_{15}单位耕地农业机械动力（千瓦/公顷）	农业机械动力除以耕地面积
		x_{16}教育投资强度（%）	教育投资量除以财政支出总量
		x_{17}水土流失治理率（%）	水土流失治理面积除以水土流失面积

二 集对评价模型

（一）集对分析法的原理

集对分析是指对不确定性系统中的两个有关联的集合构造集对，对集对的某特性做同一性、差异性、对立性分析，建立联系度描述集对的同、异、反关系的分析方法。① 集对分析的基础是集对，关键是联系度。② 对于两个有关联的集合 A 和 B 组成的集对 $H(A,B)$，A、B 分别有 N 项表征特性，在具体问题 Z 的背景下，分析集对 $H(A,B)$ 的特性，其中 S 特性为 A 和 B 共同拥有的，P 特性为 A 和 B 对立的，其余的 F 特性既不为 A 和 B 共同拥有，也不相互对立，则有：

$$\mu = \frac{S}{N} + \frac{F}{N}i + \frac{P}{N}j \tag{1}$$

令 $a = S/N$，$b = F/N$，$c = P/N$，则式（1）可改写为：

$$\mu = a + bi + cj \tag{2}$$

在式（2）中，μ 为联系度，$\mu \in [-1,1]$；a、b、c 为联系度分量，$a,b,c \in [0,1]$，分别称为集对 $H(A,B)$ 的同一度、差异度和对立度，且满足 $a + b + c = 1$；i 为差异度系数，$i \in [-1,1]$；j 为对立度系数，其恒取值为 -1。

式（1）和式（2）是常用的三元联系度，将其看成一个数，可以称为三元联系数，将式中的 bi 进一步展开可以得到 K 元联系数：

$$\mu = a + b_1 i_1 + b_2 i_2 + \cdots + b_{K-2} i_{K-2} + cj \tag{3}$$

（二）指标联系度的确定

假设评价对象为集合 $A_l(x_1, x_2, \cdots, x_l)$（$l = 1,2,\cdots,L$；$L$ 为评价指标数），x_l 为评价指标，评价指标等级标准为 s_k（$k = 1,2,\cdots,K$；K 为等级标准数），$H(A_l, B_k)$ 为 A_l、B_k 构成的集对。根据集对分析法的原理，确定 $H(A_l, B_k)$ 的联系度。③

对于负向指标，当 $K > 2$ 时，集对 $H(A_l, B_k)$ 的联系度为：

---

① 王文圣等：《水文水资源集对分析》，科学出版社，2010。
② 王文圣等：《水资源系统评价新方法——集对评价法》，《中国科学》（E 辑：技术科学）2009 年第 9 期。
③ 王宏伟等：《模糊集对分析法在水资源安全评价中的应用》，《西北农林科技大学学报》（自然科学版）2011 年第 10 期。

$$\mu(A_l, B_k) = \begin{cases} 1 + 0i_1 + 0i_2 + \cdots + 0i_{K-2} + 0j, & x_l \leq s_1 \\ \dfrac{s_1 + s_2 - 2x_l}{s_2 - s_1} + \dfrac{2x_l - 2s_1}{s_2 - s_1}i_1 + 0i_2 + \cdots + 0i_{K-2} + 0j, & s_1 < x_l \leq \dfrac{s_1 + s_2}{2} \\ 0 + \dfrac{s_2 + s_3 - 2x_l}{s_3 - s_1}i_1 + \dfrac{2x_l - s_1 - s_2}{s_3 - s_1}i_2 + \cdots + 0i_{K-2} + 0j, & \dfrac{s_1 + s_2}{2} < x_l \leq \dfrac{s_2 + s_3}{2} \\ \cdots \\ 0 + 0i_1 + \cdots + \dfrac{2s_{K-1} - 2x_l}{s_{K-1} - s_{K-2}}i_{K-2} + \dfrac{2x_l - s_{K-1} - s_{K-2}}{s_{K-1} - s_{K-2}}j, & \dfrac{s_{K-2} + s_{K-1}}{2} < x_l \leq s_{K-1} \\ 0 + 0i_1 + 0i_2 + \cdots + 0i_{K-2} + 1j, & x_l > s_{K-1} \end{cases}$$

(4)

对于正向指标,当 $K > 2$ 时,集对 $H(A_l, B_k)$ 的联系度为:

$$\mu(A_l, B_k) = \begin{cases} 1 + 0i_1 + 0i_2 + \cdots + 0i_{K-2} + 0j, & x_l \geq s_1 \\ \dfrac{2x_l - s_1 - s_2}{s_1 - s_2} + \dfrac{2s_1 - 2x_l}{s_1 - s_2}i_1 + 0i_2 + \cdots + 0i_{K-2} + 0j, & \dfrac{s_1 + s_2}{2} \leq x_l < s_1 \\ 0 + \dfrac{2x_l - s_2 - s_3}{s_1 - s_3}i_1 + \dfrac{s_1 + s_2 - 2x_l}{s_1 - s_3}i_2 + \cdots + 0i_{K-2} + 0j, & \dfrac{s_2 + s_3}{2} \leq x_l < \dfrac{s_1 + s_2}{2} \\ \cdots \\ 0 + 0i_1 + \cdots + \dfrac{2x_l - 2s_{K-1}}{s_{K-2} - s_{K-1}}i_{K-2} + \dfrac{s_{K-1} + s_{K-2} - 2x_l}{s_{K-2} - s_{K-1}}j, & s_{K-1} \leq x_l < \dfrac{s_{K-2} + s_{K-1}}{2} \\ 0 + 0i_1 + 0i_2 + \cdots + 0i_{K-2} + 1j, & x_l < s_{K-1} \end{cases}$$

(5)

(三)评价指标权重确定

对于耕地生态安全,不同评价指标的影响程度存在一定的差异,为了反映这种差异性,需要对评价指标赋以一定的权重,本文采用改进的熵值法来确定评价指标权重,主要步骤如下。[①]

1. 评价指标标准化处理。由于不同的指标具有不同的量纲和单位,为了消除量纲和量纲单位的不同所带来的不可公度性,需要对指标数据用标准化法进行变换。

---

① 郑华伟等:《基于 PSR 模型的土地利用系统健康评价及障碍因子诊断》,《长江流域资源与环境》2012 年第 9 期。

$$X_{il}^{"} = (X_{il} - \bar{X}_l)/s_l, 其中 i = 1,2,\cdots,m; l = 1,2,\cdots,L \qquad (6)$$

在式（6）中，$X_{il}^{"}$ 为标准化后的指标值，$\bar{X}_l$ 为第 l 项指标的均值，s_l 是第 l 项指标的标准差。

2. 为了清除负数，进行坐标平移。

$$X_{il}^{'''} = H + X_{il}^{"} \qquad (7)$$

在式（7）中，$X_{il}^{'''}$ 为平移后的指标值，H 为指标平移的幅度。

3. 计算第 l 项指标下的 i 个样本值的比重，$P_{il} = X_{il}^{'''} / \sum_{i=1}^{m} X_{il}^{'''}$。

4. 计算第 l 项指标的熵值。$e_l = -k \sum_{i}^{m} P_{il} \ln(P_{il})$，其中 $k > 0$，ln 为自然对数，$e_l > 0$。如果 $X_{il}^{'''}$ 对于给定的 l 全部相等，那么 $P_{il} = X_{il}^{'''} / \sum_{i=1}^{m} X_{il}^{'''} = 1/m$，此时 e_l 取极大值，即 $e_l = -k \sum_{i=1}^{m} \frac{1}{m} \ln \frac{1}{m} = k \ln m$。若设 $k = 1/\ln m$，$e_l = 1$，则 $0 \leq e_l \leq 1$。

5. 计算第 l 项指标的差异性系数 g_l，$g_l = 1 - e_l$。

6. 定义第 j 项指标的权重 w_l，$w_l = g_l / \sum_{i=1}^{m} g_l$，其中 $l = 1,2,\cdots,L$。

（四）样本联系度的确定

假设集合 A 为评价样本，B 为评价指标等级标准的集合，则 $H(A,B)$ 的联系度为：

$$\mu(A,B) = \sum_{l=1}^{L} w_l \mu(A_l, B_k) = \sum_{l=1}^{L} w_l a_l + \sum_{l=1}^{L} w_l b_{l,1} i_1 + \sum_{l=1}^{L} w_l b_{l,2} i_2 + \cdots + \sum_{l=1}^{L} w_l b_{l,K-2} i_{K-2} + \sum_{l=1}^{L} w_l c_l j \qquad (8)$$

若令 $f_1 = \sum_{l=1}^{L} w_l a_l$，$f_2 = \sum_{l=1}^{L} w_l b_{l,1}$，$\cdots$，$f_{K-1} = \sum_{l=1}^{L} w_l b_{l,K-2}$，$f_K = \sum_{l=1}^{L} w_l c_l$，则公式（8）可变为：

$$\mu(A,B) = f_1 + f_2 i_1 + f_3 i_2 + \cdots + f_{K-1} i_{K-2} + f_K j \qquad (9)$$

在此基础上，按照直接途径求取不确定（分量）系数，得到联系数

$\mu(A,B)$ 的值。根据均匀取值法，$i_0 = 1$，$j = -1$，差异不确定（分量）系数 $i_1, i_2, \cdots, i_{k-2}$ 将 i_0 和 j 之间进行 $(K-1)$ 等分，等分点的值为 $i_1, i_2, \cdots, i_{K-2}$ 的值，即

$$i_k = 1 - \frac{2k}{K-1}, \text{其中} k = 1, 2, \cdots, K-2 \tag{10}$$

（五）评价等级的确定

根据"均分原则"，将 [-1, 1] 区间 K 等分，则从右至左每个区间依次分别对应耕地生态安全评价等级 $B_1, B_2, \cdots, B_K$，将 $\mu(A,B)$ 与各个评价等级对应的区间范围进行比较，得到耕地生态安全评价等级。

（六）障碍因素诊断

为有效提高耕地生态安全水平，有必要对单项指标和分类指标的障碍作用大小进行评估，诊断耕地生态安全水平的主要制约因素。障碍因素诊断采用因子贡献度、指标偏离度和障碍度3个指标进行分析[1]，因子贡献度 (V_j) 表示单项因素对总目标的影响程度，即单因素对总目标的权重 (w_l)，指标偏离度 (x_{ij}) 表示单项指标与耕地生态安全目标之间的差距，设为单项指标标准化值与100%之差；障碍度 (Y_i, y_i) 分别表示第 i 年分类指标和单项指标对耕地生态安全的影响，是耕地生态安全障碍因素诊断的目标和结果：

$$x_{ij} = 1 - X'_{ij} \tag{11}$$

$$y_i = x_{ij} \times V_j / \sum_{j=1}^{n}(x_{ij} \times V_j) \times 100\%, \quad Y_i = \sum y_i \tag{12}$$

三 实证研究——以四川省为例

（一）区域概况与数据来源

四川省地处长江上游，东与重庆市接壤，南与云南省、贵州省相连，

---

[1] 郑华伟等：《基于 PSR 模型的土地利用系统健康评价及障碍因子诊断》，《长江流域资源与环境》2012 年第 9 期。

西邻西藏自治区，北接青海省、甘肃省、陕西省。辖区东西长约1075公里，南北宽约921公里，面积达48.5万平方公里，为我国第五大省，现辖18个地级市和3个自治州。四川省自然资源丰富，光热条件好，是我国重要的农业经济区和粮食主产区，承担着国家粮食安全的重任。[①] 然而随着经济社会的发展，建设用地规模持续扩张，耕地资源数量锐减，耕地生态功能减弱，水土流失较为严重，土壤污染加剧，耕地生态系统安全状况亟待改善。

耕地生态安全评价指标数据主要来源于《四川统计年鉴》《四川农村统计年鉴》《中国统计年鉴》《中国农村统计年鉴》《中国农业年鉴》等。

（二）评价标准制定

评价标准的制定是耕地生态安全诊断的关键环节，现阶段耕地生态安全诊断在我国尚处于探索阶段，还没有统一的评价标准。耕地生态安全的评价标准不仅复杂，而且需要因地制宜。评价标准的确定是集对评价模型的基础，本文依据耕地生态安全的特征，将其划分为5个等级：安全、较安全、临界安全、较不安全和不安全。评价标准的确定主要参考国家、行业及国际相关标准（见表2）。

表2 耕地生态安全评价等级标准

评价指标	评价等级标准				
	1级（安全）	2级（较安全）	3级（临界安全）	4级（较不安全）	5级（不安全）
x_1 人口密度	<150	150~350	350~500	500~800	>800
x_2 人口自然增长率	<3	3~8	8~15	15~25	>25
x_3 城市化水平	>70	40~70	20~40	10~20	<10
x_4 单位耕地化肥负荷	<225	225~400	400~600	600~800	>800
x_5 人均耕地面积	>0.100	0.085~0.100	0.075~0.085	0.053~0.075	<0.053
x_6 单位耕地农药负荷	<3	3~8	8~15	15~24	>24
x_7 人均水资源量	>3000	2400~3000	1800~2400	1200~1800	<1200
x_8 土地垦殖率	>30	20~30	15~20	10~15	<10
x_9 耕地粮食单产	>8600	6400~8600	4200~6400	2000~4200	<2000

---

① 郑华伟等：《基于PSR模型的土地利用系统健康评价及障碍因子诊断》，《长江流域资源与环境》2012年第9期。

续表

评价指标	评价等级标准				
	1级（安全）	2级（较安全）	3级（临界安全）	4级（较不安全）	5级（不安全）
x_{10} 灾害指数	<1	1~3	3~10	10~25	>25
x_{11} 水土流失程度	<15	15~30	30~45	45~60	>60
x_{12} 森林覆盖率	>40	30~40	20~30	10~20	<10
x_{13} 农民人均纯收入	>6000	3500~6000	2500~3500	1500~2500	<1500
x_{14} 有效灌溉面积比	>80	60~80	50~60	40~50	<40
x_{15} 单位耕地农业机械动力	>9	6~9	4~6	2~4	<2
x_{16} 教育投资强度	>35	20~35	10~20	5~10	<5
x_{17} 水土流失治理率	>60	30~60	20~30	10~20	<10

（三）结果分析

收集四川省有关耕地生态安全评价指标数据，经分析整理后，按照改进的熵值法确定各评价指标的权重（见表3）。根据1999年、2005年、2010年各评价指标的具体数值，建立四川省耕地生态安全的集对 $H_{1999}(A_{17},B_5)$、$H_{2005}(A_{17},B_5)$、$H_{2010}(A_{17},B_5)$，将3个集对的数据分别输入集对评价模型，得到耕地生态安全评价指标联系度、样本联系度（见表4和表5）。

表3 耕地生态安全评价指标权重

目标层	准则层	权重	指标层	权重
耕地生态安全	压力	0.3420	x_1 人口密度	0.0577
			x_2 人口自然增长率	0.0506
			x_3 城市化水平	0.0648
			x_4 单位耕地化肥负荷	0.0645
耕地生态安全	压力	0.3420	x_5 人均耕地面积	0.0521
			x_6 单位耕地农药负荷	0.0523
	状态	0.3573	x_7 人均水资源量	0.0534
			x_8 土地垦殖率	0.0500
			x_9 耕地粮食单产	0.0634
			x_{10} 灾害指数	0.0599

续表

目标层	准则层	权重	指标层	权重
耕地生态安全	状态	0.3573	x_{11} 水土流失程度	0.0693
			x_{12} 森林覆盖率	0.0613
	响应	0.3007	x_{13} 农民人均纯收入	0.0534
			x_{14} 有效灌溉面积比	0.0704
			x_{15} 单位耕地农业机械动力	0.0585
			x_{16} 教育投资强度	0.0558
			x_{17} 水土流失治理率	0.0626

表4　2010年四川省耕地生态安全评价指标联系度

评价指标	a	b_1	b_2	b_3	c
x_1	0.6404	0.3596	0.0000	0.0000	0.0000
x_2	1.0000	0.0000	0.0000	0.0000	0.0000
x_3	0.0000	0.0000	0.7443	0.2557	0.0000
x_4	0.0000	0.0000	0.4083	0.5917	0.0000
x_5	0.0000	0.0000	0.1849	0.8151	0.0000
x_6	0.0000	0.0000	0.4945	0.5055	0.0000
x_7	0.9241	0.0759	0.0000	0.0000	0.0000
x_8	0.0000	0.0000	0.0000	0.9805	0.0195
x_9	1.0000	0.0000	0.0000	0.0000	0.0000
x_{10}	0.0000	0.0000	0.8157	0.1843	0.0000
x_{11}	0.0000	0.0000	0.1697	0.8303	0.0000
x_{12}	0.0000	0.9820	0.0180	0.0000	0.0000
x_{13}	0.2695	0.7305	0.0000	0.0000	0.0000
x_{14}	0.0000	0.5772	0.4228	0.0000	0.0000
x_{15}	0.2445	0.7555	0.0000	0.0000	0.0000
x_{16}	0.0000	0.0000	0.6930	0.3070	0.0000
x_{17}	0.0000	0.0588	0.9412	0.0000	0.0000

注：a、b_1、b_2、b_3、c 为指标联系度分量，且 $a + b_1 + b_2 + b_3 + c = 1$。

表5　四川省耕地生态安全评价样本联系度

年份	f_1	f_2	f_3	f_4	f_5
1999	0.1980	0.0875	0.3573	0.3405	0.0167
2005	0.1994	0.1055	0.4153	0.2787	0.0011
2010	0.2290	0.2125	0.2992	0.2583	0.0010

注：f_1、f_2、f_3、f_4、f_5 为样本联系度分量。

根据均匀取值法，$i_0 = 1$，$j = -1$，差异不确定（分量）系数 i_1、i_2、i_3 将在 i_0 和 j 之间进行 4 等分，$i_1 = 0.5$，$i_2 = 0$，$i_3 = -0.5$，根据式（8）和式（9）计算 3 个集对的联系度（样本联系度），依次为：$\mu_{2010}(A,B) = 0.2051$，$\mu_{2005}(A,B) = 0.1117$，$\mu_{1999}(A,B) = 0.0548$。从生态学角度来看，样本联系度表示样本的耕地生态安全水平，对应一定的耕地生态安全评价等级（如"较安全"等级）。根据样本联系度评价分值，结合耕地生态安全分级标准，可以得到样本耕地生态安全水平等级。

根据"均分原则"，将 [-1,1] 区间 5 等分 (0.6~1.0)、(0.2~0.6)、(-0.2~0.2)、(-0.6~-0.2)、(-1.0~-0.6)，分别对应耕地生态安全评价等级"安全"、"较安全"、"临界安全"、"较不安全"和"不安全"。由此可知，2010 年四川省耕地生态安全水平等级为"较安全"，2005 年和 1999 年均为"临界安全"。$\mu_{2005}(A,B) > \mu_{1999}(A,B)$，由此可见虽然 1999 年与 2005 年耕地生态安全等级均为"临界安全"，但 2005 年对应的 $\mu_{2005}(A,B)$ 在 [-0.2,0.2] 区间内更接近标准上限，即耕地生态安全水平较 1999 年稍高。从耕地生态安全的变化来看，1999~2010 年四川省耕地生态系统的安全状况有所改善，耕地生态安全等级有所提升，耕地生态安全水平有变好的趋势。

根据耕地生态安全障碍因素诊断计算方法，对 1999 年和 2010 年四川省耕地生态安全障碍度进行计算。1999 年阻碍耕地生态系统安全状况改善的障碍因素主要集中在系统响应和系统状态方面，主要包括水土流失治理率、农民人均纯收入、水土流失程度、单位耕地农业机械动力、有效灌溉面积、土地垦殖率等；而 2010 年阻碍耕地生态系统安全状况改善的障碍因素主要集中在系统压力和系统状态方面，主要包括水土流失程度、单位耕地化肥负荷、土地垦殖率、人均耕地面积等。在此基础上，计算分类指标障碍度，结果表明：压力障碍度不断提高，状态障碍度呈现波动上升趋势，响应障碍度不断减少。从长远来看，压力是影响耕地生态安全的首要因素。

表6 1999 年和 2010 年四川省耕地生态安全障碍因素排序

年份	位序	1	2	3	4	5	6	7	8
1999	障碍因素	x_3	x_{17}	x_{13}	x_{11}	x_{15}	x_{14}	x_8	x_{10}
	障碍度（%）	10.2463	9.9735	9.0069	8.6368	8.2264	8.2017	7.4947	7.2097

续表

年份	位序	1	2	3	4	5	6	7	8
2010	障碍因素	x_{11}	x_3	x_4	x_8	x_{17}	x_{16}	x_5	x_6
	障碍度（%）	11.7153	10.3033	9.6058	9.5512	9.2269	9.0240	7.9733	6.8061

从单个评价指标来看，四川省耕地生态安全评价指标联系度计算结果显示，1999~2010 年大部分指标发生等级跳跃；根据单个评价指标提供的分异信息，单位耕地农业机械动力、灾害指数、农民人均纯收入、有效灌溉面积比、水土流失治理率、耕地粮食单产等指标出现不同等级的上升趋势，说明以上指标对四川省耕地生态安全水平的提升有重要的贡献。研究发现：1999 年以来四川省经济社会持续发展，农民收入水平不断提高，耕地生态保护意识不断强化；不断加强农田基础设施建设，积极开展农村土地整治，加大对中低产田的改造力度，有效改善农业生产条件；持续加大农业科技投入，加强农业技术推广普及，积极开展农民科技培训，着力提高耕地粮食单产；加大生态环境保护建设的力度，有效加强水土流失治理，水土流失治理率持续上升，促进了耕地生态系统安全状况改善。

$\mu_{2010}(A,B) = 0.2051$，说明虽然 2010 年四川省耕地生态安全等级为"较安全"，但水平不高，仍需进一步改善耕地生态系统的安全状况。障碍因素诊断结果表明，1999~2010 年单位耕地化肥负荷、人均耕地面积、单位耕地农药负荷、土地垦殖率、水土流失程度等指标的障碍度上升幅度较大，这些指标成为制约四川省耕地生态系统安全状况改善的主要因素。从单个指标分析结果来看，2010 年四川省耕地生态安全有 8 个指标未达到"较安全"，而单位耕地化肥负荷、人均耕地面积、单位耕地农药负荷、土地垦殖率、水土流失程度等指标只达到"较不安全"等级。研究发现，虽然四川省一直致力于水土流失的综合治理，但由于易水土流失区域较大，且存在反复现象，目前水土流失现象仍较严重，还需加大治理力度，有效保护土地资源。随着经济社会的发展，四川省国内生产总值持续增长，但这种高速增长是以资源高消耗为代价的，建设用地规模不断扩大，耕地面积持续减少，土地集约利用水平较低。与此同时，单位面积耕地农药施用量、单位面积耕地化肥施用量不断增加。

四 结论与建议

PSR 模型以因果关系为基础,综合考虑人类活动、社会经济、资源环境之间的相互关系,改变现有研究主要关注资源环境的状况,能更准确地反映耕地生态系统、社会经济发展目标与管理决策之间的相互依存、相互制约的关系;基于 PSR 模型的评价指标体系能够实现对耕地生态安全的诊断。

传统综合评价法较少考虑耕地生态安全评价影响因素的不确定性以及评价指标与安全等级之间的非线性关系,而集对分析法注重信息处理过程中的相对性和模糊性,能很好地解决不确定性问题[1],利用原创联系度的可展性建立耕地生态安全的集对评价模型,能从整体和局部上剖析耕地生态安全内在的关系,把对不确定性的辩证认识转换成具体的数学问题,有效挖掘耕地生态安全存在的具体问题。改进的熵值法根据耕地生态安全评价指标之间的离散程度,运用信息熵确定评价指标的权重,能够解决一些主观赋值法所带来的结果不稳定的问题,在一定程度上改善和提高了评价的质量。集对分析法和改进的熵值法适用于耕地生态安全诊断,有利于提高耕地生态安全水平。

诊断结果表明,1999~2010 年四川省耕地生态安全水平不断提高,系统安全状况有所改善,耕地生态安全等级经历了"临界安全—较安全"的演变历程,但 2010 年"较安全"水平不高。长远来看,系统压力和状态对耕地生态安全的影响较大,响应的障碍度不断降低。单位耕地化肥负荷、人均耕地面积、单位耕地农药负荷、土地垦殖率、水土流失程度等是制约耕地生态系统安全状况改善的关键因素。

为了加强耕地生态系统可持续性管理,根据耕地生态安全的诊断结果,进一步转变经济发展方式,推动经济结构战略性调整,优化产业升级布局,加强土地利用监督管理,提高土地资源市场化配置程度,形成节约集约用地的"倒逼机制",有效增加土地利用集约度,降低经济增长对土地资源的过度消耗;大力发展绿色农业,加快推进农业科技创新,合理施用农药、化肥,减少对耕地资源的污染;积极开展农村土地整治,加强高标准基本

---

[1] 南彩艳、粟晓玲:《基于改进 SPA 的关中地区水土资源承载力综合评价》,《自然资源学报》2012 年第 1 期。

农田建设，增加有效耕地数量，提高耕地资源质量；持续增加环境保护投入，加大环境治理力度，有效控制水土流失程度，持续提升耕地生态安全等级。

作为一种研究方法的探讨，本文在构建基于 PSR 模型的耕地生态安全评价指标体系的基础上，尝试性地将集对分析法和改进的熵值法运用到耕地生态安全诊断中，基本达到预期研究目的。由于此类研究尚不多，耕地生态安全评价的指标选择、评价标准的确定、集对分析法中联系度的普适性等问题有待进一步深入研究。

生态文明城市发展模式及指标体系研究进展

王书玉[*]

摘　要　生态文明城市是由人口、资源、环境、经济和社会组成的复合有机系统。建设生态文明城市是城市发展的战略选择,对生态文明城市发展模式及指标体系进行研究,对于城市健康发展和城市生态文明建设具有重要意义。本文基于生态文明、生态文明城市的科学内涵,从多个角度论述了国内外生态文明城市发展模式和评价指标体系的研究进展,分析了生态文明建设指标体系研究的共同特点,提出了今后生态文明城市发展模式和指标体系研究的方向。

关键词　城市　生态文明　发展模式　指标体系

在我国,关于生态文明的理论研究始于1984年。[①] 自1986年江西省宜春市首先提出建设生态城市的发展目标以来,生态城市逐步成为城市环保工作乃至城市发展的重要方向。2007年党的十七大报告明确提出要建设生态文明,继而涌现大量关于生态文明发展模式和指标体系的研究,这些研究大多以城市为研究对象。[②]

---

[*] 王书玉,男,山西太原人,博士,山西财经大学环境经济学院副院长、副教授,研究方向为生态经济与区域规划研究。
[①] 陈洪波等:《我国生态文明建设理论与实践进展》,《中国地质大学学报》(社会科学版)2012年第5期。
[②] 齐心:《生态文明建设评价指标体系研究》,《生态经济》2013年第12期。

一 生态文明和生态文明城市

（一）生态文明和生态文明城市的概念

生态是一个由生物和非生物环境构成的系统整体。文明是人类改造世界的物质和精神成果的总和，是人类社会进步的标志。[1] 生态文明是物质文明与精神文明在自然与社会生态关系上的具体体现[2]，它是人类社会进步的一种高级文明形态。生态文明是现代化大都市的本质属性，是人与自然和谐共生、全面协调、持续发展的社会和自然状态。党的十七大明确指出要"建设生态文明，基本形成节约能源资源和保护生态环境的产业结构、增长方式、消费模式"，促使生态文明观念在全社会牢固树立。十八大报告中提出了"五位一体"的总布局，指出生态文明要"融入经济建设、政治建设、文化建设、社会建设各方面和全过程"，大力推进生态文明建设，把生态文明建设放在突出地位。

城市是人类生产、生活的集聚地，是经济和文化的重要发源地[3]，是生态文明建设的重要阵地。生态文明城市是在生态文明发展理念下，就城市发展提出的一个新概念。生态文明城市是由人口、资源、环境、经济和社会组成的复合有机系统，它具有人地关系和谐、资源高效利用、环境优美舒适、生态优良持续、经济运行良好、社会文明有序等特点。以生态文明引领城市的发展转型，以低碳、绿色、循环推进产业结构调整，以文明和谐促进社会风气打造，构建生态文明制度、生态文明人居、生态文明经济、生态文明环境和生态文明意识"五位一体"的可持续的、健康的城市发展模式。[4]

（二）生态文明城市的意义

建设生态文明是实现现代化的新理念、新要求和新的历史使命。没有生态文明就没有与时俱进的现代化。生态文明城市建设是城市文明建设的

---

[1] 周涛：《生态文明辨析与社会主义生态文明建设》，《环境保护》2009 年第 10 期。
[2] 白杨等：《我国生态文明建设及其评估体系研究进展》，《生态学报》2011 年第 20 期。
[3] 李建中：《关于建设生态文明城市的系统思考》，《系统科学学报》2011 年第 1 期。
[4] 秦伟山等：《生态文明城市评价指标体系与水平测度》，《资源科学》2013 年第 8 期。

重要组成部分,其本质是以"人与自然和谐发展"为宗旨[1],建设生态文明城市是城市发展的战略选择。对生态文明城市发展模式及指标体系进行研究,对于城市健康发展和城市生态文明建设具有重要意义。

二 生态文明城市发展模式研究

(一)城市发展模式

发展模式为一个国家、一个地区在特定的生活场景中,即在自己特有的历史、经济、文化等背景下所形成的发展方向,以及在体制、结构、思维和行为方式等方面的特点,是世界各国和地区在现代化过程中对政治、经济体制及战略等的选择。城市发展模式即城市结合自身特点,发掘自身优势资源,以发展自身实力为目的的某种特定方式。

(二)国外研究状况

城市生态文明的发展体现在城镇化建设进程中。国外城市化建设模式注重同步推进农业的发展,注重发挥工业化和信息技术对城镇的支撑作用。以农业发展为前提,坚持与工业化、信息化和经济发展相协调,注重大、中、小城市的协调发展,重视政府的监督调控,科学编制城镇规划,重视基本公共服务的建设,重视城镇生态环境建设。[2]

(三)国内研究状况

国内生态文明城市发展模式的研究主要体现在以下10个方面:①城市空间结构,如基于空间优化的生态文明城市发展模式[3],人们通过对低碳城市空间结构发展模式[4]的研究,将城市总结为紧凑多中心型、公交主导型和生态主导型三种;②城市整体[5]和城市局部空间发展模式;③城市不同主体功能区的规划和开发原理;④城市发展机理,如绿色交通、循环经济、社会

---

[1] 王家贵:《试论"生态文明城市"建设及其评估指标体系》,《城市发展研究》2012年第9期。
[2] 徐君等:《国外城镇化建设模式及对中国的启示》,《工业技术经济》2014年第4期。
[3] 陈旖:《基于空间优化的生态城市发展模式及发展趋势研究》,《经济管理》2010年第3期。
[4] 周潮:《低碳城市空间结构发展模式研究》,《科技进步与对策》2010年第22期。
[5] 王晓欢等:《西安市生态文明建设评价及预测》,《城市环境与城市生态》2010年第2期。

驱动、生态网络、绿色科技等；⑤城市发展模式的优化；⑥城乡一体化；⑦生态文明城市的内涵；⑧生态特质，如通过对贵阳等城市的研究，将城市分为依托生态优势模式、生态优先模式和提高品位内涵发展模式3种模式；⑨不同类型与性质城市的发展模式；⑩城市与周边城市之间的相互关系[1]，包括独立型、依附型和互动共生型。

三 生态文明城市指标体系研究

（一）国外研究状况

指标体系是对思想、理念的操作化。国外生态文明城市的指标体系主要是与可持续发展相关的评价指标，如1996年由联合国可持续发展委员会联合提出的驱动力-状态-响应（DSR）指标体系，1992年由Rees提出的经Wackernagel完善的生态足迹指标体系，基于Odum提出的能值理论指标体系，以及世界银行基于弱持续性理论和Harkwick准则提出的真实储蓄法。

（二）国内研究状况

国内关于生态文明城市指标体系的研究起步较晚，可追溯到20世纪90年代后期，最初是以生态城市形式来进行研究的，它是生态文明城市研究的早期形态。国内对生态文明城市指标体系的研究主要体现在以下7个方面：①生态文明城市的内涵，如王如松等从生态文明城市的科学内涵、城市的生态化方面研究评价指标体系[2]；②系统学理论方法[3]；③研究方法与模型构建研究，如属性理论数学模型、灰色关联度分析、生态足迹法、能值分析法、熵值法、综合评价法等；④生态文明城市的综合指标体系和单一指标体系，综合指标体系如"五位一体"的指标体系[4]等，单一指标体系如城市人口指标体系、水生态文明评价指标体系、城市规划环境评价指标体系等；⑤对不同类型与性质的城市的指标体系的研究，如森

---

[1] 何民等：《中国城市发展模式研究》，《社会科学研究》2005年第1期。
[2] 王如松：《城市生态文明的科学内涵与建设指标》，《前进论坛》2010年第10期。
[3] 李建中：《关于建设生态文明城市的系统思考》，《系统科学学报》2011年第1期。
[4] 马道明：《生态文明城市构建路径与评价体系》，《城市可持续发展》2009年第10期。

林城市、资源型城市、旅游城市等；⑥区域层面的评价指标研究，如太湖流域、黄河下游地区、经济发达地区、矿区、生态脆弱区等，以及省域生态文明建设评价指标研究；⑦生态经济学研究，如低碳循环经济、城市竞争力、产业结构体系、生态审计等方面。

（三）生态文明城市指标体系研究的三个阶段

随着人们对人与自然关系理解的加深以及对生态文明城市概念理解的加深，与生态文明城市有关的指标体系研究逐步深化，主要经历了以下三个发展阶段。[①]

第一阶段：以自然生态系统发展为核心的指标体系研究。认为生态城市应该是结构合理、功能高效和生态关系协调的城市生态系统，因而将生态城市的结构、功能和协调度作为描述生态城市系统的3个一级指标。

第二阶段：以复合生态系统发展为核心的指标体系研究。建立在复合生态系统理论的基础上，认为它由社会、经济和自然3个系统组成。生态城市是一类社会、经济、自然协调发展的人类居住地。这类指标体系，把生态环境建设提到了与经济社会发展同等的高度，体现了人们对人与自然关系认识的深化。但在这类指标体系中，自然与经济、社会还是3个相对独立的子系统，它们之间的"协调发展"更多的是指"同步发展"，这与生态文明理念所要求的生态经济社会的有机协调还有一定距离。此类指标体系包括两种主要类型：城市自然、经济、社会的综合发展指标体系，以及对城市各个子系统之间的协调程度进行评价的指标体系。

第三阶段：以生态文明建设为核心的指标体系。认为生态城市是城市整体的生态化发展。所选用的指标不再是单纯衡量经济或社会发展的指标，而是衡量经济生态化或社会生态化程度的指标。这些指标体系根据架构的不同分为3种类型："五位一体"的指标体系、驱动力－状态－响应指标体系和意识－行为－制度指标体系。

（四）小结

关于生态文明城市指标体系的研究可分为两大类：理论研究与案例研究。理论层面指标体系的研究主要是探讨生态文明建设应该从哪些方面着

---

① 齐心：《生态文明建设评价指标体系研究》，《生态经济》2013年第12期。

手，尽管分析得很深入，但缺乏实际可操作性。实践层面的指标体系和方法没有统一标准，大多是根据研究区域的实际情况和专家意见确定规划方法和目标，缺乏客观性和横向比较。此外，规划大多基于现有资料，对现有城市和产业状况进行评价，以及对未来城市发展和产业布局进行规划，缺乏监督机制和跟踪评估方法。

国内外生态文明建设指标体系研究具有下列共同特点：追求协调（强调社会、经济、自然3个子系统的均衡和协调）、重视对资源的回收利用（重视保护现有资源，并关注现有资源的数量和质量，提倡重复利用资源，使资源的价值最大化）、重视建设良好的绿地系统。国外生态文明指标体系体现了物种多样性，而国内指标体系体现了生态意识和生态政治方面的内容。

目前国内的生态文明建设指标比较散乱，缺乏统一的规范，不同案例间指标差异比较大，着重于采用系统分析方法，评价理念和指标参差不齐。此外，公众参与及监督预警机制匮乏，能够为决策提供依据的信息非常少，直接影响了我国生态文明建设的进程。

四 今后有待强化的研究

由于生态文明建设在空间尺度、实施主体、重点难点、目标进程、评价体系等方面都存在明显的特殊性，显现出空间性和区域性，因此对不同区域生态文明城市发展模式和指标体系的研究有待深入。要揭示和探讨生态文明建设和区域生态环境变化的生态学机制，进一步建立健全生态文明建设指标体系和生态文明建设评估指标体系，提炼关键指标。考评制度是加快生态文明建设的重要保障。生态文明建设评价与考核是两个既相互联系又相互区别的概念。生态文明建设评价是对一个地区或国家的生态文明建设情况和发展程度的衡量。生态文明建设考核是指将一个地区或国家的生态文明建设情况纳入领导干部的政绩考核范畴。

我国各地正处于转型发展的关键时期，特定的地区如何建立科学的生态文明建设评估体系，直接影响区域系统转型发展的进程和成效。因此，综合社会经济与生态环境的观点来研究区域生态文明建设指标体系，对于区域系统的生态文明建设具有一定的指导意义，对区域的可持续发展具有重要的理论与实践价值。

第二篇

绿色增长与发展专题

绿色发展进程：从理念到行动[*]

李颖明　肖　珣^{**}

摘　要　绿色发展作为一种新的发展模式，成为各国发展战略的重要部分。本文在可持续发展理念到绿色发展行动的进程分析中，辨析绿色发展的相关概念，进而分析了中国在经济增长、资源利用及环境保护领域的绿色发展探索与实践，通过规划发展目标和考核指标的改变，指出中国的绿色发展实现了从理念到行动的阶段转移。

关键词　绿色发展　发展理念　行动

全球气候变暖、生态退化、环境污染呈现区域化和多样化、能源供需出现矛盾等多种危机不断加深，世界可持续发展进程受到挑战，绿色发展成为各国摆脱经济危机、应对未来气候变化和能源挑战的必由之路。

一　绿色发展内涵

（一）可持续发展理念

从20世纪70年代开始，人类遭受了发展过程中的各种挑战，如资源短缺、全球变暖、生态退化、人口剧增以及石油危机，"增长的极限"和"濒

---

* 资助项目：中国科学院科技政策与管理科学研究所重大研究项目"中国绿色低碳发展路线图研究"（编号：Y201131Z05）。
** 李颖明，中国科学院科技政策与管理科学研究所副研究员，研究方向为农村及区域可持续发展、资源与环境经济；肖珣，中国人民大学农业与农村发展学院硕士研究生，研究方向为农业与农村发展。

临失衡的地球"等悲观主义思想抬头。① 在此背景下，1987年世界环境与发展委员会的布伦特莱发布了报告《我们共同的未来》，首次正式提出可持续发展理念，重点在于发展的延续性，"既满足当代人的需要，又不对后代满足其需要的能力构成危害"，奠定了可持续发展的框架基础，并对世界发展政策及思想产生了巨大影响。之后，可持续理念不断丰富。从福利经济学的角度，英国环境经济学家 Pearce 和 Wofford 提出可持续发展是在保证当代人福利增加的前提下，不使后代人的福利减少。而我国学者张坤民②则认为可持续发展是随着时间的推移，人类福利能够得到连续不断的保持或者增加。从区域发展的角度，牛文元③和叶文虎④指出可持续发展是满足特定区域内的人均生活质量，并且不会危害和削弱其他区域或国家的自然资本。

在自然资本存量有限的约束条件下，可持续发展的内涵界定有两种。一种是自然资本保持不变的持续性发展。⑤ 世界资源研究所也沿用了这一定义，认为可持续发展是"不降低环境质量和不破坏世界自然资源基础的经济发展"⑥。在这一理念下，H. Daly 等⑦提出"稳态经济理论"，指出达到可持续发展目标的途径是零人口增长和对不可再生资源使用速度和人均消费的控制。另一种界定则与自然资本存量保持不变的观点不同，认为在发展的过程中自然资本存量会减少，但是在新技术、新能源的开发与使用过程中能够找到经济发展与自然资本存量之间的平衡，获得可持续发展。因此，资源的合理开发和节约使用、污染的防治和环境的保护、生态系统动态平衡的维护是实现可持续发展的路径。⑧

（二）绿色发展内涵

绿色发展的提出使可持续发展的理念更加具体化，是可持续发展目标实施的路径。俄罗斯思想家 B. H. 维尔纳茨基在1904年提出绿色发展概念，

---

① 牛文元：《可持续发展的理论与实践》，《中国科学院院刊》2012年第3期。
② 张坤民：《可持续发展论》，中国环境科学出版社，1997。
③ 牛文元：《持续发展导论》，中国环境出版社，1995。
④ 叶文虎：《创建可持续发展的新文明——理论的思考》，北京大学出版社，1995。
⑤ Edward B. Barbier, *Economic*, *Natural Resources*: *Insufficient and Development*, 1985.
⑥ 赵士洞、王礼茂：《可持续发展的概念和内涵》，《自然资源学报》1996年第7期。
⑦ H. Daly etc., *Valuing the Earth*: *Economics*, *Ecoloy*, *Ethics*, The MIT Press, Massachusetts, 1993.
⑧ M. Redelift., "The Multiple Dimensions of Sustainable Development," *Geography*；吴季松：《水资源及其管理的研究与应用——以水资源的可持续利用保障可持续发展》，中国水利水电出版社，2000。

此后出现的循环经济、绿色经济、低碳经济等概念使绿色发展的内涵逐渐丰富。① 但是，绿色发展的概念和内涵是在 2008 年全球金融危机爆发后才迅速丰富的。联合国环境规划署提出了绿色新政（Global Green New Deal，GGND）这一旨在增加就业、振兴经济、启动绿色转型的发展理念，拉开了全球绿色低碳产业发展的序幕，经济社会的绿色发展进入了新的发展阶段。在探索经济增长路径、促进经济转型的过程中，人们对经济发展和环境之间关系的认识不断深入，绿色新政、绿色增长、绿色经济、低碳经济等相关概念和发展理念不断丰富（见表 1）。

表 1 绿色发展相关概念辨析

	背　景		目　的
绿色新政	2008 年全球金融危机		摆脱金融危机的影响，实现绿色经济转型以及抢占绿色工业和全球经济的主导权
绿色增长	全球经济危机下的经济转型，以及全球气候、能源危机		建立以循环经济、绿色经济和低碳经济为特征的现代经济增长模式
绿色经济	2008 年前	"黑色经济"的发展给人们的生活带来越来越多的危害	改变"黑色经济"的增长模式，减少环境污染，缓解能源危机
	2008 年后	应对 2008 年金融危机	减少环境危害，改善生态稀缺性，同时增加人类福祉和促进社会公平
低碳经济	全球气候变化对人类生存和发展的影响越来越大，能源危机日益严峻		从高碳能源时代向低碳能源时代演化，扭转全球变暖趋势，缓解能源危机

从国际范围来看，绿色发展形成了两种具有不同侧重点的含义。一种观点认为绿色发展是从人类社会的可持续发展出发，以增加人类福祉为主要目标，实现环境和资源的协调发展。② 在这一概念下，绿色经济的目标是增加人类福祉和促进社会公平，经济增长是建立在对资源的有效利用并且对环境造成的危害是可以修复的基础之上。另一种观点则认为绿色发展是以转变当前的经济发展模式为目标，实现一种可持续发展的经济发展模式。据此，联合国环境规划署③认为绿色经济意味着更好地利用自然资

---

① 诸大建：《从"里约 +20"看绿色经济新理念和新趋势》，《中国人口·资源与环境》2012 年第 9 期；庄贵阳、潘家华、朱守先：《经济学动态》2011 年第 1 期。
② OECD, *Cities and Green Growth: A Conceptual FRAMEWORK*, http://dx.doi.org/10.1787/5kg0tflmzx34-en, 2011.
③ UNEP, *Towards a Green Economy: Pathways to Sustainable Development and Poverty Eradication*, www.unep.org/greeneconomy, 2011.

源，是一种更加有效和公正的经济模式；GGKP①在绿色增长指数报告中指出绿色增长是寻求将可持续发展的经济和环境有效融合的知识和政策规划。

中国绿色发展的含义更加强调经济发展与资源环境承载力的辩证统一，绿色发展是为了突破资源环境承载力的制约，谋求经济增长与资源环境消耗的脱钩，实现发展与环境的双赢。②绿色发展进程是实现人与自然和谐共处和共同进化的过程，包括资源和能源的高效利用，以及社会环境的和谐与文明。③绿色经济是同时产生环境效益和经济效益的人类活动，要求经济活动对环境是无害的或有利的，同时通过保护环境也可以得到经济效益。④

（三）从可持续发展理念到绿色发展行动

随着世界人口的不断膨胀、生态环境的不断恶化以及能源资源的短缺，尤其是随着进入21世纪后气候、粮食、燃料以及金融体系等多个方面的危机全面爆发，人类在寻求可持续发展理念的道路上必须采取具体行动，绿色发展作为一种新的发展模式，成为推动全球可持续发展的重要动力，是可持续发展从理念到行动的具体实现。从可持续发展到绿色发展的延伸发展过程中，循环经济、绿色经济、低碳经济等概念逐步形成。循环经济强调的是物质和资源的循环利用和废弃物的减少，从而使对环境的影响和对资源的消耗都达到最小；绿色经济强调的是环境的和谐美好，在经济的发展中不忘营造绿色的生活环境；低碳经济的落脚点则是碳排放量，是指为了应对气候变化给全球经济和人类生存带来的影响，无论是在生产过程中还是在消费环节，都要求对碳排放量进行严格控制，比循环经济和绿色经济更加具有针对性。在从可持续发展理念到绿色发展行动的过程中，它们被赋予了不同的含义与侧重点（见表2）。

---

① GGKP, *Moving towards a Common Approach on Green Growth Indicators*, 2013.
② 王毅：《实施绿色发展转变经济发展方式》，《绿色经济与创新》2010年第2期。
③ 欧阳志云、赵娟娟、桂振华等：《中国城市的绿色发展评价》，《中国人口·资源与环境》2009年第5期。
④ 欧阳志云、赵娟娟、桂振华等：《中国城市的绿色发展评价》，《中国人口·资源与环境》2009年第5期。

表 2　相关概念的含义延伸

	可持续发展理念	绿色发展行动
循环经济	最早在20世纪60年代提出，提倡资源的节约与循环利用，达到资源、能源、生态、环境等可持续利用的目的	添加了环境治理的理念，从最开始的工业发展延伸到交通、建筑、农业等多个方面
绿色经济	在20世纪90年代末期提出，此时全球刚经历了石油危机和经济危机，"黑色经济"的弊端日益凸显，绿色经济的提出就是为了解决这些问题，保障经济发展的持续稳定	提出了"绿色GDP"的概念，在经济的发展中加大了环境、资源、能源的概念，更多地强调经济的转型、产业的升级、科技的进步与创新
低碳经济	在21世纪提出，此时全球气候变化和温室效应的问题已经刻不容缓，低碳经济的提出是为了减少碳排放，发展新能源、新技术，从而达到气候的可持续性	低碳经济从单一的"碳"扩展到了所有和大气污染、温室效应有关的概念

二　中国绿色发展的探索与实践

（一）经济社会发展模式转变

循环经济模式是绿色发展从理论到行动的重要实践。2009年国务院通过的《"十二五"循环经济发展规划》，建立了符合我国实际的包括宏观层面和工业园区层面的指标体系，提出到2015年资源产出率提高15%的循环经济发展目标。循环经济发展取得很大进展，大连开发区的5个工业生态链接项目建成投产，电镀工业园实现废水"零排放"。

减少碳排放、实现绿色低碳发展是应对气候变化与实现经济转型的重要任务。国务院发展研究中心、国家发展和改革委员会等6个部门提出构建"中国低碳功能区动态评价指标体系"，建立了中国主要行业及城市的低碳动态评价指标体系和低碳功能区的动态评价指标体系，此外还有各级政府提出的相关低碳发展指标体系作为辅助；在城市可持续发展方面，2011年，住房和城乡建设部、财政部、国家发展和改革委员会制定了《绿色低碳重点小城镇建设评价指标（试行）》，同年，住房和城乡建设部印发了《低碳生态试点城（镇）申报管理暂行办法》，要求明确提出交通、市政基础设施、建筑节能、生态环境保护等方面的发展目标、发展策略和控制指标。2013年底，国务院印发《全国资源型城市可持续发展规划（2013～2020年）》，要求研究制定资源开发与城市可持续发展协调评价办法。

（二）资源利用与环境保护

在绿色发展不断推进的过程中，环境保护模式也从末端治理逐步转变为源头治理与清洁生产。末端治理是"先污染后治理"模式，难以从根源上解决环境污染的问题，无助于减少生产过程中的资源浪费，同时存在治理代价高和企业缺乏治理污染的主动性等问题。清洁生产将整体预防的环境战略持续运用于生产过程和服务过程中，以提高生态效率和减少人类及环境的风险。

在水资源可持续利用领域，2006年提出"十一五"期间节水型社会建设的目标指标，包括单位GDP用水量、农田灌溉水有效利用系数、单位工业增加值用水量、城市供水管网漏损率等。2013年，水利部提出水资源开发利用的控制红线、用水效率控制红线、水功能区限制纳污红线这三条红线。

在林业生态建设领域，2007年国家林业局提出了现代林业生态文明建设的目标体系。2013年，国家林业局印发《推进生态文明建设规划纲要（2013～2020年）》，制定的目标包括到2020年的森林覆盖率、森林蓄积量、湿地保有量、自然湿地保护率、新增沙化土地治理面积、义务植树尽责率等，并且要科学划定并严格守住生态红线，推进生态用地可持续增长。

在国土资源可持续利用领域，2009年，国土资源部、国家发展和改革委员会、国家统计局联合发布《单位GDP和固定资产投资规模增长的新增建设用地消耗考核办法》，采用单位GDP耗地下降率、单位GDP增长消耗新增建设用地量、单位固定资产投资消耗新增建设用地量指标，对省、自治区、直辖市政府部门进行评价考核，"十二五"规划制定了单位GDP建设用地下降30%的目标任务。当前国土资源部提出国土空间开发管制的"生存线"、"生态线"和"保障线"三条底线，并将"三条底线"理念纳入《全国国土规划纲要（2013～2030年）》。

三　中国绿色发展进程：从理念到行动

随着我国经济快速增长所带来的环境污染、生态破坏、资源短缺及极端气候等问题日益严重，发展模式转变成为国家发展战略的核心。中国在 2007 年亚太经济合作组织第 15 次领导人会议上明确提出发展低碳经济。2009 年底颁布实施了《中华人民共和国节约能源法》《中华人民共和国环境保护法》《重点用能单位节能管理办法》等一系列法律法规。自联合国开发署发表《2002 年中国人类发展报告：绿色发展，必选之路》之后，我国逐步推进绿色发展进程，实现从绿色发展理念到行动的转变。

在国家层面上，将理念转变为行动的有效措施是发展目标和考核指标的改变。从"九五"计划到"十二五"规划，我国实现了从简单地将资源环境保护目标指标纳入国家和地方的五年计划或规划，到形成系统的考核指标体系的转变。指标体系包括城市环境基础设施建设、二氧化硫和化学需氧量减排、生态保护（森林覆盖率和新增自然保护区）、单位 GDP 能耗、单位工业增加值用水量、耕地保有量、农业灌溉用水有效利用系数、工业固体废物综合利用率、非化石能源消费占能源消费总量比重、单位 GDP 二氧化碳排放量、氨氮和氮氧化物总量减排、森林蓄积量等约束性指标，以及资源产出率和单位 GDP 建设用地等具体的目标和指标。在发展模式上，实现了"以经济发展为重心，兼顾环境污染、资源短缺和大气污染，从而达到环境保护、节约资源和减少大气污染的目的的绿色发展"到"经济发展和环境资源保护并驾齐驱，强调改变现有的发展模式的绿色发展"的转变。[①] 2012 年我国将生态文明建设上升到"五位一体"战略布局的高度，将生态文明建设融入其他建设的方方面面和全过程，同时将资源消耗、环境损害、生态效益纳入经济社会发展评价体系，绿色发展进程实现了从理念到行动的阶段转移。

---

① 牛文元：《生态文明与绿色发展》，《经济》2012 年第 4 期；胡鞍钢：《全球气候变化与中国绿色发展》，《中共中央党校学报》2011 年第 4 期；刘思华：《科学发展观视域中的绿色发展》，《当代经济研究》2011 年第 5 期。

四 结论

从可持续发展到绿色发展是从理念到行动的不断演化,经济危机后的绿色发展被赋予新的含义,成为各国摆脱危机、促进经济复苏的重要探索,也是中国生态文明建设的重要路径。绿色发展内涵呈现以下特征。

第一,绿色发展成为国家发展战略的重要部分,尤其是在2008年金融危机发生之后,绿色发展被提升到了各国的国家战略发展层面,成为各国走出发展困境的重要布局,实现了可持续发展从理念到行动的转变。

第二,绿色发展强调发展的模式和路径。绿色发展不断探索技术的创新和新能源的开发,争取用最少的资源生产最多的产品,同时排放最少的废弃物实现绿色产业的转型和升级。

第三,绿色发展目标制定与实施的阶段性。中国正处于工业化、城市化和全球化的重要转型期,实施基于资源效率、环境损害、生态效益的绿色发展综合评估是转变发展方式的重要举措。

第四,绿色发展关注社会经济转型的焦点问题。在可持续的生态观、社会观、经济观和技术观等可持续发展理念的基础上,绿色发展同时关注人类的福祉,综合考虑就业、环境、经济,强调经济发展与保护环境统一协调,致力于建立经济社会发展的有效健康模式。

资源节约型社会建设对工业能源强度变化及其收敛性影响的实证分析

——以青岛市为例

江世浩 刘 凯 王 玉[*]

摘 要 资源节约型社会建设在降低青岛市规模以上工业能源强度方面产生了非常显著的效果。但是在采掘业、制造业和电煤气业之间以及不同时间段之间存在显著差别。在下降量方面,采掘业和制造业的能源强度下降的后期(2006~2011年)效果大于前期(2004~2005年)效果,而电煤气业前期效果比较明显;在下降率方面,采掘业和制造业的能源强度下降的后期效果大于前期效果,而电煤气业的前期效果比较显著。资源节约型社会建设进一步促进了青岛市规模以上各工业部门能源强度的收敛趋势,不管是前期还是后期,都对各部门能源强度的下降有进一步的收敛效果,并且前期各部门能源强度的收敛速度明显快于后期各部门能源强度的收敛速度。在资源节约型社会建设的后续工作中,运用合同能源管理等市场对策,更好地实现能源强度持续下降。

关键词 资源节约型社会 工业能源强度 收敛

自2004年4月国务院办公厅发出了《关于开展资源节约活动的通知》以来,资源节约型社会建设工作在全国迅速展开。[①] 研究人员对建设资源节

---

[*] 江世浩,青岛大学商学院国贸系硕士研究生,研究方向为可持续发展经济学;刘凯,华南农业大学经济管理学院硕士研究生,研究方向为产业经济学;王玉,宁夏大学音乐学院学士,研究方向为音乐学。

[①] 中国科学院可持续发展战略研究组:《2006中国可持续发展战略报告》,科学出版社,2006。

约型社会存在的以下问题进行了较为深刻的探究。有学者从理论上探究资源节约型社会的基本内涵、特征及其架构，如陈德敏从我国提出建设节约型社会的战略意义出发，对节约型社会的概念进行了界定，指出了节约型社会的实质和基础是物质资源的节约使用，描述了节约型社会的形成与目标，分析了节约型社会的基本内涵、特征及其架构，论证了节约型社会与循环经济的关系。[1] 也有学者从区域节能存在的问题入手探讨典型地区资源节约型社会建设需要解决的深层次问题及其对策，如韩寓群系统地总结了山东省在建设资源节约型社会时存在的诸如人均资源相对不足、产业结构和能源结构不够合理、资源利用效率偏低、全社会的资源节约意识还不强等问题，并提出了合理化对策。[2] 还有学者运用计量方法建立评价指标体系探究全国资源节约型社会建设的问题，如刘晓洁等利用熵值法确定评价指标权重，最后通过2个节约指数来综合反映区域构建资源节约型社会的状况。根据以上指标体系，对全国1990~2004年的资源节约状况进行了综合评价，结果显示我国总体上处于弱节约状态，且评价期内各子系统先后经历了基本协调发展、较协调发展、高度协调发展状态，我国距离资源节约型社会仍有很大距离。[3]

这些研究成果都将能源效率（降低万元GDP耗能量或能源强度）提高作为核心标准，这有利于我们了解资源节约型社会的效果。但是，已有研究没有对青岛市在开展资源节约型社会建设前后的工业各部门能源强度的变化进行深入分析，考察资源节约型社会建设的效果。鉴于此，为了客观了解青岛市资源节约型社会建设的短期和长期效果，笔者以青岛市规模以上工业32个行业为研究对象，运用2000~2011年的能源使用强度面板数据建立计量经济模型，分析在资源节约型社会建设过程中青岛市规模以上工业各部门在2004~2005年和2006~2011年是否具有收敛性，评价资源节约型社会建设的效果，为继续深入开展资源节约型社会建设，持续提升能源使用效率提供一些参考信息。

---

[1] 陈德敏：《节约型社会基本内涵的初步研究》，《中国人口·资源与环境》2005年第2期。
[2] 韩寓群：《大力发展循环经济 建设资源节约型社会》，《中国人口·资源与环境》2005年第2期。
[3] 刘晓洁、沈镭：《资源节约型社会综合评价指标体系研究》，《自然资源学报》2006年第3期。

一 数据收集与处理

本文的研究对象是青岛市规模以上工业32个行业的能源强度。2000~2011年青岛市规模以上工业能源使用量数据和工业增加值取自青岛市历年发布的《青岛市统计年鉴》。为了使数据具有可比性,以2000年价格为基准,18个能源品种折算标准煤的系数参考《中国能源统计年鉴》标准折算系数(标准折算系数为区间的采用平均值,其他洗煤采用洗中煤和煤泥折算系数的平均值,其他煤气采用发生炉煤气、重油催化裂解煤气、焦炭制气、重油重裂解煤气、压力气化煤气和水煤气折算系数的平均值计算),对2000~2011年的工业增加值用工业品出厂价格指标做出了调整。

根据实际获取的数据情况,本文用能源强度(万元工业增加值)代表能源使用率。本文主要是分析国家开展资源节约型社会建设前后青岛市工业能源效率的变化情况,因此在数据处理时将2004年作为一个重要的时间节点。另外,为了考察资源节约型社会建设对青岛市工业能源强度的影响,本文将开展资源节约型社会建设的前两年(2004~2005年)作为考察节能效果的前期,将以后几年(2006~2011年)作为考察节能效果的后期。

二 资源节约型社会建设前后的能源强度变化

由表1可知,资源节约型社会建设对青岛市工业能源强度具有比较明显的影响,但是规模以上各工业之间及不同时段之间的能源强度变化量具有非常不同的特点。下面从能源强度下降量和下降率两个方面考察资源节约型社会建设的效果及其差异。

表1 规模以上工业能源强度年均下降量(吨标准煤/万元,2000年价格)

	2000~2003年	2004~2005年	2006~2011年
有色金属矿采选业	0.087	-0.053	-0.100
非金属矿采选业	-0.542	-0.140	-0.106
采掘业平均	-0.139	-0.066	-0.082
农副食品加工业	-0.057	-0.068	-0.046
食品制造业	-0.138	-0.006	-0.068

续表

	2000~2003年	2004~2005年	2006~2011年
饮料制造业	0.045	-0.004	-0.006
烟草制品业	-0.015	-0.002	-0.003
纺织业	-0.127	-0.115	-0.101
纺织服装、鞋、帽制造业	0.001	-0.057	-0.061
皮革、毛皮、羽毛（绒）及其制品业	-0.009	-0.062	-0.052
木材加工及木、竹、藤、棕、草制品业	-0.108	-0.013	-0.065
家具制造业	-0.009	-0.039	-0.066
造纸及纸制品业	-0.137	-0.148	-0.183
印刷业和记录媒介的复制	-0.022	-0.081	-0.063
文教体育用品制造业	-0.005	-0.065	-0.047
化学原料及化学制品制造业	-1.119	0.261	-0.486
医药制造业	-0.080	0.013	-0.028
化学纤维制造业	-0.122	0.136	0.023
橡胶制品业	-0.192	-0.110	-0.098
塑料制品业	0.017	-0.043	-0.039
非金属矿物制品业	-0.026	-0.783	-0.404
黑色金属冶炼及压延加工业	-0.910	-0.191	-0.660
有色金属冶炼及压延加工业	-2.110	-0.204	-0.063
金属制品业	0.004	-0.084	-0.051
通用设备制造业	-0.049	-0.038	-0.050
专用设备制造业	-0.038	-0.023	-0.031
交通运输设备制造业	-0.027	-0.128	-0.056
电气机械及器材制造业	-0.001	-0.001	-0.007
通信设备、计算机及其他电子设备	-0.008	-0.020	-0.013
仪器仪表及文化、办公用机械制造业	-0.011	-0.074	-0.041
工艺品及其他制造业	-0.012	-0.075	-0.054
制造业平均	-0.269	-0.506	-0.852
电力、热力的生产和供应业	-0.357	1.466	0.026
燃气生产和供应业	-17.279	-5.494	-3.122
电煤气平均	-5.946	-1.318	-1.042
全工业平均	-0.744	-0.538	-0.802

(一)青岛市工业能源强度前后期下降量的变化

在我国大力推进资源节约型社会建设后,大部分行业的能源强度均出现不同幅度的下降,资源节约型社会建设的效果非常显著。青岛市工业能源强度下降存在以下特点。

由图1很容易发现,采掘业、制造业和电煤气业在不同时间段年均下降量是不同的,尤其是电煤气业在我国建设资源节约型社会之前能源强度的下降量不仅比该行业其他时间段下降量大,而且比其他行业的下降量大。

从前期和后期的效果来看,采掘业2006~2011年年均下降量为0.082吨标准煤/万元,大于2004~2005年年均下降量0.066吨标准煤/万元,说明采掘业的后期效果大于前期效果。同样,制造业2006~2011年年均下降量为0.852吨标准煤/万元,大于2004~2005年年均下降量0.506吨标准煤/万元,说明制造业的后期效果也大于前期效果。但是对于电煤气业来说,2006~2011年年均下降量为1.042吨标准煤/万元,小于2004~2005年年均下降量1.318吨标准煤/万元,说明电煤气业的后期效果小于前期效果。总的来看,全行业的后期效果还是大于前期效果的。

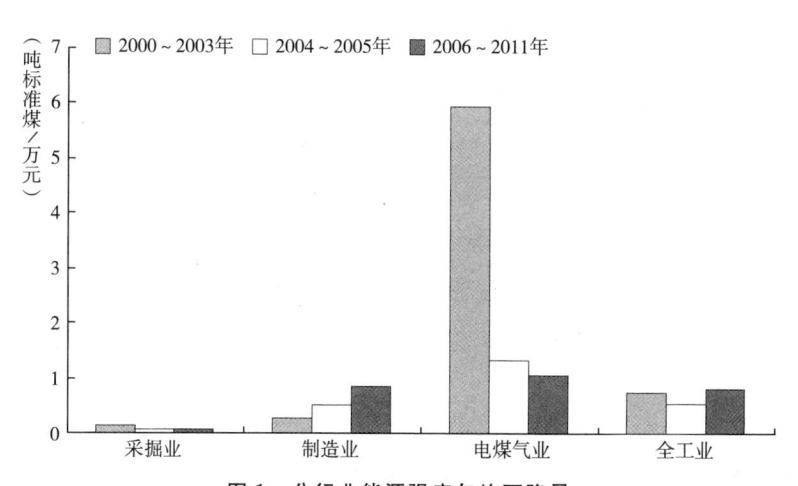

图1 分行业能源强度年均下降量

(二)青岛市工业能源强度前后期下降率的变化

从图2的工业能源强度年均下降速度来看,采掘业、制造业和电煤气业的能源强度下降率的情况与能源强度下降数量存在非常明显的不同。

资源节约型社会建设前后,工业能源强度年均下降率情况为:工业的前后期效果均比较显著,但差异明显。制造业的工业能源强度的后期年均下降率明显高于采掘业和电煤气业的工业能源强度的后期年均下降率,并且前期和后期的年均下降率均在15%以上,其后期的年均下降率更是高达26.06%。采掘业的工业能源强度的后期年均下降率高于前期年均下降率,但是两者都很高(后期为22.5%,前期为19.1%)。电煤气业有点不同,其工业能源强度后期年均下降率低于前期年均下降率,并且其后期年均下降率是3个行业中最低的。总体来说,全工业能源强度的后期年均下降率明显高于前期年均下降率(后期为23.51%,前期为16.54%),这说明构建资源节约型社会对青岛市产生了越来越大的作用。

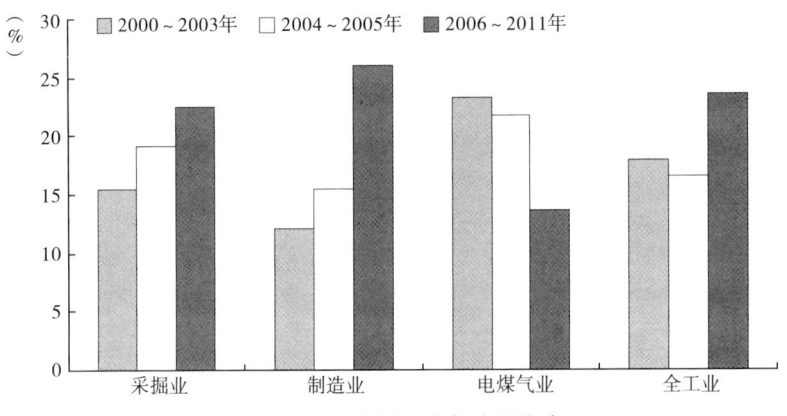

图 2　分行业能源强度年均下降率

(三) 资源节约型社会建设前后青岛市能源强度变化分析

为了便于比较资源节约型社会建设前后工业能源强度的变化情况,本文将有色金属矿采选业和非金属矿采选业归为采掘业,将食品加工业等28个行业归为制造业,将剩下两个行业归为电煤气业。将前4年(2000~2003年)能源强度的变化情况作为实施资源节约型社会建设之前的考察点,余下年份(2004~2011年)作为实施资源节约型社会建设后的考察点。

由表2可知,在2000~2003年期间,各行业能源强度均有一定的下降,下降最大的应属电煤气业。在全国开展资源节约型社会建设之后,即2004~2011年,相比2000~2003年,除了制造业下降幅度略小外,其他行业的下降幅度均较大,尤其是电煤气业,其能源强度下降量达到42.14吨标准煤/万元,比实施资源节约型社会建设前多下降了 25.95 吨标准煤/万元。就整体行业来说,资源节约型社会建设之后能源强度的下降量是建设之前能源强度的下降量的 2.20 倍,可见,资源节约型社会的构建对青岛市工业能源强度的下降起到了举足轻重的作用。

表2 资源节约型社会建设前后时段分行业能源强度下降总量

单位:吨标准煤/万元

时间段	采掘业	制造业	电煤气业	整体行业
2000~2003 年	-0.77615	-0.81538	-16.1897	-0.50844
2004~2011 年	-0.92596	-0.57346	-42.1432	-1.12307

三 资源节约型社会建设对能源强度收敛性的影响分析

(一) 方法介绍

为了考察青岛市规模以上工业各部门的能源强度的变化是否具有收敛性,以及资源节约型社会建设对这种收敛性的定量影响,本文将检验 β 收敛的模型变形如下:

$$\ln(E_{i,t}/E_{i,t-1}) = \alpha + \beta_1 \ln(E_{i,t-1}) + \beta_2 [D_1 \times \ln(E_{i,t-1})] + \beta_3 [D_2 \times \ln(E_{i,t-1})] + u_{i,t} \tag{1}$$

在式 (1) 中,$E_{i,t}$ 为 i 行业第 t 年的能源强度,α、β_1、β_2、β_3 为待估计参数,虚拟变量 D_1 在 2004~2005 年时取值为 1,其他年份取值为 0,虚拟变量 D_2 在 2006~2011 年时取值为 1,其他年份取值为 0,$u_{i,t}$ 为扰动项。式 (1) 能够检验各部门能源强度是否具有 β 收敛。若参数 β 的估计值为负,则表明存在绝对的 β 收敛,即能源强度较高部门的下降速度较快,能源强度较低部门的下降速度较慢;若参数 β 的估计值为正,则能源强度较高部门的下降速度慢于能源强度较低部门的下降速度,部门之间的能源强度出现了发散特点。

加入虚拟变量 D_1、D_2 的作用是判断资源节约型社会建设对青岛市规模以上工业能源强度收敛性的影响。若参数 β_2 的估计值为负,则表明 2004~2005 年实施资源节约型社会建设使规模以上工业部门能源强度的收敛性进一步增强,若参数 β_2 的估计值为正,则表明 2004~2005 年实施资源节约型社会建设使规模以上工业部门能源强度的收敛性减弱,从而导致在 2004~

2005年规模以上工业各部门的能源强度的收敛速度慢于2000～2003年的。若参数β_3的估计值为负,则表明2006～2011年实施资源节约型社会建设使规模以上工业部门能源强度的收敛性进一步增强,若参数β_3的估计值为正,则表明2006～2011年实施资源节约型社会建设使规模以上工业部门能源强度的收敛性减弱,从而导致在2006～2011年规模以上工业各部门的能源强度收敛速度慢于2000～2003年的。

(二) 回归结果与分析

由表3可知,2000～2011年青岛市规模以上工业各部门能源强度呈现比较明显的收敛趋势,并且开展节约型社会建设以来这种收敛趋势呈现较为明显的加速现象。2000～2003年,青岛市规模以上工业各部门能源强度收敛速度为0.254,2004～2005年收敛速度加快0.060,2006年以后的收敛速度加快0.029。无论从收敛速度加快效果还是从显著性水平来看,节约型社会建设前期(2004～2005年)的工业能源强度下降效果均好于后期(2006～2011年),并且后期效果仅为前期的50%左右。

为了解决全面建设小康社会面临的资源约束和环境压力问题,保障国民经济持续快速协调健康发展,2004年4月,国务院办公厅发出了《关于开展资源节约活动的通知》,2004～2006年在全国范围内组织开展了资源节约活动,全面推进能源、原材料、水、土地等资源的节约和综合利用工作,在几年的时间内让资源节约型社会的构建实现实质性跨越。青岛市各工业部门在这期间通过推进产业结构调整、加快科技进步、加强新能源开发等措施对高耗能、高污染的产业进行了大力整顿,在降低能源强度方面取得了良好的效果,但是随着节能科技的不断改进,进一步降低能源强度需要付出更大的代价,所以出现了较长时间内的能源强度收敛速度慢于短时间内的收敛速度。

表3 资源节约型社会建设对能源强度收敛性的影响

变 量	参数估计	T统计量	P值
常数项	-0.251	-10.234	0.000
$\ln(E_{i,t-1})$	-0.254	-6.598	0.000
$D_1 \times \ln(E_{i,t-1})$	-0.060	-2.401	0.016
Hausman检验		79.635*	0.000

注:*表示该统计量服从χ^2统计量分布。

四 结论与建议

资源节约型社会建设在降低青岛市规模以上工业能源强度方面起到了非常显著的效果,但是在采掘业、制造业和电煤气业之间以及不同时间段之间存在显著差别。在下降量方面,采掘业和制造业的能源强度下降后期(2006~2011年)效果大于前期(2004~2005年)效果,而电煤气业的前期效果比较明显;在下降率方面,采掘业和制造业的能源强度下降的后期效果大于前期,电煤气业的前期效果比较显著。资源节约型社会建设进一步促进了青岛市规模以上各工业部门能源强度的收敛趋势,不管是前期还是后期,都对各部门能源强度的下降有进一步的收敛效果,并且前期各部门能源强度的收敛速度明显快于后期各部门能源强度的收敛速度。

我国目前处于工业化中期的重化工业阶段,工业总产值和增加值处于不断上升的时期,虽然青岛市工业能源强度在往年下降明显,但是工业耗能总量不断增加,能源供应仍然面临越来越大的压力。为了促进青岛市工业能源强度的持续降低,应尽早地依靠科技进步,不断增强自主创新能力,有效发挥先进技术在节能中的特殊作用,加大节能技术的投入力度,颁布向新能源科技和新节能科技倾斜的政策,积极引导、鼓励科研机构和企业进行科技创新,加大对科技开发方面的经费支持力度。大力发展第三产业,减少对能源的需求量;优化第二产业的内部结构,大力开发低能耗的高新技术产业,从而降低第二产业对能源的需求量;同时建立一个市场手段和行政手段相结合的长效机制,通过政策导向和经济手段,优化工业内部结构;完善促进节能的价格、财政、税收、信贷等政策措施,鼓励节能公司的建立,利用市场竞争推动节能;通过规划控制、土地征用、环保达标等多方面措施,提高资源消耗大、污染严重的产业产品的市场准入门槛,限制和加快淘汰浪费资源、污染环境的落后工艺、技术、产品和设备。[1]

运用合同能源管理等市场手段促进节能,为用户提供节能诊断、融资、改造等服务,并以节能效益分享方式回收投资和获得合理利润,大大降低用能单位节能改造的资金和技术风险,充分调动用能单位节能改造的积极性。尽快完善相关法律法规和政策,通过立法手段对合同能源管理产业的

---

[1] 雷波:《我国合同能源管理发展问题及建议》,《中国科技投资》2010年第8期。

发展提供有力的法律保障，制定行业规范；政府应在财政、税收等方面给予优惠、支持，针对高新技术企业出台一系列财税优惠政策；拓宽融资渠道，设立专业化的节能项目担保基金和相应的运作机构，建立并完善以担保基金启动银行贷款的节能融资中介机制。

加强资源节约型社会建设，是促进青岛市规模以上工业能源强度不断收敛的有效途径，因此，继续开展资源节约型社会建设，将促进青岛市工业能源强度继续保持收敛态势。针对电煤气行业能源强度虽有下降但依旧过高的现象，青岛市应继续增大对电煤气业的投资，发展高新节能技术，调整和优化内部结构，完善市场运行机制，加快电煤气业的现代化发展步伐。另外，要继续坚持建设资源节约型社会，重视资源节约型社会带来的长远效果，为青岛市工业能源强度进一步收敛做出努力。

生态脆弱区产业经济负外部性的政府治理策略探析

潘 立*

摘 要 区域经济系统与生态系统之间的关系失调问题是制约我国生态脆弱区社会与经济稳健可持续发展的关键因素。其根源在于人类对生态脆弱区与区域经济互动关系认知不足，地方政府亦未能基于生态脆弱区的特质来有效规制产业经济负外部性。本文阐述了生态脆弱区的内涵与特征，及其与产业经济负外部性之间的耦合关系；从生态脆弱区产业经济负外部性治理的理念定位出发，从负外部性治理的产业政策问题及财税政策问题等角度深刻揭示生态脆弱区产业经济负外部性政府治理所面临的现实困境；给出生态脆弱区产业经济负外部性治理的理念定位，并提出生态脆弱区产业经济负外部性治理的产业政策及生态脆弱区产业经济负外部性治理的财税政策等具体措施。

关键词 生态脆弱区 产业经济 负外部性 政府治理

一 问题的提出

根植于科学技术的工业文明的兴盛强化了人类中心主义的生态观。理性之于人类的价值被科学技术的持续进步所反复证明，理性决策被视为人类超越其他生物系统并统御整个生态系统的根本性力量，从而确立了人类

---

* 潘立，男，河南信阳人，西南林业大学经济管理学院讲师，研究方向为林业经济、供应链研究。

对自然生态系统的主宰权力。为践行该权力，人类以生产为手段和以生活为目标，展开了对自然生态系统的全面征服。但自然生态系统的高维属性决定了生态系统的复杂性，人类凭依现有的工程与管理技术实力难以洞悉整个生态系统的基本运作规律，从而弱化了人类凭借其现有的有限技术储备来全面控制自然生态系统发展趋势的能力。

生态脆弱区（Vulnerable Ecological Region）概念肇始于1988年布达佩斯生态学国际会议，是指生态系统结构稳定性差和支撑的系统各要素对外部扰动的灵敏度高，其退化趋势难以在现有人类技术条件下有效遏制的连续区域。生态系统脆弱区与地方政府的区域经济发展战略间存在如下关联性。其一，产业经济发展将提高生态系统脆弱区的外部扰动强度，生态脆弱区的高灵敏度和低抗干扰能力使其可在较短时期内对扰动信号做出强烈响应并在其弱自修复能力作用下使整个系统滑向崩溃。其二，区域经济发展使无外力支持的生态系统脆弱区的系统功能处于持续退化过程中。地方政府应当组织社会资源和经济资源对生态系统脆弱区给予有力的外部支持，以遏制系统的持续退化势头。其三，生态系统脆弱区所承载的生态功能的外部性有力地促进了区域社会与经济发展。这决定了地方政府对支持生态脆弱区的前期财政投入可经由区域经济循环系统来获得丰厚的远期回报。为此，地方政府有必要深入探析生态脆弱区产业经济发展所引致的负外部效应，审慎制定区域产业经济发展战略以避免脆弱生态区的系统性崩溃。

二 生态脆弱区产业经济负外部性政府治理的现实困境

（一）生态脆弱区产业经济负外部性治理的理念定位问题

1. 唯经济指标行政理念问题

唯经济指标的行政理念定位和短期经济绩效价值取向降低了地方政府治理生态脆弱区产业经济负外部性的效能。1994年正式启动的分税制改革的目标是通过培养地方政府独立利益的方式来激励地方政府发展区域经济的积极性，随之产生的将国民生产总值增长与政府官员工作绩效直接挂钩的政绩评价制度改革有效激活了地方政府发展地方经济的积极性。但只重视国民生产总值的政绩评估模式扭曲了地方政府领导人的决策立场。在生态环保价值取向与本地产业经济价值取向的行政决策过程中，地方政府领导基于政绩目标考量而舍弃生态环保并选择经济增长的策略。其根源在于当前各级党政机构仍是以经济建设为中心，执政者以经济效益为纲来衡量生态脆弱区产业相关投资价值并据此制定生态脆弱区的相关生态环保政策。生态脆弱区的产业投资主体通常为大型企业，其可通过对区域生态产业的环评标准制定、环评过程及结果施加影响以从中谋求经济利益。生态脆弱区的产业开发虽然给少量本地居民带来就业岗位，但受外力干扰的有瑕疵的环评结果将使生态脆弱区面临产业配置错位的风险，从而导致本地多数普通居民的切身利益受损。普通社会居民缺乏与大型利益集团展开公平博弈的必要组织能力和谈判能力，再加之各地党政领导任职时间的有限性使其希冀在有限任期内取得显著政绩，这一执政动机使其在设计生态脆弱区产业投资可行性评估和环评的相关指标内容和评估程序时更多偏向于选择以产业部门的利益为重的短期经济绩效评估方案，而忽视以居民部门利益为重的长期经济绩效评估方案。

2. 系统性治理理念缺位问题

地方政府缺乏对生态脆弱区产业经济负外部性的系统治理理念。部分地方党政领导为追求短期政绩而忽视对危害生态脆弱区生态安全的违法行为的依法规制，其行政不作为的放任态度导致生态脆弱区生态系统的功能损伤乃至整个生态区功能的不可逆性退化，从而威胁区域经济的可持续发展。其根源在于部分地方领导缺乏对生态脆弱区生态系统所衍生的长期经济价值的有效认知，其短视型经济发展理念表现为以牺牲可带来长期生态价值和经济利益的区域生态系统稳定性来换取短期经济效益和政绩。再者，地方政府未能准确把握产业经济负外部性与生态系统脆弱区间相互作用的基本规律，其所采取的重视初始投资建设而忽视后期维护性投资的理念背离了产业负外部性治理的本质规律。部分地方领导虽较重视对生态脆弱区的投资，但缺乏对生态系统建设工程的长期性和艰巨性特征的必要认知。部分生态工程的后期追踪性投资建设和系统性监管措施跟进不力，使得政府对林业生态系统建设的前期投资退化为无价值的沉没成本，导致区域生态环境持续恶化的局面得不到根本改变。

(二) 生态脆弱区产业经济负外部性治理的产业政策问题

1. 利益集团的规制俘获问题

利益集团的规制俘获策略遏制地方政府治理生态脆弱区产业负外部性

的绩效。生态脆弱区内规制方与受规制方基于理性人假设来谋求自身福利最大化目标，作为受规制方的利益集团有较强的激励来寻找地方政府规制体系的漏洞并利用该漏洞来获取本位利益。受规制方对地方政府主管部门的规制俘获直接恶化了生态脆弱区的制度环境，进而影响周边产业经济的整体效率。政府采取规制策略的产业政策出发点是试图解决产业负外部性治理领域的市场机制失灵问题。但公共利益理论认为政府的规制行为并不能简单等同于维护公共利益；在信息不完全且规制成本不趋向零的情形下，政府规制行为可增加其背离公共利益的概率，即由政府来纠正市场缺陷可能产生无法预料的副作用，这种情况经常发生在远离公共政策运行的那些领域。[①] 生态脆弱区企业的规制俘获行为将可使该企业利用公权力来谋求企业私利，以实现本位利益最优化目标为导向来操纵生态脆弱区的生态资源配置方案的制定与实施。从区域产业经济整体利益角度分析，为避免被行政力量主导的规制政策所左右，部分企业将原本可用于生产领域的人、财、物等资源转挪到对政府公务人员进行游说的支出领域。该份被企业挪用的生产资源将降低政府规制政策的有效性，放任生态脆弱区企业的负外部性。

2. 产业链延展度不足遏制正外部性

生态脆弱区产业政策的制定未考虑激活产业系统的内部能力来消除产业负外部性问题。当前生态脆弱区周边经济发展水平相对滞后，区域产业链发育不足。低产业关联度导致企业生产活动的外部效应显著，企业难以借助产业链平台来实现企业外部效应的内部化。产业链凭借强大的内向吸引力促使区域内新企业或既有产业链系统的外围企业向心聚集，从而促使产业集群发展壮大。产业链的凝聚力则促使产业集群内的企业保持紧密的合作共生关系，维持体系的存在和发展。[②] 产业链集群的衍生动力源自其对租金的追求和由此引致的自我强化循环式积累企业生存和发展资源的正外部性。但由于生态脆弱区的生态承载能力相对不足，有限的自然资源开发潜力制约了生态脆弱区周边居民的持续发展经济的诉求。生态脆弱区企业未能充分利用本地资源禀赋优势来拓展产品价值链，由此导致的产品加工深度不足问题降低了本地有限的物质与能源利用效率。

---

① 王山：《社会转型期背景下地方政府行为负外部性研究》，《重庆理工大学学报》（社会科学版）2013年第11期。
② 严北战：《外部性、租金与集群式产业链内在演化机理》，《科学学研究》2011年第4期。

(三) 生态脆弱区产业经济负外部性治理的财税政策问题

1. 生态脆弱区的天然弱质性问题

生态脆弱区的天然弱质性要求地方政府动用财税力量来治理区域产业经济发展所衍生的负外部性问题。生态脆弱区产业经济的原料生产具有生成周期较长、产能波动率高和投资人收益风险大的特点,这决定了生态脆弱区产业经济具有天然弱质性。生态脆弱区产业的天然弱质性增加了产业投资者的投资风险,并迫使多数投资机构采取审慎策略以有效规避风险。再者,生态脆弱区产业的负外部性决定了企业运营成本与收益和社会成本与收益之间呈显著背离特征。基于理性人假设的生产者的理性选择是在生产运营过程中摒弃生态环保策略以降低其本应由企业负担的环境治理成本,利用现有政府的治理漏洞以将该部分污染体转交给区域生态环境做自然降解处理,并将其环境治理成本转嫁给本地居民来承担。通常认为可解决厂商部门与本地居民部门间的外部性冲突问题的有效方法是以零交易费用为前提的基于产权界定清晰情形下的谈判来引导资源的有效配置。[①] 但考虑到生态脆弱区所处地区的政治与经济制度相对落后,产权界定模糊和交易费用高企使得科斯定理缺乏有效应用前提。肩负着维系和谐社会运行的艰巨政治使命的地方政府需高度关注可能诱发社会动荡的区域生态环境问题,并积极动用行政资源和财政资源来消弭各种可诱发社会族群对立的区域生态问题。

2. 地方政府财政实力不足与财政支出结构问题

生态脆弱区地方政府财政实力薄弱和财政支出结构失调妨碍其对生态脆弱区产业经济负外部性治理的支持力。财政支持是生态脆弱区产业经济负外部性治理工作良序运行的必要条件。但生态脆弱区通常位于经济相对欠发达地区,其地方政府的财政实力相对薄弱,既对招商引资以促进区域经济发展有着强烈需求,又缺乏运用财政资金帮助区域产业企业治理负外部性问题的经济实力。再者,生态脆弱区地方政府对其辖区内企业负外部性治理的财政支出结构失调。从中央与地方财政支出结构层面分析,生态脆弱区地方政府借助诸如天保工程等国家工程的资金来支持区域生态产业发展,偏重于对关系区域生态环境重大事项的基础性、全局性的战略工程

---

① R. H. Coase, "The Problem of Social Cost," *Journal of Law and Economics*, 1960 (3).

领域的投资，但该类资金属财政专户并采取专款专用管理模式，其投资领域与生态脆弱区域经济发展所需治理的负外部性领域缺乏交集。从地方政府财政支出结构层面分析，地方政府的财政支出多集中于机关人员开支及可形成固定资产的基础设施建设领域，对诸如负外部性治理等公共服务领域的支出比例相对不足。这是由于财政对区域产业经济负外部性治理相关领域的支出难以在短期内见效，地方政府在现有的政绩导向激励下倾向于支持产业发展而忽视对产业发展所引致的负外部性治理进行合理投入。

三 生态脆弱区产业经济负外部性的政府治理策略

（一）重构生态脆弱区产业经济负外部性治理的理念定位

1. 增进利益交集理念

生态脆弱区地方政府应本着增进各利益相关者的利益交集理念来消弭区内产业经济的负外部性。为有效消除生态脆弱区开发企业的机会主义价值取向，地方政府有必要通过系统性制度设计来将开发企业的本位利益最优化目标与本地居民和地方政府等利益相关者的长期利益目标相捆绑。利益交集扩张将有效弱化开发企业的利益掠夺动机，延长生态脆弱区不可再生资源储备总量的可开采时间并确保其可再生资源的生成与开采速率的均衡性，以维系区域生态资源再生系统的可持续发展能力。具体而言，政府可通过调整土地政策、信贷政策及产业政策等政策性资源配置的方式来引导生态脆弱区依循政府意志来进行产业布局和企业运营活动。地方政府应当通过强化内部制度建设的方式来杜绝部分企业运用非常规性政策游说措施来对部分政府官员寻租权力，进而影响政府相关生态政策的制定和执行效能。

2. 生态与人文交融理念

地方政府应确立生态系统思想与人文关怀交融的理念，基于人与自然关系的重构来调整政策制定的利益基础。生态科学与技术的迅猛发展增强了人类中心主义的膨胀，由此诱发出对生态脆弱区自然资源乱采滥用的风险。生态脆弱区生态系统的内在运作规律要求政府决策者正确认识人与自然的关系，充分认知到人类凭借当前技术能力难以全面掌控高复杂度的生态脆弱区生态系统的运行轨迹。生态脆弱区环境外部性的复杂性还表现在环境问题在伤害发生前常常包含一条相当长的因果链。若干污染源的污染物混合型排放的可能危害比其单独排放时更大；生物链条中有毒物质的集聚和迁移对生态系统或人类健康的危害可能在若干年后方可显性暴露，而在此之前的生态系统问题与问题诱因之间的联系如此之微弱以致难以有效被证明。为此，地方政府决策者应当对生态脆弱区的产业发展保留审慎意见，在生态开发及修复技术应用前景及其应用后果不明朗的情境下更多采取维持现状的保守型策略。再者，生态脆弱区周边的人类聚居点内的社会人文环境属于生态脆弱区大系统的有机构件。地方政府应当将生态脆弱区周边人类聚居点的居民利益纳入生态脆弱区产业经济负外部性治理的大框架，将增进生态脆弱区的价值及其与周边企业及居户的利益交融作为支撑生态脆弱区产业战略决策的重要支撑因素。为克服生态脆弱区企业因生态危机治理不善而诱发的显著负外部性，地方政府应当对生态脆弱区周边居户因此而造成的损失进行弥补。地方政府应将生态脆弱区周边居民的可度量经济损失与周边企业所缴纳的税费进行比较，若生态脆弱区周边企业所缴纳税费低于周边居民可度量的经济损失额，则地方政府可对该企业采取关停强制措施。

(二) 改进生态脆弱区产业经济负外部性治理的产业政策

1. 以高效企业为核心整合循环型绿色产业链

地方政府应以高效企业为核心整合循环型绿色产业链，削弱企业负外部性对生态脆弱区的生态压力。循环型绿色产业有助于提升生态脆弱区自然资源的利用效率，并减少产业运作过程中的诸如污染等负外部性。生态脆弱区的循环产业可促进传统的规模扩张型生产模式向资源集约型生产模式转型，将其对生态脆弱区的本地资源依赖做单位产量的资源约束减量化处理，从而提升单位资源投入的收益水平。考虑到生态脆弱区周边经济落后的实情，地方政府需采取渐进式产业转型策略。在对本地企业及有投资意向的外资企业进行单位资源产出绩效考核的基础上，地方政府可将单位资源产出效益较高的企业作为产业整合核心，给予该企业较为优厚的产业政策，大力扶持其以产业链为轴心来兼并上下游企业，并通过产业关联效应来促进整个产业的技术进步和效率提升，减轻生态脆弱区周边企业负外部性对生态脆弱区的生态承载压力。

2. 提高产业内协同分工效率以增强产业关联度

地方政府应提高产业内协同分工效率，以强化生态脆弱区内产业关联度。将生态脆弱区周边产业所引致的环境承载压力控制在生态脆弱区承载力阈值范围内是生态脆弱区产业负外部性治理的底线，但有限的可利用资源与生态脆弱区周边居民的持续发展经济的诉求之间会产生矛盾。生态脆弱区地方政府应当加强本地优势产业的关联度，提升本地资源优势产品的加工深度，提高本地有限的物质与能源的转化效率，开拓本地经济在低资源耗费基础上的高水平循环经济发展模式。这要求生态脆弱区地方政府积极建立面向第一产业的循环生物链生产模式，将农林牧业的废弃物返还生产地的生物循环系统中。此举有助于将离散化生产模式下的传统农林牧业的个别企业或农户的生产负外部性内部化，用生态系统内循环的方式来消除传统生产模式下的负外部性，从而实现第一产业所提供的基础产品的绿色生产系统的良性循环运作。地方政府应当制定面向第二、第三产业的产业链拓展式产业政策，将绿色循环经济拓展到产业链的高附加值生产制造领域。产业链高附加值环节业务的拓展可实现单个企业的负外部性的局部内部化，且有助于增加地方政府的财税收入，增强其治理生态脆弱区的产业负外部性的财政实力。

（三）优化生态脆弱区产业经济负外部性治理的财税政策

1. 惩治性税务措施

其一，地方政府可针对生态脆弱区产业经济负外部性问题制定惩治性税务措施。地方政府可以对生态脆弱区的部分第一产业开征资源使用税，并对第二、第三产业能耗及污染水平较高的企业开征环保税。税务部门加大征管力度并不单纯是为了增加政府收入，更重要的是通过税收杠杆来提高负外部性较大企业的税负水平，以有效防控该类企业运营过程所产生的负外部性突破外部生态环境的承载力阈值。此举还有助于调控企业的预期收益水平，激发企业的内部管理活力。基于制度经济学分析，在交易费用不为零的情况下，解决外部效应的内部化问题要通过各种政策手段的成本与收益的权衡比较。[①] 地方政府应当审慎确认成本和收益的承担者和获得者及具体成本额和收益额，以便为税务部门制定相应税率提供依据。生态脆弱区产业负外部性制造者的缴税额应当与边际净收益相平衡。具体而言，各级政府可运用边际分析法来测度生态脆弱区产业负外部性制造者可从环

---

① 徐博：《基于外部性理论谈低碳经济发展的财政政策选择》，《商业时代》2011年第6期。

境治理成本转移过程中获取的边际收益,并结合生态脆弱区产业负外部性制造者的支付能力酌情制定相应的惩戒税率。从生态脆弱区产业负外部性制造者的角度分析,此种将负外部性制造行为和税费负担者相挂钩的庇古型税率设计可以抬升负外部性制造者的单位产品生产成本。生态产品成本的增加将间接抬高其市场售价,并通过降低市场需求总量的方式来倒逼企业压缩产能,从而实现对区域生态环境的保护效果。

2. 庇古税等额转移补贴负外部性受害方计划

地方政府可建立基于财政专项资金拨付的生态补贴计划,以维护生态脆弱区产业经济的利益均衡。支持征税以遏制负外部性者认为,要将外部性内部化以实现私人边际成本与社会边际成本相一致,必须对污染企业征收相当于两者间差额的外部成本。[①] 传统庇古税设计的问题在于政府客观上可从生态脆弱区产业负外部性行为中获得正边际税收收入的额外利益,但生态脆弱区产业负外部性并未因其制造者支付额外税费而消失。这意味着地方政府在治理产业负外部性过程中所获取的额外税收收入实质上是以损害生态脆弱区内其他企业的利益为代价的。为践行社会公义,因区域产业负外部性而额外征收的庇古税相关税款应被地方政府等额转移给负外部性受害方,以弥补其损失。地方政府应当将其从生态脆弱区产业负外部性制造者处所征税款转用于对产业负外部性受害方进行补贴的专项生态补偿款,以此来维系生态脆弱区周边各企业的整体利益平衡。政府通常可运用纵向支付方式来支付该款项。但由于纵向支付方式的资金需经多个环节周转方可到达受补贴一方的账号,由此增加了专项资金被贪污、挪用的风险。各级政府可建立面向财政专款拨付对象的财政直付系统,从而压缩财政资金流转成本并提升其流通效率。

---

① 徐博:《基于外部性理论谈低碳经济发展的财政政策选择》,《商业时代》2011年第6期。

儒家与水生态文明研究

袁凤忠[*]

摘　要　党的十八大明确提出把生态文明建设放在突出地位，融入经济建设、政治建设、文化建设、社会建设各方面和全过程。生态文明作为人类文明的一种新形态，强调人与自然的和谐共生、协同发展，它是人类文明发展的成果，也是人类可持续发展的最终目标。

关键词　水利生态文明　儒家文化　天人合一　和谐社会

一　生态文明研究的现实意义

生态文明概念的提出，是与日趋严重的环境问题密切相关的。进入20世纪后半叶后，全球性的生态危机使人类面临前所未有的挑战。据统计，占全世界人口26%的发达国家，消耗着世界75%以上的能源和80%以上的资源，它们对本国自然资源实行保护，对发展中国家的自然资源进行掠夺性开发，从而加剧了资源的短缺和生态的破坏。改革开放30多年来，我国经济建设取得了举世瞩目的成就，但国内经济增长是建立在能源消耗较高、生态环境破坏较大的基础上的。水生态文明建设是生态文明城市建设的起航点和推进器，建设生态文明与河流的关系非常密切。

---

[*]　袁凤忠，广东省河源市客家古邑文化研究会副秘书长。

二 建立较完善的法律体系以保护生态环境

（一）中国水生态文明的法律体系构建

我国水资源保护的法制建设始于20世纪70年代，关于水资源保护的法律主要有《环境保护法》《水法》《水污染防治法》《水土保持法》《防洪法》等。从2010年3月1日起，《贵阳市促进生态文明建设条例》正式开始施行，它是一部综合性的生态保护法，它是全国第一部促进生态文明建设的地方性法规。

（二）国外水生态文明的法律体系构建

从某种程度上说，美国的生态环境保护历史就是一部环境保护法制史，法制贯穿于美国生态环境保护的一切工作。从最初的主要依靠不成文法、零星制定成文法保护生态环境，发展到现在的制定大量成文法、建立较完善的法律体系以保护生态环境。美国的生态环境保护法律体系包括《国家环境政策法》《清洁空气法》《清洁水法》《安全饮水法》《固体废弃物防治法》《濒危物种法》《防治污染法》《海岸带管理法》《森林和牧场可更新资源规划法》等。

欧盟关于水资源保护的立法工作是在各国水法的基础上进行的，英国等发达国家早在16世纪就制定了水法。1975年颁布实施了《水政策领域共同体行动框架》，成为欧盟指导各国水资源保护和利用的根本大法。

英国是世界上工业化最早的国家，同时也是最早制定水法的国家。二战后，英国颁布了一系列与水资源管理有关的法令，如《河流洁净法》（1960年）、《土地排水法》（1961年）、《河流防止污染法》（1961年）、《水资源法》（1963年）、《运输法》（1968年）、《农业法》（1970年）、《鲑鱼与淡水鱼法》（1972年）、《水法》（1973年、1983年、1989年）、《污染控制法》（1974年）等。

生态文明社会是在物质文明高度发展的基础上，人与自然和谐相处，人类社会与自然生态协调发展、互利共生，人们积极开展生态建设、充分享受生态成果的高度文明的社会形态。

随着水生态文明建设的不断深入和生态文明法律体系的构建，资源节约和环境保护活动将在社会生产和生活的诸多方面得到长足发展，进而推动整个社会走上生态文明的发展道路。

三 保护水生态环境、推动生态文明建设的几点建议

生态文明的建设和转型,不仅需要立法的健全和完善,还需要大量环境经济政策的广泛运用,以促进生态环境保护的发展。建立社会、经济、自然相协调、可持续的发展观,把资源节约、环境治理、生态保护、人口数量的控制与素质的提高都包括在发展概念之中,以实现社会、经济、环境的可持续发展。

保护生态环境就必须严格用水效率控制,深入推进节水型社会建设;严格入河湖排污总量控制,加强水功能区和入河湖排污口监督管理。要围绕生态水系重点工程建设总体布局,加快推进河湖水系连通工程建设,构建引排顺畅、蓄泄得当、丰枯调剂、多源互补、调控自如的河、湖、库、渠水网体系。水污染防治是未来水利工作的重点,要保障水资源可持续利用。抓紧制定水功能区分阶段限制排污总量意见,建立水功能区水质达标评价体系,深入开展重要饮用水水源地安全保障达标建设。要全面构建流域治污体系,通过加强水土保持生态建设,着力打造水生态安全屏障。

大力开展坡耕地综合治理,积极推进生态清洁小流域建设,实施河湖水库生态综合整治工程,加大对地下水超采区和海水入侵区的治理力度,加快海堤达标建设,加强河口湿地保护,要加强以重要控制断面、重要水功能区和地下水超采区为重点的水质水量监测能力建设,加快构建水资源监测、水灾害防御指挥决策和水工程运行管理调度信息化支持系统,抓紧完善水资源监测、用水计量与统计等管理制度和技术标准。水利的发展靠改革,应着力构建水生态建设长效机制。进一步强化水资源统一管理,推进城乡水务一体化管理,健全流域水生态环境保护协作制度。严格水资源有偿使用制度,完善水价形成机制,积极建立水权转让制度,探索建立水生态补偿机制。全面落实水生态文明建设各项保障措施。抓布局,优化水生态配置格局。按照人口资源环境相均衡、经济社会生态效益相统一的原则,进一步对规划建设的水利项目进行水生态配置和调控能力测试,满足项目建设的生态性。采取调水引流、清淤疏浚、生态修复等措施,构建引排顺畅、蓄泄得当、丰枯调剂、多源互补、调控自如的河、湖、库、渠水

网体系，实现水域环境升级。

紧密结合城乡供水一体化建设工程，加大生态水利惠民、利民力度，抓防治，构造水生态安全屏障。建立水功能区水质达标评价体系，对水质不达标的重要水功能区，采取措施进行综合治理。努力完善饮用水水源地核准和安全评估制度，深入开展重要饮用水水源地安全保障达标建设，加强水源地突发事件应急处置能力建设，搞好县域水污染联防，加强水污染防治的监督管理，继续关闭、取缔水源周边影响水源水质的污染企业。全面构建流域治污体系。抓建设，打造水生态样板工程。积极推进水库扩建、新建工程，解决资源性缺水问题。大力开展坡耕地综合治理，积极推进生态清洁小流域建设。以河、库周边生态综合整治为重点，加快生态河道建设和农村沟塘综合整治，改善水生态环境。加大水行政执法力度，严厉打击非法开采地下水行为。加快河堤达标建设，大力实施一批清水型生态河堤。建成高规格水利生态园区，治理水土流失，扩大水系森林绿化面积。抓监管，强化水生态管理基础。加快建设水资源管理信息系统，努力构建水生态监测、水灾害防御指挥决策和水工程运行管理调度信息化支持系统，提高水利信息化水平。抓紧完善水生态环境监测、用水计量与统计等管理制度和技术标准，提高监测、统计工作的权威性和时效性。抓改革，建立水生态有效机制。积极推进水利改革试点工作，加快水务正规化建设，将水资源的节约与保护直接与经济挂钩。积极建立水权转让制度，大力培育水市场，促进水权在产业、城乡、区域间有序流转。探索建立水生态补偿机制，将水利建设生态效益发挥纳入水利工作评价体系，建立体现水利生态文明要求的目标体系、考核办法、奖惩机制，力促水生态文明建设又好又快可持续发展。

建立流域生态补偿制度。环境资源法学所研究的流域生态补偿应是指为恢复、维持和增强流域生态系统的生态功能，流域资源受益者对导致流域生态功能减损的自然资源开发或利用者征收税费以及对为改善、维持或增强流域生态服务功能而做出特别牺牲者给予经济和非经济形式补偿的制度。德国和美国自20世纪七八十年代起就陆续制定了一系列生态补偿制度。20世纪90年代末期，流域治理领域引入生态补偿机制，重点指向流域源头地区、生态功能区和欠发达地区。

明确生态环境水权。生态环境用水权是指有关生态环境水资源开发利用的一切权利的总和，也具有一般水权所包括的3种权利（所有权、使用权和经营权）。从国外经验看，生态环境水权通常由政府机构监管或由专门成立的非政府公共机构享有。

建立水生态安全保护制度。水资源在具有重要的经济价值的同时，还具有巨大的生态环境价值，并且水资源的经济和生态环境功能相互依存、相互影响。1993年5月1日欧洲委员会发布了《关于补救环境损害的绿皮书》，其中涉及了连带赔偿制度、补救环境损害等问题，同时积极致力于防治污染长期机制的建立。

完善水污染收费制度。德国于1976年制定并实施了《排污费法》，1994年重新进行修订。德国对水污染的控制是卓有成效的，其重点是加强对水污染源的控制。德国于1998年8月25日修订了《废水纳税法》，规定废水排入水域要缴税。1970年，荷兰政府颁布了《地表水污染防治法》，其宗旨在于防止对地面水资源的污染。美国、英国等国家在水费的征收中也都包括了排污费。除此之外，还有绿色押金制度。挪威是世界上较早实施绿色押金制度的国家之一，德国政府则于2003年1月1日起实行绿色押金制度。我国目前尚无绿色押金制度的实践，曾经有个别城市做过一些这方面的尝试，但都未能成功。因此，无论是从我国当前严峻的环境污染形势来看，还是从我国环境立法的导向来看，都很有必要在我国建立该项制度。因此，我国应积极借鉴国外相关流域突发性水污染事故的应急处理经验，完善现行流域突发性水污染应急法律机制，确保水资源的安全，促进生态文明的发展。

加大生态文明的宣传教育力度。提升全体国民的生态文明意识是中国生态现代化转型的关键。通过大力宣传教育，让生态意识融入每个公民的思想深处，提高全社会的认知度和参与度，在全社会树立生态文明的环境伦理价值观，大力推进我国生态文明建设的步伐。

党的十八大报告把生态文明建设放在突出位置，将其纳入中国特色社会主义事业"五位一体"的总布局。建设生态文明，坚持节约优先，着力推进绿色发展、循环发展、低碳发展，是关系人民福祉、关乎民族未来的长远大计。唯有生态文明建设在全社会蔚然成风，政府、企业、公民"同呼吸，共责任"，才能遏制生态之殇，实现人与社会的全面和谐发展。

四 水利生态文明、儒家文化、"天人合一"、和谐社会的关系

儒家哲学注重人的自身修养，其中心思想"仁"是指人与人之间所应建立的一种和谐的关系。对待长辈要尊敬、讲礼貌；朋友之间要真诚、守信用，"与朋友交言而有信"；为官者要清廉爱民；做人有自知之明，尽分内事，"君子务本，本立而道生"；统治者要仁政爱民，"为政以德，譬如北辰，居其所而众星共之"；对待上司要忠诚，"君事臣以礼，臣事君以忠"；对待父母亲要孝顺，"父母在，不远游，游必有方"，"今之孝者，是谓能养。至于犬马，皆能有养；不敬，何以别乎？"人要有抱负、有毅力，"士不可不弘毅，任重而道远"。要尊重知识，"朝闻道，夕死可矣"；要善于吸取别人的长处，"见贤思齐焉，见不贤而内自省也"。提倡人要到达温、良、恭、俭、让的道德境界。从某种意义上说，"和"在儒学中同时具有方法论与价值取向的意义。从方法论的意义上来看，儒家试图通过和平、调和的方式，最终达成一种和谐；而从价值取向来看，儒家的全部道德理论，则都是为了追求最终的和谐，因此，笔者认为，"和"为儒学精义。概而言之，儒家贵德重礼，追求的是群体的和谐；强调"修己""修身"，追求的是人格的和谐；强调"天人合一"，追求的是人与自然的和谐；强调"仇必和而解"，追求的是天下的和谐；等等。强调"和"为儒学之精义，还在于儒家在严格的意义上，将"和"与"同"区分开来，这也是儒家之"和"至今仍具有强大生命力的原因所在。个体的人格和谐，是人际和谐的必要条件。中国传统中的"和"，诸如家庭中的"和睦"、邻里间的"和顺"、上下级的"和敬"、商业的"和气生财"，这在当今社会依然有其生命力的。

和合天下与儒家文化思想是一脉相承的。通过弘扬和合天下与儒家文化来构建和谐社会。和谐的"和"，是指相安、协调、平静、平息争端、停止斗争化解矛盾等意。从"和"字的甲骨文写法可以看出，以人为本的理念非常强。民以食为天，要有粮食吃，才能进入"和"的状态。"和"的初意，含有人人都能温饱之意，大家都能吃饱饭，安居乐业，才能相和无事、相安无争。"谐"是一个形声字，从言，皆声。《尔雅》言："谐，和也。"这个"谐"由一个"言"和一个"皆"组合，同时表明人人都可以发表意见。《尚书·尧典》中曾经说过"克谐以孝"，也就是说，不要发表不利于

和谐的不同意见,以尽孝道。在家里指的是孝道,在社会上则含有忠诚之意,既要敢于发表意见,又要能够克己复礼,使自己的声音符合民族的大义、国家利益的根本,这就是"谐"意。

和谐社会的本质就在于和谐,包括社会秩序的和谐、人际关系的和谐、经济关系的和谐及人与自然的和谐,使人类能够在较为适宜的生态环境中得到更好的发展。和谐社会应是一个理性的、宽容的、善治的、有序的(即法治的)、公平的、诚信的、可持续发展的社会。

通过传承和弘扬和合天下、儒家文化、"天人合一"的力量来构建和谐社会,是对中华民族优秀传统文化的传承和发扬光大,是对人类有益文明成果的借鉴,体现了社会主义先进文化的前进方向。

和合天下、儒家文化、"天人合一"与和谐社会是相辅相成的。弘扬和合天下儒家文化,是推进社会和谐发展的必然要求。笔者认为真正的团结不是没有意见分歧、思想交锋的一团和气,而是通过不同意见的交流、对话、切磋、讨论,从而达到互相理解、互相包容、协调统一、和谐互动的局面。

反思我们的儒家文化,中华悠久的历史文化中的许多优秀成分与现代文明的普遍标志有着契合之处,如"仁爱"与现代文明的人道意识、"以天下为己任"与现代地球家园意识、"和为贵"与现代的和平与发展意识、"义利之辨"与现代的道义与功利主义统一的意识、"天人合一"与生态环境保护意识,等等,皆体现了中国传统文化与现代文明的融合。

《吕氏春秋》提出了"乐之务在于和心"的命题。只有以适中的心情去体味平和的音乐,才是和谐。只有和谐的音乐,才会引导人们向往"道义",而"道义"之心即为"和心"。所以,"存心养性"的"修己"功夫,在儒家的思想体系中占有重要地位。传统儒家对于和谐人格的追求,大致是沿着两个方向进行:"和乐"与"和心"辩证统一,成就和顺主体;礼乐教化成就"修人道",两者殊途同归,达致"中和"之道。和谐人格的极致是与天地合德、与日月合明、与四时合序,正如《中庸》所言:"致中和,天地位焉,万物育焉。"

"天人合一"的概念是由汉代的董仲舒提出来的,但"天人合一"的观念在中国起源甚早,在《尚书》中就有许多相关记载。

儒家的"赞天地之化育"是中华文化中"天人合一"思想的主要代

表。所以，人类不仅要爱人类自身，还必须泛爱万物，甚至于"瓦石"。"人最为天下贵"，也表明其所担当的周爱万物的道德责任吧。传统的观点一般把荀子看成提倡改造自然的思想家，而往往忽视天人和谐的思想。荀子说："天地者，生之本也。"在荀子看来，自然之天地乃是人类赖以生存的根本。所以，人必须正确处理好与自然的关系，注意与自然的和谐发展。如荀子主张在草木繁盛的季节不要进山砍伐，在鱼类产卵繁殖的季节里不要入水捕捞。

在宋代明确提出"天人合一"概念的是张载。张载认为，人与天地万物均为一气之聚散，那么，人与天地万物在本质上也应该是相通的。正是基于这种认识，张载在《西铭》中提出了"民吾同胞，物吾与也"的著名论点。张载的天人学说，可以说达到了中国古代传统的天人和谐理论的高峰。很显然，张载在此首先确立了人的主体地位，即"主天地"，但不是说人可以把自己的意志凌驾于自然之上，以"人能"成全"天能"，这种理学的伦理，向人与自然的和谐又前进了一步。

总的来说，在人与自然的关系问题上，儒家的思想理论是极其丰富并且不断发展的，尽管提法各不相同，但都表现出尊重自然、善待自然和与自然和谐相处的一致立场，共同构成处理、对待人与自然关系的儒学选择。

中国传统的天人合一的和谐思想，在漫长的历史时期经过了一个不断丰富和发展历程的，而这个发展过程也是中国传统生态伦理的一个不断浸润的过程。在漫长的农业文明社会里，天人合一的和谐思想在某种程度上也得到了一定的体现。

中国传统的"天人合一"思想，始终视天地万物与人是一个有机的整体，是休戚与共的。儒家文化思想是以人为"天地之心"，人心与天地就这样被连为一体，人之所思所想，亦应系于天地万物，从而成为一种不可推卸的道德责任和义务。"天人合一"所追求的是人与自然的和谐思想以及可持续发展的战略思想，所追求的都是未来及长远的发展。儒家基于"天地之大德曰生"以及"天人合一"的思想认识，提出了系统的"天人合德"的学说。

在儒家看来，人的存在与本体、本性的同一不仅是一个存在的事实，更是人的主体性自觉活动。唯穷理方能尽性，觉悟、理解天的本性。宇宙间唯有人才能够穷理，从而尽己之性、尽人之性、尽物之性、尽天之性。

换句话说，人类只有把天道的复归看作伦理道德的终极追求，才能够在尽己之性的同时尽人之性、尽物之性、尽天之性，实现人与万物乃至整个宇宙的共同完善；人只有超越小我的局限，复归于天道本体，才能实现生命的终极价值与永恒。"天人合一"的智慧，对水利生态文明建设很有启发和借鉴意义。

基于熵权法的张掖市生态城市建设评价

石贵琴　唐志强*

摘　要　本文以自然、经济、社会3个生态城市子系统作为切入点，构建了一个包含4个层级的生态城市评价体系，提出了评价方法和指标值的计算方法，并运用熵权法确定指标权重。在此基础上，运用张掖市2005~2012年生态城市建设指标的原始数据，对张掖市这8年间的生态城市建设效果进行了多层次的分析，最后提出有针对性的对策建议。

关键词　熵权法　张掖市　生态城市　指标体系

引　言

1971年，联合国教科文组织（UNESCO）发起"人与生物圈计划"，第一次提出了生态城市的概念。生态城市是一个以人的行为为主导、以自然环境系统为依托、以资源和能源流动为命脉、以社会体制为经络的"社会-经济-自然"的复合系统，是社会、经济和环境的统一体。生态城市体现了人与自然、人与社会、人与经济的协调关系。

张掖市位于甘肃省西北部，河西走廊中段，是古"丝绸之路"上的重要驿镇，素有"塞上江南"和"金张掖"的美誉。张掖市南依祁连山，黑

---

* 石贵琴，女，甘肃白银人，河西学院经济管理学院助教，硕士研究生，研究方向为区域经济、农村金融；唐志强，男，甘肃武威人，河西学院经济管理学院教授，博士研究生，研究方向为区域经济、生态经济。

河贯穿全境,境内地势平坦,农业较发达,就甘肃省来讲具有独特的自然生态优势。2002年10月,水利部将张掖市确定为全国首个节水型社会试点。近几年,张掖市在"一山一水一古城"的资源禀赋基础上,以"宜居宜游金张掖"作为发展目标,市政府在"生态立市"的思想指导下统筹规划全市建设,在生态城市建设的各方面取得了一定的成果。本文通过对张掖市生态城市建设的评价,揭示张掖市城市发展过程中存在的资源环境问题和面临的社会经济矛盾,进而分析其原因并提出有针对性的对策建议,从而为城市管理和建设提供科学决策的依据。

一 指标体系的构建

表1 张掖市生态城市评价指标体系

总目标	一级指标	二级指标	三级指标
生态城市综合指数	自然生态指数	绿化水平	人均公园绿地面积(平方米)
			建成区绿化覆盖率(%)
		环境质量	空气质量优质天数(天/年)
			噪声达标区覆盖率(%)
			集中式饮用水达标率(%)
		环境治理	污水处理率(%)
			固体废弃物综合利用率(%)
			工业废水排放达标率(%)
			工业废气排放达标率(%)
			工业用水重复率(%)
			环境投资占GDP比重(%)
	经济生态指数	经济水平	人均GDP(元)
			人均财政收入(元)
			农民年均收入(元)
		经济效率	万元GDP能耗(吨标准煤)
			万元GDP水耗(吨)

续表

总目标	一级指标	二级指标	三级指标
生态城市综合指数	经济生态指数	经济结构	第三产业占GDP比重（%）
			旅游收入占GDP比重（%）
			科技进步贡献率（%）
	社会生态指数	人口因素	人口密度（人/平方公里）
			人口自然增长率（‰）
		资源条件	人均住房面积（平方米）
			万人病床数（张）
			人均生活用水（升/天）
			人均生活用电（千瓦时/天）
			天然气普及率（%）
			人均道路面积（平方米）
		社会平等	恩格尔系数（%）
			社会保险覆盖率（%）
			失业率（%）
			城乡居民收入比
		科技教育	高等教育入学率（%）
			科教支出占GDP比重（%）

依据生态学的观点，城市是由社会、经济和自然3个子系统构成的复合生态系统，本文在国内外生态城市建设评价指标体系研究的基础上，参考国家环保总局有关生态城市建设与评价的指标与导则，结合张掖市统计资料实况，遵循指标选择原则，建立了一个具有4级指标的评价体系，4级指标分别是总目标层、一级指标层、二级指标层、三级指标层。其中，总目标1个，一级指标3个，二级指标10个，三级指标33个（见表1）。

总目标层：生态城市建设的总目标是城市的生态综合发展程度，即自然、经济、社会3个子系统的综合发展水平。

一级指标层：实现总目标需要考核3个一级指标，即自然生态指数U_1、经济生态指数U_2、社会生态指数U_3。

二级指标层：此层次归属于一级指标，是一级指标的具体内容。包括反映自然生态系统的绿化水平 U_{11}、环境质量 U_{12}、环境治理 U_{13}；反映经济生态系统的经济水平 U_{21}、经济效率 U_{22}、经济结构 U_{23}；反映社会生态系统的人口因素 U_{31}、资源条件 U_{32}、社会平等 U_{33}、科技教育 U_{34}。

三级指标层：评价和考核一级、二级各指标的具体因子，共 33 项，分别为 $Y_1 \sim Y_{33}$。

二 指标值的计算

(一) 指标值的计算公式

1. 三级指标的计算

三级指标数值 y_i 是生态城市评价指标体系的基础。本文的三级指标值是用熵权法的数据无量纲化处理办法对原始数据进行处理后的数值。设评价年度为 m 年，评价指标有 n 项，第 i 年第 j 项指标值为 x_{ij}（$i=1,2,\cdots,m$；$j=1,2,\cdots,n$），对于正指标，其处理公式如下：

$$y_{ij} = \frac{x_{ij} - \min(x_{1j}, \cdots, x_{mj})}{\max(x_{1j}, \cdots, x_{mj}) - \min(x_{1j}, \cdots, x_{mj})}$$

对于负指标，其处理公式如下：

$$y_{ij} = \frac{\max(x_{1j}, \cdots, x_{mj}) - x_{ij}}{\max(x_{1j}, \cdots, x_{mj}) - \min(x_{1j}, \cdots, x_{mj})}$$

其中，x_{ij} 为某三级指标的原始值，$\max(x_{1j}, \cdots, x_{mj})$ 是某三级指标原始值的最大值，$\min(x_{1j}, \cdots, x_{mj})$ 是某三级指标原始值的最小值。

2. 二级指标的计算

二级指标 U_{ab} 是第 a 个一级指标下的第 b 个二级指标的值，是由其所属三级指标值乘以各自的权重，然后相加而得，其计算公式为：

$$U_{ab} = \sum y_j w_j \ (a=1, 2 \text{ 或 } 3; b=1, 2, 3 \text{ 或 } 4)$$

其中，y_j 为某三级指标值，a 为某三级指标在一级指标下的权重。

3. 一级指标的计算

一级指标 U_a 是第 a 个一级指标的值，是将其所含二级指标的值相加而得，其计算公式为：

$$U_a = \sum U_{ab}$$

这里二级指标之所以没有乘以各自的权重,是因为此级指标所含的所有三级指标的权重之和为 1。

4. 总目标:生态综合指数的计算

生态综合指数的计算公式为:

$$T = \sum_{a=1}^{3} U_a W_a$$

其中,U_a 为某一级指标的数值,W_a 为某一级指标的权重。

(二)权重的确定

在计算各级指标值和指数时,权重的确定非常重要。本文选用熵权法确定各指标的权重,这是一种客观赋权的方法,避免了人为赋权法比较主观等各种弊病,使得评价结果更加科学合理。

1. 熵权法的理论概述

熵是热力学中的一个重要概念,1984 年,信息论的创始人申农把熵的概念引入信息论中。熵权法是依据信息所反馈的信息量的大小来赋予其相应的权重,指标的熵值越大,所提供的信息量越小,权重越小,在综合评价中所起的作用越小。该方法的具体分析步骤如下。

(1)原始数据的无量纲化处理

指标的原始数据间的量纲和量纲单位不一致,无法直接进行比较。为了消除此问题,需要先对评价指标的数值进行无量纲化处理,使其标准化,具有可比性。本文的指标数值依据公式(1)和公式(2)处理之后,均在 [0,1] 区间内,且无论正指标还是负指标,y_{ij} 值越大越好,它们将组成新的规范化矩阵:

$$Y = \begin{cases} y_{11} & y_{12} \cdots y_{1n} \\ y_{21} & y_{22} \cdots y_{2n} \\ \cdots & \cdots \quad \cdots \\ y_{m1} & y_{m2} \cdots y_{mn} \end{cases}$$

其中,m 是评价年数,n 是评价指标数。

(2)计算第 j 项指标下第 i 年的标准化指标的比重

计算公式如下：

$$p_{ij} = \frac{y_{ij}}{\sum_{i=1}^{m} y_{ij}} (i = 1, 2, \cdots, m; j = 1, 2, \cdots, n)$$

（3）计算第 j 项指标的熵值

计算公式如下：

$$e_j = -\frac{1}{\ln m} \sum_{i=1}^{m} p_{ij} \ln p_{ij}$$

（4）用熵权法确定第 j 项指标的权重

计算公式如下：

$$w_j = \frac{1 - e_j}{n - \sum_{j=1}^{n} e_j}$$

被评价对象在指标上的值相差越大，其熵值越小，权重越大，即表明该指标在评价中占据越重要的地位。

2. 权重计算

本文以张掖市2005~2012年的年鉴数据和调查数据为样本进行纵向分析研究。运用熵权法计算张掖市生态城市评价体系各级指标的权重，结果如表2所示。

表2 张掖市生态城市评价体系各级指标权重

一级指标	二级指标	三级指标	熵　值	权　重
U_1 0.2928	U_{11} 0.2607	Y_1	0.8329	0.1078
		Y_2	0.7631	0.1529
	U_{12} 0.281	Y_3	0.8674	0.0856
		Y_4	0.7614	0.154
		Y_5	0.9358	0.0414
	U_{13} 0.4583	Y_6	0.9238	0.0492
		Y_7	0.9102	0.058
		Y_8	0.9024	0.063
		Y_9	0.8683	0.085
		Y_{10}	0.8825	0.0758
		Y_{11}	0.8028	0.1273

续表

一级指标	二级指标	三级指标	熵值	权重
U_2 0.2993	U_{21} 0.3638	Y_{12}	0.8337	0.105
		Y_{13}	0.8037	0.1239
		Y_{14}	0.7863	0.1349
	U_{22} 0.2292	Y_{15}	0.8141	0.1173
		Y_{16}	0.8228	0.1119
	U_{23} 0.407	Y_{17}	0.8338	0.105
		Y_{18}	0.5972	0.2543
		Y_{19}	0.9244	0.0477
U_3 0.4079	U_{31} 0.1746	Y_{20}	0.7305	0.1249
		Y_{21}	0.8928	0.0497
	U_{32} 0.4473	Y_{22}	0.8821	0.0546
		Y_{23}	0.8575	0.066
		Y_{24}	0.8003	0.0925
		Y_{25}	0.8219	0.0825
		Y_{26}	0.8250	0.0811
		Y_{27}	0.8477	0.0706
	U_{33} 0.2676	Y_{28}	0.8926	0.0498
		Y_{29}	0.8201	0.0833
		Y_{30}	0.8992	0.0467
		Y_{31}	0.8105	0.0878
	U_{34} 0.1106	Y_{32}	0.8685	0.0609
		Y_{33}	0.8927	0.0497

注：二级指标权重为表 2 中所含三级指标权重之和；一级指标的权重是通过对 33 个三级指标计算权重，然后加总各级指标所包含的三级指标的权重而得出的。

三 张掖市生态城市评价

将数据经无量纲化处理得到的矩阵、各指标的权重，套入计算公式可得出二级指标、一级指标、总目标的值,分别如表 3、表 4 和图 1 至图 4 所示。

表 3　张掖市生态城市评价体系二级指标、一级指标评价值

年　份		2005	2006	2007	2008	2009	2010	2011	2012
自然生态系统	绿化水平	0	0.0072	0.0316	0.0673	0.1978	0.2207	0.1756	0.2220
	环境质量	0.0187	0.0944	0.0757	0.1115	0.0756	0.2296	0.2296	0.2810
	环境治理	0.2345	0.2913	0.2667	0.3111	0.2457	0.2296	0.2468	0.2105
	自然生态指数	0.2532	0.3929	0.3740	0.4899	0.5191	0.6799	0.6520	0.7135
经济生态系统	经济水平	0	0.0216	0.0539	0.0906	0.1281	0.1871	0.2812	0.3637
	经济效率	0.1173	0.0129	0.0180	0.0676	0.0986	0.1251	0.2034	0.2283
	经济结构	0.0380	0.0796	0.0418	0.0434	0.0691	0.1767	0.2587	0.4070
	经济生态指数	0.1553	0.1141	0.1137	0.2016	0.2958	0.4889	0.7433	0.9991
社会生态系统	人口因素	0.1746	0.1488	0.0266	0.0094	0.0160	0.0403	0.0537	0.1299
	资源条件	0.0861	0.1656	0.1291	0.1339	0.1703	0.2025	0.3479	0.3600
	社会平等	0.0410	0.0681	0.0746	0.1072	0.0770	0.1825	0.1827	0.2298
	科技教育	0.0342	0.0174	0.0173	0.0653	0.0718	0.0820	0.1024	0.1073
	社会生态指数	0.3359	0.3999	0.2478	0.3158	0.3351	0.5073	0.6867	0.8270

表4 张掖市生态综合指数评价值

年 份	2005	2006	2007	2008	2009	2010	2011	2012
生态综合指数	0.2576	0.3123	0.2446	0.3326	0.3772	0.5523	0.6935	0.8453

（一）自然生态系统评价

评价结果显示，张掖市自然生态指数从2005年的0.2532提高到2012年的0.7135，可以得出结论，在这8年间张掖市自然生态系统总体上有所改善，且改善速度比较快。图1显示，评价值是呈波动上涨的，2007年和2011年较上年有所下降，其他年份均为上涨。现对它所含二级指标的评价值和变化趋势进行分析。通过图1可见：城市绿化水平和环境质量水平提高幅度较大，是此系统改善的主要拉力；环境治理水平在2005~2012年呈波动性变化，且多数年份表现为下降，总体上，2012年比2005年稍有下降，这表明在这8年间，环境治理水平不仅没有提升，反而有所下降，这是一个突出的问题，具体的即三废治理不力、固体废弃物综合利用率不高、环境投资不足等，这是未来张掖市自然生态系统建设中亟须解决的关键问题。

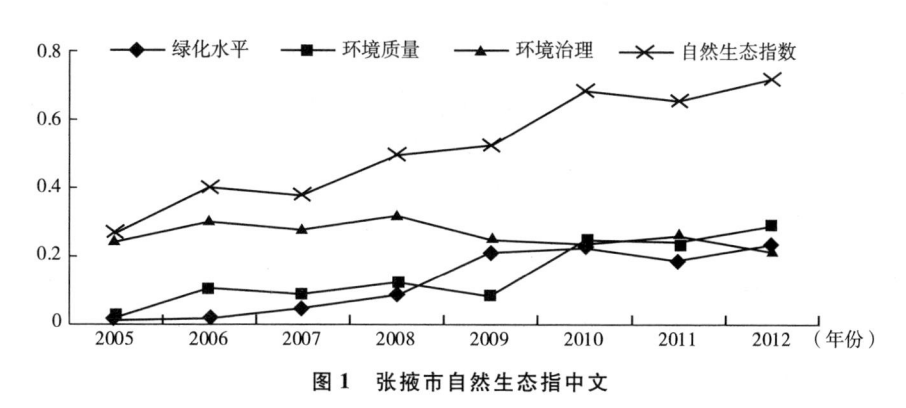

图1 张掖市自然生态指中文

（二）经济生态系统评价

张掖市经济生态指数在2005~2007年稍有下降，从2008年开始保持了快速的增长，总体上，评价值从2005年的0.1553提高到2012年的0.9991，可以得出结论，张掖市经济生态系统在这8年间总体上有很大的改善。现对它所含二级指标的评价值和变化趋势进行分析。通过图2可见：经济水平的提高是带动经济生态系统改善的持续的强劲动力；经济结构对经济生态系统的改善在2008年之前作用微弱，在2008年之后的作用显著；经济效率评价值在这期间有所提高，但是幅度较小，对经济生态系统改善的拉动作用较小。由此可以推断，目前张掖市经济增长的生产方式依然不够精细化、耗能不够低，这有可能成为未来城市化建设进程中的障碍或者棘手问题，需及时研究并予以解决。

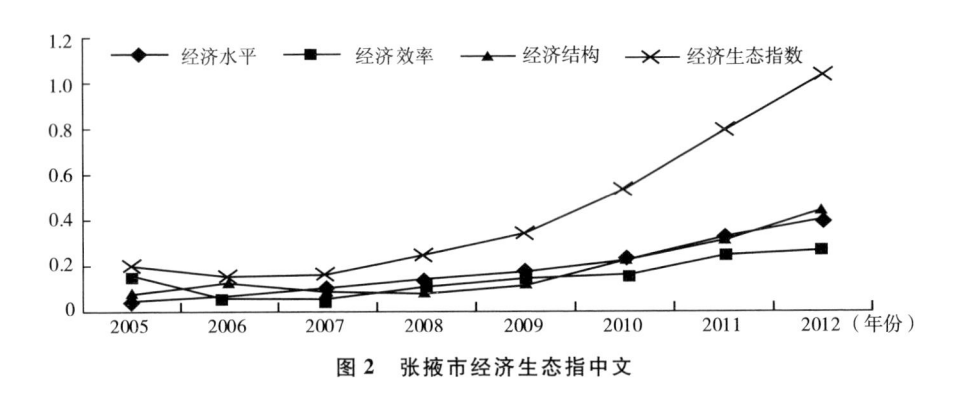

图 2　张掖市经济生态指中文

（三）社会生态评价

张掖市社会生态指数从2005年的0.3359提高到了2012年的0.8270，其中，大多数年份均保持了上升态势，仅2007年较上年有所下降。现对它所含二级指标的评价值和变化趋势进行分析。通过图3可见：此系统提升速度较慢的主要原因是人口因素指标评价值在2007年有大幅度的下降，一直到2011年都没有大的起色，2012年有所提高，但总体依然是下降的，经推测这是由人口密度、人口自然增长率较高所引起的；另外3个二级指标中，社会平等和资源条件在这期间保持了稳定、持续的增长，科技教育指标评价值没有大的提高，经分析，科技教育评价值比较低的原因可能是科技支出规模较小和比例较低。由此，可以认为张掖市未来几年需要加快对社会生态系统的改善，尤其是在人口因素和科技教育方面。

（四）城市生态综合系统评价

张掖市城市建设生态综合指数从2005年的0.2576提高到2012年的0.8453，除了2007年有所下降外，其他年份均表现为上升（见图4）。综合上面对3个子系统的分析，可以得出以下结论：张掖市在2005~2012年8

图3　张掖市社会生态指中文

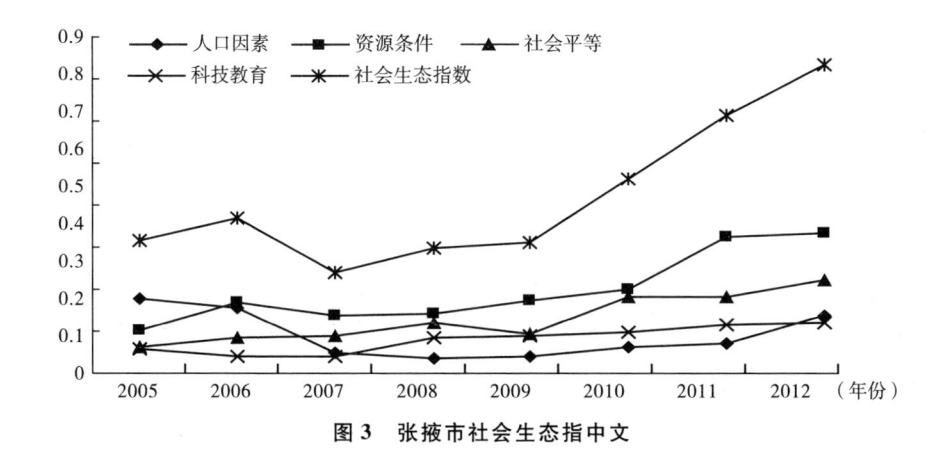

年间，城市生态建设总体取得了显著的成就；张掖市生态城市建设的成就来自自然、经济、社会3个子系统的进步，但是这3个子系统的改善程度和速度有所差异，由大到小依次是经济、自然、社会生态子系统；张掖市2005～2012年在城市绿化、环境质量、经济增长、物质丰富、经济结构、基础设施、社会平等方面取得了长足的进步，但是，环境治理、经济效率、人口因素、科技教育等方面的状况没大的改观，甚至有所恶化。

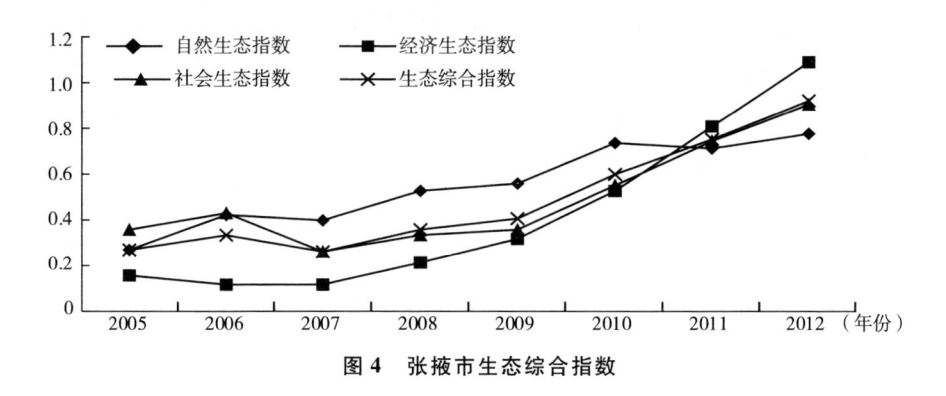

图4　张掖市生态综合指数

四　对策建议

张掖市生态城市建设评价结果和当前的城市建设客观现状基本相符，在未来的生态城市建设中，张掖市需要在以下几方面有所突破或改进。

(一)加强环境治理,营建优美城市环境

加强环境污染治理,使主要治理指标,如工业三废排放达标率、污水和垃圾的处理率、工业用水重复率等都达到国家要求的标准,避免"先发展,后治理"模式的重演。具体的措施有:加强城市环境基础设施建设;完善相关法律法规,并严格执行;创新环境保护的体制和模式;加大环境保护和治理的投资力度,提高财政支出中环境投资的比重;加强对污染主体的环保管理教育和对民众的环保宣传,尤其是加强对主要污染主体的管理和教育,增强整个社会的环境保护意识。

(二)完善循环经济体系,降低产出能耗

发展循环经济是城市可持续发展的重要手段,城市的科学建设离不开生态型经济和产业的大力发展。循环经济建设应按照"减量化、再利用、资源化"的原则,努力实现"低消耗、低排放、高效率"。具体措施有如下5项。①加快转变理念。应根据张掖市的资源拥有量、产业结构现状,坚定地走循环经济发展之路,把循环经济的理念贯穿到经济社会发展的各个重要环节。②科学编制规划。根据国家和甘肃省的循环经济发展规划,结合张掖市的发展规划,编制一个符合张掖市现状的、具有战略性和可行性的发展规划,来统筹指导张掖市的循环经济发展。③抓好重点产业。根据经济发展状况、自然资源禀赋、区域地理条件及生态环境状况等要素,重点围绕新能源产业、农副产品加工产业、有色冶金新材料产业、矿产化工产业、新型建材产业、装备制造产业六大产业,培育一批循环经济骨干企业,打造循环经济产业链。④注重科技创新。建立以企业为主体的循环经济技术创新体系,加强与科研院所的合作,开展循环经济重点技术的研究和攻关,以引进、消化、创新为主,集中解决制约循环经济发展的关键技术、重大设备和新工艺流程等方面的难题。⑤加快服务体系建设,包括完善政府统筹协调部门的建设、建立循环经济技术咨询服务体系等。除此之外,还有一些需要注意的,比如加快园区建设、强化政策支持等。

(三)改善人居环境,提高城市化水平,构建和谐社会

通过拓展城市空间、环境容量,强化城市基础设施建设,进而提高城市化总水平,促进社会可持续发展。根据张掖市城市发展的现状,首先,

要对城市人口密度进行调整和控制，降低人口密度，增加人均空间和提高设施水平。其次，依据城市发展的总体规划，从宏观层面对城市建设进行总体布局，对城市用地空间进行规划和调整，提高空间的利用效率和城市建设的合理、和谐程度。最后，加强城市基础设施改建和新建，完善城市交通网络、医疗设施、文化设施、住房条件、供暖供气设施等，加强城市资源建设，保障并提高人们的城市资源享有水平。

敦煌市阳关镇的"五镇"锦囊

马翠玲[*]

摘　要　敦煌国际文化旅游名城建设被《"丝绸之路经济带"甘肃段建设总体方案》列为三大战略平台之一，其中，敦煌"城乡特色综合体、生态保育区"是重点打造的两大功能板块，阳关镇就是其中之一。"五镇"锦囊之生态立镇、产业富镇、金融助镇、服务活镇、城乡和镇是千年边塞阳关古镇健康发展的经验总结。

关键词　敦煌市　阳关镇　五镇

在甘肃省委、省政府于2014年5月19日印发的《"丝绸之路经济带"甘肃段建设总体方案》中，敦煌国际文化旅游名城建设被列为三大战略平台之一，其中，敦煌"城乡特色综合体、生态保育区"是重点打造的两大功能板块，阳关镇就是其中之一。阳关镇依龙勒山，傍渥洼池水，现已是"阳关大道光明路，鹏程万里游人驻"。"五镇"锦囊之生态立镇、产业富镇、金融助镇、服务活镇、城乡和镇是千年边塞阳关古镇健康发展的经验总结。

一　生态立镇，率先做好生态文明的引领者和实践者

早在2000年初期，敦煌市的广大干部就在阳关镇区域着手建立两个国家级的生态保护区。西湖保护区内有极为典型的自然生态系统类的内陆湿地和荒漠水域生态系统以及珍稀濒危野生动植物资源，保护区的

---

[*] 马翠玲，甘肃行政学院生态文明与循环经济研究中心教授。

西部湾腰墩一代地势最低,海拔仅为820米,是河西走廊的最低点,是汇集地表径流和地下径流的盆地,这正是形成西湖湿地的一个重要因素。阳关保护区是我国西部干旱荒漠区中较为罕见的特殊成因内陆河流生态系统和重要的候鸟栖息地,还是我国北鸟南迁途中的天然驿站。区内野生动物资源极其丰富,具有极高的保护价值和科研价值。近年来,保护区在机构设置、队伍管理、制度创新、基础设施、秩序规范、林政稽查、社区共建、调查研究、科技工作、国家重点工程和项目建设等方面均取得了历史性的突破。国家级疫源疫病监测站建立后,设置水位和植被变化监测点23个,全方位定期监测,为天然植被的消长变化探寻规律,并在治理开发方面积累了丰富的经验。敦煌市气象局还为两区建立了无人区域自动站和西北地区首个戈壁荒漠生态与环境研究站,为保护区的长远发展提供了科学依据和气象保障。

沙漠都江堰工程建设、节水型社会建设、基础设施建设分期工程、三北防护林敦煌沙化土地综合治理项目、封沙(滩)育林(草)工程、国家重点公益林建设项目、湿地保护建设工程、退耕还林工程、防风固沙项目、防沙治沙和荒漠化治理、生态旅游项目等多措并举的生态保护工程成为实现生态文明的重要载体。据统计,阳关镇的降水量是53.3毫米,比敦煌市年均降水量42.2毫米高出11.1毫米,是全市绿洲区域降水量最充沛的地方。在库姆塔格沙漠边缘,已经有了宽度近千米的植被带,沙丘间怪枣、红柳和梭梭生长茂盛,芦苇也开始冒尖,这一道道绿色屏障正是阳关人向生态要效益、向生态要健康、向生态要幸福的"阳关梦"。

二 产业富镇:绿洲葡萄产业、高寒冷水渔业和旅游业联动发展

(一)葡萄是农民的"金豆子""绿帐子"

阳关镇虽然被戈壁、沙漠环围,但长年光照充足,昼夜温差大,无霜期长,泉水资源丰富,这是最适宜种植葡萄的区域。从表1数据可以看出,多年来,阳关镇的葡萄种植面积占总耕地的95%以上,葡萄销售收入占全镇农村经济总收入的70%以上。在阳关镇葡萄产业发展进程中,协会与经纪人在调整产业结构、提高葡萄品质、开发葡萄深加工项

目、规范市场销售秩序、及时公布最低销售指导价格、维护各方利益等方面发挥了重要作用。经纪人作为保障农户和客商双方利益的代言人，是规范市场销售秩序，杜绝果农坑商、骗商以及客商欺农的有效举措。

阳关镇还发挥引领带动作用，使得敦煌市的葡萄种植面积占全市耕地总面积的40%以上。"敦煌牌"水果商标于2011年正式使用，由此建成了甘肃省最大的鲜食葡萄生产基地。葡萄还提升为一种生态文化。1978年，时任文化部部长黄镇来在参观阳关镇葡萄时题词"阳关新田"，留存于今。其意在于阳关葡萄不单单是一个产业，更是长期与阳关的历史、沙漠、泉水同生共长的一种生态文化，客观上反映了人与自然的和谐共存关系。事实证明，葡萄的种植在统筹协调生态保护与开发利用方面发挥着诸多功能，既能减缓沙漠侵袭，扩大绿洲面积，又能涵养水源，使得泉水自然地渗漏、渗出，还可以促进阳关镇经济社会的健康发展。阳关镇以葡萄为核心，以葡萄采摘乐园、葡萄酒庄、葡萄博物馆、葡萄节庆、葡萄比赛、葡萄乐曲自乐班为平台的娱乐体验文化正在蓬勃兴起。

表 1 阳关镇的葡萄发展指标

年份	销售收入（亿元）	销售收入占总收入比重（%）	总产量（万斤）	种植面积（亩）	种植面积占耕地比重（%）	鲜储量（吨）	加工企业（家）	榨汁量（吨）	协会会员（户）
2002	0.2201	79	3015	12381	95	1800	0	0	0
2003	0.2641	80	3170	13355	95	3150	0	0	1145
2004	0.4480	89	4480	14048	97	3150	0	0	1145
2005	0.4260	85	5680	14018	97	3430	0	0	1153
2006	0.4356	82	6100	14068	96	4630	0	0	1153
2007	0.5300	87	6400	14132	97	6230	0	0	1157
2008	0.6391	86	5810	14152	97	6890	0	0	1158
2009	0.6051	78	8068	14152	97	7990	1	3600	1166
2010	0.7300	80	7000	14152	97	9215	3	7040	1167
2011	0.9920	85	6200	20000	98	9515	3	7040	1223
2012	1.2800	87	7160	20000	95	10000	7	10000	1260

（二）建成甘肃省最大的高寒冷水鱼生产基地，探索创新沙漠中的循环经济示范模式①

甘肃省鲑鳟渔业龙头企业兰州碧泊公司董事长何延忠充分利用阳关镇丰富的泉水资源，总投资 2.8 亿元，建成集科研、养殖、加工、生物提取、生态保护、休闲观光于一体的甘肃省最大的沙漠高寒冷水鱼（以虹鳟鱼、金鳟鱼、鲑鳟鱼、中华鲟等为主）生产基地，基地以资源节约型、清洁生产型、生态环保型为特征，规划了 5 个区域：沙漠奇观高寒冷水鱼养殖区、沙漠葡萄博览园休闲观光区、沙漠生态休闲度假区、沙漠越野车探险旅游区及沙漠都江堰生态园区。项目的生产模式为"泉水—鱼—葡萄"，运行方式是通过合理利用西头沟丰富的水资源进行冷水鱼的养殖，养殖用水循环后可用于耕地灌溉，实现共赢目标。该项目还建成敦煌宫"鱼宴"餐饮接待区，鲑鳟系列产品被评为"甘肃名牌产品""三绿放心食品"，带动营养食品加工业、医药业、生态科技观光业等特色产业的发展，为阳关镇城镇化进程注入了新活力、提供了新平台。

（三）建设中国历史文化名镇，传承历史悠久的阳关文化

日本经济学家速水佑次郎认为，从发达国家引进先进技术对发展中国家来说虽然可行，但是如果无视文化价值的差异，就无法达到预期的目标，只能造成社会混乱。所以，适宜的政策是利用植根于传统的文化，创造出一种能够更好地开发新机会的经济制度。② 2013 年初，华夏文明传承创新区在甘肃获批，其意正在于此。2013 年 2 月 19 日，文化部部长蔡武在华夏文明传承创新区新闻发布会上以"劝君更进一杯酒，西出阳关无故人"和"羌笛何须怨杨柳，春风不度玉门关"作为开头语介绍甘肃文化资源，赢得了新闻媒体的广泛认同，这是对阳关文化之边塞诗歌文化内涵的传承。阳关文化还有传奇色彩的天马文化内涵，意即荒凉大漠深处孕育灵动之气。关于天马，阳关镇至少有三个历史故事。一是周朝时的龙马故事。据石室本《寿昌县地境》记载："龙勒山，县南百八十里。周时龙马朝出咸阳，暮至寿昌，因以此山之下，失其衔勒，故名龙勒山。"阳关镇的第一个历史名

---

① 马翠玲：《甘肃省推进国家级循环经济示范区的成效与模式》，《循环经济》2013 年第 3 期。
② 速水佑次郎：《发展经济学——从贫困到富裕》，社会科学文献出版社，2003。

称并使用长达千年的"龙勒县"便是因龙马而得。二是汉武帝时的天马故事。元鼎四年（公元前113年），南阳暴利长遭刑，屯田敦煌阳关，于渥洼水畔见野马群中有奇异者持勒鞿，收马献之，武帝喜，认为是吉祥之兆，是他最崇敬的"太乙神"赐给他的，为马起名曰"太乙天马"，并命以司马相如、李延年为首的乐府作《天马歌》，以颂其事。李白的诗句"长风几万里，吹度玉门关"正是天马赞歌。三是唐朝时的宝马故事。唐朝有一人在敦煌龙勒县捉到一匹宝马，献给当朝皇帝。这天，正好是皇帝大寿，皇帝认为这是吉祥之兆，再加上国家繁荣昌盛的寓意，便封宝马为"寿昌宝骥"。当地官员随之将龙勒县改名为"寿昌县"。为了纪念寿昌宝骥，阳关镇在寿昌城遗址处建"寿昌宝骥"雕塑一座。

（四）建设丝绸古道旅游名镇，打造世界艺术之都敦煌的后花园

改革开放以来，阳关镇顺应敦煌建设国际旅游大城市的定位，建设具有鲜明特色的丝绸古道旅游名镇，努力打造世界艺术之都敦煌的后花园。依托镇域的阳关遗址、玉门关、雅丹国家地质公园、渥洼池、寿昌城遗址、汉长城、阳关博物馆、丝绸之路古道遗址、墩墩山烽燧、南湖墓群、山水沟墓群、高老庄度假村、野麻湾度假村、虹鳟鱼观赏乐园、葡萄采摘乐园等丰富的丝绸古道文化遗迹和生态自然景观资源优势，不断增强企业与群众发展旅游的主动性和积极性。在旅游业与葡萄种植、文化发展、水产养殖、城镇化融合发展的进程中，形成了生态娱乐、文化古迹游览、古代军事博览、田园风光休闲农业为一体的旅游产业。随着华夏文明传承创新区的批复，"敦煌赏文化之奇，阳关享文化之趣"的旅游形态已成趋势。

三 金融助镇：敦煌农村合作银行是助推阳关镇健康发展的原动力

敦煌农村合作银行以"农民跟着市场走，贷款跟着农民投"为服务宗旨，从2005年起，就为阳关镇农民量身定制了一、二、三级信用体系，有效解决了农户贷款难和银行难贷款的矛盾。为满足农民的资金需求，该行首创阳关林权质押贷款，农户可以自己的葡萄林权设定质押，有效解决了当地农民贷款时找担保难的问题。为给农户购买葡萄架材、农药、化肥、地膜等提供支持，银行通过实施"谁见谁办、随到随办"制、限时办结制、

田间地头现场办贷制等,让农民足不出户就能享受优质便捷的金融服务。为支持中小企业开展葡萄深加工产业项目,该行推出了中小企业固定资产抵押循环贷款产品,并实施"一次评估登记、核定最高限额、分次或一次立据、限额内循环使用"的管理模式,有力助推了当地葡萄产业的发展。

四 服务活镇:政府有为于公共服务是城镇化健康发展的主导力量

袁智林大爷是阳关镇最早种植葡萄的农户之一,老人非常感恩政府:"多亏了政府,我们这里现在都是标准化种植,各村都有技术员在葡萄地里手把手地教,一年到头服务。"[①] 为引领好全省最大的鲜食葡萄生产基地,政府在编制《阳关镇标准化葡萄生产技术规程》《优质无公害葡萄生产技术规程》的基础上着力推进技能化培训,建成上级农业专家队伍、镇农业服务单位、村组农民技术服务队三位一体的科技推广模式,让科技推广工作者把"论文写在大地上,成果留在群众家",使葡萄品质不断提升。2013年3月,政府又编制了《阳关镇葡萄标准化生产销售工作手册》,重点完善了葡萄销售质量管理监督制度、葡萄销售货款结算制度、客商管理制度、经纪人管理制度、恒温库管理制度、协会财务管理制度、协会管理制度、结算大厅和检查站值班制度8项制度,并制定发展现代农业奖补政策12项,推动阳关品牌化建设。着力推进产业化经营,鼓励发展高标准农民专业合作社,大力培育专业经纪人队伍,努力开拓中高端销售市场。政府与企业市场化运营合作的两个成功典范是敦煌飞天生态科技园和阳关博物馆,政府有为于优势产业的转型升级,形成了"华夏第一关"的绝对优势,维护了阳关镇城镇化建设发展的永续性。

五 城乡和镇:依农强商的农商互补、以乡促镇的城乡互动是和谐发展的重要保障

宋代永康学派陈亮在《龙川集》中强调,"古者官民一家也,农商一事也……商藉农而立,农赖商而行,求一相辅,而非求以相病,则良法美意,

---

① 李琛奇:《敦煌市阳关镇——葡萄成了金疙瘩》,《经济日报》,2011年3月25日。

何尝一日不行于天下哉",意即主张农业发展到一定程度就需要活跃的商贸流通来支撑。阳关镇绿色物流业、城乡间的产业联动体系、金融服务、电信网络服务、餐饮服务、交通运输是城乡和谐的关键因素,特别是以阳关大道为标志的交通设施,缩短了城乡间的距离,给人们的出行、货物运输均提供了便利。阳关镇还顺应敦煌市扩城区、建新房、兴旅游的工作方略,采取多种措施引导并鼓励农民进城居住。首先,政府通过严格的规划制度协调城乡地域布局。《阳关镇总体规划》《阳关旅游区概念性规划及重要节点修建性详细规划》《阳关景区核心区修建性详细规划》把城市和乡村纳入一个体系,使城乡资源在自由流动中趋于一体、和谐共存,城市和乡村的功能和优势因此得到更大限度的开发利用。其次,在城镇区域引入农业景观,把农田作为绿地、把泉水作为景观、把葡萄作为乐园延伸到城市居民的生活范畴,既扩大了城区的绿地、水面,也增进了生活情趣,更可以作为城市与乡村之间的交流带,这本身就是城乡一体、协调发展的具体体现。最后,切实保护农业与环境。农业的发展与城市生态景观的保护联系在一起,既可以抗御天灾,又可以使分散的农民联合起来抵制城市无限制扩张而占用农民的土地,客观上起到了保护农业与环境的重要作用。

第三篇

生态保护与建设专题

中国农村生态现代化建设的路径选择

邱春林[*]

摘　要　实现社会主义现代化是中国共产党提出的两个百年目标之一,推进农村生态现代化是中国实现现代化目标的战略抉择和必由之路。农村生态现代化战略目标是发展的生态化和生态化的发展,即生产发展、生活富裕、生态良好;科技支撑战略是实现农村生态现代化的根本途径;政府主导协同推进战略是实现农村生态现代化的关键环节;社会组织及群众参与战略是实现农村生态现代化的基础环节。

关键词　农村　生态现代化　路径选择

人是自然的人,人是环境的人,没有优美的环境,单纯的GDP数字既不能给人民带来生活环境的改善,又不能提高人民的幸福指数。生态环境的继续恶化将使全面建成小康社会的奋斗目标最终化为泡影。当前在城乡二元结构背景下,城乡发展的差距进一步扩大,农村面临越来越多的困难,没有农村的现代化,中国的现代化就不能完成,因此农村生态现代化就成为实现现代化的关键所在。

---

[*] 邱春林,男,山东苍山人,南开大学马克思主义教育学院博士研究生,临沂大学马克思主义学院副教授,研究方向为马克思主义中国化研究与教学。

一　推进农村生态现代化的战略意义

（一）生态现代化是实现中国现代化的题中应有之义

自20世纪80年代以来，生态环境越来越受到人们的关注和重视。在工业现代化进程中，人们逐渐认识到环境的重要性，大自然不是取之不尽、用之不竭的，需要人类去善待它，维护它，只有这样才能实现和谐发展。生态现代化理论最初产生于欧洲，从20世纪80年代开始，一些西方发达国家经历了一场以生态环境保护为导向的工业社会转型，生态现代化理论在此背景下形成和发展起来。

实现中国的现代化是中国近代以来几代人不懈的追求，从太平天国农民的追求，到地主阶级洋务派求富求强的努力，再到维新派的维新变法以求自强，直到以孙中山为代表的革命派领导的辛亥革命，都在追求中国的现代化之路，但正如毛泽东所说，"中国人向西方学的很不少，但是行不通，理想总不能变为现实。多次奋斗，包括辛亥革命那样全国规模的运动都失败了"。[①] 30多年的改革使我国的经济、政治、文化等领域发生了重大变化，我国国民经济蓬勃发展，经济总量连上台阶，实现了从低收入国家向中等收入国家的跨越。目前，我国的经济总量已稳居世界前列。人们在改革开放的发展中得到更多的实惠，人民生活水平也在发展中不断提高。

随着改革开放的深入，我国发展中的一些深层次问题开始暴露，长期的粗放型经济发展方式导致了生态环境的日益恶化和自然资源的日渐枯竭，经济发展与环境保护之间、人与自然之间的矛盾与冲突日趋尖锐，生态环境保护已经成为经济社会发展中的一个薄弱环节，制约着经济社会的健康协调发展。我们现在面临生态环境恶化、资源和环境压力增大、生态基础设施建设薄弱、人与自然矛盾加剧的困境。美国学者卡逊在《寂静的春天》一书中描述了美国中部一个美丽城镇的变化，"到处是死神的幽灵"，"现在一切声音都没有了，只有一片寂静覆盖着田野、树林和沼地"。什么原因呢？作者指出："不是魔法，也不是敌人的活动使这个受损害的世界的生命无法复生，而是人们自己使自己受害。"[②]

[①] 《毛泽东选集》（第4卷），人民出版社，1991。
[②] 蕾切尔·卡逊：《寂静的春天》，吕瑞兰、李长生译，吉林人民出版社，1997。

现代化不仅仅是经济的现代化，不仅仅是物质财富的增加。现代化研究专家罗荣渠从历史进程论角度指出："广义的现代化主要是指自工业革命以来现代生产力导致社会生产方式的大变革，引起世界经济加速发展和社会适应性变化的大趋势，具体地说，就是以现代工业、科学和技术革命为推动力，实现传统的农业社会向工业社会的大转变，使工业主义渗透经济、政治、文化、思想各个领域并引起社会组织与社会行为深刻变革的过程。"① 也就是说，现代化不仅包括经济的发展，还包括政治的发展、文化的发展、制度的发展、生态的发展等方方面面。自然是人类的母亲，是人类直接的物质生活资料的来源。没有自然，就没有人类。正如马克思所指出的："自然是包括人类在内的一切生物的摇篮，是人类进步与发展的基础。"② 走生态现代化之路无疑成为中国现代化的唯一选择。

（二）农村生态现代化是中国农村现代化的必由之路

推进农村生态现代化建设就是把农村经济增长与农村生态环境保护综合起来考虑，把农村生态建设看成发展之义、发展之举，走可持续发展之路，通过生态设计、生态建设、绿色生产、可再生能源的使用等，实现农村现代化建设与农村生态环境改善、生活质量提高和精神文明建设的有机融合，从而打造一个环境优美、家庭和谐、人民富裕、社会文明的社会主义现代化新农村。

中国的现代化在改革开放以来取得显著成绩，经济连续保持快速增长，1979~2012 年，我国国内生产总值年均增长 9.8%，同期世界经济年均增速只有 2.8%，创造了人类经济发展史上的又一大奇迹。经济总量、综合国力大幅提升，国内生产总值由 1978 年的 3645 亿元迅速跃升至 2012 年的 518942 亿元。但是，在看到我国经济迅速发展的同时，我们也不能忽视经济发展的代价。据统计，目前我国已成为世界上能源、钢铁、氧化铝等消耗量最大的国家。2012 年，我国的煤炭消费总量近 25 亿吨标准煤，超过世界上其他国家的总和；十大流域中水质为劣 V 类的占 10.2%。这都给我们敲响了警钟。

党的十八大报告提出了两个百年目标，"在中国共产党成立一百年时全

---

① 罗荣渠：《现代化新论——世界与中国的现代化进程》，商务印书馆，2009。
② 《马克思恩格斯全集》（第 42 卷），人民出版社，1979。

面建成小康社会"，"在新中国成立一百年时建成富强、民主、文明和谐的社会主义现代化国家"。这就给我们明确了目标和任务，现代化建设的任务不可谓不艰巨。面对资源约束趋紧、环境污染严重、生态系统退化的严峻形势，如何实现现代化，是继续走粗放式发展的资源消耗型之路，还是拓展新的现代化之路？"必须树立尊重自然、顺应自然、保护自然的生态文明理念，把生态文明建设放在突出地位，融入经济建设、政治建设、文化建设、社会建设各方面和全过程"，这实质上道出了走生态现代化之路的必要性。

当前在城乡二元结构背景下，农民收入长期以来远低于城镇居民，农村教育、农村医疗卫生、农村社会保障等建设滞后，城乡发展的差距进一步扩大，农村面临越来越多的困难。没有农村的现代化，中国的现代化就不能完成。改革开放30多年来的实践表明，人们为尽快"解决温饱""奔向小康""迈入富裕"而乱砍滥伐、毁林造田、随意围垦等，这必然导致水土流失、江湖淤塞、水旱灾害。生态环境的恶化不仅使自然生态系统的生产力降低，而且进一步加剧贫困，形成恶性循环。如果在生态环境改善的基础上发展经济从而脱贫致富，则能形成生态与经济相互促进的良性循环。对此江泽民多次指出："必须切实保护资源和环境，不仅要安排好当前的发展，还要为子孙后代着想，决不能吃祖宗饭、断子孙路，走浪费资源和先污染、后治理的路子。"① 实际上这道出了农村生态现代化的必要性。抓好农村生态环境保护和生态环境建设，推进农村生态现代化建设，也是中国农村现代化的必由之路。

二 农村生态现代化的战略目标和重点

（一）农村生态现代化的战略目标

我国农村现代化是实现中国现代化的关键和难点所在，尤其是当前的城乡二元经济结构给农村生态文明建设带来很大压力。这为我们明确了推动农村生态现代化的战略目标，通过实施农村生态现代化建设，实现城乡和谐发展，实现人与自然和谐发展，实现农村经济、社会、文化的协调发展，即实现农村各项事业发展的生态化和生态化的发展。既然推进农村生

---

① 《江泽民文选》（第1卷），人民出版社，2006。

态现代化是中国现代化的必由之路,那么推进中国农村生态现代化的目标战略是什么呢?那就是要坚定不移地"走生产发展、生活富裕、生态良好的文明发展道路"。① 一方面要不断推动农村经济快速、健康、协调发展,另一方面一定要注意的就是保护环境,实现人与自然环境和谐相处。没有生产发展,农民的生活水平将难以提高,没有环境保护,农民生活同样难以有质的提高。通过"建立生态文明制度,健全国土空间开发、资源节约、生态环境保护的体制机制",最终推动形成人与自然和谐发展的现代化建设新格局。

(二) 农村生态现代化的战略重点

生态现代化是当前推进中国现代化的必由之路,农村生态现代化面临着严峻的考验。目前中国农业化肥密度、农村卫生设施普及率等指标超过主要发达国家的两倍,而中国农牧业造成的生态退化也比发达国家严重得多。据统计,2004 年,中国处于生态现代化的起步期,中国生态现代化指数为 42 分,排世界 118 个国家的第 100 位。② 由此可见农村生态现代化的紧迫性。农村生态现代化的战略目标是实现发展的生态化和生态化的发展,要在明确这一点的基础上,切实转变当前的发展理念和发展重点。当前农村生态现代化的战略重点是要以农村生态经济的转型、农民生态意识的树立为切入点,以循环经济、低碳经济、绿色经济的发展为载体,推动农村发展的生态化、绿色化,推动实现人与自然环境的和谐发展,完成现代化由粗放式、资源依赖型到内涵式、生态型的转变,实现由被动应对型到主动适应型的战略转变。

第一,实现农村生态经济的转型。生态经济是一种以生态平衡为出发点、追求生态效益、保障生态与经济和谐发展的可持续发展经济。要实现农村生态经济转型,首先要注意生态效益与经济效益及社会效益的有机结合。合理利用农村短缺资源,在充分利用土地等资源的基础上,更加注重综合开发农村资源,努力消除对环境的污染和对生态的影响,特别是数量众多的乡镇企业,在一段时期内曾经是农村环境污染的主要源头,要进一步加大力度,做好乡镇企业的生态转型工作,降低经济成本,提高资源利

---

① 《十七大以来重要文献选编(上)》,中央文献出版社,2009。
② 何传启:《中国生态现代化的战略思考》,《中国科学基金》2007 年第 6 期。

用效率。其次要更加注重保护农业资源，保护农村经济持续发展的动力。坚决摒弃过去那种浪费资源或者认为自然资源无价值的观念，把生态资源的成本纳入经济核算，以便更好地发展农村经济，实现农村经济发展的生态化和农村经济生态化发展的有机统一。还要发展包括绿色有机农业在内的各类产业，着力提升农产品品质，实现市场核心竞争能力的显著增强。例如，发展农村生态旅游业，一方面能使农村的文化资源和生态资源得到更加充分的利用，另一方面能够推动农村经济的多元发展，实现城乡差距不断缩小。

第二，实现农民生态意识的转型。要实现农村生态现代化，农民生态意识的转变是不可或缺的。发展农村的生态经济，首要的问题是培养农民的生态意识。应该说一段时间以来，我国的农村经济发展是比较和谐的，但我们也看到随着市场经济的深入发展，农村不再是天蓝水清，城市污染向农村转移的趋势在一些地方非常显著，尤其需要注意的是我国农村的生态消费观念还没形成，农民没有生态消费习惯，生态资源浪费的现象非常严重。因此，要发展农村生态经济首先要从培养农民的生态意识和生态习惯入手。

三　农村生态现代化的战略举措

（一）科技与创新战略是实现农村生态现代化的根本途径

我国农业基础比较薄弱，尤其是农业支撑科技的能力不强，表现在农业重大科技成果储备不足，先进适用的农业生产技术普及率和优良品种普及率较低，农业机械装备水平较低。在推进中国现代化的进程中，需要科技的支撑。生态经济本身就强调用科技来改善农业、农村发展与环境的关系。推动中国农村生态现代化的关键在于科技，没有科技的支撑，要实现农村生态现代化是不可想象的。

为此，要大力发展生态科技，为农村生态经济建设提供技术支撑。马克思很早就指出："劳动生产力是随着科学和技术的不断进步而不断发展的，那么旧的机器、工具、器械等等就会被效率更高的、从功效来说更便宜的机器、工具和器械等等所代替。"[①] 这实际上就是"科学技术是生产力"

---

① 《马克思恩格斯文集》（第5卷），人民出版社，2009。

的思想。邓小平进一步发展了这一思想，提出了"科学技术是第一生产力"。① 江泽民指出中国要走新型的工业化道路，就"必须发挥科学技术作为第一生产力的重要作用，注重依靠科技进步和提高劳动者素质，改善经济增长质量和效益"。②

推动农村生态现代化需要科技的支撑，但是科技发展在经济社会发展中的"异化"现象同样需要引起人们的高度重视。从工业化发展历程来看，自工业革命以来，科技发展的动力和标准逐渐异化为以人类中心主义为价值取向，科学技术成果应用的功利性已远超其生态化。正因如此，在推动中国农村生态经济建设的过程中，要尽快实现科学技术发展模式的转型，也就是要实现科学技术发展的生态化，要抛弃人类中心主义的价值取向和技术成果应用的功利性，使现代科技更好地为我国农村生态现代化服务，为中国特色生态经济建设服务。围绕生态经济建设中人与自然协调发展的核心要求，努力实现科技创新，充分发挥科技创新在推动中国特色生态经济建设中的驱动作用，使现代科技更好地为我国的生态经济建设服务。发展中国特色生态经济必须紧密依靠科技创新，只有这样才能突破能源、资源对经济发展的制约，改善生态环境，缓解经济社会发展与人口资源环境的矛盾。同样，科技创新也必须面向生态经济建设，提高绿色发展的创新能力，把发展能源、水资源和环境保护技术放在优先位置，只有这样才能最终解决制约经济社会发展的重大瓶颈问题。

（二）政府主导协同推进战略是实现农村生态现代化的关键环节

农村生态现代化建设需要大量投资，农民收入本来就少，城乡差距较大，因此不能也不应该让农民承担过重的长期投资。进一步说，实现农村生态现代化受益的是整个国家，而不仅仅是农村、农民。而且实现中国现代化是中国共产党的两个百年目标之一，没有农村的现代化就谈不上国家的现代化。因此，在推动农村生态现代化的进程中，政府需要发挥其主导作用，发挥其协调各方、总揽全局的作用。

首先，政府要加大对农村生态现代化的政策支持力度，实现工业"反哺"农业。为此，既要加大对地方财政的转移与支付力度，加大对生态科

---

① 《江泽民文选》（第3卷），人民出版社，2006。
② 《江泽民文选》（第1卷），人民出版社，2006。

技研发与推广的支持力度,又要加大对农村生态现代化建设生产方式和资源利用方式转型的支持力度。稳步推进高新技术向农业、农村的全面倾斜,加大对农村生态现代化的财政支持力度,为推进农村生态现代化提供可靠的物资保障。

其次,构建实施积极有效的生态补偿机制。既要对西部落后地区进行生态补偿,又要对东部沿海地区的农村进行生态补偿,从而更好地调动人们的积极性,更好地推进农村生态现代化的建设进程。

最后,推进农村生态现代化还要有相应的制度保障。政府要起主导作用,不断制定并完善相关法律以规范、保障生态经济。无论是农村生态经济的发展还是农村生态现代化的发展,最终的保障都应该是法律。很显然,在市场经济条件下,我们不能用行政命令去调整经济,只能用法律法规来促进规范生态经济的发展。而且需要特别指出的是,在我国农村发展生态经济,必然有许多传统和固有的经济利益需要调整。习近平在讲话中也指出:"只有实行最严格的制度、最严密的法治,才能为生态文明建设提供可靠保障。最重要的是要完善经济社会发展考核评价体系,把资源消耗、环境损害、生态效益等体现生态文明建设状况的指标纳入经济社会发展评价体系,使之成为推进生态文明建设的重要导向和约束。要建立责任追究制度,对那些不顾生态环境盲目决策、造成严重后果的人,必须追究其责任,而且应该终身追究。要加强生态文明宣传教育,增强全民节约意识、环保意识、生态意识,营造爱护生态环境的良好风气。"

(三) 社会组织及群众参与战略是实现农村生态现代化的基础

政府参与农村生态现代化建设仅仅是一个方面,农民才是农村生态现代化的主力军,没有农民的参与,农村就不可能实现生态现代化,同时,广大社会组织也会推动农村生态现代化的进程,发挥政府所不能发挥的作用。农村生态现代化不仅是农村经济的生态现代化,还包括农村制度的生态现代化、农民消费的生态现代化、农民思想观念的生态现代化等诸多方面。

农民的生态环保意识直接关系到农村生态环境的好坏。通过增强农民的生态环保意识,可以改变农民的生产活动和消费方式,进而达到农村生产发展和生态良好的目的。只有增强农民的生态环保意识,农民才会在平时的生产和消费过程中有意识地去关注环境的变化和保持生态平衡,并且反对任何破坏环境、污染环境的行为以维护环境的良性发展。

解决农村生态环境问题是一项长期而艰巨的任务，仅仅依靠政府的力量是远远不够的，增强农民的生态环保意识是解决农村生态环境问题的最有效的措施和手段。只有让农民都认识到保护生态环境就是保护他们自己，并在平时的生产和生活过程中，形成人人关心环境、人人保护环境的良好风尚，农村的生态环保工作才可以真正走上全面、协调、可持续发展的道路。非政府社会组织的积极作用在于它更具有灵活性，能在政府组织不能发挥作用的地方发挥不可替代的作用。

一言以蔽之，实现现代化是中国共产党提出的两个百年目标之一，推进农村生态现代化是中国实现现代化目标的战略抉择和必由之路，只有实现农村经济、管理、文化等综合因素的生态现代化，才能最终走上生产发展、生活富裕、生态良好的农村生态现代化之路。

优化生产、生活、生态空间，构建美丽中国

何传新[*]

摘　要　党的十八大报告指出"要按照人口资源环境相均衡、经济社会生态效益相统一的原则，控制开发强度，调整空间结构，促进生产空间集约高效、生活空间宜居适度、生态空间山清水秀"。优化国土开发空间格局，要以科学发展观为引领，强调人口资源环境相均衡和经济社会生态效益相统一；强调通过控制开发强度和调整空间结构，促进生产空间集约高效、生活空间宜居适度、生态空间山清水秀，给自然留下更多修复空间。严格按照主体功能定位发展，构建科学合理的城市化格局、农业发展格局和生态安全格局。

关键词　生产空间集约高效　生活空间宜居适度　生态空间山清水秀

党的十八大报告将生态文明建设提到了前所未有的战略高度，将优化国土空间开发格局作为生态文明建设的重要抓手，指出"要按照人口资源环境相均衡、经济社会生态效益相统一的原则，控制开发强度，调整空间结构，促进生产空间集约高效、生活空间宜居适度、生态空间山清水秀"。优化国土开发空间格局，要以科学发展观为引领，强调人口资源环境相均衡和经济社会生态效益相统一；强调通过控制开发强度和调整空间结构，促进生产空间集约高效、生活空间宜居适度、生态空间山清水秀，给自然

---

[*] 何传新，男，山东省东平县人，泰安市委党校教授，泰安市政府决策专家咨询委员会（农业）委员，研究方向为农村经济理论与政策、农业经营管理。

留下更多修复空间。严格按照主体功能定位发展，构建科学合理的城市化格局、农业发展格局和生态安全格局。

一 生产、生活、生态空间优化和谐的含义

国土空间是一个国家进行各种政治、经济、文化活动的场所，是经济社会发展的载体，是人们生存和发展的依托。国土空间是宝贵资源，是人类赖以生存和发展的家园。国土空间开发格局是一个国家的人民依托一定的地理空间，通过长时间生产和经营活动形成的经济要素分布状态。我国辽阔的陆地国土和海洋国土，是中华民族繁衍生息和永续发展的家园。新中国成立以来特别是改革开放以来，我国现代化建设全面展开，国土空间也发生了深刻变化，一方面有力地支撑了经济快速发展和社会进步，另一方面也出现了一些必须高度重视和着力解决的突出问题。主要是：耕地减少过多过快，生态系统功能退化，资源开发强度大，环境问题凸显，空间结构不合理，绿色生态空间减少过多等。优化国土开发格局是人们通过对客观规律的认识，对不合理的空间格局进行修正和调整，促进空间格局不断改善的过程。十八大报告中提出了生产空间、生活空间、生态空间3个概念，是对空间理论的创新，为优化国土空间格局理论注入了新的内容，在实践中更容易把握，更易于落实。

（一）生产空间集约高效

人们从事生产经营活动的场所就是生产空间，包括农田、工厂、矿山、商场、店铺、道路、机场、港口，等等。这类空间要做到布局合理、集约高效。目前存在的问题是：生产空间布局不够合理，到处铺摊子，占地过多，空间资源大量闲置；有些生产活动不遵循自然规律，诸如毁林开荒，大片填海造地，过多开山筑坝，对生态空间造成开发性破坏，同时挤压生活空间，留下许多生态安全隐患。

我国国土空间虽然很大，但适宜人居住和发展的空间并不大，山地多，平原少，适宜工业和城市建设及耕作的土地仅有180多万平方公里。我国生态脆弱区域面积广大，中度以上生态脆弱区域占全国国土空间的一半以上。脆弱的生态环境，使大规模高强度的工业化、城镇化开发只能在有限的国土空间展开。今后十几年是我国工业化、城镇化快速推进的重要时期，也

是空间结构调整的重要时期。既要满足人口增加、人民生活改善、经济发展、基础设施建设对国土空间的巨大需求，又要为保障粮食安全而保护耕地，还要保障生态安全和人民健康，因此，必须调整开发思路，确立集约发展的理念。必须集约利用土地，加倍珍惜土地，提高城市建筑容积率，提高城市的人口承载力，积极稳妥地推进城镇化，逐步减少农村人口，逐步减少生态脆弱区的人口，实现土地的集约利用，实现可持续发展。要杜绝工业园区、城市建设对土地的粗放利用，建立紧凑型城市，集约利用土地，把更多的空间留给生态。

按照优化国土空间开发格局的要求，要转变经济发展方式，合理调整三次产业及其内部空间结构，提高现有生产空间的利用效率，严格控制生产空间的扩大。当前，特别要注意防止工业和服务业随意挤占农业发展空间，尽可能减少乃至最终停止生产空间对生活空间和生态空间的侵蚀。有些关闭或废弃的矿山、厂址和圈地后长期未开发的园区，应恢复为生活空间或生态空间。

(二) 生活空间宜居适度

人们居住、消费和休闲娱乐的地方就是生活空间，包括住房、各种消费和休闲娱乐场所等。这类空间要宜居、开发适度。生活空间与生产空间有部分重叠，同一空间可以兼具生活空间和生产空间的功能。例如，餐厅对消费者来说是生活空间，对工作者来说是生产空间。目前，生活空间存在开发过度、不够宜居的问题。以城市生活空间为例，一些城市建设存在"摊大饼"式的蔓延趋势，市区范围不断向外拓展，无情地吞噬周边的田园和绿地。一些地方形成巨大的城市群，许多城市实际上已经连为一体，未能保留原来城市之间的具有生态调节功能的森林、田园和空地。这严重阻碍大气运动，使污染物稀释能力越来越差，热岛效应越来越强，雨水难以向地下渗透，一遇暴雨就大量积水。随着市内机动车辆的急剧增加，尾气排放也越来越多，成为空气污染的主要来源。按照生态文明建设的要求，应当重新审视城市建设理念，真正贯彻以人为本的思想，严格控制城市的市区规模，调整市区的建筑结构和密度，改善布局。

在未来的城市建设中，既要防止大城市过度膨胀，也要防止经济要素过度分散，实现大中小城市和城镇的协调发展。我国是发展中国家，还有2

亿多人未摆脱贫困,还有近3亿人要从农村转移到城市,过度追求奢华,既浪费空间,又浪费资金,势必提高城镇化的门槛,因此,城市建设和居住标准必须适度,不能无度。追求宜居,但不应追求奢华,更不应追求豪华、超豪华。

(三) 生态空间山清水秀

生态空间是指具有重要生态功能、以提供生态产品和生态服务为主的区域。生态空间在保障国家或区域生态安全中发挥重要作用,是经济社会可持续发展的基础。生态空间可以分为两个类型的区域。一是具有重要生态服务功能的区域。这些区域主要提供生态产品与生态服务,如水源涵养、地下水补给、土壤保持、生物多样性保护、自然景观保护等。二是具有重要生态防护功能的区域。这类区域具备预防和减缓自然灾害的功能。这些区域通常具有较大的生态风险,生态系统脆弱,一旦受到破坏容易导致重大生态环境问题或者自然灾害,危及区域乃至国家生态环境质量和生态安全。

我国既有高山,又有大河,景色优美,引人入胜。但西北地区还有大范围的沙漠、戈壁,西南地区有大面积的喀斯特地貌地区,生态非常脆弱,一旦破坏就极难恢复。黄河上游、长江上游、珠江上游是我国的生态屏障,生态植被如被破坏,下游地区将遭受灭顶之灾。新中国成立以来,我国逐步加强国土整治和生态修复。一是对资源枯竭地区进行综合治理;二是实施了大规模的生态恢复和建设以及环境治理工程,包括三北防护林体系建设、退耕还林、退牧还草、天然林保护、京津风沙源治理、青海三江源保护、石漠化治理、淮河水污染治理、滇池治理、二氧化硫排放控制和治理行动等,这些活动减轻了历史上国土空间粗放式开发对资源环境所造成的破坏,也起到了优化国土空间开发格局的作用;三是实施主体功能区战略,对重点生态功能区,禁止开发,减少人类活动,将人类活动对生态脆弱区的影响降到最低。新时期应调整空间结构,正像十八大报告所要求的,给自然留下更多修复空间,给农业留下更多农田,给子孙后代留下天蓝、地绿、水净的美好家园。

二 加快实施主体功能区战略，构建科学合理的城市化格局、农业发展格局和生态安全格局

加快实施主体功能区战略，构建科学合理的城市化格局、农业发展格局和生态安全格局，这是解决我国国土空间开发中存在问题的根本途径，是当前生态文明建设的紧迫任务。城市化地区要把增强综合经济实力作为首要任务，同时要保护好耕地和生态；农产品主产区要把增强农业综合生产能力作为首要任务，同时要保护好生态，在不影响主体功能的前提下适度发展非农产业；重点生态功能区要把增强提供生态产品的能力作为首要任务，同时可适度发展不影响主体功能的适宜产业。

（一）加快构建科学合理的城市化格局

1. 集约高效开发城镇用地，优化城镇空间结构。在快速城镇化的过程中，如果没有合理的约束机制，则粗放的用地方式不会得到根本的改变。根据城镇人口增加的速度和规模，合理确定新增城镇建设用地规模，鼓励从城镇已有建设用地中挖掘用地潜力，提高用地的集约程度，节约利用土地。按照每万人建设用地面积来评价不同规模城镇建设用地的集约程度。合理布局城镇工业、服务业、科教卫生文化事业、交通物流业和居住等的用地，理顺大型产业开发区与大型居住区、就业密集区和居住密集区的空间配置关系，减少城镇居民的平均出行时间。非特别需要，严格控制大型产业开发区和居住区的建设，尤其重要的是要合理布局城市生产空间和生活空间，扭转城市建设过程中重生产、轻生活，为发展生产而损害生活的倾向。

2. 以推进中小城市发展为重点培育城市群，促进不同规模城镇均衡发展。我国目前总体上大城市和超大城市的扩张速度要快于中小城市。然而城市规模的快速膨胀会引发大量的城市问题，更为重要的是完全实现中国的城镇化，通过城镇化来提升和释放中国的发展潜力，必须充分发挥中小城市的作用。逐步调整资源过度向大城市、特大城市集中的趋势，尤其是要改变政府引导资源向大城市集中的做法。在国土资源有限、人口规模庞大的情况下，要以中心城市为核心，推进量多面广的中小城市的发展，培育功能互补、协同创新能力强、空间布局协调、生态保障高效的城市群，

从而解决大城市和特大城市的城市问题，优化区域城镇空间格局，提升区域整体竞争力。

3. 推进城乡建设用地置换，提高土地集约利用水平。顺应我国城镇化水平逐步提高以及乡村人口数量逐步下降的趋势，推进城乡建设用地的置换，在总量上控制城镇建设用地规模增加，提高土地利用的集约程度。在乡村人口减少比较明显的地区，逐步推进村镇合并和土地的集中利用和规模化利用，在不适合人类居住和产业开发的地区，鼓励移民，恢复自然生态。与此同时，加强中心村和中心镇的公共设施建设，提高公共服务能力，建设美丽乡村。

4. 建设绿色城市，优化生活环境。作为未来最主要的生活和生产的承载空间，城市的质量和环境在很大程度上决定着生活在其中的人的生活质量和幸福感受。推进生态文明建设是保障和改善民生的内在要求。环境保护是重大民生问题，它直接关系到人民的生活质量，关系到群众的身体健康，关系到社会的和谐稳定。随着生活水平的提高，人们对干净的水、新鲜的空气、洁净的食品、优美的环境等方面的要求越来越高，切实维护公民的环境权益，着力解决损害群众健康的突出环境问题，是以人为本的执政理念的体现。推进城市产业结构升级，发展无污染、低消耗、高附加值的产业，淘汰落后产能，减少排污，降低城市的能耗水平，打造低碳城市。大力推进城市绿化，拓展绿色空间，提高人均绿地面积。城市绿化要见缝插针，在道路两侧、沟渠沿岸、街道角落、庭院内外、墙角、荒废地、铁路夹角等地尽可能进行绿化。把绿化和美化充分结合起来，营造美好的生活环境。

（二）加快构建科学合理的农业发展格局

1. 推进耕地占补平衡，坚守耕地红线。保护耕地是优化农业发展格局的核心。要继续实施最严格的耕地保护制度，在相同质量耕地占补达到平衡以及非占不可的前提下审批耕地的用途改变，保持耕地总量不减少。完善耕地保护制度，加大对基本农田建设的财政扶持力度，加大对各类违法侵占农田行为的打击力度，做到各类建设用地尽量不占耕地和少占耕地。根据土地肥沃程度、自然条件和亩产量等设立农田等级制度，按照农田的等级对违法占地和违法毁地行为进行程度不同的责任追究。

2. 进行用途管理，促进农业合理布局。以国家构建的"七区二十三带"

农业发展空间格局为核心,将城镇化与劳动力转移相结合,鼓励农业规模化生产,提高农业生产效率。按照自然条件和因地制宜的原则,促进农业生产的区域布局。实施农用地用途管理,在不改变农业用地性质的基础上,遵从市场的引导,优化农业生产结构和区域布局,开发高效优质农产品,促进农业生产的多元化和品种的多样化。

3. 提高农业生产能力。加强农业基础设施和水利设施建设,推进耕地整治,提高农业的防灾减灾能力,全方位改善农业生产条件,促进农业稳产高产。适应市场需求变化,加快农业科技进步和科技创新,提高农业物质技术装备水平和农业劳动生产率,促进农业生产过程高效、快捷,实现农业现代化。建立快捷便利的农产品流通体系,减少流通环节,降低损耗。

(三) 加快构建科学合理的生态安全格局

1. 通过集约利用土地挖掘国土空间潜力。通过集约利用城镇建设用地、提高农业用地的单位面积产量、优化空间布局等多种渠道挖掘国土潜力,通过对存量用地的内部挖潜扩展用地面积,减少由空间布局不合理造成的空间浪费。全面梳理各类工业区、生产园区的用地状况,评价用地集约程度,制定集约用地的整体方案,挖掘潜力。通过内部挖潜,保证建设用地和农业用地少占和不占生态用地。在确保本区域耕地和基本农田面积不减少的前提下,在适宜的地区实行退耕还林、退牧还草、退田还湖,扩大生态空间。

2. 全面培育生态空间,提高生态质量。科学合理地制定生态空间建设布局,全面优化生态空间,增强湿地、水域、森林、草地等生态用地的自然修复能力和生态功能。按照区域生态功能的类型,制定针对不同区域的优化方案,提高生态质量。通过建立和完善生态补偿机制、实施人口转移、进行产业结构调整等多种方式降低人类活动对生态功能区的开发程度,全面保护自然环境。鼓励探索建立地区间横向援助机制,生态环境受益地区应采取资金补助、定向援助、对口支援等多种形式,对重点生态功能区因加强生态环境保护造成的利益损失进行补偿。

3. 保护与开发相结合,提高对海洋资源的综合开发能力。充分开发和利用海洋的生态功能,保护海洋生态环境,各类开发活动都要以保护海洋自然生态为前提,尽可能避免改变海域的自然属性。

我国粮食安全综合评价方法的比较与改进

揭昌亮[*]

摘　要　本文采用几种常用的评价模型对我国粮食安全水平进行了综合评价，并通过序号总和理论和 Spearman 等级相关检验对其进行了选优和改进，确定组合权重法是粮食安全综合评价的有效方法。用该方法对我国 1978~2010 年的粮食安全水平进行综合评价，结果显示：30 多年来，我国粮食安全水平在波动中不断提高，粮食安全程度绝大多数年份都处于安全和轻度短缺状态，不存在高度风险。

关键词　粮食安全　综合评价　比较　序号总和理论

粮食安全评价，就是在理解经济社会结构的基础上提出粮食安全的标准和指标体系，并采用量化的模型和方法，来衡量一个国家或地区的粮食安全水平。[①] 目前，国内关于这方面的文献和研究成果都比较多，但由于对评价指标的选取、权重的确定、评价方法本身的标准和计算方法的理解不同，各种评价结果存在较大差异。因此，有必要对各种评价方法的应用结果差异进行实证比较，这将有助于这项工作的改进和完善。由于在整个评价过程中，评价指标的选取及评价模型方法的选择对评价结果至关重要，因此本文首先拟建立粮食安全综合评价的指标体系，接着对几种较常使用的粮食安全综合评价方法进行比较，并用 Spearman 等级相关系数判断其优

---

[*] 揭昌亮，江西省广昌县人，北京林业大学林业经济管理专业博士研究生，研究方向为林业经济理论与政策。

[①] 高帆：《中国粮食安全研究的新进展：一个文献综述》，《江海学刊》2005 年第 5 期。

劣，最后设计一种组合权重法对现行粮食安全综合评价方法做适当改进。

一　粮食安全综合评价指标体系的确立

要对一国在某一特定时期的粮食安全状况进行判断，就必须有客观的依据，这些依据就是粮食安全的评价指标。粮食安全评价指标体系包括警情（结果）指标和警兆（原因）指标。警情指标是反映粮食安全与否的指标，由粮食及膳食能量供求平衡状况以及与粮食供求平衡状况紧密相关的一系列指标构成，如粮食生产、需求、进出口、储备、粮食价格等方面的指标。另外，警情指标还包括与国家粮食分销能力、居民收入分配公平程度相关的指标。警兆指标是与粮食安全相关的先兆性指标，其状况或趋势预示着粮食安全警情指标的情况。与粮食供给相关的警兆指标，包括粮食播种面积变动率、有效灌溉面积增长率、农用机械总动力增长率、化肥施用量增长率、受灾面积系数、种粮成本收益率、农业生产资料价格指数、财政支农资金比重、农业科技投入与农业科技人员增长率等。与粮食需求相关的警兆指标包括人口增长率、城镇人口增长率、人均收入增长率等。

最早的粮食安全综合评价体系设置4类指标，即粮食产量波动指数、粮食储备率、粮食自给率（贸易依存度）、人均粮食占有量。[①] 后来有人增加了贫困人口比重、需求波动率、粮食价格上涨率、粮食总供求差率、人均粮食播种面积、有效灌溉面积比重、播种面积成灾率、农业科技进步贡献率、种粮成本收益率、实际收入增长率等多项指标。评价指标的增多，固然可以提升考察的全面性，但是应当注意到两个问题。一是指标体系的系统性。理论上讲，选取的各项评价指标之间应该相互独立，然而某些指标，例如粮食价格上涨率、粮食总供求差率，实际上都是粮食供给量和需求量的相互关系的反映，能否作为一个独立指标尚待探讨。二是有些研究提出从基本面尤其是供给基础的角度来评估粮食安全，为此将一些警兆指标如粮食播种面积、自然灾害情况、农业投入情况、粮农积极性等纳入评价，这种将警情（结果）指标和警兆（结果）指标混合在一起评价的做法的合理性也值得商榷。

限于篇幅，本文重点讨论警情指标体系。本文认为，一个完善的粮食

---

① 朱泽：《中国粮食安全状况的实证研究》，《调研世界》1997年第3期。

安全保障体系应当是粮食生产安全、粮食流通安全、粮食消费安全的合一。因此，为了尽量反映粮食安全的全貌，同时兼顾指标的独立性和数据的可得性，本文在多数专家认同的四大指标基础上，增设需求波动率和贫困人口比重两项指标，这样可以同时反映粮食消费的波动情况及低收入阶层的粮食消费保障水平，并且与原有的四项指标相互之间不存在交叉关系，能够较为全面、合理地衡量我国粮食安全状况。

另外，进行粮食安全评价，除了要选择确实能反映粮食安全的警情指标外，还要根据可能发生的粮食不安全或风险的不同程度及其影响，对警情指标进行警级分类和警级确定，从而便于人们直观地识别粮食安全状况。以前人为参照，同时为了更细致地反映粮食安全形势的变化，本文将各指标根据其大小分成7个档次，分别表示不同的粮食安全（或不安全）警示级别。具体的赋值区间和参数值见表1。

表1　我国粮食安全综合评价指标与取值

警情	警级	生产安全		流通安全		消费安全		粮食安全综合指数（%）
		粮食产量波动指数（%）	人均粮食占有量（kg）	粮食储备率（%）	粮食贸易依存度（%）	贫困人口比重（%）	粮食需求波动指数（%）	
短缺重警	-3	<-3	<300	<13	<-15	≥20	≥7	<-2
短缺中警	-2	-3~-1.5	300~350	13~17	-15~-10	10~20	3~7	-2~-1
短缺轻警	-1	-1.5~-0.5	350~370	17~21	-10~-5	5~10	1~3	-1~-0.5
无　警	0	-0.5~1.5	370~400	21~23	-5~5	3~5	-1~1	-0.5~0.5
过剩轻警	1	1.5~4	400~450	23~27	5~15	1~3	-3~-1	0.5~1
过剩中警	2	4~7	450~500	27~31	15~30	0~1	-7~-3	1~2
过剩重警	3	≥7	≥500	≥31	≥30	<0	<-7	≥2

二　粮食安全综合评价方法的介绍

（一）评价模型

现有研究通常选择那些便于观察和获取数据的指标，通过简单或加权平均法来测度粮食的安全程度。

1. 简单平均法。其具体做法是：设粮食安全综合指数为 λ，在对各样本 λ 值进行计算时，先进行如下假定：①一个国家的粮食安全水平可以由粮食产量波动率、粮食储备率、粮食自给率、人均粮食占有量、低收入阶层的粮食保障水平、粮食需求波动率等 m 项指标进行完全解释；②以上 m 项指标对 λ 的解释度或称贡献率是等同的，即它们的权重是相同的。据此假设，有 $\lambda_i = (\sum \lambda_{ij})/m$，其中，$\lambda_{ij}$（$i=1, 2, \cdots, n$；$j=1, 2, \cdots, m$）为第 i 个样本第 j 项指标的得分值（各指标对应的警级数值）；λ_i 为第 i 个样本的粮食安全综合得分，λ 值越大，表示粮食安全水平越高。

2. 加权平均法。其假设条件和简单平均法相同，同样是假设一个国家的粮食安全水平可以由所选取的评价指标进行完全解释，只是不再给予它们相同的权重。按照该方法，各指标的权重是根据其对粮食安全状况的重要性的不同给出的，记为 α_j。设 λ_{ij} 为第 i 个样本第 j 项指标的取值，那么粮食安全综合指数的计算公式即为：$\lambda = \sum \lambda_{ij} \alpha_j$，其中，$\lambda$ 是加权平均之后带有综合性质的粮食安全得分，λ 值越大，表示粮食安全水平越高。

对于总的综合评价值，可按表 1 的标准进行判断，给出警报。

（二）指标权重的确定方法

由于加权平均法综合考虑了不同指标对国家粮食安全综合性评价的重要程度（贡献率），相对更加科学合理，在近年来的粮食综合评价研究中应用较多。围绕着如何确定不同指标的权重大小问题，众多学者对此进行了一系列拓展和完善。综合来看，这些权重确定的方法有主观评分法、层次分析法、熵值法、灰关联法，其中前两种均是主观赋权法，后两种则是客观赋权法。本文选择这 4 种权重确定方法进行比较研究，限于篇幅，不再详细介绍各方法的具体操作过程。

三 粮食安全综合评价方法的实证比较

（一）数据的获取及预处理

数据的时间跨度限定在 1978~2010 年。数据采集中所涉及的粮食产量、进出口量、人均粮食占有量等数据资料主要来自《中国统计年鉴》（1979~2012 年）和《中国粮食发展报告》（2006~2009 年）；农村贫困人口数据主要来自《中国农村住户调查年鉴》（2001~2010 年）和《中国农村贫困监测报告》(2006~2009年);粮食需求数据为作者根据各项需求数据加总而得;粮食储备率数来自文献。在收集原始数据的基础上,对照表1给出的粮食安全群体指标取值区间和警级值,给出各群体指标的得分值。

(二) 各方法权重的计算

本文对主观评分法、层次分析法、熵值法、灰关联法这4种权重确定方法在粮食安全综合评价中的应用进行实证比较。计算工具是 Excel 和 SPSS 20.0 统计软件包。

1. 主观评分法。根据上述各指标对粮食安全状况的重要性的不同进行权重分配。①人均粮食占有量。人均粮食占有量是保障粮食安全最基本的内容,也是衡量粮食安全的核心指标。对于一个国家而言,无论人口多少,也无论该国通过何种途径获得粮食,只要在一个粮食年度内拥有足够的人均粮食占有量,那么该国在该年度中就不大可能存在粮食安全问题。所以它对一国粮食安全水平的解释度最大,确定其权重为0.25。②粮食产量波动指数。粮食生产是保证粮食供需平衡的主要因素,粮食总产量决定人均粮食占有量,粮食总产量波动不定,将影响人均粮食占有量的稳定性。因此需要赋予其相对大的权重,考虑到其与人均粮食占有量的重要程度相当,赋予其相同的权重0.25。③粮食储备率。由于粮食生产的自然风险比较大,为了保证粮食总产量和人均粮食占有量不受气候变化、自然灾害的影响,保障任何时候的粮食安全,就必须保证一定的粮食储备率。储备水平高低决定一国抵御粮食风险的能力强弱,其重要性权重设定为0.2。④粮食贸易依存度。它对一国粮食安全程度的影响作用并不是线性的:一个闭关自守的高自给率并不一定安全;同样,一个高开放度、高进口率的国家并不一定不安全。因此,相比较而言,该指标对粮食安全综合评价的重要程度偏弱,赋其权重为0.1。⑤粮食需求波动指数。由于粮食消费的刚性特征,粮食需求相对稳定,对粮食安全水平的影响相对较小,设定其权重为0.1。⑥在市场经济条件下,贫困人口比重对国家粮食安全目标的实现有重要影响,设定其权重为0.1。根据以上分析,确定各指标的权重 (见表2)。

2. 层次分析法。根据表1设置的粮食安全评价指标体系,分别构造一级指标的3阶比较判断矩阵和二级指标的3组2阶比较判断矩阵。然后邀请粮食部门的高级管理人员和一般工作人员、从事粮食安全研究的高校教师及普通公众,按照层次分析法模型中指定的判断尺度进行打分,再加权平均后将计算结果近似取整,形成最终判断矩阵。最后经数据处理和检验,就可获得各个具体目标相对于总目标的权重(具体数据运算过程略,最终数据见表2)。

3. 熵值法。熵是系统状态不确定性的一种度量,它反映了评价指标体系中指标数据所蕴含的信息量的多少。熵值法是一种通过计算指标的信息熵,根据指标的相对变化程度对系统整体的影响来决定指标的权重的客观赋权方法。在熵值法中,相对变化程度大的指标往往具有较大的权重。为不使本文篇幅过大,同样省略了所有中间处理过程,在表2中直接给出了经熵值法确定的各指标的权重。

4. 灰关联法。灰关联法是利用灰关联评估中的关联矩阵,通过关联矩阵中关联强度的分析,确定各指标的权重。取评价指标体系中的各指标构成比较序列,取各指标的最优值构成参考序列,并构成 $m+1$ 阶灰关联空间,通过计算灰关联系数,得到由 $n \times m$ 个灰关联系数组成的多目标灰关联度判断矩阵,取其平均值就可以得到第 j 个指标在整个指标空间中所占的比重,紧接着对该比重值进行归一化处理,即可得到各指标的权重。限于篇幅,本文同样直接给出经灰关联法确定的各个指标的权重(见表2)。

表2 4种方法确定的粮食安全评价指标权重

	粮食产量波动指数	人均粮食占有量	粮食储备率	粮食贸易依存度	粮食需求波动指数	贫困人口比重
主观评分法	0.25	0.25	0.2	0.1	0.1	0.1
层次分析法	0.3375	0.2175	0.1270	0.1291	0.1164	0.0725
熵值法	0.1555	0.1856	0.1012	0.2145	0.1628	0.1805
灰关联法	0.1502	0.1809	0.1248	0.2150	0.1547	0.1744

(三)多种综合评价方法的优劣判断

将上述4种方法所得权重带入加权平均法计算公式中,求得粮食安全综合指数。同时,为进一步证实加权平均法的合理性,还计算了基于简单平均法的粮食安全综合指数。如何对这5种综合评价方法进行优劣判断?《"序号总和理论"及其在综合经济效益排序中的应用》一文提出的序号总和理论对此提供了一种思路。所谓序号总和理论,是指先对由各种不同方法得到的综合评价结果进行排序,然后把排序结果相加,得到序号总和,按序号总和排序的结果即是真正的位序,最后对由各种评价方法得到的排序与按序号总和排序的结果进行 Spearman 等级相关系数检验，以判断哪一种评价方法相对较好。

运用序号总和理论对上述 5 种综合评价方法的优劣判断思路如下：首先，把 5 种综合评价方法所得到的结果按从小到大的顺序排序，得到该 5 种方法的排序结果；其次，把每个年度在该 5 种方法下排序的 5 种序号相加并同样按升序排序，得到按序号总和的排序结果（参照系）；最后，分别计算 5 种评价方法的排序结果与参照系的排序结果之间的 Spearman 等级相关系数 R_i，分别为 $R_1 = 0.9312$，$R_2 = 0.9806$，$R_3 = 0.9830$，$R_4 = 0.9880$，$R_5 = 0.9876$（1 = 简单平均法，2 = 主观评分法，3 = 层次分析法，4 = 熵值法，5 = 灰关联法）。可见，熵值法得到的粮食安全综合指数的排序结果与参照系的排序结果具有最大的等级相关系数，说明基于熵值法的综合评价结果排序与真正排序最接近，其次是灰关联法，再次是层次分析法和主观评分法，最后是简单平均法。因此，基于熵值法的加权平均法优于其他综合评价法。同理，加权平均法优于简单平均法。在两种客观赋权法中，熵值法优于灰关联法；在两种主观赋权法中，层次分析法优于主观评分法。

（四）对粮食安全综合评价方法的改进

从上述结果还可以看到，虽然基于熵值法的粮食安全综合评价结果所对应的 Spearman 等级相关系数最大，但仍小于 1，说明这一综合指数的计量方法可以进一步改进，以提高其评价效果。对现行粮食安全综合评价方法的改进，可以通过组合主观赋权法和客观赋权法来实现。众所周知，主观赋权法尽管简单，但人为因素太强，而客观赋权法又过于依赖样本，两种方法都存在着不同程度的信息损失。采用组合赋权法可以最大限度地减少信息损失，使得到的权重值更能全面反映系统指标的本质和符合人的认知规律，从而更加符合客观实际。

从上面的分析中可知，基于熵值法、灰关联法和层次分析法得到的粮食安全综合评价结果具有较好的可靠性，同时，以 Spearman 等级相关检验对三者位次之间差异的显著性判断结果显示，三种方法高度正相关，Spearman 等级相关系数 R_i 分别为 $R_{34} = 0.9485$，$R_{35} = 0.9482$，$R_{45} = 0.9993$，说明这三种方法所得到的排序基本一致。因此，对这 3 种评价方法重新进行组合是有意义的。设 W_{AHP} 为根据层次分析法得到的权重向量，W_{EC} 为根据熵值法得到的权重向量，W_{GC} 为根据灰关联法得到的权重向量。由于 W_{EC} 和

W_{GC} 同由客观赋权法求得,并且所得排序结果具有非常高的一致性,故取:

$$W_{EG} = \frac{1}{2}(W_{EC} + W_{GC}) \quad (1)$$

组合赋权模型为:

$$W_{CC} = tW_{AHP} + (1-t)W_{EG} \quad (2)$$

其中, W_{CC} 为组合权重; t 为协调系数,其取值取决于 W_{AHP} 中各权重分量的差异程度 G_{AHP}, 即 $t = \frac{m}{m-1}G_{AHP}$; m 为指标个数, P_1, P_2, ..., P_m 为 W_{AHP} 中各权重分量从小到大的重新排序, $G_{AHP} = \frac{2}{m}(1P_1 + 2P_2 + \cdots + mP_m) - \frac{m+1}{m}$。

根据上面建立的组合赋权模型,以我国 1978~2010 年的粮食安全评价指标数据为测试样本,计算组合权重。首先,将由不同方法求出的权重向量进行比较,发现由层次分析法得出的各指标的权重较为分散(标准差为 0.1),而由熵值法和灰关联法求出的各指标的权重则较为平均(标准差分别为 0.04 和 0.03),所以有必要对这 3 种方法得出的权重进行综合。对由熵值法和灰关联法得到的权重取平均值: W_{EG} = [0.1529, 0.1833, 0.1130, 0.2148, 0.1588, 0.1775]; 其次,求得层次分析法的差异系数 G_{AHP} = 0.2717 和协调系数 t = 0.3261; 最后,由组合赋权模型得到 W_{CC} = [0.2131, 0.1944, 0.1176, 0.1868, 0.1449, 0.1432]。

为验证该改进方法的有效性,仍然按照序号总和理论和 Spearman 等级相关检验对组合权重法、层次分析法、熵值法和灰关联法 4 种排序与序号总和排序的差异进行优劣判断。经计算,该 4 种评价方法的排序结果与参照系的排序结果之间的 Spearman 等级相关系数 R_i, 分别为 R_1 = 0.9422, R_2 = 0.9843, R_3 = 0.9830, R_4 = 0.9953 (1 = 层次分析法, 2 = 熵值法, 3 = 灰关联法, 4 = 组合权重法)。这一结果说明,现行粮食安全综合评价的计量方法可以进一步改进,若采用组合赋权的方法,可使现行粮食安全综合评价的结果更接近客观实际,更具有科学性。

根据以上各指标的得分情况和组合权重,利用加权平均法,可得出 1978~2010 年我国粮食安全的综合指数和变动趋势(见图 1)。可以看出,改革开放之后,总体上我国粮食安全程度有所提高,但在提高过程中存在着非常显著的波动,大致经过了 4 个周期:1978~1988 年、1989~1994 年、1995~2003 年、2004 年至今。在每个周期中,粮食安全综合评价值都有一个先上升再下降的波动过程。粮食安全程度处于中度短缺状态的有9个年份，集中分布在20世纪80年代初和末期；处于安全状态的有13个年份，以20世纪90年代末和近几年为主；其他11个年份都处于轻度短缺状态，说明30多年来我国并不存在高度风险。2010年我国粮食安全的综合指数为0.88，这表明我国当前的粮食安全不仅有保证，而且级别也比较高，甚至还出现了轻度的过剩警号。

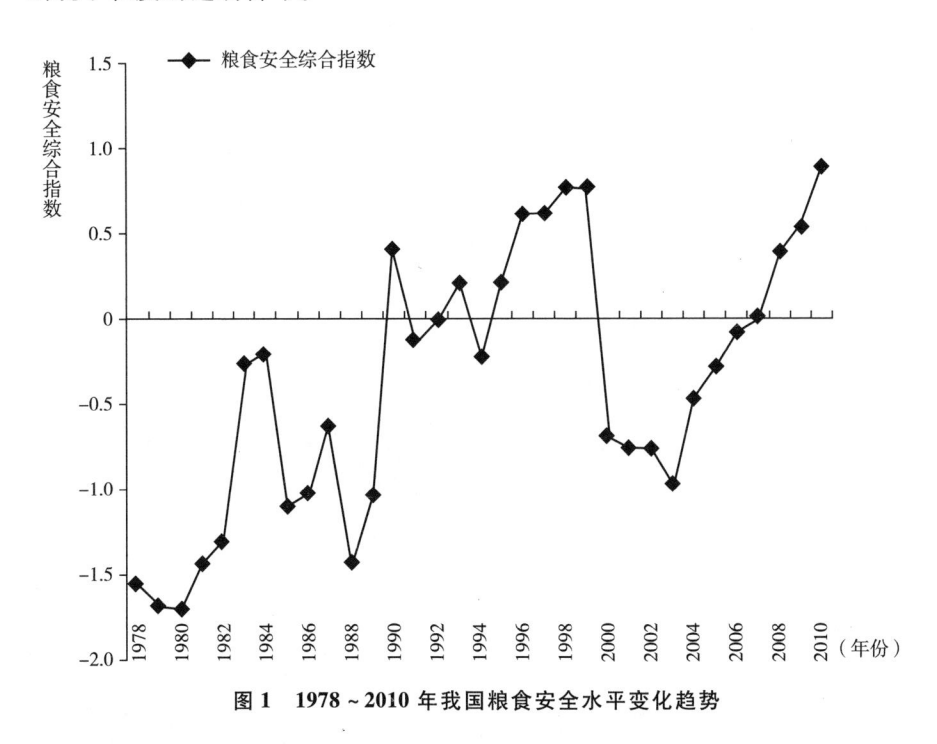

图1 1978~2010年我国粮食安全水平变化趋势

四 结论

本文通过对常用的几种粮食安全综合评价方法的比较分析，得出以下结论。

（1）相比较而言，由于加权平均法中各指标的权重是按重要性给出的，比简单平均法具有更高的准确性和可靠性；同时，熵值法、灰关联法等客观赋权法由于完全依赖样本数据，避免了主观因素的人为干扰，其评价结果比主观评分法和层次分析法具有更高的信度。

（2）在以上判断的基础上，本文进一步利用组合赋权法确定指标体系中各指标的组合权重。Spearman 等级相关检验结果显示,这种改进可使现行粮食安全的综合评价结果更接近客观实际,更具有科学性。

(3) 根据组合权重计算结果,1978 年以来,我国粮食安全水平在波动中呈总体上升趋势,粮食安全程度绝大多数年份都处于安全和轻度短缺状态,不存在高度风险。

城镇生态资本效率测度及其区域差异分析

屈志光 严立冬*

摘 要 在城镇化过程中注重生态文明建设是当前的热点，开展城镇生态资本效率及区域差异研究是新型城镇化建设进程中的一项重要课题。本文基于我国 2003~2010 年省际面板数据，利用超效率 DEA 模型测度了各省份的城镇生态资本效率，并使用分位数回归法考察了城镇化水平对城镇生态资本效率的影响。研究发现，较东部和西部地区，中部地区的城镇生态资本效率最低；城镇化水平越高，则城镇化水平对城镇生态资本效率的提升效应越强；而在城镇居民可支配收入特别高和特别低的省份中，其对城镇生态资本效率的提升效应并不显著。

关键词 城镇生态资本 效率 区域

一 引言

城镇化是伴随工业化进程发生和演进的一种经济社会现象，目前已经成为衡量各国现代化发展程度的重要标志。进入 21 世纪以来，我国整体步入了以工促农、以城带乡的发展新阶段[①]，2013 年底中国城镇化率达

---

* 屈志光，男，河南安阳人，中南财经政法大学应用经济学博士后流动站博士后，中南财经政法大学信息与安全工程学院讲师，研究方向为生态经济、环境规划与管理；严立冬，男，湖北鄂州人，中南财经政法大学教授、博士生导师，应用经济学博士后流动站合作导师，中国生态经济学会常务理事，湖北省生态经济学会理事长，研究方向为生态经济、城乡经济、农业与农村可持续发展。

① 简新华、黄锟：《中国城镇化水平和速度的实证分析与前景预测》，《经济研究》2010 年第 3 期。

53.73%，与世界平均水平大体相当。然而，传统的粗放式城镇化发展模式由于片面追求速度和规模，导致了一系列诸如资源耗竭、环境污染和生态破坏等问题，以至于出现"人创造了城镇，却失去了对城镇的控制"的局面，进而直接影响到城镇居民的社会福利增进，中国城镇化已经到了转型的关键时期。[①] 因此，在城市化发展和生态环境问题日益突出的大背景下，如何以最小的生态损耗获得最大的经济社会效益，进而促进城镇化与生态环境建设协同发展，是我国新型城镇化建设所面临的一项重要课题。

学术界历来重视城镇化进程中生态效率问题的相关研究，尤其是自20世纪90年代以来，城镇化与生态环境问题的互动研究变得越发全面和多元，且研究内容日益呈现生态与经济的多学科交叉融合态势。如Grossman和Krueger[②]研究发现随着城市经济水平的提高，城市生态环境呈现倒U形趋势，并据此提出了著名的环境库兹涅茨曲线（EKC）。Burak等[③]从生态、农业以及土地利用等方面，对地中海沿岸地区城市化发展过程进行研究，发现城市化会对生态环境造成一定的负面影响。杨斌[④]、邓波等[⑤]则运用数据包络法对我国区域生态效率进行了实证研究。陈傲[⑥]以我国29个省份的截面数据为样本，评价了中国区域生态效率的差异性，并以区域生态效率评价值为因变量，分析了环保资金投入、环境政策及产业结构等对区域生态效率的影响。王恩旭等[⑦]对我国30个地区1995~2007年的生态效率进行了测度，并将测度结果按照东、中、西、东北4个区域进行了时空差异分析。刘耀彬[⑧]在考虑结构变

---

① 罗能生、李佳佳、罗富政：《中国城镇化进程与区域生态效率关系的实证研究》，《中国人口·资源与环境》2013年第11期。
② Gene M. Grossman, Alan B. Krueger, "Economic Growth and the Environment," *The Quarterly Journal of Economics*, 1995 (110).
③ S. Burak et al., "Impact of Urbanization and Tourism on Coastal Environment," *Ocean & Coastal Management*, 2004 (47).
④ 杨斌：《2000~2006年中国区域生态效率研究——基于DEA方法的实证分析》，《经济地理》2009年第7期。
⑤ 邓波、张学军、郭军华：《基于三阶段DEA模型的区域生态效率研究》，《中国软科学》2011年第1期。
⑥ 陈傲：《中国区域生态效率评价及影响因素实证分析：以2000~2006年省际数据为例》，《中国管理科学》2008年第16期。
⑦ 王恩旭、武春友：《基于超效率DEA模型的中国省际生态效率时空差异研究》，《管理学报》2011年第3期。
⑧ Yaobin Liu, "Is the Natural Resource Production a Blessing or Curse for China's Urbanization? Evidence from a Space-time Panel Data Model," *Economic Modeling*, 2014 (38).

化、截面依赖性和空间溢出效应的前提下，指出我国自然资源生产不仅非线性地作用于城市化进程，而且在省级层面还产生了时间和空间扩散效应。

综上所述，以往大多数研究往往遵循新古典经济学的逻辑，而不考虑城镇化进程中生态资本对生态环境的影响。如今城镇"生态—经济—社会"系统的运行与演变，已经从物质资本是其主要限制因素的时代，进入生态资本是其主要限制因素的时代。不断增加城镇生态资本存量，保持城镇生态资本存量的非减性，有效提升城镇生态资本效率，是城镇经济社会可持续发展的根本保证与重要前提。在城镇化快速推进的过程中，我国各省份的城镇生态资本效率到底如何？城镇化与城镇生态资本效率之间是否呈现正向关系，且省际是否有明显的区域差异？城镇化对城镇生态资本效率的影响是什么？本文拟就这些问题进行探讨。

二 城镇生态资本效率的测度

（一）基于超效率DEA模型的城镇生态资本效率测度方法

DEA（Data Envelopment Analysis）是数据包络分析的简称，于1978年由美国运筹学家A. Charnes和W. W. Cooper等学者由"相对效率评价"概念发展而来。模型的决策单位称为DMU（Decision Making Units），DMU之间的输入与输出数据组成的生产可能性集会形成生产有效前沿面，以此来判断每一个DMU与前沿面的距离，进而确定DMU的有效性。

然而，传统的CCR模型和BCC模型在计算效率时，会造成DMU的效率值出现多个为1的现象，都处于效率前沿面上，从而无法对其进行排序。超效率模型则可以非常好地解决这个问题。超效率模型的根本方法是在计算效率时，将自己的DMU排除在参考系之外，对于决策单元非DEA有效的，其计算结果是和CCR模型和BCC模型的计算结果一致的；对于决策单元DEA有效的，其计算结果往往大于1，可以对DMU进行完整的排序。其中x表示投入指标，y表示产出指标，θ_k表示DMU的效率。

$$s.t. \begin{cases} \sum_{j=1}^{n} \lambda_j x_{ij} + s_{ik}^{-} = \theta_k x_{ik} \\ \sum_{j=1}^{n} \lambda_j x_{rj} - s_{ik}^{+} = y_{rk} \\ \lambda_j \geq 0, j = 1, 2, \cdots, k-1, k+1, \cdots, n \\ s_{ik}^{-} \geq 0, s_{rk}^{+} \geq 0 \\ i = 1, 2, \cdots, m; r = 1, 2, \cdots, s \end{cases}$$

(二) 城镇生态资本效率测度指标和数据的选择

在研究时可以把城镇生态资本比作一个"黑箱",从投入产出的视角来研究城镇生态资本效率。依据城镇生态资本效率的基本思想,城镇经济增长只是手段,城镇居民社会福利增进才是目的。城镇生态资本效率的提升要求持续增强城镇的生态服务功能,通过提供能满足城镇居民需要和提高城镇居民生活质量的生态产品和生态服务,让城镇居民生活得更好、更幸福。为了客观衡量我国各省份城镇生态资本效率的基本情况,并兼顾数据的可得性、可比性及科学性,本文选取2003~2010年各省份城镇用电量(亿千瓦小时)、各省份城镇用水(亿立方米)和各省份建设用地(万公顷)作为城镇生态资本效率测度的投入指标,选取各省份城镇居民消费水平(元)作为城镇生态资本效率测度的产出指标。

各省份建设用地、各省份城镇居民消费水平的数据来源于2004~2011年的《中国统计年鉴》。由于《中国城市统计年鉴》只收录了全国建制城市(含地级及以上城市和县级城市)的统计数据,而城镇生态资本是城镇化进程中相对农村而言的研究范畴,因此本文对于各省份城镇用电量和各省份城镇用水指标数据由扣除法进行获取,分别由各省份用电量(数据来源于2004~2011年的《中国能源统计年鉴》)、各省份用水量(数据来源于2004~2011年的《中国水利统计年鉴》)扣除各省份农村用电量(数据来源于2004~2011年的《中国农村统计年鉴》)、各省份农村用水量(数据来源于2004~2011年的《中国农村统计年鉴》)间接获得,经计算整理得到我国大陆地区(不含港、澳、台)30个省、自治区和直辖市的面板数据集。考虑到西藏自治区特殊的政治经济地位和资源禀赋条件,以及研究方法对异常数据的敏感性,本研究样本没有包括西藏自治区。

(三) 城镇生态资本效率测度的结果分析

由于各地区自然环境条件、经济发展水平以及资源种类不同，其城镇生态资本效率之间存在较强的地域特征，本文按照我国东、中、西三大区域的划分对样本进行归类，其中，西部地区的省级行政区有 11 个（未含西藏），分别是四川、重庆、贵州、云南、陕西、甘肃、青海、宁夏、新疆、广西、内蒙古；中部地区有 8 个，分别是山西、吉林、黑龙江、安徽、江西、河南、湖北、湖南；东部地区有 11 个，分别是北京、天津、河北、辽宁、上海、江苏、浙江、福建、山东、广东和海南。我国 2003~2010 年各省份的城镇生态资本效率测度结果如表 1 所示。

表 1 我国 2003~2010 年各省份城镇生态资本效率测度结果

年份 省份	2003	2004	2005	2006	2007	2008	2009	2010
北京	0.527	0.683	0.659	0.721	0.842	0.831	1.051	1.124
天津	0.596	0.614	0.643	0.746	0.822	1.062	0.914	1.132
河北	0.244	0.288	0.269	0.380	1.000	0.576	0.445	0.577
辽宁	0.248	0.277	0.300	0.351	0.372	0.448	0.505	0.621
上海	0.836	0.811	0.838	0.843	0.867	0.872	0.919	1.548
江苏	0.248	0.336	0.295	0.335	0.493	0.600	0.462	1.000
浙江	0.468	0.453	0.414	0.550	0.603	0.656	0.795	1.000
福建	0.283	0.302	0.317	0.357	0.390	0.453	0.466	0.560
山东	0.254	0.299	0.335	0.410	0.473	0.691	0.641	0.711
广东	0.344	0.395	0.481	0.634	0.717	0.826	0.788	0.972
海南	0.309	0.387	0.408	0.450	0.479	0.540	0.557	0.619
东部均值	0.396	0.440	0.451	0.525	0.642	0.687	0.686	0.897
山西	0.213	0.248	0.298	0.472	0.487	0.519	0.420	0.531
吉林	0.243	0.277	0.423	0.326	0.345	0.389	0.425	0.453
黑龙江	0.242	0.271	0.233	0.250	0.269	0.312	0.332	0.393
安徽	0.161	0.173	0.215	0.233	0.266	0.313	0.327	0.383
江西	0.166	0.200	0.233	0.254	0.285	0.203	0.358	0.394
河南	0.208	0.238	0.252	0.273	0.297	0.325	0.382	0.418
湖北	0.243	0.223	0.233	0.261	0.306	0.341	0.349	0.393

续表

年份 省份	2003	2004	2005	2006	2007	2008	2009	2010
湖南	0.204	0.220	0.245	0.274	0.345	0.341	0.376	0.425
中部均值	0.210	0.231	0.266	0.293	0.325	0.343	0.371	0.424
内蒙古	0.288	0.290	0.257	0.321	0.402	0.433	0.516	0.575
广西	0.218	0.233	0.219	0.239	0.267	0.326	0.365	0.406
重庆	0.295	0.311	0.324	0.303	0.355	0.518	0.433	0.496
四川	0.196	0.224	0.237	0.253	0.287	0.319	0.347	0.396
贵州	0.174	0.191	0.258	0.294	0.330	0.344	0.383	0.415
云南	0.212	0.278	0.293	0.302	0.313	0.309	0.399	0.428
陕西	0.381	0.245	0.302	0.331	0.344	0.401	0.447	0.632
甘肃	0.207	0.228	0.271	0.299	0.336	0.367	0.394	0.434
青海	0.418	0.406	0.389	0.397	0.464	0.495	0.755	0.787
宁夏	1.000	1.000	1.000	1.000	0.851	1.265	1.000	1.118
新疆	0.219	0.223	0.254	0.274	0.315	0.353	0.369	0.425
西部均值	0.328	0.330	0.346	0.365	0.388	0.466	0.492	0.556
全国均值	0.311	0.334	0.354	0.394	0.451	0.499	0.516	0.625

根据我国2003～2010年各省份城镇生态资本效率测度结果可以发现，全国平均的城镇生态资本效率水平整体呈现逐渐上升的趋势；东部地区的城镇生态资本效率最高，且一直高于全国平均水平，三大区域的城镇生态资本效率并未呈现自东向西的"梯度递减"趋势，而是中部地区城镇生态资本效率最低，西部地区省份的城镇生态资本效率则处于中间位置。这说明在城镇化进程中，面对东部地区的繁荣和西部大开发的夹击，中部地区出现了"塌陷"的特别现象。这可能是由于中部地区近年来大力承接东部地区的工业转移，虽然经济发展迅速，但资源消耗不断增大，环境污染日趋严重，直接影响了城镇生态资本效率。

三 城镇生态资本效率的区域差异分析

（一）城镇化进程中城镇生态资本效率演变假说

城镇化是社会生产力发展到一定阶段、社会进步达到一定程度的产物。从国际经验来看，伴随城镇化发展进程，城镇生态资本效率也将呈现阶性的演变趋势。首先,在城镇化初期,农村人口主要向中小城镇转移,这主要表现为农村并村组建中心村、乡镇,中心村、乡镇又进而升级为建制镇,此时城镇生态资本效率将因规模效应而提升;其次,在城镇化中期,以乡村和中小城镇人口向大城市转移和集中为主要特征,城镇规模也会因为人口集聚而不断扩大,但毕竟在一定空间区域内城镇生态资本存量是有限度的,城镇将逐渐不堪重负,此时如果城镇生态化发展程度高,则城镇生态资本效率将继续提升,反之将下降;最后,在城镇化后期,将以大城市尤其是超大城市中心区人口向郊区迁移为新动向,此时城镇生态资本效率将逐渐与农村生态资本效率拉近。

改革开放以来我国城镇化水平已经有了较大提高,但总体上看仍处于城镇化初期向中期发展阶段过渡的过程当中,当前和今后一个时期,要将推进新型城镇化与生态文明建设结合起来,促进城镇化健康发展。就我国2003~2010年各省份城镇化水平与城镇生态资本效率之间的关系而言,各省份大多表现为一种正向促进效应,但区域差异明显,例如,广东、山东等省份近似于倒U形,而宁夏、天津等省份则近似于正U形,各省份伴随城镇化水平的城镇生态资本效率演变趋势如图1所示。

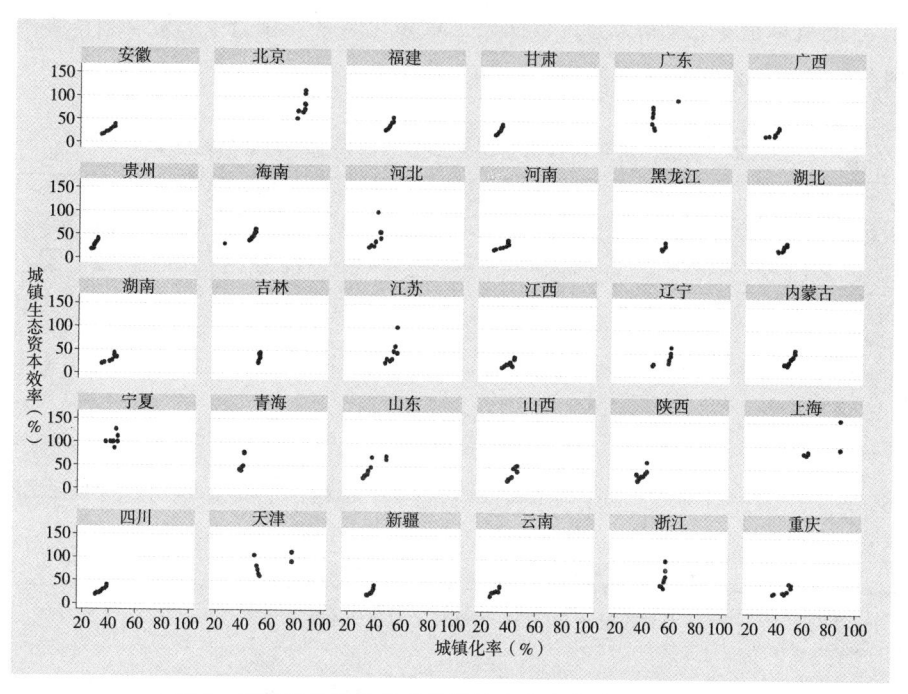

图1 城镇化进程中各省份城镇生态资本效率演变趋势

(二) 城镇化水平对城镇生态资本效率影响的分位数回归分析

城镇化的内涵丰富，利用统计指标对其水平进行合理、准确、有效的测度并非易事。广义的城镇化应该由3部分构成：人口城镇化、经济城镇化和社会城镇化。人口城镇化是指农村人口向城镇集聚，是城镇化最本质的特征；经济城镇化是指非农产业向城镇集聚，是城镇化的内在属性；社会城镇化是人口生产、生活方式融入城市文明，是伴随着人口城镇化、经济城镇化逐步演变的。为方便进行计量分析，这里重点考察人口城镇化对城镇生态资本效率影响的区域差异，选取城镇环境基础设施建设投资总额（亿元）和城镇居民可支配收入（元）作为控制变量，并对原始数据进行取对数处理，在计量技术上使用分位数回归方法。

分位数回归方法是对以古典条件均值模型为基础的最小二乘法的延伸，用多个分位函数来估计整体模型。从概率与数理统计角度来说，对一个连续随机变量 y，如果 y 小于等于 q_τ 的概率是 τ，则我们说 y 的 τ 分位值是 q_τ，或者说 q_τ 是 y 的第 τ 分位数。类似地，如果我们将被解释变量 y 表示为一系列解释变量 x 的线性表达式（又称为拟和值），并使该表达式满足小于等于 q_τ 的概率是 τ，就称为分位数回归。城镇化水平对城镇生态资本效率影响的分位数回归结果如表2所示。

表2　城镇化水平对城镇生态资本效率影响的分位数回归结果

变量代码	变量含义	10%分位数 系数值	T值	25%分位数 系数值	T值	50%分位数 系数值	T值	75%分位数 系数值	T值	90%分位数 系数值	T值
x_{1t}	城镇化水平	0.3997***	3.61	0.4547***	6.89	0.6086***	8.4	0.6946***	4.67	0.8496***	1.92
x_{2t}	城镇环境基础设施建设投资总额（亿元）（取对数）	0.1772***	2.69	0.2555***	6.02	0.3261***	-9.19	0.4109***	6.68	0.4978***	4.13
x_{3t}	城镇居民可支配收入（元）（取对数）	-1.5027	-0.5	-2.1736	-1.5	-2.7628***	-4.84	-3.5665**	-2.47	-4.2353	-4.67
α_{it}	常数项	-0.0110***	-2.76	-0.0251***	-6.23	-0.0497***	9.43	-0.0311***	-7.09	-0.0629***	-1.37

注：***、**、*分别表示在1%、5%、10%的显著性水平下显著。

结合表2来看，在10%、25%、50%、75%和90%的分位数水平下，城镇化水平对城镇生态资本效率的提升效应各有不同，统计系数分别是0.3997、0.4547、0.6086、0.6946和0.8496，呈现逐渐上升的变化过程。其经济含义是，城镇化水平越高，则城镇化水平对城镇生态资本效率的提升效应越强。原因可能在于，我国各省份仍然处于城镇化初期阶段，此时城镇生态资本效率将因规模效应而提升。有趣的是，尽管城镇环境基础设施建设投资总额对城镇生态资本效率的提升效应随分位数水平的提高而逐渐增强，但在城镇居民可支配收入特别高和特别低的省份中，其对城镇生态资本效率的提升效应并不显著。

四 结论与政策建议

本文运用超效率DEA模型对我国2003～2010年各省份城镇生态资本效率进行了测度，并使用分位数回归方法考察了城镇化水平、城镇环境基础设施建设投资总额和城镇居民可支配收入对城镇生态资本效率的影响。研究结果显示：①对于全国而言，在城镇化发展过程中，城镇生态资本效率呈现不断上升的趋势；②通过对比全国以及东、中、西三大区域可以发现，中部地区的城镇生态资本效率最低，出现了中部"塌陷"的特别现象；③城镇化水平和城镇环境基础设施建设投资总额越高，则其对城镇生态资本效率的提升效应越强；④在城镇居民可支配收入特别高和特别低的省份中，其对城镇生态资本效率的提升效应并不显著。

基于以上研究结论，本文得出3点政策启示。

第一，增强城镇生态化发展动力，改善城镇生态功能。城镇生态化发展的关键是增强城镇生态化发展动力，从而最终满足城镇居民的全面发展需要。当前我国人口普查和人口抽样调查是把在城镇居住半年以上的人口登记为城镇常住人口，即统计口径上的城镇人口。如果通过户籍制度改革使进城农民变为市民，其配偶、子女等随之进城安居，则城镇经济社会发展就会由以投资拉动为主转变为以消费拉动为主。同时，通过构建基于生态审计的干部绩效考核体系，健全环境信息公开、环境监督和环境公益诉讼等制度，鼓励环保公益组织的发展，促使地方政府统筹考虑城市建设与人口、环境、资源、产业的关系，坚持以城市总体生态环境的优化为出发点和归宿，改善城镇生态功能，进而有效地提升城镇生态资本效率。

第二，加大城镇环境基础设施建设等生态资本投资，持续增加城镇生态资本存量。城镇生态环境系统各构成要素之间的有机组合，使城镇形成了一个内在联系的统一整体，直接制约着城镇生态资本效率的发挥。城镇生态资本存量的增加，主要方式包括自然积累与人为投资两种方式。城镇生态资本的自然积累，往往受到自然规律和生态系统整体性的制约；城镇生态资本的人为投资，则要求加快环境基础设施建设，包括城镇污水综合治理系统、水电气热供应系统、绿色交通网络体系以及优美宜居的城镇生态环境的建设等。在加大城镇环境基础设施建设力度的基础上，还应当大快推动环境基础设施的共享，建立村镇垃圾收运管理体系，扶持街道成立垃圾收运处理公司，探索垃圾清运公司化运作模式。

第三，实行差异化的城镇化发展模式，尤其要重视中部地区的城镇生态环境保护管理体制改革。较东部和西部地区，中部地区的城镇生态资本效率尤其低下；而在城镇居民可支配收入特别高和特别低的省份中，其对城镇生态资本效率的提升效应却并不显著。这就启示我们既要考虑东部、中部和西部地区经济社会发展的需要，也要综合考虑城镇生态资本在不同区域的合理配置，鉴于不同地区经济发展水平、资源禀赋、环境容量和生态状况都有很大差异，因此应当在不同地区实施有差别的城镇生态化发展模式，尤其需要鼓励中部地区加大对城镇生态环境管理的投入，构建集强制手段、经济手段、协调手段以及信息手段为一体的综合环境管理政策，从而在城镇化进程中采取更加积极的环境保护措施。

我国农村社区建设中存在的问题及对策研究

——以湖北省为例

苏忠林　李志刚*

摘　要　本文以湖北省为例，介绍了湖北省农村社区建设的基本情况，在文献分析的基础上，指出在建设过程中存在村民自治制度流于形式、社区工作人员工作效率低和缺乏服务意识、社区建设投入不足、资金管理混乱、农民参与社区治理的积极性不高等问题，尝试分析原因并相应提出对策建议，响应国家关于建设社会主义新农村、全面建设小康社会、构建社会主义和谐社会的伟大号召。

关键词　农村社区　社区建设　对策研究

农村社区建设，是针对我国当前及今后农村社会经济发展的总体趋势与特点，探索依靠农村社区的力量、利用农村社区资源、强化农村社区功能以解决农村社区的问题。这不仅是改善农村社区的经济、社会、文化、教育状况的一项重要建设事业，也是我国农村基层组织的重大变革和制度创新。因此我们有必要对现阶段推行的新型农村社区有一个全新的认识，对目前在建设中遇到的问题做一个全面、系统的分析，把握农村社区变迁的规律，探索新型农村社区建设的有效途径。

---

* 苏忠林，男，湖北省石首市人，中南财经政法大学公共管理学院副教授；李志刚，男，河南商丘睢县人，中南财经政法大学行政管理专业2013级硕士研究生。

一 湖北省农村社区建设的基本情况

湖北省委、省政府高度重视农村新型社区建设工作,近年来推出了一系列支持湖北农村社区建设的政策措施,提出了统筹城乡一体化的基本理念,规划和领导了全省的农村社区建设工作。湖北省政府投入巨额资金建成农村社区服务中心438个、村卫生室454个、警务室202个,政府提供的劳动就业、社会保障、社会福利、社会治安、卫生、文化、体育、科技等方面的10多项公共服务进入农村社区。鄂州市坚持"全域鄂州、城乡统筹、功能融合"的发展思路,引导农民向新规划的106个农村社区和47个城镇社区集中。仙洪新农村建设试验区坚持区域统筹,形成了区域、县(市)、乡镇、村4个层面的规划体系。宜都市编制出台的《宜都市农村社区建设规划》,提出了实现农村社区建设实验全覆盖的目标。

二 关于农村社区建设的文献研究

(一) 关于农村社区的内涵研究

学者从不同角度对农村社区进行了界定,代表性的观点有:王霄认为农村社区是指以自然村或行政村为主的,包括乡镇管辖区域和村民小组范围的社会生活共同体;① 陈百明认为农村社区指农村各级居民点,即乡政府所在地、乡辖集镇和不同规模的村庄;② 徐勇认为农村社区是有广阔地域,居民聚集程度不高,以村或镇为活动中心,以从事农业活动为主的社会生活共同体。③ 这些定义虽然角度不同,但都反映出这里的农村社区有别于城市社区和传统的农村社区。

(二) 关于农村社区建设的模式研究

关于农村社区建设的模式,学者们一致认为不能搞统一、固定的标准

---

① 王霄:《论乡镇应纳入农村社区及乡镇直选》,《河北科技师范学院学报》(社会科学版)2007年第4期。
② 陈百明:《农村社区更新理念、模式及其立法》,《自然资源学报》2000年第2期。
③ 徐勇:《在社会主义新农村建设中推进农村社区建设》,《江汉论坛》2007年第4期。

模式。代表性观点有：陈小京总结湖北农村实际，认为有的城市采取了"一村一社区"的模式，而有的城市却采取了"自然村"、"村委会"和"企业农村兼有"3种模式；① 武宗义总结山东农村实际，认为形成了3种具有鲜明地域特点的农村社区建设模式，一是"多村一社区"模式，二是"村庄合并社区"模式，三是"一村一社区"模式；② 居德里总结苏州实际，认为形成了6种模式，一是融入城镇型社区模式，二是拆迁安居型社区模式，三是规模经营型社区模式，四是投资开发型社区模式，五是休闲景观型社区模式，六是股份合作型社区模式。③

（三）农村社区建设存在的问题

农村社区建设刚刚起步，到目前为止，国家层面的农村社区建设体系还没有形成，无论在理论上还是在实践上都存在不少问题，它们制约着农村社区建设的进一步发展，学者们从各个方面进行了总结，认为大致存在4个方面的问题。一是法律制度的制约。蒋传宓、周良才认为农村社区组织的法律地位和职能不明确，在农村社区组织中，农村集体经济组织、村民委员会和村党支部职能错位，村集体资产产权制度存在严重弊端，农村集体经济组织成员资格不明确等都制约着农村社区建设。④ 二是政治体制的制约。项继权认为实行"乡政村治"或"乡村分治"的政治治理体系，真正严格依法实行民主直选，全面落实村务公开以及民主决策、民主管理及民主监督的村数量依然有限，一些地方选举流于形式，压制、阻挠村民自由民主选举的事件屡屡发生，国家的宏观管理与农村微观管理体制存在脱节现象，农村有游离于社会之外的可能，影响社区建设。⑤ 三是经济环境的制约。段炼认为农村社区建设的投入不足，缺少经费，社区建设发展不平衡，运行成本较大，后劲不足。缺少经济来源，社区就没有生存和发展的基础，资金的不足是社区开展工作存在的主要障碍。⑥ 四是人员素质的制约。刘三认为，一方面，干部素

---

① 陈小京：《湖北农村社区建设的调查与思考》，《湖北社会科学》2008年第11期。
② 武宗义：《我省形成农村社区建设三模式》，www.shandong.gov.cn/art，2008年8月23日。
③ 居德里：《农村社区是新农村建设的有效载体》，《上海农村经济》2006年第9期。
④ 蒋传宓、周良才：《农村社区建设与法治——兼论加强农村社区建设构建农村和谐社会的对策》，《重庆社会工作职业学院学报》2006年第2期。
⑤ 项继权：《从"社队"到"社区"：我国农村基层组织与管理体制的三次变革》，《理论学刊》2007年第11期。
⑥ 段炼：《当前农村社区建设存在的问题》，《边疆经济与文化》2009年第2期。

质不高,主要表现在社区专兼职工作者年龄偏大,文化程度偏低,政治素质不高、业务能力不足;另一方面,部分群众素质偏低,由于农村的青壮年劳动力大量外出务工经商,留守的老弱病残人口又大多安于现状,眼光只看见有限的土地资源,缺乏对新农村社区建设的积极性。[①]

(四) 关于农村社区建设的对策研究

农村社区建设是一项系统工程,它涉及法律、经济、政治、文化等诸多方面。目前学者在许多方面达成了共识,其中代表性观点有:张静认为农村社区建设主要解决的就是"三位"问题——政府越位、居委会错位、非营利组织缺位,"三位"问题的根源在于制度性缺陷和结构性矛盾,解决问题的关键在于对政府角色进行合理界定,对政府权力进行必要的限制和剥离;[②] 居德里认为农村社区建设需要政策支持,这些政策包括社区用地政策、社区建设信贷政策、社区财政支持政策、社区税收优惠政策和人才吸引政策等。

总体上看,国内学术界对农村社区建设问题做了大量研究,这些研究成果涉及农村社区建设的各个方面,并随着我国新农村建设和城市化的进程逐步深入,这些理论成果为进一步深化农村改革提供了政策参考,但笔者认为对农村社区建设问题的研究和实践,存在系统性研究不全、历史性研究不深、比较性研究不够、实证性研究不足的现象。总之,农村社区建设涉及诸多方面的问题,需要跨学科理论研究的支持,也需要在实践中不断总结经验。

三 农村社区建设中存在的问题

农村社区建设是我国农村社会改革过程中一个大胆的尝试,对此湖北省总结了许多经验,但同时我们也应该看到其中存在很多问题。

(一) 村民自治制度流于形式

新型农村社区治理目前仍然沿用传统的自治模式。该模式自治主体单一,自治能力非常有限,并且流于形式,是新型农村社区治理要解决的首要问题。村民自治是指农村社区的居民组织自我管理、自我教育、自我服

---

① 刘三:《对新农村社区建设若干问题的思考》,《安徽农业科学》2006年第17期。
② 张静:《统筹城乡社区建设发展展望》,《求实》2006年第S2期。

务的一种政治参与形式，其主要内容包括民主选举、民主决策、民主管理、民主监督。目前，全国绝大多数农村已经进行了 8 次以上的村民委员会换届选举，村民自治制度的初衷是增强村民的民主意识和主人翁责任感，以激发广大农民建设农村的积极性。但是在农村社区治理中，由于缺乏相关的配套措施以及农民民主意识缺失，村民自治制度流于形式。①

（二）社区建设投入不足，资金管理混乱

新型农村社区由于内外力作用情形不同和地区资源的不同，其经济发展水平也存在差异。一些村镇受自然条件制约和各方面因素的影响，经济发展水平低，农民收入不高，难以顾及社区的建设，甚至连参加社区的热情都没有。还有一些村镇只有小规模的工业企业，甚至没有工业企业，因此拿不出钱来发展社区建设。还有一些地方村镇干部的素质偏低，资金管理混乱，贪污受贿现象时有发生，致使集体资产流失，建设不达标。

（三）社区工作人员工作效率低，缺乏服务意识

新型农村社区管理的复杂性和难度都远远大于传统社区，需要大批高素质的社区管理工作者，社区工作人员的素质直接影响着社区管理的水平。传统农村干部在综合素质、专业能力、思想品质等方面存在一些问题，难以胜任此项工作。目前，农村社区的工作人员主要由村委会和村党支部的基层领导干部组成。但是，一方面，随着大批青壮年农民外出打工，一些地方的村干部已经到了退休年龄，仍然找不到合适的接班人；另一方面，社会的发展与进步要求有创新的社区管理理念与方法，而现任的村领导干部年龄普遍较大，且相当一部分人的文化水平较低，他们思想保守，观念陈旧，缺乏开拓进取精神，工作方法落后，抓不住工作的重点，不能带领群众致富。

（四）农民参与社区建设的积极性不高

农民积极参与社区建设是社区建设持续推进的生命力，是社区自治程度和自理水平的反映，也是社区发展的一项综合指标。当前农民对农村社区管理还比较陌生，主动参与意识不强；大部分农民认为农村社区管理是

---

① 李星：《关于完善村民自治制度的法学思考》，《江西青年职业学院学报》2008 年第 2 期。

政府的事，跟自己关系不大；有的认为农村社区管理是图形式、走过场，简单地将农民身份转为居民身份而已，跟自己切身利益无关，所以参与社区治理的积极性普遍不高。

四 农村社区建设中存在问题的原因分析

(一) 权限划分不明确

一般来说，政府和村民自治的工作目标是一致的：政府指导、支持和帮助村民委员会开展工作，不得干预依法属于村民自治范围内的事务；村民委员会协助、配合政府的工作，政府与村民委员会之间是指导与被指导、协助与被协助的关系。但是在现实中，一些基层政府与党委为加强对村民委员会的控制，通过村财乡管、村账乡管、村账乡审等财政控制形式，影响和干预村干部的选举，限制了村民委员会的民主自治，行政权力对村民自治干预过多，权限划分不明确。

(二) 社区的建设经费不足

我国农村基础设施建设长期滞后于城市。随着城乡一体化进程和农村社区建设步伐的加快，农村社区的日常办公设施、文体设施、配套生活设施、配套服务设施的建设需要投入大量的资金。但是，目前我国农村社区建设专项资金投入与实际需求相比存在很大差距。一是政府投入不足，大部分地区仅靠民政的福彩公益金投入，没有纳入财政专项支出，远远不能满足大规模建设的需要；二是集体经济薄弱的村，因为可用收入不足而无法建设，即使建设好了，也存在后续资金和经营管理费用的缺口，导致日常服务和管理工作难以有效开展；三是社会投入不足，由于缺乏有效的政策引导和经济鼓励，企业参与、社会组织投入、个人赞助等社会力量参与严重不足，资金投入未能实现多元化。[1]

(三) 社区管理人才缺乏

农村社区管理需要有文化、有知识、有工作热情的年轻的新型社区

---

[1] 仇丽萍：《城乡统筹发展视角下农村社区管理体制改革与制度创新》，《理论学习》2011年第1期。

居民参与。但是，有知识、有文化、有技能的青年大多流向城市务工经商，驻留在村的大部分为文化程度低、生活技能差的中老年人。农村传统习惯在这些人的生活中仍占主导地位，他们大多安于现状，对新生事物接受较慢，对社区管理缺乏主动参与的积极性，社区意识有待培养；而社区管理人员的工作能力、文化素质普遍不高，法制观念、服务意识有待加强，缺乏有效管理的办法和创新意识，且行政化色彩较浓，其管理方式、服务实效等都严重滞后于农村经济社会发展。

（四）干部群众思想观念滞后

农村乡镇政府体制改革在不断深入发展，但农村社区管理人员的观念比较落后，管理体制不健全，管理水平不高。许多干部群众对农村社区管理还比较陌生，主动参与意识不强；大部分农民认为农村社区管理是政府的事，跟自己关系不大；许多基层干部认为农村社区管理超前，现在条件还不成熟。许多农村社区没有专业的管理机构，往往由村委会统而管之，多数还是以村务管理的老办法来对待。大多数村干部没有受过社区管理的相关培训，甚至从来没有接触过社区管理，容易以老眼光来看待新问题，缺乏有针对性的管理措施和方法。

五 对农村社区建设的对策建议

任何一项政策都不可能是完美的，农村社区治理如果要深入走下去，必须扬长避短，与时俱进。在这里，对其中出现的各种问题，作为政策研究者的我们尝试提出一些建议。

（一）合理划分权限

以农村社区建设的展开为契机，重新界定国家和乡村的社会边界以实现治理转型，使村民委员会重新回归群众自治组织的属性，回归为服务群众的职能定位，消除行政权力对村民自治的干预，释放村民自治生长的空间，使村委会真正成为村民当家做主、管理本社区事务的自治组织。[①] 只有

[①] 何平：《宁村社区建设与村民自治的共生、共建与联动》，《青岛农业大学学报》（社会科学版）2011年第3期。

这样农村社区才能真正实现村民自治，没有了政府行政职能的延伸，农村社区就会有充裕的时间，投入社区建设和为村民服务中去。当然，结合我国国情，农村社区在去行政化的过程中还要保持政府在社区建设与发展中的统筹领导地位，政府要改进领导方式，要更加注重社区的自主建设和管理作用，政府要逐步地由领导农村社区工作变为指导农村社区工作，给社区以更广阔的发展空间。

（二）加大财政拨款力度

我国农村社区还处于起步阶段，各项设施还不完善，社区内大大小小的开支都需要一个稳定来源，这需要政府加大对农村社区的财政拨款力度，使农村社区有资金把公共文化活动设施等村民能够直接享受到的公共服务项目建设起来，并发展完善。有了资金的社区就能够举办各种各样丰富村民业余生活的活动，让村民真正感受到农村社区建设带来的好处。另外，政府还要适当提高农村社区工作者的待遇，激励一线社区工作者更加认真负责地工作，使专业社区工作者心甘情愿地留在农村社区，建设农村社区。

（三）重视社区教育人才

社区教育作为培养人才的一种途径，其重要性不言而喻。社区教育可以提高居民的素质，可以给和谐社区、和谐社会的建设营造一个良好的氛围。政府应该大力支持农村社区教育事业的发展，农村社区可以联合学校，请一些好的教师或者社区内退休的老教师，利用周末为社区内的孩子上课，在帮助他们温习知识的同时，教会他们做人的道理。对于社区内的成年人，社区可以采取举办知识讲座、发放宣传册、举办知识竞赛等方式来进行宣传和教育，村民的知识水平提高了，素质也会提高，社区自身的运作和管理过程也会变得轻松。

（四）增强干部群众的参与意识和自治意识

农村社区作为一个村民自我管理、自我教育、自我服务的基层自治组织，村民具有参与社区事务的决策和对社区内事务进行自治的权利，但是由于村民自身的原因以及一些外部因素，这些权利无法很好地表现出来。为此，社区要加大对社区村民的自治宣传，让村民认识了解并慢慢地接受它，将其转化为内在的一种意识。此外，政府还要适当地对农村社区的领导干部进行民主意识、法制观念等方面的教育，让一些存在于农村社区管理者中的不文明执政、不文明执法现象消失，一支廉洁自律、爱护村民的社区工作者队伍才能真正发挥社区在村民自治和民主政治建设中的作用，也才能保证村民的参与意识和自治意识的培养和运用。

白马雪山民族生态文化价值研究

李婉莹 刘德钦[*]

摘 要 生态文化是一种人与自然和谐发展的新文化，它对促进生态环境的良性循环具有十分重要的意义。本文在生态文化现有理论研究的基础上，研究了白马雪山的原始森林生态系统、珍稀濒危的野生动物、原始的生产生活方式以及传承悠久的信仰文化等问题，对此提出创建自然生态和民族文化区、培养居民的文化保护意识、发展生态文化产业、加强文化市场营销等文化推广策略。

关键词 生态文化 价值 白马雪山

生态文化是随着社会发展逐渐提出的一种人与自然和谐发展的新文化，目的在于通过宣传提高人们对生态文化的重视，从而保护生态环境良性循环，促进经济发展。白马雪山自然保护区内有丰富的物种资源和完整的原始部落生产生活方式，其中蕴含着白马雪山的独特民族生态文化，但由于雪山经济长期落后，难以开发，对雪山现有文化的研究较少，因此本文针对白马雪山内尚未开发的民族生态文化进行了几点研究。

一 生态文化内涵及研究现状

生态文化是以人与自然的和谐为核心和信念的文化，是一种以生态意识和生态思维为主题构成的文化体系。民族生态文化是具有鲜明民族文化特征的生态文化，它的本质是追求人与自然的协调发展。

---

[*] 李婉莹，女，安徽亳州人，在读硕士研究生，研究方向为企业管理经营决策；刘德钦，男，云南曲靖人，教授，硕士生导师，研究方向为农林经济管理。

生态文化的研究分为文化生态学与民族生态学两个方面。文化生态学研究某一环境背景中人类的行为和文化，考察人类如何适应环境以及如何在一定程度上塑造文化。米尔顿提出了人与环境的关系分为3种：人类适应环境并受到环境的塑造（环境决定论）；人类为了满足自我的需要而适应环境，因此人类决定或塑造环境（文化决定论）；人类与环境是互动的，并通过互动相互影响（协同论）。民族生态学主要描述人们对自身环境模式的理解。经过对原住民聚居区的大量研究，现代民族生态学学者提出，大量以环保为名引进的发展项目正在破坏原有的生态系统，保存传统知识最好的办法就是建立以社区为基础的资源管理系统，如澳大利亚乌卢鲁国家公园的资讯信息建设，以及原住民主导的自然资源管理模式等。

二 白马雪山蕴藏的民族生态文化

白马雪山国家自然保护区位于云南省西北部迪庆藏族自治州德钦县和维西县境内，保护区内存在一级野生动物滇金丝猴及低纬度高海拔地区保存完整的原始寒温性针叶林，雪山地处滇西北"三江并流"世界自然遗产腹地，是全球25个生物多样性热点地区之一，同时在雪山保护区里生活着大量的原始部落群，如傈僳族、藏族等，这些物种资源和原始部落构成了白马雪山独特的民族生态文化。

（一）原始森林生态系统保存完整

白马雪山国家自然保护从总体上说属于亚高山寒温性森林生态系统类型，从山谷到山顶具有亚热带、暖温带和高原寒带等7个植被类型和37个群系，几乎包含了中国亚热带地区到寒温带地区的所有气候和生态类型。由于自然地理条件独特，白马雪山分布着极其丰富的珍稀动植物物种，其中寒温性针叶林是雪山保存最完整的森林资源。据文献记载，分布在白马雪山国家自然保护区内的种子植物有167科1835种，其中包括国家一级保护植物云南红豆杉等5种，国家二级保护植物云南榧树等11种，还包括观赏植物和药用植物。同时，白马雪山自然保护内还分布着众多野生动物。据调查，分布在保护区内的众多野生动物中有云豹、雪豹、金雕等15种国家一级保护野生动物，有36种国家二级保护动物，有2种云南省二级哺乳类保护野生动物。尽管保护区内居住着原始居民，但是这并未破坏雪山内原始的森林生态系统，而且白马雪山独特的原始森林生态系统和居住在其中的少数民族代代流传的独特的民族文化，结合成了原始森林生态文化，许多传统的少数民族习俗中蕴含的生态思想保护着雪山的生态系统，而生态系统的循环发展也为少数民族提供赖以生存的环境，两者互利互惠、相辅相成。

（二）世界唯一的濒危珍稀野生动物

在白马雪山藏族区域内，分布着我国特有的世界珍奇之一——滇金丝猴，这是雪山保护区最重要的保护对象。滇金丝猴终年栖息在高海拔的高山针叶林中，对于人们认识了解人类进化历程具有重要的研究意义，特殊的生活习性和极高的学术价值造就了滇金丝猴的珍稀。目前滇金丝猴仅存的种群只有13个，数量大约为1700只，滇金丝猴的种群分布几乎处于相互隔离的状态，自然种群之间一度缺乏基因交流，近亲繁殖导致其数量很难增长。在目前存在的13个猴群中，有2个猴群生活在白马雪山国家自然保护区内，分布在白马雪山的南缘与北缘。虽然滇金丝猴的繁衍和生存如此困难，但其数千年来一直存在于白马雪山，甚至可以说是与雪山原住民和谐共处多年，这与雪山内居民的传统文化是分不开的，原始居民的民族文化中保护自然、与自然和谐相处的思想不仅保护着雪山的生态系统，也间接保护了雪山最珍贵的精灵。但是，在白马雪山生活的少数民族均有传统的狩猎习俗，尤其以傈僳族最为普遍，再加上如今猎枪的普及，滇金丝猴早已数量不多，而大量偷猎者的捕杀对这些雪山珍宝无疑是最大的威胁。

（三）原始劳作的农耕文明

由于原始森林生态系统保存完整，食肉、食草动物和飞禽种类繁多，生活在雪山附近的少数民族一直保持着传统的狩猎文化，狩猎也成为他们获取生活资料的一种重要方式。其中，傈僳族将狩猎视为村里的重大集体活动之一，每年12月为其狩猎月。但傈僳族在3~5月是不允许狩猎的，因为这时是猎物生育时期，傈僳族认为在这个时期捕杀猎物是对山神的不敬，同时也会给自己带来霉运，傈僳族的这种传统狩猎文化体现出原始部落文化中的民族生态文化思想。

在白马雪山居住的少数民族众多，其中藏族是雪山中比较独特的民族，在白马雪山藏族传统的生活文化中，既保留了游牧部族的生产生活方式及经验，也吸收了农耕民族的农耕经验和狩猎采集部族的生活方式。藏民的传统作物为青稞，后来又引入了土豆，青稞和土豆是居民日常生活的主要粮食作物，同时也是村中牲畜的主要饲料。由于海拔高，作物生长困难，自给自足已经不易，青稞在藏民心中不仅仅是一种粮食作物，更带有神圣色彩，每年播种、收获时都要进行全村祭祀和商讨，祈求风调雨顺。由于食品结构单一，村民主食仅为青稞和少数猪肉、牛肉，蔬菜的匮乏使得当地藏族居民学会靠采集植物来维持生计。这里的居民大都积累了丰富的采集经验，白马雪山大量的阔叶林为野生菌的生长提供了便利，但他们采集的野生菌以自用为主，因为野生菌大多生长在海拔较高的地方，采集量很少。

（四）传承悠久的民族文化

白马雪山的藏族信仰与其他藏族相同，受到藏传佛教的影响，体现出自然崇拜与制度性宗教叠合的信仰生态文化。首先，藏族崇拜神山，在云南藏族分布着各种神山，为藏族人民所崇拜，如众多周知的梅里雪山、哈巴雪山等，这些雪山都被作为佛教圣地受到朝拜。白马雪山的藏族居民对神山的保护极为严格，不允许任何人破坏神山，他们认为山神能够保佑人们幸福，同时对山神不敬也会受到惩罚。每年村里都会祭祀山神，人们会自觉地不靠近神山，这对神山上的野生植物起到了良好的保护作用。其次，藏传佛教一直以来都被视为藏族传统的信仰，普通藏民每天早晚都要祭祀神灵，虔诚礼佛，活佛和高僧在藏族人民心目中的地位难以动摇，藏族人民对其礼遇有加，祈求自己能丰收、平安。在白马雪山藏族中，藏历年和格冬节是当地民族节日。在藏历年，活佛会诵经祈福，人们也会举行朝拜神山等各种活动。格冬节是藏族鬼节，寺庙喇嘛会在节日中戴上面具跳舞，让人们认识鬼魂，并不再惧怕鬼魂。特别是在丧葬方面，佛教天人合一的思想体现得淋漓尽致，怀着对自然的敬畏，藏族人民认为生命结束时就理应尽快回归自然，这是送别逝者最质朴的方式。

三 白马雪山民族生态文化价值推广

（一）创建自然生态和民族文化区

建立自然生态和民族文化区是以自然或文化为基础，在满足旅游者精神需求和减少对旅游目的地文化影响的前提下，促进社区经济发展、文化保护和生态稳定的一种可持续性的旅游方式。建立自然生态和民族文化区，既可以增加当地居民的收入，也可以传播雪山民族的生态文化。社区建立的方式有很多，如建立生态文化旅游村，让游客可以深入了解少数民族的各种风俗，保存完整的雪山森林生态系统和珍稀的滇金丝猴可以吸引更多游客。民族村的建立也有助于传统风俗文化的保存与传承，如今很多少数民族的风俗文化由于现代文化的冲击和少数民族传承人数的减少濒临失传，民族村可以很好地保存这些文化。建立自然生态和民族文化区也有助于对原始森林生态系统和滇金丝猴的保护。当地居民收入来源有限，仅靠狩猎和采集一般难以维持日常生活，捕猎者希望滇金丝猴能给他们带来高额收入，往往大肆捕杀，开展生态旅游可以增进居民收入，也可以让滇金丝猴爱好者有机会接触这些珍稀物种，同时也保护了滇金丝猴的生存，让当地居民可以明白，只要滇金丝猴能够得到很好的保护，源源不断的收入就会随之而来。

民族的生态文化是建立生态文化区的基础，白马雪山原始的民族文化是吸引游客最好的光环，建立生态民族文化区有助于恢复濒临失传的民族文化，尤其是非物质文化，促进白马雪山民族生态文化的传播。

(二) 培养居民的文化保护意识

白马雪山拥有一级保护动物滇金丝猴和寒温性针叶林，这是白马雪山最珍贵的资源。但是保护区内许多少数民族对滇金丝猴的珍贵性认识不够，他们仍将传统狩猎习俗用于已经濒危的滇金丝猴身上，这很不利于白马雪山滇金丝猴及物种多样性的保存。宣传教育是一种培养文化保护意识的手段，通过加大宣传，让居民意识到白马雪山滇金丝猴的重要性，树立保护动物的意识，把保护滇金丝猴的重要性提升到与保护大熊猫同等的高度。对于外来游客而言，可以向其大力宣传白马雪山特有的珍稀物种滇金丝猴、保存完整的原始森林生态系统、未被开发的雪山等，呼吁社会各界参与雪山的民族生态文化保护。同时，少数民族的传统节日是宣传非物质文化遗产的绝好机会，如藏族人民的祭祀风俗、饮食文化、宗教信仰等。应该加大对白马雪山各种少数民族特别是藏族的传统文化的宣传，让更多的人了解我国的少数民族文化，增强居民对保护区文化价值的理解和参与自觉性，这对白马雪山民族生态文化的推广具有重要意义。

(三) 发展生态文化产业

白马雪山具有得天独厚的地理自然条件与人文环境，像野生菌、青稞等是依靠当地独特的地理环境所生产的食物，同时作为少数民族聚集地，白马雪山存在很多具有少数民族特色的东西，如少数民族服饰等，旅游者通常喜欢购买一些特色产品。但是，白马雪山由于地理位置原因，经济发展落后，许多具有民族生态文化价值的东西没有被外界所了解和认识。

发展具有民族特色的生态企业，借助生态企业向外界宣传白马雪山的形象，既可以传播白马雪山的民族生态文化，也可以增进居民收入，改善生活状况，将绿色生产消费、低碳生活等现代生态文化理念融入白马雪山的传统文化。白马雪山藏区虽然进行传统产品的生产，但远远满足不了区域经济发展的需要，因此需要根据地理条件和原材料优势，帮助其修建农田水利设施，发展林草业、种植业，开发农村能源，进行科技推广和智力开发，激发其经济发展的内在活力。

(四) 加强文化市场营销

民族的才是世界的。白马雪山民族生态文化是中国未被开发的一块瑰宝，无论是保护区内丰富的物种资源，还是世界珍宝滇金丝猴，都没有被外界所熟知，仅仅在近几年才在云南被宣传开来。应加强文化市场营销，将白马雪山保护区的民族生态文化传播给大众。首先，在形象定位选择上，应将白马雪山生态文化定位在其所具有的原始特色上，向市场宣传一种神秘的原始色彩，如可以将雪山内保存完整的原始农耕文化作为一种形象推向市场，让大家对雪山内的文化产生浓厚兴趣并深入关注、了解。其次，在渠道选择上，以往传统的市场营销方式已经不能适应快速发展的市场，特别是对白马雪山民族生态文化这种尚未被外界所知的文化，需要利用网络营销的力量和独特的宣传通道，既可以快速地将白马雪山民族生态文化传播给大众，也可以及时掌握社会各界对雪山生态文化的评价。最后，加强白马雪山的文化市场营销，要以保护雪山自然保护区为主线，白马雪山保护区内的民族生态文化保存不易，进行营销是为了更好地将这种文化传承下去，将白马雪山自然生态文化塑造成中国一颗璀璨的文化明珠。

白马雪山自然保护区蕴藏的民族生态文化很多，本文仅介绍了保护区内保存完整的原始森林生态系统、珍稀的滇金丝猴等4个方面，针对这些民族生态文化的推广提出了几点建议，如建立自然生态和民族文化区等4个推广策略。在白马雪山自然保护区内仍有许多民族生态文化尚待进一步发掘和研究，如何保护并推广这些民族生态文化仍是今后面临的一个重大难题。

资源枯竭型城市发展方式的问题与转变的思路

高红贵　甘子君[**]

摘　要　资源枯竭型城市现行的经济发展方式实际上是一种工业文明的传统发展方式，是一种"高投入、高消耗、高排放、低效率"的发展模式。这种发展方式的问题是结构问题，表现在产业结构呈超重型、产业结构布局分散和产业层次低。要解决结构问题，必须加快转变资源枯竭型城市的发展方式，变工业文明的黑色高碳发展道路为绿色低碳发展道路，这是加快经济发展方式转变的实质与方向。只有以最低代价的生态内生经济发展为依托，资源枯竭型城市才能逐渐改变产业结构，脱离过去依赖资源禀赋的格局，逐渐形成有地方特色的经济结构和产业结构，逐渐形成经济稳定发展、生态文明发展的模式。因此，必须大力推进产业结构优化升级，大力推进资源能源节约和环境保护，使生态文明建设贯穿资源枯竭型城市发展方式转变过程。

关键词　资源枯竭型城市　发展方式转变　转变思路

党的十七大报告指出，要着力"转变发展方式"，"实现又好又快发

---

[*] 中国地质大学（武汉）资源环境研究中心2014年度开放基金项目"资源枯竭型城市与生态文明制度建设研究"（编号：H20146B）；湖北师范学院资源枯竭型城市转型与发展研究中心2014年度开放基金项目"资源枯竭型城市发展方式的问题与转变的思路"（编号：KF2014Y03）。

[**] 高红贵，女，中南财经政法大学经济学院教授，研究方向为人口、资源与环境经济学。现为中国生态经济学会生态经济教育委员会常务副秘书长，中南财经政法大学生态文明与可持续经济研究中心办公室主任；甘子君，中南财经政法大学经济学院2012级经济学专业学生。

展";党的十七届五中全会通过的《中共中央关于制定国民经济和社会发展第十二个五年规划的建设》指出,"十二五"时期必须"以加快转变经济发展方式为主线",认为"加快转变经济发展方式是我国经济社会领域的一场深刻变革,必须贯穿经济社会发展全过程和各领域",要坚持把经济结构战略性调整作为加快转变经济发展方式的主攻方向。胡锦涛同志在十八大报告中强调,要加快完善社会主义市场经济体制和加快转变经济发展方式。党的十八届三中全会进一步强调,"加快转变经济发展方式","推动经济更有效率、更加公平、更可持续发展"。[1] 资源枯竭型城市要真正把经济发展方式转变摆在突出位置,加快推进发展方式转变。那么,资源枯竭型城市发展方式的突出问题是什么?资源枯竭型城市发展方式转变的目标模式是什么?如何加快推进资源枯竭型城市的发展方式转变?本文将对这3个问题加以探讨。

一 资源枯竭型城市发展方式的问题

资源型城市的出现是工业文明发展的结果。对资源的依赖和过度开发,加速了资源型城市资源枯竭的速度。改革开放以来,我国经济在持续高速增长过程中,形成了"高投入、高消耗、高排放、低效率"的粗放型经济增长模式。我国资源枯竭型城市既有的经济发展方式,属于资源依赖型、投资主导型、高碳经济型的经济发展方式。

资源枯竭型城市发展问题的突出表现是发展质量不高。一是资源濒临匮乏,经济效益低下。资源型城市是"因资源而兴",发展过程受计划经济体制和传统经济结构影响深远。中国资源基本上实行的是政府定价或政府指导价,资源相对丰富的地区的大多数资金用于开发低廉的资源产品,低廉的资源产品源源不断地运送到发达地区,而留给资源型城市的是资源匮乏、环境恶化的局面。由于对设备投资不足、技术更新滞后、创新能力不足,企业和城市的经济增长能力不足,经济效益低下。有关研究资料显示,1991年人均国民生产总值(GNP)全国城市合计为3656.92元,资源型城市合计为2822.39元,全国城市百元固定资产原值实现工业总产值为

---

[1] 《中共中央关于全面深化改革若干重大问题的决定》,中国新闻网,http://www.chinanews.com/gn/2013/11-15/5509681.shtml,2013年11月15日。

136.09元，资源型城市为69.01元。资源型城市的经济效益明显低于全国城市的平均水平。[①] 二是产业结构单一，资源产业萎缩，替代产业发展乏力。资源型城市的建立是以资源开采及加工为基础的，工矿业比重较大，第三产业和第一产业则相对落后。2007年全国城市三次产业产值占GDP比重为11.1:48.5:40.4，抚顺三次产业产值占GDP比重为2.9:63.7:33.4，盘锦为1.4:79.7:18.9，萍乡为8.0:58.0:34.0，焦作为3.9:69.4:26.7，铜川为5.9:59.1:35.0，石嘴山为0.8:69.1:30.1，黄石为1.7:54.7:43.6。[②] 由此可知，第二产业仍然是大多数资源枯竭型城市的主导产业，这种第二产业独大的局面并没有因为其资源濒临枯竭而发生巨大改变。现有的资源性产业渐渐衰退，接续产业还未建设起来，导致经济萎缩，可持续发展的压力大。三是资源滥用，生态失衡，经济发展与资源、环境不协调。"高投入、高消耗、高排放、低效率"的粗放型经济增长方式，使资源枯竭型城市在资源逐渐枯竭时仍然采用粗放方式开发利用资源，使生态破坏日益严重。随着我国工业化、城镇化进程的加快，资源消耗和环境污染也步入高峰期，经济发展超过了资源和环境的承载阈值，削弱了人与自然和谐相处的生态功能，能源支撑能力日益弱化，资源枯竭型城市的可持续发展受到严峻挑战。因此，经济发展质量不高、经济效益不好即发展方式问题是资源枯竭型城市转型发展面临的主要问题。面对资源枯竭型城市发展中面临的一系列难题，转变发展方式已刻不容缓。

资源枯竭型城市发展方式的问题是结构问题。资源枯竭型城市的结构问题主要表现在以下3个方面。一是产业结构呈超重型。工业结构中仍然以耗能高、污染大的传统工业为主，如大同、阳泉等煤炭资源型城市，其煤炭产业及相关产业的利税在地方总GDP和财政收入中分别占55%和42%[③]。二是产业结构布局分散，呈现点多、线长、面广的特点，缺乏整体规划，缺乏有序的纵向关联和横向关联的产业链。三是产业层次低，附加值不高。资源枯竭型城市对资源的加工程度低，加工中的技术水平低，产品附加值低。

---

① 聂亚珍、杨成刚：《资源枯竭型城市永续发展战略》，光明日报出版社，2014。
② 陈慧女：《中国资源枯竭型城市的产业转型》，中国社会科学出版社，2012。
③ 岑晓冬：《山西资源枯竭型城市产业转型面临问题研究》，《科技创新与生产力》2011年第1期。

二 资源枯竭型城市发展方式转变的方向与目标模式

既然资源枯竭型城市发展方式的问题是结构问题，那么就要围绕结构问题的解决确定转变的方向和目标模式。资源枯竭型城市现行的经济发展方式实际上还是一种工业文明的传统发展方式，这种模式已经不适应资源枯竭型城市经济可持续发展的要求，因此，要解决结构问题，必须加快转变资源枯竭型城市的发展方式。

加快转变经济发展方式就是不能继续走西方工业文明与后工业文明的黑色高碳发展之路，而是要走绿色低碳发展道路。这是加快经济发展方式转变的实质与方向。经济发展方式转变的目标应是保持经济长期平稳较快发展，具体目标是：经济发展动力持续且稳定；经济发展速度较快且稳定；经济发展效益良好；经济运行抗风险能力强且波动幅度小。由此可知，资源枯竭型城市经济发展方式转变的目标应该是探寻一条经济质量高的持续增长之路。

当前，资源枯竭型城市发展的困境不断凸显。随着资源的枯竭，生态环境恶化，耕地退化、水源地日渐干涸，资源环境基础出现危机；资源优势弱化，经济持续发展后劲乏力；资源型、粗放型产业多，高科技、高附加值产业少，经济持续发展举步维艰。由此，资源枯竭型城市的发展方式转变，重点在于以要素禀赋结构为基础，依据资源优势选择主导产业及特色产业，推动资源型产业结构优化升级，逐步将"高耗能、高投入"的资源型产业转变成为"低消耗、高产出"的产业，实现生产成本最小化。也就是说，转变经济发展方式要把资源成本、生态环境成本、社会成本降到最低。因此，资源枯竭型城市发展方式转变的目标模式应该是构建最低代价生态内生经济发展模式。

对于资源枯竭型城市而言，最低代价生态内生经济发展模式主要是指以实现城市经济持续稳定增长为动力、以最优产业结构下的成本最低化为目标、以提高经济效益和减少对环境的破坏为指向的发展形式。具体而言，资源型城市发展方式的转变应包括以下3个方面。一是资源枯竭型城市经济发展动力的转变。经济发展方式转变的动力是实现区域经济持续稳定增长的助推器。应从过去的主要依靠要素投入转向更多地依靠创新驱动。二是资源枯竭型城市经济发展目标的转变。资源枯竭型城市的目标经济增长方式是由其资源要素禀赋结构决定的,就是要使其经济生产成本最小化的增长方式,表现为在合理的产业结构下,挖掘、激活、优化资源型城市的内在发展要素,提高资源利用效率。三是资源枯竭型城市经济发展约束的转变。推进内涵式发展,走经济发展、生活富裕、生态良好的文明发展道路,这是加快推进资源枯竭型城市发展方式的战略举措。将生态环境和不可再生的自然资源作为生态资本即生产要素内化到企业成本中,纳入资源枯竭型城市的经济发展模式。①

只有以最低代价的生态内生经济发展为依托,资源枯竭型城市才能逐渐改变产业结构,脱离过去依赖资源禀赋的格局,逐渐形成有地方特色的经济结构和产业结构,逐渐形成经济稳定发展、生态良好的文明发展模式。

三 强力推进资源枯竭型城市发展方式转变

转变现行经济发展方式的过程,实际上是生态文明建设的过程,也是在建设生态文明的过程中重构社会经济发展体系的过程。

(一) 大力推进产业结构优化升级

时至今日,要素驱动模式已难以为继,要使经济稳定增长、可持续发展,必须从主要依靠要素投入向更多依靠创新驱动转变。党的十八大报告提出了创新驱动发展战略,这对于资源枯竭型城市的发展方式转变是一个重要的机遇。资源枯竭型城市只有抓住难得的历史发展机遇,充分发挥科技创新在加快产业结构调整中的引领和支撑作用,才能加快发展方式的转变。

目前,我国资源型地区不合理的产业结构必将带来"高投入、高消耗、高污染、低产出"的结果,因此推动产业结构的优化升级是关系到资源型地区乃至我国经济社会持续发展的战略性手段。要强力推进资源枯竭型城市的产业结构由"重"变"轻"、由"散"到"聚"、由"低"到"高"、由"高碳"到"低碳"。一是调整产业结构,减少资源枯竭型城市发展对工业增长的过度依赖。确保第一产业的基础地位,做"特"第一产业;加快

---

① 王坤:《资源型地区经济发展方式转变——基于产业集群、区域经济发展差异研究》,经济管理出版社,2014。

对第二产业的改造和提升,做"优"第二产业;推动第三产业的快速发展,做"大"第三产业。二是积极促进产业结构的优化升级,通过对现有产业资源的整合及优化升级,加快资源型产业向低能耗、高附加值、高科技含量的产业转变。引导产业向重点园区和集聚区集中,形成集约化、特色化的产业发展格局,改变目前小、散、弱的状态。延伸产业链和价值链,以循环经济和产业关联为依托,打造各具特色的产业集群。三是加快推进传统产业高端化、生态化,建设生态产业体系。实现多产业配套、耦合共生。以低碳经济和循环经济为主攻方向,推进生态园区建设。以循环经济、清洁工业为核心,推动工业生态化建设。结合各资源型城市的具体情况,逐步扩大产业生态的普及面,推动产业生态化发展。

(二) 大力推进资源能源节约和环境保护

资源枯竭型城市在经历了一定时期的发展之后,出现了资源枯竭、结构失衡、生态承载力不强的情况,资源能源节约和环境保护对资源枯竭型城市转变发展方式具有特殊意义。因此,资源枯竭型城市必须牢固树立"以转变发展方式保障生态建设,以生态建设推进发展方式转变"的理念,大力发展生态经济,不断优化生态环境。一是大力发展环保产业和新能源产业,加快形成节约能源资源和保护生态环境的产业结构、增长方式和消费方式。坚持生态优先、环境优先、保护利用的原则,提高资源节约和综合利用水平。二是大力发展低碳经济和循环经济。低碳发展是资源枯竭型城市发展方式转变的主要方向,是实现又好又快发展的主动选择。转变发展方式,必须着力推进能源结构由高碳黑色能源结构向低碳绿色能源结构的根本转变,着力推进经济发展模式由工业文明的高代价生态外生模式向生态文明的低代价生态内生模式的根本转变。资源枯竭型城市如果不抓紧调整产业结构,发展低碳经济、循环经济、绿色经济,推进节能、减排、降耗,尽快实现经济发展方式转变,就难以可持续发展。三是综合实施环境治理和生态修复工程。按照"谁开发谁保护,谁污染谁治理,谁破坏谁修复,谁受益谁补偿"的原则,坚持预防为主、防治结合,完善矿山环境治理恢复机制和环境污染补偿机制。以解决损害群众健康的突出环境问题为重点,加快对由开发矿产资源造成的崩裂、滑坡、泥石流、地裂缝、地面沉降和地面塌陷等地质灾害及其隐患的综合治理,强化对矿山环境的恢复和保护。大力实施生态保护工程和防灾减灾体系建设工程。

(三) 把生态文明建设贯穿资源枯竭型城市发展方式转变全过程

生态文明建设既是贯彻落实科学发展观的内在要求，也是资源枯竭型城市谋求新一轮发展的重要战略任务。在新一轮发展中必须树立尊重自然、顺应自然、保护自然的理念，把生态文明建设放在突出地位，融入经济建设、政治建设、文化建设、社会建设各方面和全过程。一是要在全社会牢固树立生态文明理念，这是生态文明建设的基础条件，也是转变现行经济发展方式的重要保障。树立生态文明理念，发展生态文化产业，强化全社会的生态文明意识，自觉地将发展方式转变与生态文明建设统一起来。二是要按照生态文明的要求，探索新型工业化道路。大力推进先进的、适用的矿山开采技术、工艺和设备，提高矿山回采率、选矿和冶炼回收率及劳动生产率，减少物质能源消耗和污染物排放。围绕"两型"社会建设，大力推进生态修复治理。创新体制机制，推进资源枯竭型城市的发展方式转变。三是要按照生态文明要求，科学制定并严格实施城乡规划，加大生态设施建设力度，增强和完善城市功能，创造宜居环境，有序推进农村人居环境综合整治，加快美丽乡村建设。

第四篇

美丽乡村建设的理论与实践专题

我国农村生态文明建设的着力点

——美丽乡村建设十大模式综述及思考*

周利梅　李军军**

摘　要　美丽乡村建设是我国生态文明建设的重要组成部分。美丽乡村建设十大模式的发布在全国引起了重大反响,为全国各地生态文明建设提供了范本和参考。在美丽乡村建设过程中,地理地貌、区位条件、自然资源、文化底蕴、农民的积极主动性以及机遇等因素扮演着重要的角色。美丽乡村建设的成功,除了显著的区位优势、丰富的自然资源、城镇化快速发展所带来的市场机遇外,更重要的还是当地政府的推动引导作用和财政支持力度,以及在当地较高经济发展水平带动下农民生态环境保护意识的增强,或者说是农民在温饱问题解决后对生产生活质量要求的提高。这些成功模式在不同地区是很难完全复制的,这也就决定了未来我国在生态文明建设道路上的多样性、复杂性和创新性。

关键词　美丽乡村　新农村　可持续发展　生态文明

美丽乡村建设是构建美丽中国的重要组成部分,也是我国生态文明建设的重要组成部分。党的十八大报告提出"要努力建设美丽中国,实现中华民族永续发展",强调必须树立尊重自然、顺应自然、保护自然的生态文

---

*　本文系教育部人文社科研究青年基金项目（12YJC790289、10YJC790135）和福建省教育厅A类社会科学研究项目（JA12094S、JA12095S）的阶段性成果。
**　周利梅,女,河南新乡人,经济学在读博士,讲师,研究方向为国际贸易理论、竞争力及生态经济;李军军,男,江西新余人,经济学博士,福建师范大学经济学院讲师,研究方向为数量经济、低碳竞争力等。

明理念，明确提出了包括生态文明建设在内的"五位一体"社会主义建设总布局。作为我国社会主义新农村建设的升级版，以尊重自然、顺应自然、保护自然的生态文明理念为指导的美丽乡村建设，是当前深入贯彻落实科学发展观的战略抉择，是在发展理念和发展实践上的重大创新。美丽乡村建设之于新农村建设，不仅是"生产发展、生活宽裕、乡风文明、村容整洁、管理民主"的简单复制，更多的是生产、生活、生态"三生"和谐发展的思路，以及对整个"三农"发展新起点、新高度、新平台的新期待，即"以多功能产业为支撑的农村更具有可持续发展的活力，以优良的生态环境为依托的农村重新凝聚起新时代农民守护宜居乡村生活的愿望，以耕读文化传家的农村实现文明的更新，融入现代化的进程"。①

当全国多数地区还在对如何建设美丽乡村、建成何种美丽乡村孜孜不倦地进行探索时，中国农业部科技教育司借第二届美丽乡村建设国际研讨会（2014年2月24日召开的中国美丽乡村·万峰林峰会）的机会，发布了中国美丽乡村十大创建模式。这十种建设模式，分别代表了某一类型乡村在各自的自然资源禀赋、社会经济发展水平、产业发展特点以及民俗文化传承等条件下建设美丽乡村的成功路径和有益启示。十大创建模式发布后，在全国引起了强烈反响，同时，代表每种模式的典型示范村也成为全国各地美丽乡村建设争相学习、观摩的范本和案例。

本文通过对这十个典型示范乡村的简单介绍及对其相应模式的综合性评价，旨在为不同区位、具有不同资源禀赋条件和不同社会经济发展水平的乡村的"美丽建设"提供参考。

一 当前美丽乡村建设模式简述

（一）产业发展型模式

产业发展型模式的典型示范村是江苏省张家港市南丰镇永联村。永联村位于我国东部沿海地区，区位优势明显，耕地资源贫乏，曾经被称为"江苏最穷最小村庄"。改革开放以来，永联村为解决全村村民的温饱问题，想尽办法搞集体经济，经过多种尝试，敏锐地抓住轧钢这个行业，实现了永联村经济上的第一次飞跃。在工业发展大踏步前进的同时，永联村通过

---

① 《农业部2013年度"美丽乡村"创建工作综述》，《农民日报》2014年7月5日，第8版。

对土地的聚合流转，逐步形成以 4000 亩的苗木基地、3000 亩的粮食基地、400 亩的花卉基地、100 亩的特种水产基地和 500 亩的农耕文化园为依托的现代农业产业体系。与此同时，永联村还建设了村民集中安置社区，在同村范围内拆旧建新，使居住用地更加集约，逐渐形成了生态环境优美、土地节约集约、生产生活便利的新型社区。永联村依靠村办企业的产业优势和农民专业合作社的特色，实现了农业生产集聚、农业规模经营，这种农业产业链条不断延伸的模式带动效果明显，使其成为全国美丽乡村建设产业发展型模式的范本。

（二）生态保护型模式

生态保护型模式的典型示范村是浙江省安吉县山川乡高家堂村。高家堂村位于浙江省西北部的内陆地区，是一个竹林资源丰富、自然环境保护良好的浙北山区村。自 2000 年以来，高家堂村着力打造的以生态农业、生态旅游为特色的生态经济呈现良好的发展势头。依靠丰富的竹林资源，高家堂村建设生态型高效毛竹林现代园，规模化养殖竹林鸡，成立竹笋专业合作社，发展生态农业；依靠优美的竹林自然风景，高家堂村成立农家风情观光旅游公司，建设休闲山庄等项目，发展生态休闲旅游产业。为减少生活垃圾及生活污水对环境的影响，高家堂村在浙江省农村第一个引进美国阿科蔓技术生活污水系统项目，使全村生活污水处理率达到 85% 以上，并建成了一个以环境教育和污水处理示范为主题的农民生态公园。优越的自然条件，丰富的水资源和森林资源，传统的田园风光和乡村特色，再加上明显的区位优势，造就了高家堂村以生态立村的发展主线。这种集生态农业、生态休闲、观光、旅游于一体，把生态环境优势变为经济优势的可持续发展之路，使其成为全国美丽乡村建设生态保护型模式的范本。

（三）城郊集约型模式

城郊集约型模式的典型示范村是宁夏回族自治区平罗县陶乐镇王家庄村。平罗县地处宁夏平原北部，距银川 50 公里，是沿黄经济区的骨干城市，也是西北的鱼米之乡，有"塞上小江南"的美誉。2013 年平罗县农民的人均纯收入达 9172 元，属于宁夏回族自治区内的经济发达地区。王家庄村位于平罗县沿黄经济区内。近年来，该村充分利用当地丰富的耕地资源，大力发展精细农业，推动当地现代农业发展，深入推进农业集约化、规模化经营；充分利用黄河水资源，加大生态水产养殖业的开发力度，积极参与沿黄旅游业的开发，已经形成了观黄河、游湿地、看沙漠、吃河鲜的观光休闲胜地，实现了第一产业和第三产业有效对接的发展模式。显著的区位优势，肥沃的土地，丰富的黄河水资源，较高的土地出产率，较高的经济收入，使得该村成为十大模式中西部地区美丽乡村建设唯一的代表，也成为全国美丽乡村建设中的典范。

（四）社会综治型模式

社会综治型模式的典型示范村是吉林省松原市扶余县弓棚子镇广发村。广发村位于我国东北地区松辽平原上，面积达13.24平方公里，耕地为969公顷，资源丰富，农业发达，盛产玉米、大稻、花生、大豆、杂豆等粮食作物。其所在的扶余县是全国重点商品粮基地之一，素以"松嫩乐土、粮食故里"而著称。2010年广发村全村经济总收入达2500万元，人均纯收入达1万元，村民2500人，村落规模较大，经济基础较好。在顺应全国统筹城乡发展、推进农村城镇化的进程中，广发村结合东北地区的自然气候条件，把改善农民群众的传统居住条件作为一项重大而又实际的举措，用城市化、现代化理念推进新式农居建设，让广大农民群众从传统落后的生活方式中解脱出来，享受现代新生活。在推进新式农居建设的同时，广发村的管理工作逐渐由村落管理向社区管理转变，通过加大对农村基础设施和科教、文体、医疗、卫生等社会事业的投入，增强农村社区的服务功能。经过多年的努力，广发村探索出了一条以人为本、改革创新的路径，成为松辽平原上土地节约利用、居住条件完善、生活便利、生态环境优美的社会综治型农居社区。

（五）文化传承型模式

文化传承型模式的典型示范村是河南省洛阳市孟津县平乐镇平乐村。平乐村位于我国中部华北平原地区，地处汉魏故城遗址，距洛阳市10公里，交通便利，地理位置优越，文化底蕴深厚。改革开放以来，平乐村依托"洛阳牡丹甲天下"这一文化背景，以农民牡丹画产业为龙头，形成书画展览、装裱、牡丹画培训、牡丹观赏等一条龙服务体系，不仅提高了农民收入，也壮大了村级集体经济。依托丰富的农村文化资源、优秀的民俗文化及非物质文化，平乐村探索出了一条新时期以文化传承为主导的建设美丽乡村的发展模式。

（六）渔业开发型模式

渔业开发型模式的典型示范村是广东省广州市南沙区横沥镇冯马三村。冯马三村位于珠江三角洲腹地，西邻中山市，邻近珠江口，地理位置优越，水陆交通方便，土地资源丰富，历史较为悠久，文化底蕴深厚。作为传统渔区，冯马三村积极发展高附加值的现代水产养殖业，确立了渔业在农业产业中的主导地位。通过发展渔业促进就业，增加渔民收入，繁荣渔村经济。冯马三村依靠丰富的水资源、显著的区位优势、良好的生态环境和淳朴的民风，打造了独特的"岭南水乡"，成为全国美丽乡村建设渔业开发型模式的范本。

（七）草原牧场型模式

草原牧场型模式的典型示范村是内蒙古锡林郭勒盟西乌珠穆沁旗浩勒图高勒镇脑干哈达嘎查。脑干哈达嘎查位于我国东北部传统草原牧区及半牧区，草原畜牧业是该牧区经济发展的基础产业，是牧民收入的主要来源。早期的脑干哈达嘎查人口多、草场面积小，受发展条件制约，畜牧业生产一度相对落后，牧民生活水平偏低。2009年以来，脑干哈达嘎查开始积极探索发展现代草原畜牧业，保护草原生态环境。通过坚持推行草原禁牧、休牧、轮牧制度，促进草原畜牧业由天然放牧向舍饲、半舍饲转变，建设育肥牛棚和贮草棚，发展特色家畜产品加工业，进一步完善了新牧区的基础设施，提高了牧区的生产能力和综合效益。脑干哈达嘎查将保护牧区草原生态平衡、增加牧民收入和繁荣牧区经济融为一体，形成了独具草原特色和民族风情的发展模式，成为全国美丽乡村建设草原牧场型模式的范本。

（八）环境整治型模式

环境整治型模式的典型示范村是广西壮族自治区恭城瑶族自治县莲花镇红岩村。红岩村位于广西东北部，桂林市东南部，属典型的山区地貌，其中山地和丘陵占70%以上，早期非常贫困。改革开放以来，红岩村坚持走"养殖-沼气-种植"三位一体的生态农业发展路子，积极推进"富裕生态家园"建设，同时开展沿路、沿河、沿线、沿景区连片环境整治，加强农业面源污染治理，开展畜禽及水产养殖污染治理。红岩村以科技农业生产为龙头，逐步拓展了集农业观光、生态旅游、休闲度假为一体的发展模式，成为全国美丽乡村建设环境整治型模式的范本。

（九）休闲旅游型模式

休闲旅游型模式的典型示范村是贵州省黔西南州兴义市万峰林街道纳灰村。纳灰村位于我国西南地区万峰林景区（世界自然文化遗产保护区）腹地，是一个民族风情浓厚、田园风光优美、历史文化底蕴深厚的古老布依族村寨。纳灰村土地肥沃，水资源丰富，是贵州地区主要的产粮区。改革开放以来，纳灰村依靠丰富的旅游资源，在传统种植业、养殖业的基础上，大力发展旅游业，已经形成了集特色农业、特色花卉培育、乡村旅游、休闲娱乐于一体的乡村旅游区。这种以农业为基础、以休闲为主题、以服务为手段、以游客为主要消费群体的模式，实现了农业与旅游业的有机结合，不仅提升了公众对农村与农业的体验，也实现了农业与旅游业的协调可持续发展。

（十）高效农业型模式

高效农业型模式的典型示范村是福建省漳州市平和县三坪村。三坪村位于我国东南部闽南地区，属典型的山地和丘陵地貌。该村山地面积为60360亩，其中毛竹种植面积达18000亩，蜜柚种植面积达12500亩。三坪村有耕地2190亩，属于闽南地区重要的产粮区。改革开放以来，三坪村紧紧结合自身的地理地貌环境，充分发挥林地资源优势，以发展琯溪蜜柚，漳州芦柑、毛竹等经济作物为支柱产业，采用"林药模式"打造金线莲、铁皮石斛、蕨菜种植基地，以玫瑰园建设带动花卉产业发展，壮大兰花种植基地，做大做强现代高效农业。同时整合资源，建立千亩柚园、万亩竹海以及玫瑰花海等，发展特色观光旅游业，和当地国家4A级旅游区三平风景区有效对接，提高旅游吸纳能力。作为优势农产品区，三坪村注重提升农业综合生产能力，逐步从传统农业向生态农业、乡村观光旅游业、休闲娱乐业发展，实现了高效农业的可持续发展。

二　美丽乡村建设模式的总结

总的来说，上述美丽乡村建设模式基本上涵盖了"环境美""生活美"

"产业美""人文美"的基本内涵，具有很强的借鉴意义，能够为中国部分地区的美丽乡村建设提供很好的参考。

从地域来讲，这十个示范村分别分布在全国十个省份的乡村地区。东部沿海以江苏永联村、浙江高家堂村、广东冯马三村、福建三坪村为代表，中部以河南平乐村为代表，东北部以吉林广发村和内蒙古脑干哈达嘎查为代表，西北部有宁夏王家庄村，西南部有广西红岩村、贵州纳灰村。从鱼米之乡到广袤草原，从粮食作物主产区到农产品经济作物特色产区，从传统文化传承地区到新生代生态旅游发展地区，从经济发达地区到经济相对落后地区，覆盖广，涉及产业发展类型多，使其具有典型的代表意义。

从区位来讲，这十个示范村多数都具有明显的区位优势。如高家堂村距离县城安吉20公里，距离省会杭州50公里，平乐村距离洛阳市只有10公里，王家庄村距离省会银川50公里，冯马三村邻近珠江入海口，纳灰村位于世界自然文化遗产保护区万峰林景区腹地，三坪村也地处国家4A级旅游区三平风景区内。从位于大中城市的郊区地带，到人数较多、规模较大、居住较集中的村镇（永联村、广发村），再到环境优美、风景秀丽的传统旅游地区，这十个示范村都不同程度地展现了区位优势对于美丽乡村建设的重要性。

从主导产业来讲，这十个示范村充分利用自身在区位和自然资源禀赋等方面的特点，分别走出了不同的产业发展道路。永联村人多地少，经济落后，但借助改革开放的春风，走出了钢铁生产的工业化道路。当然，更多的示范村还是在传统农业的基础上对农村产业发展进行了探索、创新。如三坪村将高效农业与乡村观光旅游业相结合，高家堂村将生态保护性种植业与休闲产业相结合，王家庄村将农业集约型产业与沿黄旅游业相结合，冯马三村将渔业与旅游资源相结合，脑干哈达嘎查将畜牧业与草原生态环境保护相结合，红岩村将资源循环利用生态农业与生态旅游相结合，纳灰村发展具有少数民族特色的休闲旅游业，平乐村发展牡丹画文化产业。不同的自然资源禀赋条件，决定了各个乡村不同的发展道路；不同的生产生活背景，决定了其发展不同的特色产业。

从区位功能来讲，这十个示范村分别承担了不同的功能。永联村是城市工业生产及现代化农业的重要补充；王家庄村、冯马三村、脑干哈达嘎查则是当地大中城市的"粮袋子""菜篮子"，是鲜活食品、牛羊肉、奶制品的重要生产基地；广发村在推进农村城镇化过程中，成为建设新农村服务型社区的代表；平乐村则是洛阳地区深厚牡丹花卉文化底蕴的证明与补充；三坪村是当地重要的"粮袋子"和经济作物产区；高家堂村、红岩村、纳灰村则是城镇居民的后花园和休闲娱乐区。不同的区位功能和不同的角色，为其他地区在美丽乡村建设过程中的功能定位起到了重要的参考作用。

从村民的积极性来讲，这十个示范村的村民都是在得到了保护生态环境、发展特色产业的好处后进一步积极参与的。这些乡村建设的成功，在很大程度上来自村民对美好生活的强烈愿望，这种愿望倒逼当地政府有所作为，地方政府给予财政支持，积极帮助村民探索新路，进行农业科技创新，带给了村民成功的喜悦，进而使美丽乡村建设进入良性发展的轨道。但是我们也要看到，地方政府的财政实力毕竟有限，不可能对其他多数经济落后的乡村进行大规模的财政支持，而能够适应当地实际的农业科技创新却可以像种子一样，在乡村生根发芽，为农民带来真正的收益。所以，未来的美丽乡村建设将发展农业科技创新带动下的、以村民作为参与主体的、地方政府辅助发展的可持续性模式。

综观十种美丽乡村建设模式，我们不难发现这十个示范村有以下共同特点。

第一，它们几乎都集中在区位优势明显、自然资源丰富、经济比较发达的地区。这些村庄所在县域的人均收入水平在整个省域中的排名都比较靠前，比较有代表性的如西北地区宁夏的王家庄村、西南地区广西的红岩村、贵州的纳灰村、江苏的永联村等。其中王家庄村所在的平罗县2013年的农民人均纯收入达9172元，在宁夏县域经济中属于经济富裕地区；红岩村所在的恭城瑶族自治县2012年的农村居民人均纯收入达6473元，在广西也属于经济发达地区。而永联村的经济实力即使在全国也是屈指可数的富裕代表，其2012年实现人均收入28766元，经济发展指数在全国64万个行政村中位列前3名。

第二，它们几乎不约而同地把本地特色经济与旅游服务业紧密地联系起来，形成了一条完整的产业链。如平乐村紧紧围绕牡丹做足了文章：画牡丹、赏牡丹、育牡丹，举办书画展销会，开展画师培训等。既增加了农民收入，也美化了农村生态环境；既丰富了农村文化资源，又发展了农村文化产业和旅游服务产业。冯马三村凭借"岭南水乡"的名片，打造了传统渔业、现代水产养殖业、水乡文化摄影基地、渔业旅游业等，形成了以河道为主轴线的水乡特色文化。红岩村、纳灰村和脑干哈达嘎查依靠瑶族、布依族和蒙古族等少数民族独有的民族风情，以及优美的田园风光、深厚的历史文化底蕴，发展独具民族特色的观光、休闲旅游业。

第三，它们几乎都把当地生态环境的保护与资源的可持续利用紧密结合起来。高家堂村形成了以生态农产品种植、农产品深加工、生态休闲旅游、环境教育和污水处理示范为主题的农民生态公园的生态经济发展道路。红岩村的"养殖-沼气-种植"三位一体的生态循环农业发展道路，三坪村的"林药模式"，脑干哈达嘎查的由天然放牧向舍饲、半舍饲转变的保护草原生态环境可持续发展的模式等，都是当地经济可持续发展的真实表现。

三　结束语

在美丽乡村建设过程中，地理地貌、区位条件、自然资源、文化底蕴、农民的积极主动性以及机遇等因素扮演着重要的角色。上述十大模式的成功主要得益于当地较高的经济发展水平、显著的区位优势、丰富的自然资源、城镇化快速发展所带来的市场机遇，以及当地政府的推动引导作用和财政支持。这些模式的成功需要具备多项条件，在不同地区是很难完全复制的。美丽乡村建设中的"美丽"是广义上的美丽，视觉上的山清水秀、环境优美只是美丽乡村建设的一部分，增加农民收入、提高农民生活质量、传承传统乡村文化中的精髓、保护当地生态环境才是美丽乡村建设的核心内容。我国地域辽阔，各地自然条件不同，经济发展差别较大，传统意义上的东部发达、西部落后的观念已经不再适用，东部沿海发达省份依然存在经济发展水平较低、区位优势不显著、自然资源一般或匮乏的广大农村地区，而在整体经济落后的中西部地区也存在一定数量经济条件好、区位优势显著、资源丰富的农村地区。这决定了未来我国生态文明建设的多样性、复杂性和创新性。

基于林改的林农合作社管理模式研究

——以砚山县双塘子合作社为例

张媛媛　刘德钦[*]

  摘　要　林农合作社是以家庭承包经营为基础，从事林业生产及林副产品加工、流通的林农为了维护和实现共同利益，按照自愿、互利的原则，自愿出资联合建立的，是一种自我服务、自主经营、自负盈亏、民主管理，从而实现共同发展的新型山区农民合作经济组织。本文选择云南省砚山县双塘子林农合作社作为研究区域，分析研究了区域合作社的发展现状和存在的问题。在此基础上，提出双塘子合作社可采取"合作社联合社"的管理模式，并在引进资金、吸引人才、提高林农参与意愿等方面提出了相关对策建议。

  关键词　林农合作社　管理模式研究　林改

集体林权制度改革是我国农村发生的第三次改革，自2003年集体林权制度改革以来，主改已经结束，配套改革仍在进行中。但在配套改革中，因为各种原因（产权分散、效益低下、管理不到位等），改革处于瓶颈阶段。实现林农增收、林业增效，好的管理模式是关键，解决瓶颈问题是林农合作社的一个发展方向。

---

[*] 张媛媛，女，黑龙江哈尔滨人，在读硕士研究生，研究方向为企业管理经营决策；刘德钦，云南宣威人，西南林业大学经济管理学院教授，硕士生导师，研究方向为农林经济管理。

一 林农合作社国内外研究现状

国外合作社的理论发展较完善。Enke 将经典厂商理论应用于合作组织，视合作社为一种厂商类型，建立了一套有效的合作组织分析方法。Phillips 建立了一个垂直一体化框架下的合作社价格和产量确定模型，认为社员的决策原则使其边际成本等于合作社的边际收益。谢和生着重研究了实践中林农合作行为的多样化及其选择问题。[1]相比之下，我国林农合作社的发展还处于初级阶段。乔羽从宏观和微观的层面分别对林农合作组织的形成动因、组织运行机制和发展过程进行了研究。[2]虞啸从制度层面对影响林农合作组织发展现状的原因进行了解释性分析。[3]

关于林农合作社的管理模式研究，我国学者将合作社的产业化经营管理模式分为 4 类：农民专业合作社与龙头企业联合型（公司 + 专业合作社 + 农户）；龙头企业领办合作社型；合作社自办加工企业型（农户 + 专业合作社 + 公司）；合作社联合社型（合作社 + 合作社）。

我国林农合作社的发展仍处于初级阶段，研究仅局限于理论内容方面。林农合作组织的管理模式研究还有很大的上升空间，应进一步实现理论与实践的结合。

二 砚山县双塘子林农合作社的发展现状

（一）砚山县双塘子林农合作社的基本状况

双塘子林农合作社于 2012 年 9 月 12 日在砚山县工商局登记设立，注册资金为 15 万元。主营蜜质南瓜、杂交马褂木苗、南瓜子等，拥有杂交马褂木苗 30 万株，连片荒山 3 万亩，是中国森林控股有限公司为了实践森林经营，在滇东石漠化严重地区进行的"生态修复与农林一体化试点项目"的实验地。目前，砚山县全县实现村级集体经济收入 200 余万元，有集体经济

---

[1] 谢和生：《集体林权制度改革下林农合作组织形式研究》，中国林业科学研究院博士学位论文，2011。
[2] 乔羽：《集体林权制度改革后林农合作组织研究》，北京林业大学博士学位论文，2012。
[3] 虞啸：《江西省铜鼓县林业合作组织的现状和成因分析》，北京林业大学博士学位论文，2011。

收入的村小组为 403 个，占总数的 34%，其中可支配收入超过 1 万元的有 117 个。

双塘子林农合作社主要采取的管理模式是：将林改后林农手中的单个产权通过合作社的形式收集起来，使整体林权增大。近年来，砚山县加大对村集体经济的培植力度，建立多种类型的发展模式。对各村集体进行实地研究，根据各村不同的资源特点，因地制宜地发展村集体经济，即依托集体土地、机动地、"四荒地"，通过租赁、发包、拍卖、股份合作等形式增加集体收入，发展"土地流转型"集体经济；依托集体资产，实行闲置校舍、办公用门面房、鱼塘、林场等村集体资产参与企业经营，实现资源商品化，发展"资源开发型"集体经济；依托合作经济组织，兴办农产品市场，建立产、销一条龙产业链，发展"合作服务型"集体经济。

（二）双塘子林农合作社发展存在的问题

1. 资金不足

资金短缺是林农合作社组建和运营普遍面临的重大困难。林业经营本身周期较长，在林业产业经营前期资金投入巨大，收益周期长。在经济上林农是弱势群体，成立合作社进行联合经营本身就是一条寻求资金集合的途径，但小范围联合后资金依然很有限，导致很多营林工作无法顺利开展，在很大程度上限制了林农合作社的发展。尽管目前林权抵押贷款在一定程度上缓解了资金不足这一瓶颈问题，但资金短缺问题并没有在根本上得到解决。林权贷款需对林权进行冻结，被银行认可且可进行贷款的大多是成熟林等经济价值比较高的林地。因此林农合作社在林权抵押贷款后可能会面临无法实现收益以还清贷款和"以林养林"的困境。另外，林权抵押贷款的期限较短且利息率较高，根本无法满足营林生产时间上的要求，也不能消除营林业的弱质性。双塘子林农合作社也面临资金紧缺的困境，合作社成立之初注册资金仅 15 万元，并且有 3 万余亩荒山尚未开发。

2. 人才紧缺

人才也是林农合作社发展的重要因素之一。现在我国大多数林农合作组织的管理者虽然具有一定的生产技能，但大多缺乏必要的经验、知识，在经营管理合作社方面有所欠缺。人才紧缺可能导致合作社缺乏科学规范的管理模式。组织结构不健全，组织中设立的理事会、监事会流于形式，不能在日常管理中发挥作用，虽然建立了章程，制定了规范，但都形同虚设。在实际的管理过程中，村委会的成员对合作社的影响力很大，难免会有一些人为了一己私利影响合作社的正常运转，严重阻碍了林农合作社的前进和发展。双塘子林农合作社主要经营杂交马褂木苗和南瓜子等作物，要将这些产品推向市场，正需要相关的技术和管理人才。就合作社的经营状况看，人才的增补迫在眉睫。

3. 林农加入林农合作社的意愿不高

农户思想认识相对落后致使合作社发展缓慢。我国农村合作经济在20世纪五六十年代走过弯路，广大农户对扩大合作化带来的负面影响仍记忆犹新，再加上管理体制欠缺，基层管理部门对新型合作组织的宣传不够到位，许多农户担心表面上的合作经营又回到集体经营的老路上，因此对合作组织的发展没有信心。农户往往把管理者的能力大小与能否争取到上级部门的政策和资金扶持画等号，尤其是在林农合作组织遇到困难时，大家甚至包括管理者都把希望寄托于政府出面来解决问题，而不是通过自身的努力来寻求解决问题的方法。在合作组织的经营管理方面，农户只关心能否得到分红，而并没有自行参与管理的意识，民主大都流于形式。民主控制是合作组织建立的最基本的原则，但在实际操作过程中，农户的民主意识淡薄导致合作社的管理作用没有得到更大的发挥。砚山县的总人口为46.36万人，其中少数民族人口有29.87万人，占总数的64.4%，属国家级贫困县。砚山县农户的思想比较落后，在很大程度上对合作社的发展产生了阻碍。

4. 政府支持力度不足

我国林农合作组织仍处于初期发展阶段，政府职能部门对于林农合作组织的认识还存在偏差。比如在对于什么是林农合作社、如何使合作社效率最大化等问题上，政府职能部门还存在许多疑惑。关于林农合作社、股份合作制林场以及其他形式的合作组织的适应范围及成立的条件，都缺乏相应的理论支撑。对于部分经济林场，林业部门和农业部门之间存在责任划分不清等问题。更为严重的是，部分基层组织在林农合作组织的发展中，为求政绩，在没有对合作社进行科学论证之前就大力发展，使得许多合作社只是名义上的一个空壳，或者组织本身的成立仅仅是为了取得政策上和资金上的支持，在合作社内部存在很多问题，扰乱了合作社发展的正常秩序。虽然砚山县政府部门为林农合作社的发展提供了一些相关的优惠政策，大力支持招商引资、退耕还林，为林农增产、林业增效提供了有效的帮助，但是仍存在手续烦琐、执法管理不严格、收费不规范等不足。

目前,林农合作组织的整体能力不强,无论是在技术、资金还是在信息、交通运输等方面都面临许多问题和困难。双塘子林农合作社的管理制度、人员配备等诸多方面也都不是很完善,需进一步改进。

三 砚山县双塘子林农合作社的发展对策

(一) 采取"合作社联合社"管理模式

合作社之间的联合管理模式是农民专业合作社发展的必然趋势,是促进专业合作社发展壮大、扩大经营规模和增强竞争能力的重要路径。

合作社之间联合发展有如下优势。①联合社可以提供资源交流的机能,促进资源的交换。目前我国有 52 万个合作社,但是总体上是"小、弱、散",通过交换可以形成规模经济,使合作社发挥更大的作用。②农产品销量大,可向前整合运销机能,将原本市场收购、运销的交易行为,纳为联合社的内部运营活动,以减少中间环节,降低交易成本。③农产品从生鲜状态开始,越接近消费者,越能满足消费者的需要,附加价值越高。联合社可以运用现有的技术、设备、资金,增加清洗、加工等环节,甚至开设社区配送超市进行直销,提高产品附加价值。④联合社可通过交换的联合形成规模经济,获取规模效应。

这种合作的农业产业化道路,最大的好处就是农户可以分享到农产品加工和流通环节的增值效益,使农业产业化经营提高一个层次。在发展中积极创新经营理念,逐步向合作制农业产业化经营管理模式靠拢,不断提升农业产业化的整体水平,真正有利于促进农产品增值增效和农民增收。双塘子合作社可以效仿这种联合管理模式,提升经营管理效益。

(二) 建立多渠道的融资体系

林业生产资金短缺一方面是由林业生产的性质决定的,另一方面是由农村资金要素的价格决定的。[①] 融资渠道包括以下 4 个。①金融机构的贷款。应以政策性贷款为主,在利息和期限等方面应区别于其他商业性贷款,

---

① 谢和生:《集体林权制度改革下林农合作组织形式研究》,中国林业科学研究院博士学位论文,2011。

给予相应的优惠。这一渠道作为集体林权制度改革的配套措施,目前正在开展实践。②林农合作社的自有资金。包括林业合作社的资金、家庭股份合作林场的股金、林业专业协会的会费以及林农合作社的各种经营收入。③国家和地方政府的财政资金。对于这一渠道,建议国家和地方政府建立灵活的进入和退出机制,在组织发展初期采取宽松政策。当合作组织进入正常经营轨道后,政府部门即可以采取紧缩政策。④社会的捐赠。包括资金、林农合作组织的基础设施等。资金可以来自合作的相关企业、慈善机构、个人等。多种渠道和宽松的融资体系既有利于缓解短期内林农合作社的资金短缺压力,又有利于调解林农合作社中的利益分配矛盾,还可以使利益分配机制更加完善合理。通过建立和完善融资体系,双塘子林农合作社可增加资金量,以解决荒山开发的问题,增加林农的经济收入,完成退耕还林的政策任务。

(三) 加强林业先进生产技术的推广和林业技术人员队伍的建设

集体林改主体改革完成之后,虽然集体林所有权发生了转变,但林农的林业生产技术并没有明显的改善。因此,建议加强先进林业生产技术在林农合作社中的推广,改善营林的生产技术,促进集体林现代化经营。村级林业技术员可由县级林业部门在林业生产服务组中选聘熟悉农村林业工作且具有一定专业技能、热心为林业生产服务的农村林业能人,乡镇林业部门的专业工作人员则负责对林业生产服务组的技术员进行培训与指导。技术的完善、人才的引进对双塘子林农合作社的发展至关重要,无论是产品的研发还是营销策略都需要人才和技术的支撑。

(四) 提高林农的参与意愿

林农合作社的成立能使林农从中获取分成收益,含氧水源的获得、气候的调节、水土流失的减少都改善了林农的生活环境。因此应对广大林农特别是尚未参与到林农专业合作社中来的林农开展关于林农专业合作社的宣传与教育,以此增强林农的合作意识,使其明白合作社的作用,真正了解和认识合作社对自身增收和对林业增效的作用。① 要完善林地的流转制

---

① 李丽、高鑫等:《林农参与林业专业合作社的意愿与调查分析》,《林业经济问题》2011年第2期。

度，促进林地的流转。这有利于促进转入林地的农户增加林业投入，提高林农参与林农合作社的意愿。《云南民族地区土地林地流转研究报告》指出，云南省农村以转包、租赁、互换、转让、入股等形式来承包流转土地，截至2009年已流转300多万亩。流向多元化，主要包括规模经营的种植大户、企业以及合作社。各种土地流转合作社为受让主体，农村土地实现了规模化的生产和集约化的经营。土地的流转对林农的增收有着明显的成效。

本文的调查研究表明，林改后林权归林农所有，但未给林农带来较大的收益，林农合作社是我国实现林农增收、林业增效的首选模式。虽然国内外的学者对林农合作社的研究意义深远，但对最适宜林农合作社的管理模式的研究仍然不成熟，需进一步探索和发展。

垃圾分类及处置可操作性办法研究

魏垂敬[*]

摘　要　垃圾分类是关系生态文明建设乃至国计民生的大问题。垃圾分类的口号已经喊了多年，但成功的例子特别少。本文拟把容易实施的农村垃圾分类作为突破口，重点在细节上探讨如何实现垃圾分类。使用填埋法处理农村垃圾导致了一系列问题，最根本的解决办法就是从源头分类。垃圾分类在农村切实可行，因为垃圾产生者、垃圾收集者、垃圾分类监督者的责任都很明确，对于不分类的农户容易实施监督和追溯，而城市不具备监督分类和追溯的低成本条件。把农村垃圾分为可堆肥垃圾、有毒有害垃圾和其他生活垃圾是适合农村情况的，这使得垃圾分类在农村简便易行。对于可堆肥垃圾的处置，居住不太集中的农村可使用分散施肥法，居住集中的农村需要采用沼气法集中处置。对于有毒有害垃圾，需要设置专门的处理场处置。其他生活垃圾大多是干垃圾，进行二次分拣后，部分可以当废品卖掉，部分可以填埋或者焚烧发电。政府及时跟上垃圾分类后续处理工程的建设，才能够确保垃圾分类真正推行。在宏观思路上，建议分类和处置并重，要循序渐进、先易后难、先粗后精；建议成立垃圾分类处置的综合性协调机构，设立垃圾分类处置的专项资金，制定管理办法。

关键词　垃圾分类　垃圾处置　可堆肥垃圾　有毒有害垃圾　其他生活垃圾　垃圾分类后续处理工程

垃圾分类看似小问题，其实是大问题。因为堆积如山、臭气熏天的垃

---

[*] 魏垂敬，江苏省沛县人民政府督查室副研究员。

圾已经严重影响到城乡居民的生活和身体健康，全国不少地方由于垃圾填埋和垃圾焚烧激化了周边的社会矛盾，而解决垃圾问题的最根本途径就是垃圾分类。因此，垃圾分类是关系生态文明建设乃至国计民生的大问题。

垃圾分类的口号已经喊了多年，但实践者很少，实践成功的例子更少。全国城镇的大街小巷遍布垃圾分类桶，但几乎形同虚设。为什么会出现这种情况？解决垃圾分类问题的突破口在哪里？我国的诸多改革发轫于农村，并率先在农村取得了突破。或许，垃圾分类也不例外。老子所说的"天下难事必作于易，天下大事必作于细"告诫我们，难事要从容易的部分开始解决，大事要从细微的地方开始做起。本文拟把容易实施的农村垃圾分类作为突破口，在细节上探讨如何实现垃圾分类，再在宏观层面提出一些建议。

一 必要性——垃圾填埋问题重重，垃圾分类势在必行

不少县启动了"村收集、镇转运、县处理"的垃圾收运体系建设模式，其中，"镇转运"主要是通过垃圾中转站压缩后转运到县，"县处理"主要是使用填埋场填埋垃圾。这比之前农村垃圾无人问津的状况显然前进了一大步。但是，使用填埋法处理垃圾的问题接踵而来。

（一）垃圾量猛增导致填埋场难以为继

我国多数县的农村人口是县城人口的3倍以上，人口多，产生的垃圾也多，农村垃圾加上县城垃圾，日产量是原来县城垃圾的好几倍，已经远远超过了县城原来垃圾填埋场的负荷能力。众多垃圾填埋场几乎都变成了高耸的垃圾山。

（二）垃圾填埋场吞噬土地资源严重

据专家测算，每1万人一年所产生的垃圾，需要占地至少1亩进行填埋。一个有100万人的县，每年填埋垃圾就要永久性占地100亩，浪费土地数量惊人。

（三）从村庄到县城运送垃圾的人力、物力花费浪大

据测算，以村庄到县城平均25公里的距离计算，包括人力、物力在内，

处置 1 吨垃圾至少需要花费 220 元。一个有 6 万人的镇每年产生垃圾 7500 吨左右，虽然农村日产垃圾量比城市要少些，但也达到平均每人每天 0.35 公斤的水平，需要花费近 170 万元，这其中还不包括填埋场的占地费用。

（四）垃圾填埋场周围的环境受到污染

不仅垃圾填埋场周边臭气熏天，而且会对地下水构成不同程度的污染（尽管填埋场做了防渗漏处理），甚至会引发周边激烈的社会矛盾。

垃圾不分类统统填埋而导致的一系列问题大家有目共睹，解决此类问题的最生态、最环保、最低碳、最经济、最根本的办法就是垃圾从源头分类，即户分类。垃圾是放错了地方的资源，堆在一起是垃圾，而分类会产生价值。垃圾分类是达到垃圾减量化、资源化、无害化的必由之路，是解决众多矛盾的突破口，垃圾分类势在必行。

二　可行性——责任明确追溯容易，农村分类切实可行

提到垃圾分类，大多数人认为，在城市都很难做到，在农村就更难做到。这实在是大多数人认识上的误区。恰恰相反，垃圾户分类在农村很可行。这主要是因为农村垃圾分类的责任主体明确，对于不分类的户容易监督和追溯。

（一）垃圾产生者的责任明确

垃圾产生者是农户，其责任是从源头分类，把分好类的小垃圾桶放在院子门外。

（二）垃圾收集者的责任明确

垃圾收集者是保洁员，其责任是上门分类收集，从源头上监督分类。一户一院一门的农村居住条件，每户门口摆放两个小垃圾桶，使得保洁员可以当场确认谁没有分类；农村的熟人社会环境，使得保洁员可以对不分类的农户当场进行劝说甚至批评教育。农村的这种居住环境和熟人社会环境，形成了很自然的可追溯条件。

(三) 分类监督者的责任明确

村干部采取激励措施，洗衣粉之类的小奖品（一两个月发放一次）虽然不重要，但在熟人社会的农村，农户看重的是面子（不分类的农户得不到小奖品感觉没面子），所以，小小的日用奖品会激发广大农户分类的积极性，谁分类了，谁没分类，怎样分类等，就会成为大家见面打招呼时常聊的话题。所以，从一定程度上说，农户是监督者，保洁员是监督者，村干部是监督者，监督者的责任明确。

而在城市则不具备监督分类和追溯的低成本条件。城市绝大多数人居住在单元楼，狭小的楼道条件使得每户门旁不可能都摆放两个小垃圾桶。那么只有采取国外的办法：政府发放标有小区名和房间号的垃圾分类袋。如果谁不分类，次日袋装垃圾则被退回，但来回运送、退回的成本较高。此办法使得保洁员不能当场找到不分类的责任主体，即不能当场监督分类，而是事后监督，但事后监督增加了成本，甚至增加了保洁员与居民的摩擦。从社会环境角度看，城市的小区大体上属于陌生人社会，大家互不认识，面子观念淡薄，户与户之间更谈不上互相监督。

三 怎么分类——改变垃圾分类方法，稍动脑筋简便易行

在农村，农户头脑中压根就没有"可回收垃圾"的概念，只知道是不是可卖的废品。可卖的废品被收集起来，不归为垃圾，这是大多数农户的习惯。

笔者经过在农村的长期调研，充分集纳老百姓的智慧，依据农村的特点，建议将农村垃圾主要分成3类，每户配备3个小塑料垃圾桶。

(一) 可堆肥垃圾

可堆肥垃圾是指菜叶果皮、剩饭剩菜、杂草落叶、尘埃灰土等，占农村垃圾总重量的60%左右（夏季占比更大）。用绿色小垃圾桶盛放。

(二) 有毒有害垃圾

有毒有害垃圾是指废电池、农药瓶、农药袋、废灯泡、废灯管、废温度计等，占农村垃圾总量的5%左右。数量虽然很少，但污染的危害不小。

用黑色小垃圾桶盛放。

（三）其他生活垃圾

其他生活垃圾是指塑料袋、糖纸、妇女用品、尿不湿、旧衣物等，占农村垃圾总量的35%左右。虽然重量少，但体积较大，是农村垃圾的罪魁祸首。用红色小垃圾桶盛放。

有毒有害垃圾，每月收集一次即可。在日常情况下，每户只用两个小桶：可堆肥垃圾桶和其他生活垃圾桶，这样简便易行。

用这种容易理解的简单方法分类，老百姓一听就懂，一看就会，稍动脑筋就可完成分类。"可回收垃圾、不可回收垃圾""可再生垃圾、不可再生垃圾""可降解垃圾、不可降解垃圾"的分类方法和分类名称，农户不易于理解，不便于在农村使用；而垃圾分类过细的欧洲模式和日本模式，现阶段在我国农村更不切合实际，更不适用。

四 怎么处置——需要政府及时跟上垃圾分类后续处理工程的建设

在农村搞垃圾分类并不难，甚至可以说简便易行。但是，除了政府强有力地宣传和动员农民群众广泛参与之外，还需要政府的硬件支持，主要是垃圾分类后续处理工程的建设必须及时跟上，只有这样才能确保农村垃圾分类真正推行。

（一）可堆肥垃圾的处置

农村有广阔的天地，何必把农村的西瓜皮、烂菜叶拉到城里去填埋？经过垃圾分类后，不出村就完全可以把垃圾中占60%的可堆肥垃圾转化为有机肥，主要有如下两种方法：①施肥法分散处置。农户将可堆肥垃圾自行填埋在家前园后的树下、菜园里，此法适用于居住条件不是太拥挤的村庄，尤其适用于丘陵地带和山区。②沼气法集中处置。由政府出资，以行政村为单位，建设中型沼气池（100~300立方米），由村保洁员分类收集后将可堆肥垃圾投放沼气池。另外，农户化粪池的粪水是沼气池厌氧发酵很好的原料。一座300立方米的沼气池在春、夏、秋产生的沼气可供好几十户做饭使用，如果用来发电，其发电量可供应全村的路灯照明。沼液、沼渣是发展有机农业的特等肥料。因此，一个行政村建设一处中型沼气池，既可解决可堆肥垃圾的处置问题，又可解决全村农户的化粪池粪水问题，而且产生的沼气、沼液、沼渣都是可利用的特好资源，可谓一举多得。

（二）有毒有害垃圾的处置

有毒有害垃圾虽然数量少，但危害大，务必经过严格的运送程序，收集运送后由县统一进行专业化处理。对于有毒有害垃圾，建议采取"政府购买垃圾"的引导性思路，这样将会起到很好的保洁效果，因为利益产生动力。由于有毒有害垃圾几乎无市场价值，政府若以较高价收购，很容易把有毒有害垃圾收集上来。假如收购价格很低（比如1斤只有一两角钱），则会失去收集的吸引力，人们懒得收集出售，有毒有害垃圾还是难以收集。

（三）其他生活垃圾的处置

其他生活垃圾大多是干垃圾，由村保洁员收集后，进行二次分拣，一部分可变成资源，出售给废品回收企业，收益归保洁员。所剩垃圾需要进入"村收集、镇转运、县处理"的垃圾运行体系。县处理，就目前国内的处置技术来看，主要是填埋或者焚烧发电。经过如上分类后，因为其中剔除了可堆肥垃圾（多为湿垃圾），如果用来填埋，填埋场将不再会那么恶臭；如果用作焚烧发电，则会大大提高燃烧的热值，进而大大减少二噁英的排放量。

（四）需要政府及时跟上垃圾分类后续处理工程的硬件建设

中型沼气池的建设（根据专家的测算，拥有2000~4000人口的行政村适宜建设两座200立方米的中型沼气池），以及专门的有毒有害垃圾处理场（目前我国大多数县没有建设此类处理场）的建设，都需要政府及时投入资金，只有这样才能够确保垃圾分类真正推行。

五 关于垃圾分类的宏观建议

（一）建议分类和处置并重

"垃圾分类"，只是字面上的提法，确切地讲，应该是"垃圾分类"及"分类后的处置"相提并论。综观近几年国内垃圾分类试点地区，常常是老百姓分类了,最后又混装在一起运走了,所以大多数试点出现虎头蛇尾的情况,其最根本的原因就是没有相应的处置办法和处置设施——可谓"分类不难、处置难"。所以,分类和处置必须并重,分类后的处置设备必须配备,相应的基础设施和硬件必须同时建设。

(二)建议循序渐进、先易后难、先粗后精

要循序渐进,由试点到示范。要先易后难,在容易分类、监督成本低、处置成本低的农村先试点,以总结经验,进而在城市实施,有可能走"农村包围城市",进而实现城乡垃圾分类一体化的道路。要先粗后精,初期阶段要粗分,对应地粗处置;条件成熟时,学习国外的垃圾细分类方法,对应地细处置。

(三)建议成立垃圾分类处置的综合性协调机构

垃圾分类处置是一项综合性的系统工程,涉及初期分类、中间转运、末端处置的多个环节,牵涉环保、住建、农业、城乡管理等各职能部门,建议各级政府成立垃圾分类处置的综合性协调机构,开展垃圾分类的试点工作、技术研究工作、法律法规制定工作和各项扶持政策的制定工作。

(四)建议设立专项资金并制定管理办法

建议财政部和国家发改委参照2012年制定的《循环经济发展专项资金管理暂行办法》(财建〔2012〕616号),制定《垃圾分类及处置专项资金管理暂行办法》,设立垃圾分类及处置专项资金,以鼓励各地开展垃圾分类的试点工作。

农村生活垃圾资源化管理的多重效益

冯建国　薛正旗　段敏杰[*]

摘　要　美丽中国建设，内容是多方面的，不仅包括环境的美化、卫生的整洁，也包括人民素质的提高、文明的进步、心灵的美化、社会的和谐。农村垃圾源头分类具有多重效益。农村生活垃圾的源头分类和资源化利用模式不仅实现了垃圾的减量化、资源化、无害化，节约了大量能源和填埋土地，节省了大量运输成本，而且促进了农村产业的发展，增加了农民收入，促进了农民素质的提高，促进了邻里之间的和谐，美化了村民的生活环境。这是北京市农村经济研究中心在努力探索生态文明建设及美丽乡村建设过程中所取得的重大成就。加强生态文明建设，发展循环经济，保持经济又好又快、可持续地发展在理论上阐述比较简单，但在具体实践中有许多问题需要研究和慎重探索。本文从农村生活垃圾的源头分类和资源化利用入手，初步找到了这样一个统筹性的解决方案。

关键词　农村生活垃圾　源头分类　资源化利用　循环　生态

党的十八大报告首次设专章论述生态文明，首次提出"推进绿色发展、循环发展、低碳发展"和"建设美丽中国"。报告明确指出，必须把生态文明建设放在突出位置，融入经济建设、政治建设、文化建设、社会建设各方面和全过程，努力建设美丽中国，实现中华民族永续发展。这些庞杂的

---

[*] 冯建国，男，北京市农村经济研究中心资源区划处处长，副研究员。研究方向为农业资源区划、农业循环经济、观光休闲农业与乡村旅游；薛正旗，北京市农村经济研究中心主任科员，研究方向为生态建设与环境保护和资源利用；段敏杰：北京观光休闲农业行业协会研究助理，研究方向为生态环境保护、休闲农业发展。

工作内容和目标要求，在理论上阐述比较简单，但在具体实践中如何使它们之间不矛盾甚至有机结合起来需要统筹考虑，真正做到事半功倍，毕其功于一役，在此过程中必然有许多问题需要研究和慎重探索。

北京市农村经济研究中心在北京市门头沟区王平镇所做的农村垃圾源头分类和资源化利用的试验不失为其中一种有效的实现途径。农村垃圾源头分类是北京市农村经济研究中心在努力探索生态文明建设及美丽乡村建设过程中所取得的重大成就。中央政治局委员、北京市委书记刘淇，北京市主管农村工作的副市长牛有成先后前去考察和调研，并对试验给予充分的肯定。《光明日报》、《农民日报》、《北京日报》、《前线》杂志、中央电视台、北京电视台等媒体从不同角度加以报道。北京市政府主管部门多次前去调研，初步形成了"农村垃圾应该分类收集，并选择多种模式，提供给区县、乡镇，让他们自己去选择"的思路。这使全部农村垃圾都混合收集及"村收集、镇运输、区处理"的垃圾管理模式大为丰富和完善。

近年来，该模式已在北京市多个乡镇成功试验、示范，并取得了丰硕成果。农村生活垃圾源头分类模式的成功，不仅真正管住、管好了垃圾，使大量垃圾变成了资源，节约了大量能源和填埋用地，而且促进了农村产业的发展，增加了农民收入，促进了农民素质的提高，促进了邻里之间的和谐，美化了村民的生活环境。

一 农村垃圾源头分类、资源化利用的主要做法

(一) 将全部农村生活垃圾分成五大类

按照最大效益地开发利用垃圾的目标，将全部农村垃圾分成五大类，即厨余垃圾、灰土垃圾、可再生垃圾、生物质垃圾和有害垃圾。

厨余垃圾可用来生产沼气或有机肥。主要包括：厨余垃圾以及不需要农户在日常生活中进行分类的人畜粪便、农作物秸秆、树叶等。

灰土垃圾可用来生产砌块砖，可以作为生产水泥和农家肥的辅料还可以用来填坑造地等。主要包括：炉灰、扫地（院）土、拆房（墙）土等。

可再生垃圾可卖给专门的加工厂作为原材料重新利用。主要包括：废旧金属、废旧塑料、废旧纸类、废旧织物、废旧橡胶、废旧玻璃等。

生物质垃圾可作为农民生物质燃料的组成部分。主要包括：各类坚果皮屑、废旧木屑、不能成为材料的树枝和树杈等。

有害垃圾由镇里集中送到有分解、处理资质和能力的单位，或由镇里集中密闭封存。主要包括：各种灯管、灯泡、废旧电池、农药瓶、油漆桶以及卫生网点的医疗垃圾等。

（二）发放垃圾分类工具

政府免费为各农（居）户配备3个垃圾桶、3个编织袋。3个垃圾桶：一个为铁质桶，用于装煤灰等灰土垃圾；两个是钢化塑料桶，其中一个装厨余垃圾（湿垃圾），一个装可再生垃圾（干垃圾），如塑料袋等。3个编织袋：一个装有害垃圾，如废旧电池、灯管等；一个装可燃垃圾，如榛子皮、核桃皮等；一个装可再生垃圾，与可再生垃圾桶配套使用。

（三）全部垃圾都实行有价收集

除灰土垃圾外，对全部垃圾都进行作价。作价的原则有以下4个：一是能有效引导、激励农（居）民认真分类；二是能有效引导、激励农（居）民在家里家外收拣垃圾；三是财政能够承担，比用传统的方法收集、处理垃圾成本要低；四是可再生垃圾由废品回收人员负责回收，所以定价略高，以便使垃圾回收在镇里逐步形成一个产业。

（四）使用流动垃圾收集车定时、定点流动收集

对于厨余垃圾和灰土垃圾，要求每天定时、定点上门收集一次；对于可再生垃圾、有害垃圾和生物质垃圾，将根据实际情况，一个月左右收集一次。同时建议收集时可以放些音乐，提醒村民按时倾倒垃圾。特别是在倾倒垃圾时，不用塑料袋打包，而是使用统一的垃圾桶，从源头上减少白色污染。

二 可以产生巨大的环境效益、经济效益、资源效益和社会效益

美丽中国建设，内容是多方面的，不仅包括环境的美化、卫生的整洁，也包括人民素质的提高、文明的进步、心灵的美化、社会的和谐。农村垃圾源头分类也同样具有多重的环境、经济、资源和社会效益。

（一）可以使垃圾减量 90% 左右

目前，农村生活垃圾全年人均日产 1.5 公斤左右，其中，灰土垃圾占 50% 左右，厨余垃圾占 35% 左右，可再生、生物质和有害垃圾分别占 5% 左右。其中灰土垃圾、厨余垃圾和生物质垃圾实际上都可以不出村或不出镇就实现循环利用。按"村收集、镇运输、区处理"的管理模式，可以使垃圾减量 90% 左右。

（二）可以使垃圾的资源化率提高到 95% 以上

权威数字显示，目前北京的垃圾资源化率为 30% 左右；大部分发达国家这一数字为 45% 左右。而根据理论测算和试点乡镇的实践，实行新模式后这一数字可以达到 95% 以上。除去 5% 左右的有害垃圾以及厕卫垃圾（特别是女性用品垃圾）目前还不能资源化，其他都可以实现资源化利用。

（三）可以使垃圾的无害化率几乎达到 100%

新模式将垃圾总量中的 95% 以上的部分都变成了资源，而且在资源化利用过程中，极大地减少了运输，从而杜绝了运输环节的"二次污染"。在每个处理、利用环节，都严格按照科学规范的标准操作，所以根本无"害"可谈。

对生态可能造成威胁的只有 5% 左右的有害垃圾，实行新模式后，这部分有害垃圾可以完完整整地收集起来，送到指定的处理单位，所以真正做到了全部垃圾的循环利用或无害化收集、处理。

（四）可以节约 90% 左右的运输、消纳费

2007 年 3 月 1 日以后，北京城区的垃圾处理成本平均每吨为 200 元左右，其中包括 70~80 元的运输费，70~80 元的消纳费（给处理场的），以及 45 元的环境补偿费。郊区处理成本在 150 元左右。新模式可以节约这 3 笔费用的 90% 左右。需要运输的只是从村里到镇里的有机肥场的一小段路程。

按过去的规划，每个乡镇需要一次性投入 210 万元左右的压缩设施，由于实行新模式后不再需要长途运输，因此这部分投资可以完全省掉，而且永远省掉了这些设施的折旧费、运行费和维修费。

（五）每年可以节约650亩左右的土地

目前垃圾处理只有焚烧法和填埋法两种。用焚烧法不但成本高，而且不可避免地会产生二噁英。用填埋法，不但很难真正做到卫生填埋，而且会永久性占用大量难以复垦的耕地。1000亩的填埋场，日均消纳1000吨垃圾，只能使用8.5~15年，按这个标准测算，平均每1万人一年产生的垃圾即需占用近2亩地。按全市郊区350万人计算，则实行新模式后每年可节约650亩左右的土地。

（六）每年可以节约350万公升汽（柴）油，减排66吨一氧化碳

垃圾不用长距离运输了，不但很好地缓解了交通压力，减少了公路的建设量，而且大大减少了能源的消耗，减少了运输过程中有害气体的排放。按平均运距30公里、运载4吨的运输车每100公里耗油12公升计算，每1万人一年产生的垃圾，运到填埋场往返耗油近1万公升，350万人就要耗费350万公升，新模式可以将这些油料全部省掉。同时，油料节省了，排放也就减少了。少用以上油料，每年可少排一氧化碳66吨、碳氢化合物5.74吨、氮氧化物4.3吨。

（七）可以有效地保护农业生产

农业生产，无论是种植业还是养殖业，实际上都是越封闭越好。开放度越大，病虫害传播的可能性就越大。新模式杜绝了垃圾大范围地跨乡村运输，从而杜绝了农作物病虫害传播的可能，保证了农业生产的健康发展。

（八）可以有效地进行农村环境综合整治，建设新农村

进行农村环境综合治理，是建设社会主义新农村和保证经济可持续发展的主要内容。但按以前的工作方法，做起来十分费劲，而且效果很难巩固。实行新模式后，既保证了全部生活垃圾可以从源头实施管理，也保证了厕所粪便及农作物秸秆、树叶等农业生产废弃物能及时送到堆肥场进行堆肥，从而杜绝了因垃圾和农业生产废弃物乱堆乱放而造成的农村生产、生活环境的脏、乱、差。

(九)可以有效地保护农村生态,培育农村主导产业

各类垃圾造成的脏、乱、差,是肉眼能看见的,属于环境问题;各种垃圾混合排放产生物理和化学反应,造成大量有害物质渗出,从而对水源和土壤造成各种污染是肉眼看不到的,属于生态问题。只有农村生态环境保护好了,才有可能生产出大量的绿色食品乃至有机食品;也只有农村环境得到不断的改善,才能逐步吸引更多的城里人前来采摘、观光、休闲、度假,发展乡村旅游。以上这些都是首都都市型现代农业的主要内容,是北京郊区大力支持发展的主导产业。

(十)可以有效地培养社会主义新型农民

能不能最终建成社会主义新农村,取决于能不能尽快地培养出大批合格的社会主义新型农民。垃圾源头分类是建设社会主义新农村的重要内容,能够保证每个农民都参与新农村建设,既解决了农民在新农村建设中成为"看客"的问题,又能使农民在垃圾分类过程中,逐步养成卫生、文明、健康的新习惯。农民家里的环境整洁了,街道整洁了,农民的综合素质提高了,言谈举止文明、高雅了,就能更好地吸引城里人来。这样就可以相互促进,不断提高。

(十一)可以有效地增加农民收入

实行新模式的最大一笔支出是对农民的分类奖励,每户240元左右。这240元基本上可以解决一家日常生活中酱油、醋、盐和卫生纸的支出。按每户2.5口人计算,人均近100元,这100元可以算为农民的收入。此外,理论测算,用厨余垃圾、农作物秸秆、树叶及人畜粪便生产沼气,人均每年可以节约20元左右的燃料费;之后再生产有机肥,人均还能获得纯收入40元左右。再加上造出的土地、生产的建材以及卖给水泥厂的炉灰等收入,人均每年可增收200元左右。

三 新模式对农村垃圾管理模式的创新

通过对近年来垃圾分类研究的理论成果和北京市6个乡镇的试验效果的总结,专家和领导一致认为,目前的研究和试验对农村垃圾管理上的创新

主要可以归纳为如下 5 点。

（一）从被动地处理垃圾，转变为主动地开发利用垃圾

过去人们认为农村生活垃圾是不得不处理的"包袱"，现在农村生活垃圾是可以循环利用的资源。

（二）从单一的混合排放和集中卫生填埋，转变为源头分类、分散地资源化处理与集中卫生填埋相结合

由于做到了垃圾源头分类，分散地资源化处理与集中卫生填埋相结合成为可能。

（三）由事后政府花大钱治理污染，转变为事先花小钱进行源头分类和资源化利用

新模式的垃圾运输、消纳费用及占用的土地，保守计算仅相当于旧模式的 1/10（不包括给农民的奖励）。新模式还能杜绝运输过程中的"二次污染"，并减少再治理费用。如果将这些事后节省下来的资金拿出一部分给农民，便能收到一举数得的效应。

（四）由国家专业部门一家处理转变为全民广泛参与

公众参与是建设社会主义生态文明的力量源泉。我国城市目前在垃圾处理方面已经建立了专业队伍，郊区各区县的市政部门也在相应地成立队伍。但实践已经证明，光靠这些专业部门远不能做好垃圾的"三化"处理。因此，新模式动员农村干部、群众广泛参与，把这项工作作为新农村建设的重要内容来抓。

（五）从单一的环境安全目标，转变为环境、资源和经济效益多赢的目标

从前是政府单设一个部门管理垃圾，以保证环境和生态安全，实行新模式后，转变为政府多个部门协调配合，将垃圾看作资源开发利用，发展循环经济。第一，对于纯粹的垃圾管理来讲，这样做相当于最大限度地减少数量，最大限度地降低各类成本。第二，对于保护环境和生态来讲，将

垃圾变为资源相当于"釜底抽薪"。减少了对新资源的开发和利用，更从源头保护了环境和生态。第三，用更多的再生资源发展经济，除环保效益外，还能使直接成本大幅度下降，从而有效地提高经济效益，落实中央大力发展循环经济的号召。

"美丽中国"这一生态文明建设的宏伟目标就是要通过理论与实践相结合的思路建设资源节约型、环境友好型社会，实现人与自然、人与人的和谐相处。农村垃圾源头分类是一种发展循环经济、建设资源节约型和环境友好型社会的重要举措。让我们紧密团结起来，努力推动生态文明与美丽中国建设。

酒泉市移民安置区经济发展和生态文明建设研究

关燕炯[*]

摘　要　十八大报告指出，建设生态文明，是关系人民福祉、关乎民族未来的长远大计。生态文明建设的关键，是做大做强生态经济。坚持以经济建设为中心仍是我国的发展道路，保护生态环境、维护生态平衡、保障生态安全，并不是不发展经济，而是要坚持科学发展，保障资源可持续发展，加大对环境污染的控制力度，促使经济发展与生态文明和谐共进。本文摒弃了传统的大面积、大范围的调研方法，锁定酒泉移民安置区这一代表性地区，深入酒泉市玉门市和瓜州县的移民乡，接触最基层的移民乡的经济发展和生态文明建设情况，掌握第一手的资料，为移民安置区的经济社会发展和生态文明建设提出了建设性意见。

关键字：酒泉市移民安置区　经济发展　生态文明

十八届三中全会审议通过的《中共中央关于全面深化改革若干重大问题的决定》（以下简称《决定》）提出，要加快生态文明制度建设。在过去几个五年计划中，部分地方政府面对经济发展的机遇与压力，将 GDP 增长作为政府工作唯一的重心，付出了惨重的环境代价，解决遗留的环境问题往往需要几十倍的时间与财力的投入。"生态环境损害责任终身追究制"的提出，将对过去野蛮、粗放的经济发展方式形成有效的制约，真正实现经济发展与环境保护的共存。《决定》还提出，对限制开发区域和生态脆弱的

---

[*] 关燕炯，酒泉市委党校文化学教研室副主任。

国家扶贫开发工作重点县取消地区生产总值考核，表明国家将生态保护放在了前所未有的高度。酒泉市作为甘肃省河西走廊的经济重镇，是连接甘肃、新疆、青海、内蒙古4省区的战略通道，是甘肃西部政治、经济发展的"领头羊"，特殊的地理与文化背景使得其在生态文明建设方面有着不同于其他城市的特殊性和必要性。本文摒弃了传统的大面积、大范围的调研方法，锁定酒泉移民安置区这一代表性地区，深入酒泉市玉门市和瓜州县的移民乡，接触最基层的移民乡的经济发展和生态文明建设情况，掌握第一手的资料，提出了建设性意见。

20世纪80年代中期，甘肃省政府提出"兴西济中"战略，大规模开展"两西"建设，把以定西为代表的中部干旱地区和南部高寒阴湿地区25个县的部分贫困人口迁移到河西地区，形成了酒泉市的"两西移民"，该项目实施至今，酒泉市已安置移民近7万人。20世纪90年代后期，随着疏勒河农业综合开发项目的实施，陇南、定西、临夏、甘南4个市州11个县的部分贫困人口有计划、有组织地迁移到酒泉市疏勒河流域灌区内，形成了酒泉市的"疏勒河移民"，该项目实施至今，酒泉市已安置移民5万余人。在以上两个项目实施后，在按照计划先期安置的移民的带动下，至今形成的非计划移民已有2万余人。这3部分移民加在一起，酒泉市目前安置移民已达15万余人，占酒泉市总人口的15%多。大量移民的迁入给酒泉市的经济、生态保护与发展带来了非常大的影响。当前，在市委、市政府"两抓整推"工作思路指导下，研究和解决这些移民的经济发展和社会稳定问题，对于移民安置区的移民、对于酒泉市乃至对于甘肃省都具有非常重要的现实意义。

一 酒泉市移民安置区经济发展与生态建设的现状

（一）酒泉市移民的特点

1. 政策性。"两西"计划移民是随着20世纪80年代中期，甘肃省政府提出的"兴西济中"战略的实施而形成的。疏勒河项目移民是随着疏勒河农业综合开发项目的实施而形成的。这两次移民都具有政策性移民的性质，政策性移民可以享受国家的优惠政策和资金支持，对其移民后的生产生活，国家都给予了帮助和扶持。

2. 项目性。"两西"计划移民项目和疏勒河移民项目都是以项目带动为基础的。在"两西"移民项目上，国家历年累计投资近 4 亿元，先后完成了金塔县鸳鸯池、焦家大湖、肃州区夹山子、敦煌市党河、玉门市赤金峡、瓜州县榆林河等地几座水库的新建和加固扩建，建成肃北大拉排一、二级水电站 2 座，扶持 86 个乡镇企业，以此来带动移民安置地顺利进行。

3. 贫困性。迁移到酒泉市的所有移民，其最根本的特点在于他们在原居住地已经无法生存，其原居住地的经济发展水平远远滞后于酒泉市。2009 年，迁出县的人均收入是 1500 多元，只相当于酒泉市的 1/3。移民迁出区的农业基础和各种条件很差，制约着经济的发展，而且这些问题在短期内不可能得到解决。

（二）酒泉市移民安置区的生态基本建设和移民生活情况

1. 基础设施建设。1983~2009 年，甘肃省在酒泉市"两西"移民安置区先后投资 9479.565 万元用于各项生产生活基础设施的建设，并每年都组织科技培训等方面的工作。现在，酒泉市移民安置区适龄儿童的入学率达到 100%，用水、用电、就医都很方便，迁来时间较长的一部分移民还盖起了小康住房。

2. 耕地和住房占有情况。多年来，在国家的大力扶持下，截至 2013 年，计划内移民人均占有耕地 3.5 亩，住房 32 平方米。除个别非计划移民的耕地和住房问题没有解决外，计划内移民的生产生活都已稳定下来，经济发展也已初见成效，达到了安置计划确定的目标。

3. 移民生活水平。经过 20 多年的开发建设，酒泉市移民的生产生活基本走上了正轨，各项事业建设初见成效，移民生活初步呈现稳定和谐、安居乐业的局面。截至 2009 年底，"两西"移民年人均纯收入达到 2050 元，80% 以上的移民已解决温饱问题，近 10% 的移民达到了小康水平，移民生活水平全面提高。

二 酒泉市移民安置区经济发展与生态建设存在的问题和原因分析

（一）当前酒泉市移民安置区存在的问题

1. 农业基础设施条件薄弱。一是没有配套的农业服务机构。所有移民安置点在建设初期都没有配套的林业管护站、农业技术服务站、畜牧站、电管站、水管站等农经服务机构，无法开展农业技术培训。二是新开垦的土地盐碱严重，土壤质量差，产出效益低，虽经移民多年的精心耕作，但绝大部分耕地土壤贫瘠，盐碱化严重，可种植农作物单一，且农作物亩产很低，有时甚至绝收，移民从种植业上获得的收入非常有限，部分移民因无法维持正常的生产生活而重返原籍。

2. 移民自身生产生活存在困难。一是经济基础薄弱，生产条件比当地农民差。由于移民均来自省内外贫困地区，本来经济条件就比较差，加之离乡背井，重建家园困难比较多，发展经济投入不足，造成与当地农民的生活水准和收入差距较大。二是文化水平低，接受农业新技术的能力弱，不能够很快掌握当地成熟的农业生产技术，造成土地产出效益低。三是移民初到酒泉人生地不熟，活儿难找，事难办。四是移民农业机械化程度低，发展生产需要租用当地农民的农业机械，大大增加了移民群众运用农用机械进行生产的成本。

3. 社会管理秩序混乱，个别地方呈现无政府状态。有些移民点只是临时指定负责人，由于报酬低或无报酬，负责人缺乏工作积极性。原籍政府难管理，所在地政府由于体制不顺而无法管理，整个移民点的管理呈现无政府状态，各项方针政策根本无法得到有效落实，农民的合法权益也得不到有效保障，制约了经济社会的健康稳定发展。

4. 社会发展事业滞后。一是教育事业发展存在严重缺陷。大多数移民安置点的学校建设都不符合"普九"标准，不能完全容纳所有适龄儿童入学，缺乏必要的教学设施设备。二是卫生防疫工作严重滞后。新建的卫生院、卫生所等无医护人员、无设备，根本无法满足移民安置区基本医疗和防疫工作的需要，移民看病难的问题比较突出。

5. 民族宗教问题突出。一是迁入酒泉市的移民，有相当一部分信仰伊斯兰教，由于宗教活动场所较少，移民从事宗教活动比较难，移民要求修建宗教场所的要求十分强烈。二是教内门派众多，教派之间的斗争日趋激烈，矛盾日益凸显。

（二）移民安置区生态保护与建设存在问题的原因分析

1. 水资源和可耕土地的稀缺性。水和土地是人类生存的基本条件，是一切财富之母。耕地是人类社会最珍贵的土地资源。随着移民人口的增长，人均占有水和耕地的数量减少，人地、人水矛盾日益尖锐。对农村移民进行安置的前提是给移民提供足够数量、一定质量的土地,尤其是耕地。其途径主要是开发利用荒地或将非移民的土地调整给移民或利用移民剩余土地进行改良以增加耕地面积和提高生产率。

2. 安置移民的资金供需矛盾。移民安置成败的重要因素之一是能否投入足够的资金。土地资源开发需要投入大量的前期资金,土壤熟化过程也需投入足够的资金,开发利用荒地发展种养业更需要投入大量的资金,发展第二、第三产业更是资金不可少。

3. 移民安置区自然环境差。酒泉市移民主要安置在乡镇边缘和各农林场站,移民点大多靠近戈壁滩,近几年自然环境虽然有所改善,但还是相当恶劣,风沙等自然灾害袭击耕地的现象比较严重。移民的耕地多为新开垦的荒地,大多为盐碱地、漏沙地,作物需水量大、出苗率低,因此移民在生产中要投入比当地农民更多的种子、化肥,浇水次数也要多 2~3 次。

4. 移民生产的产业结构不合理。多数移民的收入来源以种植业为主,养殖收入和第二、第三产业收入所占比例过低。调查显示,收入超过 4000 元的移民户除了搞好种、养以外,家庭中至少有一人从事第二、第三产业或在外务工,而收入低于 2000 元的移民户只有种植收入。由于收入来源单一,移民的收入势必起伏不定,移民增收后劲不足。

三 酒泉市移民安置区生态文明和经济发展的对策

(一) 移民安置区生态文明建设的基本思路

遵循酒泉市以生态示范村镇创建为抓手,以农村环境综合整治为重点,加大农村环境整治力度,改善农村生态环境和农民生活居住条件,扎实推进生态文明村镇的创建步伐。

一是加强组织领导,强化制度建设。市、县、区分别成立了农村环境综合整治领导小组。将农村环保列入市、县、区政府环保目标责任书,与经济发展同安排、同检查、同考核。建立了党委和政府领导、环保部门牵头、各相关部门协调联动、农民群众广泛参与的工作机制。制定下发了《酒泉市农村环境综合整治规划》《加强农村环境保护工作的实施意见》等规范性文件,7 个县、市、区也分别制定了实施方案,明确了今后农村环保工作的主要任务。

二是加强宣传引导,提高村民的环保意识。充分利用广播、电视、报纸等主流媒体，大力宣传实施农村环境综合整治的意义，在试点村醒目地段设置农村环境综合整治标示牌，编印《农村小康环保行动计划知识问答》3000余册，分发到领导小组成员单位和乡村干部群众手中，提高广大干部群众的环保意识和自觉参与的积极性。

三是典型示范，扎实推进生态文明村镇创建工程。制定了《酒泉市创建生态乡镇生态村实施计划》，每年确定一批创建乡村，把创建重点放在区位优势明显、经济实力较强、基础设施完善、创建积极性高的重点乡镇和行政村，以点带面、整体推进。全市确定玉门市玉门镇东渠村等17个村镇开展生态村镇示范创建活动。其中，金塔县三合乡榆树沟村、瓜州县南岔镇七工村被分别命名为2010年省级"生态乡镇"和"生态村"。2011年11月，部分移民安置区分别通过了国家级和省级生态乡（镇）、村的考核验收。

四是积极开展畜禽养殖污染防治，控制农村环境污染。开展畜禽养殖场的环境影响评价，实施畜禽养殖污染防治示范工程，配套建设沼气工程等污染减排设施，推进畜禽粪便资源化、无害化进程。开展了畜禽养殖污染调查和现场监察，对处于环境敏感区的畜禽养殖场（点）实施了搬迁关停。目前，推广秸秆青贮氨化池8000余户、沼气54672余户，11家规模养殖场完成废水治理，实现了年度减排目标。

五是积极探索垃圾处理模式，建立农村生活垃圾处理网络。因地制宜，在乡镇积极推广切实可行、低成本的生活垃圾处理技术。目前，全市已有7个移民乡建设了农村生活垃圾填埋场。同时，结合新农村建设、中央农村环保专项资金环境综合整治项目的实现，在100多个行政村建设了生活垃圾集中收集、清运设施，"户分类、村收集、镇转运、县处置"的农村生活垃圾处理模式已初步形成。

六是强化执法监管，确保农村饮水安全。认真执行项目环评及环保"三同时"制度，严禁在饮用水水源保护区、自然保护区、居民集中区等环境敏感区建设污染企业，连续7年开展专项环保执法行动，重点查处城乡接合部及农村饮用水水源地周边的环境违法行为。不断加强农村饮用水水源保护，科学划定保护范围，设置防护围栏和警示标志，保证农村的饮水安全。

(二) 移民安置区的基础设施建设和社会发展对策

1. 进一步加强移民基地农业基础设施建设及公益服务设施建设。移民基础设施及服务设施建设是已安置移民发展生产和提高生活水平的关键。对此要认真详细地调查和摸底，按照已安置移民数量确定合理的建设和投资规模建设。

2. 进一步加大对移民的教育管理和扶持力度。加强对移民群众的科技文化的教育普及工作，努力扫除移民群众中的青壮年文盲，并使之掌握1~2门农业生产实用技术，增强其增收致富能力。加强对移民群众的普法教育，使他们自觉遵守法律法规，依法办事，维护社会安定团结。

3. 严格控制新的移民开发项目。"两西"建设和疏勒河农业综合开发项目实施以来，酒泉市已接收安置移民15万多人，开垦荒地超过40万亩，自然生态的承受能力已接近或超过极限。因此，甘肃省在规划实施项目中，只要涉及移民问题，必须在追求经济和社会效益的同时，高度重视生态保护问题，特别是水资源保护问题。

4. 加大资金扶持力度。一是积极争取"两西"移民扶持资金，加大项目投资力度，进一步完善移民安置区农业基础设施和公益服务设施，为移民群众发展生产、增收致富、改善生活创造必要条件。二是积极争取省上项目主管部门对疏勒河项目移民安置区后续建设的投资，认真搞好移民安置区生产基础设施和公益服务设施的后续建设，为加快移民安置区的经济发展，促进移民增加收入创造条件。

(三) 移民安置区的经济发展对策

移民的增收，必须与酒泉当地的经济发展联动，在酒泉市经济发展的总体规划布局下，移民安置区应加快发展第二、第三产业等增收潜力大、市场前景广阔的产业，积极培育优势特色产业，确保移民收入实现较大幅度增长。

1. 大力发展第二、第三产业，实现非农产业增收。移民安置区在发展过程中要充分发挥区域经济的带动作用，将发展第二、第三产业同移民安置区的小城镇建设紧密结合起来，推动移民安置区的第二、第三产业向小城镇集中，形成支撑小城镇发展的主体产业。

2. 加快推进农业产业化经营，做大做强龙头企业。目前酒泉市农业产业化发展相对滞后，因而在带动移民增收上显得十分乏力。今后要立足酒泉市的资源优势，制定宽松、优惠的政策，扶持培育一批上档次、上规模、市场前景好的龙头企业。

3. 加快畜牧业的发展步伐，依靠转化增值增收。结合结构调整和退耕还林还草工程的实施，推广优良牧草种植，不断提高栽培管理水平，提高单位面积产出率和经济效益，实现加工增值增收。推广一亩草5只羊或1头牛的发展模式，发展规模养殖业。

4. 发挥比较优势，培育特色产业。农业结构优化升级是实现移民增收的主要途径。按照"一地一特，发挥优势"的产业发展思路，对酒泉市目前已形成的一些具有一定地域特色的产业，扩大基地规模，打造精品名牌。通过结构优化，不断提高移民增收中特色产业的比重。

5. 推进农业科技创新，依靠科技进步增收。以提升科技含量为手段，实现农业增长方式的根本转变。一要继续抓好立体种植、设施种养、地膜覆盖、配方施肥、良种应用、冻精授配、牧草打捆保鲜、青贮氨化、快速育肥、疫病防治等常规技术措施在移民中的推广普及，努力提高农业的生产水平和效益。二要抓好优质高效新品种引进、农业标准化、无公害农产品生产、有机质无土栽培、有机复合肥使用、病虫害生物防治、胚胎移植等高新技术的引进开发，为移民安置区农业产业提质增效做好技术储备。

第五篇

生态文明背景下新型城镇化建设专题

毕节试验区山区新型城镇化研究*

石玉宝　李垚林**

摘　要　积极推进新型城镇化，是全面建成小康社会，解决"三农"问题，发展中国特色社会主义事业的基本途径和重要战略之一。新型城镇化是指坚持走集约、智慧、低碳、绿色的城镇化道路。本文通过对毕节试验区经济社会发展、人民生活状况、城镇化发展现状、城镇化模式以及城镇化建设取得的初步成效的分析，提出加快推进毕节试验区新型城镇化的具体对策措施。

关键词　毕节试验区　城镇化　山区新型城镇化

党的十八大报告提出，要促进工业化、信息化、城镇化、农业现代化同步发展。《深入推进毕节试验区改革发展规划》提出了毕节试验区城镇化发展的目标，即创建山地新型城镇化试验区，到2015年城镇化率达到40%，到2020年城镇化率达45%以上。[①] 新型城镇化，是以城乡统筹、城乡一体、产城互动、节约集约、生态宜居、和谐发展为基本特征的城镇化，是大中小城市、小城镇、新型农村社区协调发展、互促共进的城镇化。[②] 毕

---

*　国家社科基金项目（编号：09XZZ005）和贵州省教育规划课题（编号：2013C027）的阶段性成果。

**　石玉宝，男，甘肃天水人，管理学硕士，贵州财经大学学生处教师，研究方向为行政管理、公共政策分析；李垚林，女，陕西安康人，管理学硕士，安康学院政治与历史系教师，研究方向为社会学、行政管理。

① 中华人民共和国国家发展和改革委员会：《国家发展改革委关于印发深入推进毕节试验区改革发展规划（2013~2020）的通知》，http://www.sdpc.gov.cn/zcfb/zcfbtz/2013tz/t20130307_531604.htm，2014年5月27日。

② 倪鹏飞：《新型城镇化的基本模式、具体路径与推进对策》，《江海学刊》2013年第1期。

节要实现与全国全省的同步小康,必须积极创建山地新型城镇化试验区,坚定不移、积极稳妥地推进新型城镇化。

一 新型城镇化的内涵与特征

新型城镇化就是按照统筹城乡、布局合理、节约土地、功能完善、以大带小的原则,由市场主导、由政府引导的城镇化机制,实现城镇化与工业化、信息化和农业现代化良性互动,大中小城市和小城镇的合理布局与协调发展,形成资源节约、环境友好、经济高效、社会和谐、城乡一体的集约、智慧、低碳、绿色城镇化道路。[①]

新型城镇化既不同于其他国家所走过的城市化道路,也不同于我国以往所走过的城镇化道路,它是新的历史发展阶段适合我国国情的城镇化道路,具有以下特征。

(一) 发展理念的科学性

从发展理念看,新型城镇化是以科学发展观为指导的城镇化道路,要遵循城镇化发展的一般规律,坚持以人为本,尊重人民意愿,因势利导,稳步推进城镇化进程,实现城镇化科学发展。

(二) 发展过程的协调性

新型城镇化要尊重经济社会发展的客观规律,通过统筹城乡发展、统筹经济社会发展、统筹区域发展,构建大中小城市和小城镇协调发展的城镇体系,促进城镇化健康发展,体现了发展过程的协调性。

(三) 发展方式的集约性

新型城镇化是立足于我国人多地少的基本国情做出的理想选择。要改变高投入、高消耗、高污染、低效益的粗放型发展模式,走低投入、低消耗、低污染、高效益的集约型发展模式,促进资源节约型、环境友好型城镇建设,实现城镇化绿色发展。

---

① 倪鹏飞:《新型城镇化的基本模式、具体路径与推进对策》,《江海学刊》2013 年第 1 期。

(四) 发展目标的人本性

科学发展观的核心是以人为本,在推进新型城镇化过程中要坚持发展目标的人本性,始终把"人"而不是"物"作为工作的出发点和落脚点,不能把城镇化本身作为目的,要以促进人的发展和人民利益的实现为终极目的,城镇化只是为实现人民对美好生活的期待服务的手段,不应为了城镇化而城镇化。[①]

二 毕节试验区经济社会发展、人民生活及城镇化发展现状

(一) 毕节试验区经济社会发展现状

毕节试验区 2012 年全市生产总值为 877.96 亿元,按可比价格计算,比上年增长 15.3%。其中:第一产业增加值为 160.07 亿元,比上年增长 8.6%;第二产业增加值为 405.97 亿元,比上年增长 17.1%,其中工业增加值为 348.06 亿元,比上年增长 16.4%;第三产业增加值为 311.92 亿元,比上年增长 16.0%。产业结构比为 18.23∶46.24∶35.53。按常住人口计算,人均生产总值为 13461 元。[②] 2012 年毕节试验区各县生产总值与分县生产总值增长速度分别见表 1 和表 2。

表 1 2012 年毕节试验区分县生产总值

单位:万元

县区名称	生产总值	第一产业	第二产业	第三产业
七星关区	1844167	297030	727543	819594
大方县	1012881	170401	460622	381858
黔西县	1035920	139602	467100	429218
金沙县	1301532	130139	779307	392086
织金县	893531	155928	371239	366364
纳雍县	1030675	121527	594146	315002
威宁县	955113	283807	273838	397468

---

① 倪鹏飞:《新型城镇化的基本模式、具体路径与推进对策》,《江海学刊》2013 年第 1 期。
② 《2012 年毕节地区国民经济和社会发展统计公报》,《毕节日报》2013 年 4 月 18 日。

续表

县区名称	生产总值	第一产业	第二产业	第三产业
赫章县	536428	162839	143588	230001
百管委	136934	17368	91932	27634

注：本表中大方县和黔西县的数据不含百管委。
资料来源：《2012年毕节地区国民经济和社会发展统计公报》，《毕节日报》2013年4月18日。

表2　2012年毕节试验区各县生产总值增长速度

单位：%

县区名称	生产总值	第一产业	第二产业	第三产业
七星关区	17.7	10.0	19.3	18.9
大方县	17.0	8.8	21.8	15.1
黔西县	16.0	12.0	18.4	14.7
金沙县	17.6	10.0	18.8	17.8
织金县	16.9	8.0	19.6	18.5
纳雍县	15.2	7.0	18.0	13.5
威宁县	17.1	7.0	19.0	23.1
赫章县	16.5	7.8	21.7	20.1
百管委	16.5	8.5	18.1	16.2

注：本表中大方县和黔西县的数据不含百管委。
资料来源：《2012年毕节地区国民经济和社会发展统计公报》，《毕节日报》2013年4月18日。

（二）毕节试验区人民生活发展状况

2012年，毕节试验区全区城镇居民人均可支配收入为19243元，比上年净增加3111元，名义增长19.28%，扣除价格因素后实际增长16.04%。七星关区城镇居民人均可支配收入为19555元，比上年增加2420元，名义增长14.12%，扣除价格因素后实际增长11.01%。①

城镇居民人均消费性支出为11346元，比上年增长13.40%。城镇居民家庭人均食品消费支出为4648元，比上年增长8.45%。城镇居民的恩格尔系数为40.97%，较上年下降1.87个百分点。可见，城镇居民收入继续提高，生活质量有所改善。② 2012年毕节试验区城镇居民人均可支配收入情况

---

① 《2012年毕节地区国民经济和社会发展统计公报》，《毕节日报》2013年4月18日。
② 《2012年毕节地区国民经济和社会发展统计公报》，《毕节日报》2013年4月18日。

见表3。

表3　城镇居民人均可支配收入情况

单位：元

县区名称	2012年	2011年	县区名称	2012年	2011年
七星关区	19555	17135	织金县	19233	15275
大方县	19299	16350	纳雍县	19168	16062
黔西县	19574	16396	威宁县	17242	14173
金沙县	20800	17149	赫章县	19177	16126
百管委	17727	14797			

注：本表中大方县和黔西县的数据不含百管委。
资料来源：《2012年毕节地区国民经济和社会发展统计公报》，《毕节日报》2013年4月18日。

2012年，毕节试验区全区农村居民收入继续增长。全区农村居民人均纯收入为4926元，比上年增加716元，名义增长17.01%，扣除价格因素后实际增长13.82%。在农村居民人均纯收入中，工资性收入占39.85%，家庭经营纯收入占49.57%，财产性纯收入占1.63%，转移性纯收入占8.95%。

农村居民人均生活消费支出为3972元，比上年增长10.86%。农村居民人均食品消费支出为1786元，比上年增加101元，农村居民的恩格尔系数为44.95%，较上年下降2.07个百分点。[①] 2012年毕节试验区农村居民人均纯收入情况见表4。

表4　农村居民人均纯收入情况

单位：元

县区名称	2012年	2011年	县区名称	2012年	2011年
七星关区	5131	4412	织金县	4714	4029
大方县	4943	4239	纳雍县	4561	3918
黔西县	4986	4276	威宁县	4862	4068
金沙县	5720	4910	赫章县	4577	3892
			百管委	4950	4084

注：本表中大方县和黔西县的数据不含百管委。
资料来源：《2012年毕节地区国民经济和社会发展统计公报》，《毕节日报》2013年4月18日。

---

① 《2012年毕节地区国民经济和社会发展统计公报》，《毕节日报》2013年4月18日。

(三) 毕节试验区城镇化发展现状

截至2012年底,毕节试验区全区常住人口为652.41万,比上年增加0.06%。公安年报数据显示,年末户籍人口为857.97万,比上年增加0.73%。省计生委抽样调查结果显示,人口出生率为12.69‰,人口自然增长率为6.29‰。2012年全区城镇化率为29.99%,比上年提高1.82个百分点。毕节试验区2012年各县(区)城镇化率见表5。

表5 分县(区)城镇化率

单位:%

县区名称	2012年	2011年	县区名称	2012年	2011年
七星关区	42.1	39.83	纳雍县	28.36	26.54
大方县	26.11	25.35	威宁县	23.03	21.69
黔西县	37.53	32.09	赫章县	19.35	17.54
金沙县	31.6	30.29	百管委	15.55	15.49
织金县	29.43	27.65			

注:本表中大方县和黔西县的数据不含百管委。
资料来源:《2012年毕节地区国民经济和社会发展统计公报》,《毕节日报》2013年4月18日。

三 毕节试验区山区城镇化建设的初步成效与模式

近年来,毕节市委、市政府加快实施城镇化带动战略,试验区城镇化率由2005年的16.14%提高到2012年的29.99%,初步走出一条大中小城市、特色小城镇和新型农村社区互促共进、城乡统筹发展的路子,基本形成了具有毕节山区特色的城镇化发展模式。①

(一) 以新型城市为载体,充分发挥中心城市的辐射带动作用

始终坚持"生态、文化、产业、服务、宜居"要求,全面提升城市建设水平,加快城市建设步伐。一是着力打造生态城市。制定毕节市中心城区和各县区城市绿化、美化方案,大力加强城市周边山头、主干道路、景

---

① 倪鹏飞:《新型城镇化的基本模式、具体路径与推进对策》,《江海学刊》2013年第1期。

观道路、住宅小区和机关院落的绿化，规划建设一批生态公园和生态广场，城市生态环境得到明显改善。二是着力打造文化城市。深入挖掘各地文化内涵，对城市进行科学合理的文化定位，大力发展城市文化产业。[1] 深入挖掘彝族文化和历史文化，重建大方慕俄格古城，促进了大方旅游快速发展。三是着力打造产业城市。按照宜工则工、宜商则商、宜游则游的原则，合理规划建设一批工业园区，用工业化带动城镇化发展。大力发展以旅游业为龙头的现代服务业，为城市发展提供产业支撑。四是着力打造服务城市。不断加强市政公共设施建设，完善各类公共服务设施，增强城市承载功能，让群众享受到周到、便捷、舒适的各种服务。五是着力打造宜居城市。[2] 实施居住品质提升工程、公共空间优化工程、服务设施完善工程，为人民群众提供舒适的居所，增强城市对各类人才的吸引力，增强城市对游客的吸引力。

（二）以特色小城镇为载体，大力推进小城镇建设

坚持以建设规模适度、特色鲜明、功能完善、产业配套、生态良好的特色小城镇为载体，结合地方文化特色和特色产业，依托中心城市、副中心城市及铁路、高速公路、机场等交通主干道，规划建设一批交通枢纽型、休闲度假型、民族文化型、绿色产业型、工矿园区型、商贸集散型、移民安置型和综合发展型的特色小城镇，打造提升一批幸福小镇。全市共启动特色小城镇建设150个，建成76个。[3]

（三）以"五园新村"为载体，大力推进新型农村社区建设

在美丽乡村建设中以"五园新村"为载体，即"致富田园"助农发展增收入、"生态庭园"再现青山添绿水、"特色庄园"改善人居靓环境、"文化乐园"塑造群众新风尚、"和谐家园"创建平安促稳定，建成一批具有一定人口规模的个性鲜明、规划科学、布局合理、功能齐全、环境优美、管

---

[1] 侯云春、韩俊：《我国城镇化的基本态势、战略重点和政策取向：上》，《中国市场》2010年第11期。
[2] 马晓河、胡拥军：《中国城镇化的若干重大问题与未来总体战略构想》，《农业经济问题》2010年第11期。
[3] 安金黎：《突出特色、统筹城乡，加快推进毕节试验区山区城镇化》，http://220.172.206.15/zzxx/bjyw/4466.shtml，2014年5月17日。

理完善的"五园新村"。全市共启动建设"五园新村"659个,建成"五园新村"精品村186个、"同心新村"9个、"黔西北民居"80万户。①

(四) 以"五古"建设为载体,突出城乡建设的文化特色

于2010年启动"五古"建设(古城、古镇、古寨、古驿道、古建筑),按照"保护为主、抢救第一、永续利用、继承发展"的要求和"仿古像古、修旧如旧、传承创新"的原则,用文化包装城市、城镇和新农村,提升文化品位,增强综合竞争力,有效保护、传承和发展毕节源远流长的历史文化、悠久厚重的古彝文化和多姿多彩的民族民间文化。通过多年的努力,先后建成大方慕俄格古城、织金古城、大方六龙古镇、金沙后山古镇等一批古城、古镇、古街、古巷。

四 加快推进毕节试验区山区新型城镇化的基本思路

毕节试验区山区新型城镇化建设虽然取得了显著成效,但与发达地区相比,与全市经济社会加快发展的要求相比,还存在一定差距和不足。一是城镇化水平仍然较低;二是城镇建设投入明显不足;三是城镇产业发展不够壮大;四是城镇化存在许多体制机制障碍;五是城乡经济发展不均衡,统筹城乡发展、区域发展任重而道远。② 按照《深入推进毕节试验区改革发展规划》提出的目标,试验区到2015年城镇化率要达到40%,即从2013年到2015年要新增80多万城镇人口,在经济、社会转型中平均每年要实现近30万农村人口转移到城镇,任务重大,形势严峻。③ 笔者认为,加快推进毕节试验区新型城镇化建设,要着力"六个坚持"。

(一) 坚持合理布局

城镇化不能盲目求大,在发展过程中要避免城市过大或布局不合理所

---

① 安金黎:《突出特色、统筹城乡,加快推进毕节试验区山区城镇化》,http://220.172.206.15/zxzx/bjyw/4466.shtml,2014年5月17日。
② 包俊洪:《中国农村综合改革试验区之"毕节模式"探析》,《复旦大学学报》(社会科学版) 2011年第6期。
③ 中华人民共和国国家发展和改革委员会:《国家发展改革委关于印发〈深入推进毕节试验区改革发展规划 (2013~2020)〉的通知》,http://www.sdpc.gov.cn/zcfb/zcfbtz/2013tz/t20130307_531604.htm,2014年5月17日。

带来的"城市病",坚持大中小城市及小城镇合理布局。围绕毕节试验区"一带两翼多特的城镇空间体系"规划布局,做大做强毕节大方中心城市,推进七星关、大方同城化,合理控制规模,增强核心区的辐射带动功能,形成新的城市效应。加快县城发展,同时在各县区规划1~2个副中心城镇,增强中心城镇的辐射带动作用。[①]

加快"一带两翼"城镇群建设,增强城镇发展产业、提供公共服务、吸纳就业、聚集人口的功能。坚定不移地走以城市群为主体,主城区、县级中心城镇和副中心城镇、小城镇协调发展的新型城镇化道路,以大带小,培育壮大城镇群。围绕城镇化战略布局,完善综合交通运输网络,加快建设连接各县城和副中心城镇的高速、高等级公路,统筹推进城市交通基础设施建设,发挥其对城镇化发展的支撑和引导带动作用。

(二) 坚持统筹城乡

坚持城乡互动,坚定不移地走城乡一体化发展和"三位一体"的具有毕节特色的新型城镇化发展道路。对城乡基础设施建设、经济发展等进行一体化规划布局,统筹城乡建设用地管理、产业发展和基本公共服务,推动农业人口向城镇和新型农村社区集中、工业向园区集中、农用地向适度规模经营集中,促进城乡统筹发展。[②] 以促进城乡要素平等有序流动为重点,以城乡规划发展一体化、城乡要素流通一体化为目标,城镇化和社会主义新农村建设双轮驱动,实现进城、留乡各得其所。

在加快推进城镇化的同时,以"五园新村"为载体,以建设"美丽乡村"为契机,同步推进新型农村社区规划建设,改变农村"山一家、水一户"的分散居住状况,着力在黔西北民居建设、特色产业培育、配套基础设施建设、村庄环境整治、社会事业推进等方面不断取得新进展。

(三) 坚持产城融合

城镇化要有产业做支撑。我们要坚定不移地走城镇化与工业化、信息化、农业现代化同步推进的新型城镇化道路,实现产城协同发展。抓住世界科技与产业革命孕育新突破、全球结构调整、我国经济转型及东部产业

---

① 沈清基:《论基于生态文明的新型城镇化》,《城市规划学刊》2013年第1期。
② 王克忠、周泽红等:《论新型城镇化道路》,复旦大学出版社,2009。

向西部转移的大好机遇，结合毕节实际，把发展城市经济与培育新兴产业、改造传统产业、承接东部沿海产业转移结合起来，加快发展经济开发区和产业园区，构建创新转型的大平台，促进产业集聚发展。① 围绕建设"智慧城市"，加快推进信息产业发展。

同时，大力发展现代农业，以释放更多劳动力，满足城镇化对农产品的需求。再者，积极发展壮大以旅游业为龙头的服务产业，加快培育发展以现代物流、金融、教育、科技、信息、房地产业等为主的新型服务业。按照贵州省委、省政府的要求，规划建设一批城市综合体，确定"就业优先"的基本取向，推进产业融合，增强就业、创业活力。

（四）坚持文化引领

文化是城乡建设的灵魂，是城镇个性魅力的重要载体。毕节试验区文化资源丰富独特，推进新型城镇化，要保护好、利用好、传承好特有的历史文化、民族文化、红色文化，依赖文化来塑造独特的城镇精神，提升城镇文化品位。一要将文化定位作为城乡规划必备的内容，大中小城市和各中心城镇都应该有明确的文化定位，高点站位、准确定位、长远谋划，充分体现各地的地域特点、文化内涵和城乡特色，按照唯一性和排他性的原则，找到城市的个性、灵魂和理念。充分借助已形成的历史文化名城、名镇、名村、街区，以及保存的大量物质文化遗产、非物质文化遗产和优秀历史建筑，努力营造优秀传统文化与现代城市文明交融共生的城市文化。二要在建设中融入文化元素，将文化元素演化为具体的建筑符号、建筑风格，形成独具特色的城镇风貌，让大家一看就知道这是毕节的城镇，不是千城一面。三要把加快文化产业发展作为推动新型城镇化建设的重要抓手，弘扬红色文化，保护和利用历史文化，挖掘民族民间文化，搭建综合性大型文化平台。

（五）坚持山地特色

毕节试验区高山多、平地少，城镇化不能盲目追求高楼及建设的连片规模，要有效保护和利用原生态自然环境，坚持山地城镇特色。规划建设

---

① A. Chen, J. Gao, "Urbanization in China and the Coordinated Development Model the Case of Chengdu," *Social Science Journal*, 2011, 48 (3), pp. 500 – 513.

要"依山亲水",保护奇山秀水、古树森林,更多选择组团式、点状式发展模式,让城市以组团或综合体的形式散布在山水之间。坚持依山傍水建设,避免过度破坏山体的大挖大填,做到既节约建设成本,又使建筑立面造型变换多样。要保护好生态良好和造型奇特的山体,建筑布局要"显山露水",基础设施建设要"迎山接水",以建设环湖路、滨海路、河滨路的理念规划建设好城镇内环山路,借助自然环境、景观特色,建设与自然面貌有机结合的城市环境,形成"城在山中、房在林中、水在城中、人在绿中"的独特城镇风貌。新型农村社区建设也要注意保持乡村原貌,保护自然生态,营造宜居环境。

(六)坚持跨越发展

毕节试验区城镇化水平低,建设资金和人才缺乏,要实现与全省乃至全国同步小康,需要采取超常规手段加快推进新型城镇化建设,大胆先行先试,力求跨越式发展。要积极探索创新,推进以户籍制度为重点的人口管理制度改革,以基本公共服务均等化为重点的社会保障制度改革,以农村土地征用、流转为重点的土地管理制度改革,以"扩权强县"为重点的城市管理制度改革,以农民工市民化成本合理分担的财税金融体制改革,尤其要鼓励符合条件的投融资平台采取发行城市建设债券等形式筹集建设资金,探索实行城市基础设施特许经营制度,吸引社会资金包括民间资本和国外资本参与城镇建设,形成政府引导、社会参与、市场运作的投资格局,走"以城建城、以城养城、以城兴城"的毕节新型城镇化道路。

生态城镇化——湖北新型城镇化道路的选择[*]

陈 胜[**]

摘 要 本文从生态城镇化的内涵和特征出发，先对生态城镇化给出了一个总体的界定，基于此谈到湖北省的现实状况，提出走生态城镇化道路是湖北省新型城镇化道路的必然选择，并进一步探讨了湖北省现阶段比较典型的几种生态城镇化模式，最后提出了进一步发展湖北省生态城镇化的几点对策建议。

关键词 生态城镇化 新型城镇化 生态城镇化模式

党的十七大把建设生态文明提升到国家战略层面，明确提出"建设生态文明，基本形成节约能源资源和保护生态环境的产业结构、增长方式、消费模式"，要将"生态文明"观念在全社会牢固树立，建设生态文明社会，让人民群众在良好的生态环境下生活得更舒适、更幸福。[①] 2012年11月，党的十八大正式提出要"坚持走中国特色新型工业化、信息化、城镇化、农业现代化道路"，"促进工业化、信息化、城镇化、农业现代化同步发展"。一个月后的中央经济工作会议再次强调，要走"新型城镇化道路"。新型城镇化道路在湖北的具体实践便产生了湖北省的生态城镇化道路。

---

[*] 国家自然科学基金项目"生态脆弱地区生态资本运营式扶贫研究"（编号：71303261）。
[**] 陈胜，中南财经政法大学博士研究生，研究方向为农村可持续发展。
[①] http://news.xinhuanet.com/newscenter/2007-10/24/content_6938568.htm.

一 生态城镇化的内涵与特征

(一) 生态城镇化的内涵

生态城镇化是指在实现自然生态系统良性循环的前提下,以生态经济体系为核心,以实现社会可持续发展为目的,使城镇经济、社会、生态效益实现最佳结果。具体到实践中是指坚持以人为本,以生态产业化为动力,以因地制宜、优势互补、统筹兼顾、相辅相成为原则,以生态文明建设为主体,推进大中小城市和农村小城镇的生态化、集群化、现代化发展,全面提升城镇化的质量和水平,走科学发展、集约高效、功能完善、环境友好、社会和谐、个性鲜明、城乡一体、大中小城市和小城镇协调发展的生态城镇之路。[1]

生态城镇化是人类对生态文明的深入认识和基于对传统城镇化道路的反思而提出的一个全新的概念,它追求经济、社会、生态的和谐发展,追求城乡环境的优美、舒适以及最大限度地发挥人的创造力,它既是一个创新的生态化过程,也是一个新概念、新秩序的再造过程。

(二) 生态城镇化的特征

1. 生态化是生态城镇化的基本特征

生态城镇化以生态理念为主旨,将生态文明建设融入城镇化全过程,这是生态城镇化的基本特征。这里的"生态化"不是生态学意义上纯自然的生态化,而是一个具有哲学意蕴的概念,它是指自然、经济、社会和人类之间的平衡相依、协调发展的状态和过程,在反思传统发展方式的基础上,提出多目标的价值取向为:在经济可持续高质量增长的前提下,谋求自然生态平衡和社会生态和谐有序,最终促进人的自由全面发展。简言之,就是追求经济生态化、自然生态化、社会生态化和人的生态化的有机统一。

2. 个性化是生态城镇化的主要特征

城镇化不应该是"圈地盖楼",每个城镇都应有自己独特的个性。湖北省城镇化要突破"千镇一面"的局面,坚持和发展自己的个性。近年来,

---

[1] 袁成达:《新型城镇化:探讨生态城镇经济发展模式》,http://blog.sina.com.cn/s/blog_88081aa20101ec60.html。

在城镇化的"旧城改造"和"危旧房改造"中，由于深受强势的城市文化以及外来文化的影响，湖北省特别是少数民族聚集的恩施地区的一些古色古香的传统文化小镇遭到"大拆大建"，致使一片片有着丰富人文信息的历史街区被夷为平地，一座座具有地域文化特色的传统民居被无情摧毁，取而代之的则是"南方北方一个样，大城小城一个样，城里城外一个样"的乱象。生态城镇化反对这种做法，强调不同城镇应该有各种不同的风格和面貌，应采取个性化的发展策略，宜农则农、宜游则游，应在保护好传统文化的基础上走地区协调发展的个性化城镇化道路。

3. 人本化是生态城镇化的核心特征

当前，城镇化面临农民"被城镇化"、掠夺式开发、社会矛盾加剧、生态成本透支等种种挑战。从目前的情形来看，城镇化依然是以投资驱动和"房产化"为主，是一种功利性的城镇化，而不是我们所期待的人本化的城镇化。在生态城镇化过程中，要把握好的关键问题是以人为本，即人本化的城镇建设。推进城镇化，核心是人的城镇化，关键是提高城镇化质量，目的是造福百姓。

4. 循环利用是生态城镇化的重要特征

循环利用是依据循环经济的理念、清洁生产的要求而形成的生态型生产消费模式。通过建设生态产业园区，用物流或物质传递等方式把工厂、企业、家庭联系起来，形成资源—产品—再生资源的循环经济模式，实现低投入、低排放、高产出的"两低一高"的经济运行效果。这也是建设资源节约型、环境友好型生态城镇的有效途径。

二　走生态城镇化道路是湖北省的必然选择

（一）生态城镇化备受国家重视

2004年，环保部下发了《关于印发〈生态县、生态市建设规划编制大纲（试行）〉及实施意见的通知》（环办〔2004〕109号），对生态县、生态市规划建设的内容、主要领域和重点任务、保障措施和实施步骤进行了规定。2005年12月13日，环保部接着又下发了《关于印发全国生态县、生态市创建工作考核方案的通知》（环办〔2005〕137号），对生态县、生态市创建工作考核的目的、对象、条件、内容、程序、评分及结果进行了规定。环保部关于创建生态县、生态市一系列文件的下发，使生态县、生态市的创建有了明确的目标和方向。随着这些文件的下发,国家级生态示范区的创建工作也予以启动。到目前为止,我国已命名了 67 个国家级生态示范区。建设生态城镇已成为国家和城乡人民的共识,城镇的生态化建设已成为国家社会及经济发展的一项基础建设,并得到了积极的推广。

(二) 生态城镇化道路将带领湖北实现全面的小康社会

生态城镇化的发展道路,始终把生态理念放在城镇化的突出位置,形成集约、智能、绿色和低碳的生态模式;紧扣湖北地方特色,形成以和谐社会为中心的生态社会系统,以绿色经济为核心的生态经济体系,以循环、可持续利用为中心的自然生态环境系统,建设生态文明、生活富裕、环境优美、和谐美好的生态化城镇。这样的城镇对于湖北就地转移农村劳动力、缓解城市就业压力、消化过剩产能、培育新的增长空间具有积极的现实意义,湖北省全面实现小康社会离不开生态城镇化道路。

(三) 生态城镇化道路是湖北创建生态省的重要基础

自 2003 年海南省第一个提出创建生态省以来,全国相继又有吉林、黑龙江、福建、浙江、山东、安徽、江苏、河北、广西、四川、辽宁、天津、山西、河南等省份开展了生态省建设,有超过 1000 个县开展了生态县的建设,有 38 个县建成了国家级生态县,有 1559 个乡镇建成国家级生态乡镇(环境优美乡镇),有 155 个村建成国家级生态村。

湖北省于 2013 年 8 月向环保部提交了建设生态省的相关规划。生态省建设离不开生态县、生态城镇及生态乡村的发展,其中,生态乡村是基础,生态城镇是重点和难点,生态县是局部目标。湖北省各地区先后制定生态发展规划,例如湖北京山县、罗田县等制定了生态县发展规划,梁子湖、齐岳山等也制定了区域型的生态发展规划。但湖北省在生态城镇建设方面还相对欠缺,2010~2011 年度全国评定的 798 个国家级生态乡镇中,河南有 36 个,安徽有 16 个,湖南有 31 个,江西有 49 个,而湖北只有 9 个[1]。中部五省相对于全国存在一定差距,而湖北省相对于中部五省可以说是贫乏,没有生态城镇这个基础做支撑,湖北省很难完成建设生态省这一宏伟目标。

---

[1] http://ishare.iask.sina.com.cn/f/63260464.html.

三 湖北省生态城镇化的主要模式

(一) 生态工业园模式

以循环经济理念和生态经济学原理为基础发展起来的生态工业园城镇化模式,在遵循减量化、再利用、再循环的3R原则下进行生态工业的合理有序聚集,并且使得园区内的一家工厂产生的废弃物作为另外一家工厂的原材料投入新的生产活动,通过废弃物的不断交换和循环利用最终实现"零排放"。[①]

东湖高新技术开发模式。在武汉城市圈建设的一体化战略中,湖北省提出以东湖新技术开发区为核心区,大力推进以光电子信息、新材料、生物工程及新医药、环保等为重点的高技术产业带。虽然东湖高新技术产业带不断发展,但由于武汉整体环境问题以及区域内环保投资不足,区域内水质量、空气质量等都未达到生态城镇化的要求,其生态化发展和升级为真正的生态工业园还有很长的路要走。

(二) 生态农业城镇化模式

1. 城郊观光型生态农业镇模式

该模式主要是指那些城郊的城镇,依托城郊的风貌以及周围区域的旅游环境,充分发挥优越的地理位置及资源优势,围绕林果、花卉、苗圃等产业,大力开发休闲观光生态农业,实现生态农业与生态旅游业的融合与双赢。

武汉市黄陂区木兰乡城镇化模式。木兰乡位于武汉市黄陂区北部,是木兰将军故里、中国革命老区。乡域面积达177.1平方公里,总人口达5.2万。距武汉市区60公里,有高速公路相通。其利用便捷的交通和丰富的自然景观大力发展生态旅游业,不仅提高了地区经济收益,也保护了自然生态环境,水丰鸟美、人杰地灵,成为湖北省省级旅游度假区,被人们誉为"荆楚明珠"和"武汉市的后花园"。

---

① 孙瑶、吕渭济:《关于湛江市发展循环经济走可持续发展之路的思考》,《科技创业月刊》2008年第12期。

2. 林、粮、牧业型生态城镇化模式

该模式主要是指那些林、粮、牧业的核心区，利用良好的交通条件成为主要的农、林、牧产品批发地和集贸市场，并借助农、林、牧产品优势发展精、深加工，实现地区经济和自然生态环境的双优。

监利县程集镇模式。程集镇地处监利县西陲，南枕长江、荆江大堤，西邻江陵、石首两地，为监利西大门。沙洪公路横穿全境，程姚公路直达古镇、辐射各村，具有较便利的交通条件。程集镇以市场需求为导向，以全新的工业理念统筹谋划蔬菜、畜牧、食用菌三大特色产业发展，进一步调整结构、调优品种、提高品质。重点抓好农贸批发交易市场，使之成为荆州市农副产品的集散中心、价格形成中心和生产指导中心，并大力发展农副产品加工业，即促进农民增收和农业增效，又保护了境内良好自然生态环境，加快进入小康社会的步伐。

（三）生态服务业模式

此类型城镇主要分布在自然生态功能区内，具有较好的生态条件，自然风貌保持良好，有文物、古迹等旅游资源。这类城镇在产业发展战略上主要依赖其旅游优势资源，大力发展生态旅游业，同时带动住宿、餐饮等项目。

武当旅游经济特区城模式。2003年6月湖北省委、省政府在武当山召开现场会议，赋予武当山旅游经济特区独立行使正县级的管理职能和权限，实行封闭性管理，并成立武当山特区工委和特区管委会，分别为十堰市派出机构，与武当山风景区管理局合署办公。为了突出武当山生态文化旅游特色，武当山提出了"创世界知名风景区，建中国山水园林城"的宏伟目标。当地政府部门已对景区环境保护进行了全面科学的规划，对道路及配套设施进行了全面修复和完善，并且建设了旅客中心、民俗文化村、商城步行街、星级酒店、武当博物馆、武当演艺中心、武当文化广场等。在注重基础设施建设的同时，也注重对服务质量的不断完善。

（四）生态宜居城镇化模式

生态宜居城镇的核心是以人为本，着眼于区域内市民的福祉，给市民带来幸福感。首先，该类型城镇适宜民众居住，被民众所接纳，满足市民物质和精神上的双重需要。其次，生态宜居城镇是低碳的、绿色的、可持

续的。能源清洁并被充分利用,人与自然和谐相处。

凉城宜居的利川苏马荡模式。苏马荡位于利川市谋道镇,地处长江南岸,海拔达1500余米,距利川城48公里。一边是纵横奇美的磁洞沟峡谷,一边是一望无际的苍茫林海,另一边是南方最大的草原齐岳山。区域内的麒麟峰、乌龟山、蛇山、罗汉山等更是美丽如画。每当夏日炎炎,重庆、武汉等大城市的气温高达42℃时,苏马荡气温才24℃,这使得很多居住在大城市的人们都来这片土地上避暑。在2010年"文化旅游年"上苏马荡被提升为国家AA级旅游景区。

四 完善湖北省生态城镇化的对策建议

当前,湖北省城镇化正在如火如荼地推进,城镇化率在每年的政府工作报告中都被刷新,发展的势头良好,也把建设生态省提上了日程,但面临的各种现实矛盾与问题依然突出,非生态的城镇化建设情况十分普遍。究其原因主要是规划不合理、管理无序、人口规模不适宜、基础设施不配套、产业结构不合理、环境污染和生态破坏严重等。所以,急需建立一套规范、合理的制度体系,严格把控湖北省城镇化的发展质量,全面实现生态城镇化发展。生态城镇化不能成为房地产市场的"嫁衣",必须落到实处,不能仅仅成为一句"口号"和一条"标语"。

(一) 加强领导

湖北应成立专门的生态城镇领导小组,总体负责全省的生态城镇化发展工作,对全省的生态城镇化发展提出统一思路,并负责审批地方的生态城镇化发展报告,依据实际情况给出建议或说明。

(二) 科学规划

湖北省生态城镇化规划设计需要明确、清晰地确定建设目标、影响因素等多方面的内容,主要包括全面论述其城镇化发展战略、城镇总体规划、新区及重点地区的规划及设计、风景区及旅游度假区规划设计、旧城保护与改造规划、居住区规划、学校规划、产业园区规划、城市物流园区规划、城市交通规划、环境与生态规划、景观规划等内容。并且报告应当立足当前,着眼长远,并努力提升其前瞻性、科学性和操作性。

(三) 加强管理

加强监督与控制是湖北省生态城镇化发展得以实现的保障。监督的过程也是控制的过程,要看项目在实施过程中是否偏离规划的目标,是否带来严重的后果,并不断修正。湖北省生态城镇化发展过程中主要监督的内容包括城镇化过程中的土地利用是否合理、城镇建设的项目是否超出生态承载能力、是否带来环境污染等一系列问题。

(四) 控制人口规模

依据湖北省的现实情况,城镇建设区的人口密度以每平方公里0.8万至1万人为宜,城市核心区的人口密度应以每平方公里2万人为极限。目前许多城市病的根源都在于城市人口远远超过城市的实际承载力。生态城镇的一个基本内涵就是人口密度合理,过大的人口密度必然导致生态环境恶化。因此,城市生态化建设首先是要严格控制人口的总密度,具体途径就是从控制城市的建筑密度入手,使城市的新区建设和老区改造都能按照生态标准进行。

(五) 加强基础设施建设

湖北省许多城镇的地下设施功能比较脆弱,常常出现一下雨就水淹城区的现象。有些比较发达的城市虽然基础设施林立,但各层设施重复建设问题非常突出,效率低、浪费大,地下的管网、下水道纵横交错,地上的各种电线、电缆杂乱无章,在城市的街头巷尾总能看到维修工人的身影。西部少数地区的城镇基础设施还停留在改革开放之初的状态,公园、绿地少,道路状况也较差,城区其他设施更是落后。推进生态城镇化进程迫切需要通过基础设施建设的统筹规划,建立基础设施的资源共享管理机制。

(六) 控制环境污染

从目前情况看,湖北省在城镇化过程中造成了严重的生态环境问题,湖北省内的大小河流基本都被污染,大部分土壤也被污染。湖北省要全面开展重点湖库水环境综合整治工程。治理污染较严重、关系人居环境的城市内湖(包括河道型水库城市区段),特别是武汉、黄石、鄂州、黄冈、襄阳等特大城市和大城市的内湖或河道型水库城市区段。保护生态功能较强、影响力较大的梁子湖、长湖、洪湖等重要区域性湖泊。建立环境污染设施，实行监控联网管理体制，保障污染处理设施的运行和污染物的达标排放，加大环境稽查力度，排除环境污染突发事故和风险。

（七）重视对生态城镇化建设的考评

生态城镇化必须依赖于质量的不断提高，目前湖北省缺乏生态城镇化的质量评价标准。这也使目前很多生态城镇化的结果偏离正常的轨道。着手建立科学化、规范化、系统化的湖北生态城镇化评价指标体系在现阶段显得尤为重要。

生态城镇化下的湘南工业园区开发[*]

方 芳[**]

摘 要 2014年，我国生态城镇化、产业转移及土地提价等多重主题，使得湘南地区跟上了时代经济发展的步伐，注重工业园区建设，但由于基础设施配套不足、资金紧缺、创新能力不足、规划体系不完善、服务体系不健全等原因，工业园区的发展遭遇瓶颈。本文基于产业集群和城市空间分化的发展机理，对衡阳、郴州、永州工业园区进行分析，通过深入分析各工业园区的发展现状，探讨发展过程中存在的问题，并提出相应的对策：加大政府支持力度，完善基础设施建设，加大招商引资力度，培养自主创新能力，修编规划，协调服务。

关键词 生态城镇化 工业园区 湘南地区

生态城镇化是指在我国城镇化进程中，统筹考虑城镇建设与人口、环境、资源、产业、文化、社会之间的关系，以生态文明建设为主题，以城镇总体生态环境、产业结构、社区建设、消费方式的优化转型为出发点和归宿，以方便、和谐、宜居、低碳为目标，全面建设绿色环境、绿色经济、绿色社会、绿色人文、绿色消费的生态城镇，谋求新型城镇经济社会的健康可持续发展道路。

工业园区是指政府或者企业为了突破工业发展瓶颈、实现工业经济进一步腾飞而创建的特殊区位环境。工业园区是一个地方现代新型工业发展的先导区、投资环境的示范区、技术创新的密集区，成为衡量一个地方经

---

[*] 2013年湖南省哲学社会科学基金重大委托项目（编号：13WTA18）的阶段性成果。
[**] 方芳，湖南科技学院经济管理系副教授，研究方向为产业经济与区域产业发展。

济发展水平和现代化发展程度的重要标志。优质的工业园区可以达到合理利用土地资源、提升产业层次、集聚相关产业、扩宽招商引资渠道等目的,从而极大地提升区域经济的竞争力。

湘南地区是指湖南南部的郴州、衡阳和永州,整个地区的面积和人口分别占全省总量的27%和26%,而GDP仅占全省总量的21%。根据湖南省推进新型城镇化的实施纲要,衡阳、郴州、永州以承接产业转移示范区建设为契机,着力打造现代宜业宜居城市。2012年,湖南省的城镇化水平为46.65%,衡阳市为47.90%,衡阳市的城镇化水平比全省高1.25个百分点,居全省第五位,郴州的城镇化率为45.30%,永州的城镇化率达到39.87%。湘南地区的目标是:到2015年,衡阳发展为中心城区人口过120万的特大城市,成为中部地区重要的先进制造业和现代服务业基地;郴州发展成为中心城区人口过80万的湘粤赣边区中心城市;永州发展成为中心城区人口过70万的湘粤桂边区中心城市。按照目前的发展水平,要实现这一目标还任重道远。为贯彻落实党的十八大明确提出的"五位一体"的总布局,深入推进湖南"四化两型"建设,要以承接产业转移为契机,以生态城镇化为引领,进一步加快湘南地区的城市群建设,实现人口均衡化发展,使湘南地区真正成为湖南新的经济增长极。因此,在生态城镇化背景下探讨湘南工业园区开发对于实现"就地城镇化"、破解小城镇发展中产城融合这个难题,具有一定的积极意义。

2014年3月16日,国家发布了《国家新型城镇化规划(2014~2020)》,使得工业园区迎来爆发性增长。但目前湘南工业园区开发中存在配套设施不健全、"白天工厂,晚上空置"的现象,并没有真正解决农民工市民化的问题,导致产业发展与生态城镇化发展脱节。本文在此基础上分析湘南地区工业园区的开发现状以及存在的问题,重点阐述如何发挥自身的优势,自主创新,发展特色,突破工业园区的发展瓶颈,实现工业园区可持续发展,促进湘南地区生态城镇化健康有序发展。

一 工业园区的形成机理

(一)城市空间分化催生工业园区

城市空间分化可以描述为每个城市都有其特定的生态布局,不同区域的地价以及交通便利程度各有不同,各项社会主体必然发生比拼,从而产生区域内同类活动的集聚效应，导致空间分化。

工业园区与城市空间具有互动作用，工业园区是城市空间中的一个小单元格，但并不是一个封闭区域，而是与其他单元格以及整个城市空间都有联系。工业经济发展和用地布局是城市空间分化的主要驱动力，工业园区作为一种新型的经济形式，有着集聚效应和区位优势，是相关经济主体区域集聚的结果。随着产业主体在空间上的集聚，产业层次不断提升，自身投资环境得到改善，必然会对城市原有的空间布局产生影响，促使城市空间结构进行调整，形成新的布局，以适应新型经济发展的空间需求。另外，在现代城市诸多的功能中，其生产功能的转型直接催生了现代工业园区。[1] 城市空间结构的调整为工业园区的发展提供了良好的外部条件，在相当大的程度上，推动区域经济发展、提升综合竞争力的关键因素是资本，资金流入地繁荣兴盛，资金流出地则一片萧条，因此政府才会致力于城市空间规划。而园区是指政府统一规划指定区域，在区域内专门设置某类特定行业，进行统一管理，所以园区伴随城市空间分布，依赖城市科研实力以提升自主创新能力。

(二) 工业园区发展依赖产业集群

产业集群可以描述为聚集在一定区域内的同一产业或大量具有分工合作关系的不同规模的公司、各种相关机构和组织等行为主体，通过这种区域集聚对各种生产要素进行科学整合，形成竞争优势，提高区域经济发展水平。

20 世纪 70 年代以后，人类的生产方式进行不断的改革，新兴科学技术的产生及广泛的应用，促使市场竞争愈演愈烈，消费者的需求日新月异，技术创新节奏明显加快，循环往复大大缩减了产品的生命周期。为了降低生产成本，提高经济效益，人们更加注重产业间的关联度，着力于相关产业的协调统一，逐步形成产业集聚化。在这一变化进程中，世界各地将工业园区作为众多相关产业的集聚地和区域产业集群的适应载体，工业园区慢慢成为一种有效的经济组织形式。另外，从美国硅谷、中国台湾新竹科技园等成功案例中不难发现，产业集群化有助于工业园区的良性发展和区

---

[1] 李长征、张平：《衡阳市产业园区发展的现状及对策分析》，《经济研究导刊》2012 年第 5 期。

域竞争力的提升。工业园区的基本概念是指一定区域内众多企业的集聚，但并不是指任意企业在空间上的集聚，园区发展要求企业在产业或生产链上具有相关性，企业能从集群中获取各种有利资源，从而获得竞争优势，并通过本地竞争对手和顾客需求的力量进一步加强竞争，形成地理上的产业集聚，产生协同效应，获得竞争优势。[①] 产业集群化还能降低交易成本，提高生产效率，形成区域优势，加速区域经济发展，工业园区的发展依赖产业集群化效应，所以在发展过程中应注重二者之间的互动。

二 生态城镇化与工业园区开发的内在关联

根据《国家新型城镇化发展规划（2014~2020）》，新型城镇化的实质之一就是生态城镇化。新型城镇化是生态文明贯穿全过程的城镇化。推进新型城镇化，要从优化产业结构、能源结构、消费模式等多角度将生态文明理念植入城镇化发展的思维。因此，生态城镇化需要生态产业的支撑，而搞好园区开发，让所有承接项目进园区，实现资源集约、土地节约、污水集中处理，就是加大城镇生态环境建设力度，提高城镇生态环境的承载力，以良好的城镇生态环境支撑新型城镇化发展，以资源节约型、环境友好型城镇建设支撑生态城镇化发展的具体体现。

生态城镇化是促进"四化"同步发展的城镇化。按照"四化"同步的要求，城镇化应是工业化的加速器，是农业现代化的引擎，是信息化的载体，推进新型城镇化，要求推动信息化和工业化深度融合、工业化和城镇化良性互动、城镇化和农业现代化相互协调。而现代工业园区开发既可以解决工业化、信息化问题，又可以为农业现代化提供机器设备，为生态城镇化发展提供产业支撑。

生态城镇化是以人为本的城镇化。旧型城镇化的一个误区是"扩城运动"，而人力资源则较少被制度关照。生态城镇化是以人为核心的城镇化。推进生态城镇化，要着眼"人的无差别发展"，要让农民工市民化。城镇化不是简单的城市人口比例提高和面积扩张，而是要在产业支撑、人居环境、社会保障、生活方式等方面实现由"乡"到"城"的转变，中心是要解决

---

① 刘桦、杨婷:《工业园区能源、经济、环境协调发展影响因素研究》,《企业经济》2013年第3期。

人的城镇化问题，而优质的工业园区可以做到这一点，让人在城镇中更好地生产生活。

三 湘南工业园区发展现状

随着经济的飞速发展，工业园区成为增强区域竞争力的关键，是承接产业转移、招商引资的重要载体，对区域经济发展具有示范带头作用。当前，在工业面临强大竞争压力的情况下，湖南省委、省政府大力研究工业园区的发展状况，发展园区经济，力求工业经济水平能"稳中求进"。2012年，湖南省产业园区规模工业增加值增速约为15%，其中有7个市的产业园区规模工业增加值增长速度高于全省产业园区平均水平，分别是衡阳市（27.2%）、郴州市（26.4%）、湘潭市（23.5%）、永州市（19.6%）、娄底市（19.0%）、益阳市（17.6%）和株洲市（16.0%）。在相关政策支持下，位于湘南地区的衡阳、永州、郴州三市抓住了承接产业转移示范区建设的机遇，工业园区经济发展已初显成效。

（一）园区经济已成为湘南地区工业化建设的重点

园区经济是区域经济发展到一定阶段的必然结果，而工业园区作为承接产业转移的重要载体，对新型工业化经济的发展起着重要作用，有利于科学整合资源，提高产业集聚程度，提升招商引资能力，合理利用土地资源，已然成为工业化建设的重点。

为了加快湘南地区生态城镇化发展，三市不断加大对园区的建设力度。到目前为止，衡阳市有国家级工业园区1个，省级工业园区7个，市级工业园区6个，园区共有企业340多家。仅2012年1~9月，全市园区规模以上企业就实现增加值197.82亿元，占全市规模以上工业增加值的38.7%，园区经济总规模占衡阳市工业经济总量的1/3以上，对衡阳市经济社会发展的支撑带动作用日益突出。[①]

郴州市先后建立了9个省级产业园区，经过加大园区建设力度，工业园区的产业结构、层次和布局得到了显著的优化，资源利用效率有所提高，

---

① 左言庆：《要素集聚视角下的我国工业园区发展研究》，青岛科技大学博士学位论文，2012。

明显改善了高耗能、低产出的粗放型经济。

永州市先后形成工业园区 13 个，其中省级工业园区有 7 个，省级工业集中区有 2 个。全市工业园区规划面积共有 269.4 平方公里，已开发约 120 平方公里，已建成约 100 平方公里，全市运行效益逐步提升。2013 年，工业经济效益综合指数同比提升 9.8%，园区规模工业完成增加值同比增长 12.3%。

（二）园区发展充满活力

近年来，在正确的发展思路领导下，湘南地区的工业园区发展充满活力。衡阳市的园区发展取得了显著的成效，以白沙洲工业园区为代表，其总面积为 21.69 平方公里，园区先后被授予"国家火炬计划输变电装备产业基地""湖南衡阳深圳工业园""湖南十大最具投资价值产业园区""湖南衡阳台湾工业园"的称号。[①] 目前，园区内拥有企业 103 家，其中规模以上企业达 41 家，已建成投产的有燕京啤酒、南岳电控（亚新科）、合力工业车辆、华菱重卡、欧姆龙、富士康等一批国内外知名企业。在建项目有 28 个，合同引资总额达 357 亿元，入园项目累计完成投资 136 亿元，实现规模以上工业总产值 473 亿元。企业提供的就业岗位达 17230 个。

而郴州园区目前承接多种产业，包含有色金属新材料产业、电子信息产业、装备制造产业、冶金产业、化工产业、轻工制造产业、机电一体化产业等。园区共有企业 200 多家，已初步形成了"3+1"的特有产业发展格局，即电子信息产业、有色金属新材料产业、装备制造业以及现代服务业，2012 年园区完成工业总产值 310.82 亿元，其中电子信息产业、有色金属新材料产业、装备制造产业三大主导产业完成其中的 228.03 亿元，占工业总产值的 73%。随着工业园区的开发，2012 年，永州市工业园区实现技工贸易总收入 585.3 亿元，同比增长 44.5%，规模工业增加值为 136.4 亿元，同比增长 42.1%，占全市规模工业增加值的 62.9%。

（三）园区内产业集群效应显现

经过多年的建设和培育，湘南各大园区形成了一定的产业集聚现象。

---

① 罗娇：《我国工业园区发展循环经济的问题及对策研究》，《再生资源与循环经济》2013 年第 6 期。

以衡阳白沙洲工业园区为例，园区内已形成以欧姆龙、富士康为代表的光伏电子信息产业，以中钢衡重"大型矿冶成套装备制造"、中外合资的衡阳华意机械"大型橡胶注射成型设备及制造品"为代表的先进制造业，以恒大物流、衡阳白沙综合物流有限公司、衡阳白沙洲生产资料物流股份有限公司为代表的现代物流业。

郴州园区内产业集群化初步显现，已形成以华录数码、海利微电子、新宜电子、科达电子等为主的数字视讯行业，以台达电子、保来得精密轴承、格瑞普新能源、格兰博电池等为主的电子元件行业，以华磊光电、耀扬新能源、长奇新能源等为主的LED照明行业，以郴州粮机、农夫机电为主的农业机械行业，以春意中央空调、康美风中央空调、格兰博智能科技、康菱数控设备、福禧来电气、联合汇龙电器、恒利美达电器、埃瓦空气源等为主的家用电器行业，以稻木科技、捷胜复合材料、中马汽车空调为代表的汽车（自行车）零部件行业。

调查显示，永州市园区内聚集的工业企业总数达900余家，其中规模工业企业仅有342家，园区内规模工业企业占园区内工业企业总数还不到40%，约占全市规模工业企业总数（681家）的50%。部分园区内产业集聚的现象已初步形成，例如在凤凰经济开发区内，形成了广汽长丰汽车股份有限公司永州分公司1家整车生产企业和6家汽车产业配套企业，但集聚规模较小，园区内大部分企业犹如一条条平行线，企业间关联度不高，集聚效应还有待加强。

（四）园区软硬环境不断改善

近年来，各大园区软硬环境建设投资力度不断加大。2012年，衡阳白沙洲工业园区累计完成基础设施投资37.29亿元，建成了11条道路，总路程达21公里，道路的绿化、亮化、人行道板敷设等工程也已完成；水、电、燃气、信息通信等公用设施配备到位，项目入园便可使用；建成了创业园标准厂房共34万余平方米，安置房、廉租房（含公租房）分别为27.6万和12.6万平方米，在建标准厂房、廉租房和公租房近50万平方米。郴州市为了进一步提升园区发展的内在吸引力，改善投资环境，不断加强软硬环境建设，加大园区医疗卫生、教育、娱乐、公共交通、水电、绿化等配套基础设施投入，为员工提供一定数量的保障性住房，设立政务服务机构，实行并联审批制等，力求达到更好的招商引资效果。永州市不断加强园区内环境建设，对交通基础设施不断加大投入，高速公路、国省干线公路、农村公路、机场、水运项目得到扩建。在软环境方面，永州市政府正逐步实现部分权力下放，针对入园企业出台《东安县承接产业转移优惠政策十六条》，对东安经济开发区采取"封闭式"管理和提供"一站式"服务。双排县出台了《关于推行园区服务大优化几项制度的通知》，对入园项目实行"一章通""零收费""交办制""三公开"服务；道县、新田工业集中区也实现了集中统一办理，大力推行"一站式"服务。

四 湘南工业园发展存在的问题

（一）主导产业多且杂，产业层次低

2012年，湘南地区各工业园呈现主导行业总量较多、规模有大有小、发展程度不一的特点。这是由于部分园区的前期规划不明确，招商引资未能按照因地制宜的特点有选择地进行，导致涉及的行业领域过多，且产业结构雷同，主导产业交叉存在；之后又没有制定规划，布局较散，导致园区布局不合理，难以形成产业集聚，特色不突出，影响园区经济发展。三市对比，衡阳市已初步形成了电子信息产业、新能源制造产业、新材料产业等优势产业，郴州市也存在丰富的自然资源优势产业——有色金属冶炼和加工产业。衡阳、郴州主导行业规模较大，主导行业分布相对集中，其主导行业个数大致为3~6个，产业层次还有待进一步提高。而永州市各工业园区主导产业多且杂，尚未根据其特有的城市空间布局形成相应的优势产业，工业园区的主导行业分布相对较散，主导行业个数在7个以上，特色不突出。

（二）企业竞争力不强，工业后劲不足

随着工业园区的建立，永州市政府不断进行招商引资，吸引各企业先后入驻园区，但招商机制不灵活。就质量而言，引进项目在谈的多，成功的少；小项目多，大项目少；三高（高耗能、高排放、高污染）企业多；三低（低消耗、低排放、低污染）企业少。引进的基本上都是技术含量较低、劳动力密集型的粗加工产业，由于产业层次较低，产业集群化效应不够强，园区内尚未形成相关产业链，又不具备市场、人才、技术等方面的优势，存在支柱工业技术含量有待提升等问题，企业竞争力不强，工业后

劲不足。在这一方面，永州市问题比较突出。至今，全市各园区规模工业企业平均有26家，最少的只有7家。其中，2012年，全市新增园区规模工业企业48家，多数园区只有1~3家。各园区平均支付的利益所得税为1.27亿元，最少的只有0.02亿元，工业园区经济发展不平衡，差距较大。

（三）资金较紧缺

资金问题一直是制约经济发展的关键所在，近年来湘南地区各地都大力实施招商引资战略，不断加大招商引资力度，这当然取得了一定的成效，但是部分园区存在以下问题：政府支持力度不够，投资引导作用不强；项目到位资金少，引进项目与实际在建项目存在差距，引进资金未到位；核心企业少，小企业相对较多，企业投资不足；招商引资难度大，园区软硬环境缺失，以及引进的企业带动力不强，不能有效吸引相关企业入驻；园区发展活力不足，部分项目建设资金紧缺，严重影响园区经济的发展。

（四）基础设施配套不足

由于现行税收、产值和考核政策不够健全，工业园区用地指标不一，有的园区用地指标不足，也有部分园区用地指标过多、土地闲置，园区间存在地价无序竞争的现象。地价成倍上涨，导致建设资金不足。部分工业园区由于供电站尚未建成或未投入使用，用电、用气仅接受临时供给，企业用电的根本性问题尚未解决；园区内交通不够通畅，道路建设不足，相应的道路绿化、亮化、人行道板等工程尚未完工；燃气、通信、安置房、廉租房等公共设施也未完全配备到位，园区内基础配套设施建设滞后，吸引投资的硬环境得不到改善，难以支撑工业经济的发展。

五 推进湘南三市工业园区有效发展的建议

（一）以生态城镇化建设为引领，园区开发要明确定位，分步实施

经济发展讲究因地制宜，自身定位是园区发展的主线。而湘南地区各工业园区在成立之初，发展思路还不够成熟，大多存在定位不明确、规划不完善等问题，导致园区在发展过程中受到自身因素限制。所以在经济不断发展的背景下，应跟上时代的步伐，按照"工业新城"的发展要求，促使各大园区明确自身定位，及时修编的高起点、高水准、高质量的规划；

合理规划、分配用地，节约资源，避免造成资源浪费，为以后园区的发展提供充分的预留空间。

在园区实施规划建设的过程中，应杜绝盲目求进、一步到位的想法，应严格按照规划先导要求，分步实施。紧紧围绕"特色化、集聚化、规模化、城市化"的建设目标，统筹分配。根据经济发展需要，科学规划，合理调整工业布局。循序渐进，按步骤、有计划地招商引资，促使产业布局与地域优势更好地结合起来，以优势提升竞争实力，从而达到调整产业结构、提升园区产业层次、增强产业集聚效应、实现产业结构升级的目的。

（二）因地制宜、自主创新，提升产业层次

特色就是竞争力，各工业园只有不断强化特色，才能促进发展，最终脱颖而出。园区要认清自身的发展现状，把握好特有的资源优势和区位优势，因地制宜，扬长避短。目前郴州市工业园区承接产业转移初显成效，根据其现有的产业基础以及资源禀赋分析，产业承接领域大致为电子信息产业、有色金属新材料产业、装备制造业。而永州市工业园区，大多存在重点产业不突出、产业层次低的问题，因此应根据自身资源优势，强化特色，明确发展方向，定向招商，完善特色产业链，提升产业层次，最终实现零陵锰加工专业园区、东安光伏产业园、江永绿色食品工业园等专业园区重点产业健康有效发展，将特色产业做大、做强。

各大园区在谋求发展的过程中，不能过于循规蹈矩，墨守成规，要解放思想，更新观念，考虑问题发展的独到性；应不断加大科技投入，培育、引进高技术人员，为园区发展储备人才；应添置专业设备，通过不断的技术创新来提升产品质量，降低成本及损耗，提高性价比；应大胆探索新道路，可以尝试将园区的道路、排水、通信等基础设施建设项目作为招商引资的新项目，在不断创新中追求园区经济持续有效发展。

（三）扩大招商引资力度

1. 加大政府引导力度

发展是在总结以往经验的基础上不断更新再创造，由工业总产值居全国第二的成功工业园区——苏州工业园区的发展经验可知，园区发展倚仗其经济基础，而运用政府进行市场调控，是实现园区有效发展的重要途径，在园区建设发展过程中起着不可忽视的作用。因此在发展园区经济的过程中应加强政府的投资引导作用,建立以企业为主体、政府参与、市场运作的多元化投入机制,拓宽资金来源,降低盲目招商的概率,实现园区可持续发展。

2. 创新招商引资方式

为了加快园区发展的步伐,园区应继续加速营造"亲商、安商、富商"的环境,力求为企业提供良好的投资和发展环境,在坚持完善小分队招商、领导引进、以现有企业招商等传统招商形式的基础上,不断创新招商引资方式,探索网络招商、区域定向招商、项目招商、产业链企业招商、活动招商等新方法,积极引进有利于园区发展的产业。

3. 定向招商,促进产业集聚

永州市工业园区大多存在定位不明确、无序招商的问题,不是自主选商引资,而是处于被选择的境地,发展状况不佳。所以应实行园区定向招商,因地制宜,有选择地招商,围绕传统优势产业的转型和战略化新兴产业的培养,发展优势产业,引进有利于产生产业集群化效应的大项目和有长远发展前景的好项目,增强招商引资的针对性和有效性,引导企业主动出击,达成合作共识,实现做大做强的目的。坚持"招大商,大招商"的招商理念,加强对关联性大、带动作用强的企业的培育,主要围绕产品链、产业链进行招商,降低生产成本,促进园区产业集聚化。

(四) 完善基础设施建设

基础设施是园区招商引资的基本保障,通畅的产业配套体系能有效吸引优势企业入驻园区,提升经济发展水平。衡阳市白沙工业园区就是个很好的例子,正是因为园区内基础设施建设的不断完善,为园区发展打下了良好的基础,实现了其有效的发展,所以在发展过程中要不断加强基础设施建设。虽然各大园区都在认真实施,但由于资金缺乏、规划不到位等原因,园区内目前存在设施配套不足的问题,承载能力较弱,这一硬环境的缺失,给招商引资造成了极大的阻碍,不利于园区经济的发展。所以当务之急是要对各工业园区的供电、排水、道路、绿化、厂房、安置房等基础设施进行完善,同时对个别工业用地进行指标化控制,防止无序竞争,减少土地资源的浪费,为招商引资打下良好基础,以更好地进行园区建设。

城镇化、经济增长与中国 CO_2 排放

杨晓军[*]

摘 要 本文在结合 STIRPAT 模型和简单环境库兹涅茨曲线基础上，建立城镇化、经济增长与 CO_2 排放量的实证模型，利用 1953~2010 年和 1978~2010 年的时间序列数据，研究城镇化、经济增长对 CO_2 排放量的影响。研究结果表明：从长期来看，经济增长与 CO_2 排放量呈现反 N 形关系，城镇化与 CO_2 排放量呈现 N 形关系，政府户籍制度对 CO_2 排放量产生稳定的负向效应，城镇化与 CO_2 排放量存在较弱的反向的单向因果关系；从短期来看，经济增长与 CO_2 排放量呈现 N 形关系，城镇化与 CO_2 排放量呈现反 N 形关系，政府户籍制度对 CO_2 排放量的影响不显著，城镇化与 CO_2 排放量存在较弱的正向的单向因果关系。

关键词 城镇化　经济增长　CO_2 排放

一　引言

城镇化是农村人口转变为城镇人口、传统农业社会向工业社会转变的自然历史过程。新中国成立后，城镇化率呈现稳步上升的趋势，据统计，1949 年城镇化率为 10.64%，2010 年城镇化率为 49.95%，年均增长率为 2.56%。总体来讲，中国城镇化水平滞后于国外同等发展水平国家或同样发展阶段国家的城镇化水平，估计今后中国城镇化还将保持较快的发展趋势，城镇化率仍将年均提高 1 个百分点左右。[①] 城镇化过程中必然伴随着大量的

---

[*] 杨晓军，中南财经政法大学经济学院副教授，研究方向为城镇化与生态经济发展。
[①] 简新华、黄锟：《中国城镇化水平和速度的实证分析与前景预测》，《经济研究》2010 年第 3 期。

农村劳动力由农业部门向城镇非农部门转移。农村劳动力城镇非农就业转移过程实际上是大量低生产率水平的农村劳动力从农业部门流向工业和服务业部门，成为高生产率水平的城镇劳动力的过程。从农业部门来看，农业部门存在的大量剩余劳动力降低了其生产效率，造成了生产要素和资源的巨大浪费。如果实现农村剩余劳动力的非农就业转移，就有利于提高农业部门的劳动生产率，促进农业部门的发展；从工业和服务业部门来看，大量农村劳动力进入非农就业部门，为其提供大量的廉价劳动力，可以实现劳动力要素在产业部门间的重新配置，提高农村劳动力的劳动生产效率，推动非农部门的发展。然而，新中国成立初期政府推行重工业优先发展战略，1958年正式确立了严格的户籍迁移制度，使得农村人口迁往城镇受到严格限制，导致我国严重的城乡二元经济结构分割，阻碍了城镇化发展进程，由此可见，户籍制度成为阻碍农村劳动力向城镇非农就业部门转移的重要制度因素。[①]

城镇化发展与能源消费之间存在紧密的逻辑关系。城镇化快速增长阶段的能源消费特征是增长速度快和能源需求刚性。城镇化与工业化发展一般同步进行，工业化发展体现为高耗能产业的发展，因此城镇化发展会加快能源消费速度。与此同时，城镇化进程中会伴随大规模的基础设施建设，在国际市场有限的前提下，国内会对能源消费产生刚性需求。从我国现有能源消费结构来看，主要是以煤炭为主，以石油、天然气为辅，新能源与可再生能源的比例较低。据统计，2010年全国能源消费总量为32.49亿吨标准煤，其中，煤炭消费量占68%，石油消费量占19%，天然气消费量占4.4%，其他新能源与可再生能源仅占8.6%。在能源尤其是化石能源消费过程中会伴随着大量CO_2排放。因此，城镇化发展是驱动CO_2排放的重要因素。

考虑到经济增长与CO_2排放之间的关系，在研究城镇化对CO_2排放的影响时也需同时考虑到经济增长对CO_2排放的影响，而环境库兹涅茨曲线是一个有效的工具。另外，STIRPAT模型描述了经济增长和环境污染之间的关系。为此，本文在结合STIRPAT模型和简单环境库兹涅茨曲线基础上，参考现有研究成果，建立城镇化、经济增长与CO_2排放的实证模型，利用

[①] 蔡昉、都阳、王美艳：《户籍制度与劳动力市场保护》，《经济研究》2001年第12期；李强：《影响中国城乡流动人口的推力与拉力因素分析》，《中国社会科学》2003年第1期。

1953~2010年、1978~2010年的时间序列数据,研究城镇化、经济增长对CO_2排放的影响。

二 文献综述

城镇化对能源消费和CO_2排放的冲击是非常明显的,特别是城镇化进程中的高耗能增长特征,是影响各国能源需求及CO_2排放的重要因素。因此国外学者对城镇化与CO_2排放的关系进行了深入细致的研究。Jyoti Parikha和Vibhooti Shukla利用发展中国家面板数据进行实证分析,认为城镇化对能源利用和温室气体排放具有显著影响。[1] Matthew A. Cole和Eric Neumayerc运用1975~1998年全球86个国家的数据分析人口因素对空气污染的影响,发现高城市化率会增加CO_2排放。[2] Richard York通过选取1960~2000年14个欧盟成员国的数据分析人口和经济因素对能源消费的影响,认为城镇化对能源消费变动的贡献较大,进而产生更多的CO_2排放。[3] Shaista Alam等以巴基斯坦为例,基于STIRPAT模型实证分析城镇化与能源消费、环境退化之间的关系,表明快速的城市化对环境退化具有正向效应。[4] Brant Liddle和Sidney Lung利用修改后的STIRPAT模型分析得出结论:在发达国家,城镇化与居民部门的能源消费存在明显的正相关关系。[5] Phetkeo Poumanyvong和Shinji Kaneko运用1975~2005年99个国家的面板数据和STIRPAT模型进行实证分析发现,城镇化对能源利用和CO_2排放的影响随着经济发展阶段呈现不同特征,在低收入国家城市化会减少能源利用,而在中高收入国家会

---

[1] Jyoti Parikha, Vibhooti Shukla, "Urbanization, Energy Use and Greenhouse Effects in Economic Development: Results from a Cross-national Study of Developing Countries," *Global Environmental Change*, 1995, 5 (2), pp. 87–103.

[2] Matthew A. Cole, Eric Neumayerc, "Examining the Impact of Demographic Factors on Air Pollution," *Population and Environment*, 2004, 26 (1), pp. 5–21.

[3] Richard York, "Demographic Trends and Energy Consumption in European Union Nations: 1960–2025," *Social Science Research*, 2007, 36 (3), pp. 855–872.

[4] Shaista Alam, Ambreen Fatima, Muhammad S. Butt, "Sustainable Development in Pakistan in the Context of Energy Consumption Demand and Environmental Degradation," *Journal of Asian Economics*, 2007, 18 (5), pp. 825–837.

[5] Brant Liddle, Sidney Lung, "Age-structure, Urbanization, and Climate Change in Developed Countries: Revisiting STIRPAT for Disaggregated Population and Consumption-related Environmental Impacts," *Population and Environment*, 2010, 31 (5), pp. 317–343.

增加能源利用；城镇化对 CO_2 排放的影响在所有收入水平的国家均显著，尤其是中等收入国家。[1] Inmaculada Martínez - Zarzos 和 Antonello Maruotti 运用 1975~2003 年发展中国家的数据分析城市化对 CO_2 排放的效应，结果显示：城市化和 CO_2 排放呈现倒 U 形关系。[2]

随着中国城镇化进城的加快和 CO_2 排放的高速增长，出现了以中国为研究对象来研究城镇化对 CO_2 排放影响的相关文献。Wei 等研究表明：中国城镇化率每提高 1% 将引起总能源需求增加 1% 和 CO_2 排放增加 1.2%。[3] Liu 运用 ARDL（自回归分布滞后）和 FDM（因素分解模型）对 1978~2010 年中国城镇化和能源消费关系进行实证分析，结果表明：中国能源消费与城市化水平之间存在稳定的长期关系，无论长期还是短期，城镇化与能源消费总量之间均存在单向的 Granger 因果关系。[4] 林伯强和刘希颖引入城市化因素对 Kaya 恒等式做出适当修正以研究碳排放的影响因素，结果说明城市化的确对碳排放有重要影响，加入城市化变量可以更准确地捕获这一特殊发展阶段对能源需求和碳排放的影响，以及城市化进程本身对碳排放的影响。[5] 孙慧宗和李久明采用 1978~2006 年的相关统计数据对中国城市化与含碳能源消费发生的 CO_2 排放量进行协整分析，研究发现城市化与 CO_2 排放量之间存在着长期稳定的均衡关系，两者不具有理论上的双向因果关系。[6] 许泱和周少甫根据 1995~2008 年我国 30 个省市的面板数据，采用 STIRPAT 模型分析城市化对 CO_2 排放的影响。结果显示：我国城镇化的推进导致 CO_2

---

[1] Phetkeo Poumanyvong, Shinji Kaneko, "Does Urbanization Lead to Less Energy Use and Lower CO_2 Emissions? A Cross - country Analysis," *Ecological Economics*, 2010, 70 (2), pp. 434 - 444.

[2] Inmaculada Martínez - Zarzoso, Antonello Maruotti, "The Impact of Urbanization on CO_2 Emissions: Evidence from Developing Countries," *Ecological Economics*, 2011, 70 (7), pp. 1344 - 1353.

[3] Baoren Wei, Hiroshi Yagita, Atsushi Inaba, Masayuki Sagisaka, "Urbanization Impact on Energy Demand and CO_2 Emission in China," *Journal of Chongqing University - Eng. Ed.*, 2003, (2), pp. 46 - 50.

[4] Yaobin Liu, "Exploring the Relationship between Urbanization and Energy Consumption in China Using ARDL (Autoregressive Distributed Lag) and FDM (Factor Decomposition Model)," *Energy*, 2009, 34 (11), pp. 1846 - 1854.

[5] 林伯强、刘希颖：《中国城市化阶段的碳排放：影响因素和减排策略》，《经济研究》2010 年第 3 期。

[6] 孙慧宗、李久明：《中国城市化与二氧化碳排放量的协整分析》，《人口学刊》2010 年第 3 期。

排放量的增加，CO_2排放增加速度高于城镇化率的提高速度，城镇化进程会继续放大CO_2排放量的增加；地区的城镇化水平基数越低，城镇化进程对CO_2排放的影响也就越大；地区的城镇化推进速度越快，城镇化进程对CO_2排放的影响也就越大。[①]

现有研究成果主要呈现以下几个特点。一是国外学者研究所使用的数据大多为跨国面板数据。尽管面板数据在经验研究中具有一定优势，但是跨国研究并不能为单个国家提供更多支持，因此研究单个国家在一段时期内城镇化与CO_2排放的关系更具有实际价值。因此本文使用中国的时间序列数据，以此来动态地观察城镇化、经济增长对中国CO_2排放的影响。二是现有研究中关于CO_2排放的指标多种多样，包括总量指标（CO_2排放总量）、人均排放指标（人均CO_2排放量）、排放强度指标（单位GDP的CO_2排放量），这些指标均存在一定的不足，因此本文同时采用这3种指标来研究城镇化、经济增长对中国CO_2排放的影响，确保获得更加稳健的研究结论。三是国内外文献基本没有考虑户籍制度对CO_2排放的影响，户籍制度作为一个制度变量会直接影响农村劳动力的非农就业转移，进而影响城镇化的进程，因此本文在现有研究基础上考察户籍制度对CO_2排放的影响。

三　模型与数据回归分析

（一）模型设定

经典的IPAT模型认为环境影响（I）与人口（P）、富裕程度（A）和技术水平（T）紧密相关，即$I = P \cdot A \cdot T$。该模型简单、直接、有效地反映环境与人口、经济和技术之间的关系，受到学术界广泛认可。当然也存在一些局限性，如存在单位弹性假设，假设各自变量对因变量的影响是等比例的。基于此，Richard York、Eugene A. Rosa和Thomas Dietz提出了STIRPAT模型，以此分析人口、经济和技术对环境的影响，基本形式为：

$$I_i = aP_i^b A_i^c T_i^d e_i$$

其中，a、b、c、d均为被估计的参数，e_i为随机误差项，i表示I、P、

[①] 许泱、周少甫：《我国城市化与碳排放的实证研究》，《长江流域资源与环境》2011年第3期。

A、T 在不同观测单元之间的变化。

Gene M. Grossman 和 Alan B. Krueger 对经济增长与环境质量的相关性进行实证研究，发现经济增长与环境质量之间呈现一种倒 U 形关系，即环境库兹涅茨曲线（EKC）。现有研究中一般采用环境质量（污染物排放）与经济增长的简化模型，其基本形式如下：

$$E = \alpha + \beta_1 y + \beta_2 y^2 + \beta_3 y^3 + \beta_4 Z + \varepsilon$$

其中，E 代表环境质量指标，y 代表收入水平（一般为人均 GDP），Z 代表除收入水平外影响环境质量的其他指标，α 代表常数项，β_1、β_2、β_3、β_4 分别代表各自变量的估计系数，ε 代表误差项。

本文在结合 STIRPAT 模型和简单环境库兹涅茨曲线的基础上，参考现有研究成果，选取人口数、人均 GDP、能源强度、城镇化水平和户籍制度等因素作为自变量，来研究城镇化、经济增长对 CO_2 排放的影响，模型如下：

$$C_t = f(P, PY_t, EI_t, UR_t, HR_t)$$

其中，C_t 代表 CO_2 排放，将分别选取 CO_2 排放总量（TCO_2）、人均 CO_2 排放量（PCO_2）、单位 GDP 的 CO_2 排放量（GCO_2）作为 CO_2 排放指标；P 代表人口数；PY_t 代表人均 GDP；EI_t 代表能源强度；UR_t 代表城镇化水平；HR_t 代表户籍制度；t 代表年份。

在实证研究中，为消除异方差和直接获得因变量对自变量的弹性，对变量均做自然对数处理（户籍制度变量除外），得到新的模型如下：

$$\ln C_t = \alpha_t + \beta_1 \ln P + \beta_2 \ln PY_t + \beta_3 \ln^2 PY_t + \beta_4 \ln^3 PY_t + \beta_5 \ln EI_t + \beta_6 \ln UR_t + \beta_7 \ln^2 UR_t + \beta_8 \ln^3 UR_t + \beta_9 HR_t + \mu_t$$

其中，α_t 代表常数项，β_1、β_2、β_3、β_4、β_5、β_6、β_7、β_8、β_9 分别代表各自变量的估计系数，μ_t 代表随机误差项。

（二）数据处理与来源

1. CO_2 排放

由于我国统计机构没有公布 CO_2 排放的检查数据，而 CO_2 排放量与各种碳能源的消费使用密切相关，因此需要对 CO_2 排放量进行测算。我国 CO_2 排放主要来源于化石能源的燃烧，国内现有文献中的 CO_2 排放量都是通过各种能源消费转化而来的。目前 CO_2 排放量主要利用因素分解法获得，包括各种化石能源消费总量和比例、CO_2 排放系数和 CO_2 气化系数，具体计算公式如下：

$$C = \sum_i E \cdot \frac{E_i}{E} \cdot P_i \cdot Q = \sum_i E \cdot e_i \cdot P_i \cdot Q$$

其中，C 代表 CO_2 排放量，单位是吨；E 代表能源消费总量，单位是万吨标准煤；E_i 代表第 i 种能源消费量，单位是万吨标准煤；e_i 代表第 i 种能源消费量所占比重，单位是%；P_i 代表碳排放系数，来自现有各项研究数据的平均值（见表1），单位是吨碳/吨标准煤；Q 代表 CO_2 气化系数，是指碳完全氧化成 CO_2 之后与之前的质量之比，是一个标准量44/12；i 代表各种含碳能源，主要是指煤炭、石油和天然气等。

表1 现有研究使用的 CO_2 排放系数

序号	数据来源	煤炭	石油	天然气
1	DOE/EIA	0.702	0.478	0.389
2	日本能源经济研究所	0.756	0.586	0.449
3	中国工程院	0.680	0.540	0.410
4	GEF	0.748	0.583	0.444
5	ADB	0.726	0.583	0.409
6	北京项目	0.656	0.591	0.452
7	发改委能源研究所	0.7476	0.5825	0.4435
	平均值	0.7165	0.5634	0.4281

资料来源：第1~6项来源于孟昭利《企业能源审计方法》（第2版），清华大学出版社，2002；第7项来源于发改委能源研究所《中国可持续发展能源暨碳排放情景分析综合报告》，2003。

能源消费总量和煤炭、石油、天然气3种能源消费比重数据来自《新中国60年统计资料汇编》和《中国统计年鉴2011》。

另外，人均 CO_2 排放量的单位是吨/人，CO_2 排放强度是单位 GDP 的 CO_2 排放量，单位是吨/万元。

2. 城镇化水平

从现有文献来看，城镇化水平的测量指标主要有人口比重指标法、调整系数法、农村城镇化指标法、城镇土地利用指标法和现代城镇化指标法5种，但是后4种方法在操作层面存在一定的困难，考虑到数据的可获得性，现有研究普遍采用人口的比重指标法，即用城镇人口占总人口的比重来衡量城镇化水平。因此，本文仍然沿用普遍的人口比重指标法，单位是%。城镇化水平数据来自《新中国60年统计资料汇编》和《中国统计年鉴2011》。

3. 户籍制度

户籍制度直接反映政府宏观政策对CO_2排放的影响，是一个虚拟变量，存在户籍制度$HR=1$，其他$HR=0$。将1961~1984年的户籍制度变量取值为1，其余时间取值为0。

4. 其他变量数据

GDP和人均GDP数据均来源于《新中国60年统计资料汇编》和《中国统计年鉴2011》，单位是亿元；全国的人口数据来源于《新中国60年统计资料汇编》和《中国统计年鉴2011》，由于资料中给出的是年末人口数，在计算人均CO_2排放量时，使用的人口数为当年和上年的平均数，单位是万人；能源强度是反映单位GDP生产过程中的能源消费量，是衡量能源利用效率的重要指标，一般而言，能源强度越高，表示经济活动的能源利用效率越低，产生的CO_2排放量相对越多，反之也成立，单位是吨标准煤/万元。

在利用时间序列数据进行实证研究的过程中，时间序列的样本区间分为1953~2010年和1978~2010年，以更好地从长期和短期来考察城镇化、经济增长对CO_2排放的影响。1953~2010年样本区间内的相关变量以1952年为不变价格，1978~2010年样本区间内的相关变量以1978年为不变价格。

四　结果分析

(一) 描述性分析

为直观反映城镇化、经济增长对CO_2排放的影响，对城镇化水平、人均GDP、CO_2排放总量、人均CO_2排放量、单位GDP的CO_2排放量等时间变量进行描述性分析。

CO_2排放总量、人均CO_2排放量在总体上均呈现持续增长的趋势。1953年CO_2排放总量为1.51亿吨，到2010年CO_2排放总量为79.69亿吨，是1953年的52.8倍；1953年人均CO_2排放量为0.26吨/人，到2010年人均CO_2排放量为5.96吨/人，是1953年的22.92倍。尤其需要注意的是，在

2000年之前，CO_2排放总量、人均CO_2排放量的增长趋势比较平缓，但在2001年以后，CO_2排放总量、人均CO_2排放量呈现迅速增长的趋势。原因在于：在2000年以前，能源强度的下降减少了人均CO_2排放量的增加，但2001年以后，高耗能产业的快速发展和能源消费中煤炭消费比例的提高，导致了能源强度和能源结构碳强度的反弹。

单位GDP的CO_2排放量在总体上呈现较大的波动幅度，1953年单位GDP的CO_2排放量为0.21吨/百万元，到2010年单位GDP的CO_2排放量为1.90吨/百万元，是1953年的9.05倍。分时间段来看，1953~1960年单位GDP的CO_2排放量呈现小幅上升趋势，随后开始下降；1968~1978年单位GDP的CO_2排放量呈现较大幅度上升趋势，随后至1990年呈现稳定态势；1991~1998年呈现持续减少的趋势，但是随后出现小幅度攀升。

我国城镇化水平基本保持稳定增长的态势，从1953年的13.31%上升到2010年的49.95%。分时间段来看，1978年之前我国城镇化水平相对比较稳定，改革开放后城镇化水平提高速度较快，年均增长率为3.26%。

人均GDP呈现长期增长的变动趋势。分时间段来看，1953~1984年呈现相对稳定的趋势，随后开始逐年增长。

(二) 单位根检验

由于时间序列变量具有非平稳性，为了避免实证分析时出现"伪回归"现象，需要对模型中的各个时间序列变量进行平稳性检验。现有研究中检验时间序列平稳性的标准方法是单位根检验（Unit Root Test），本文主要使用常见的ADF检验方法。具体检验结果如表2所示。检验结果表明：本文所涉及的所有时间序列变量的t统计量值均大于显著性水平为10%的临界值，表明所有时间序列都是非平稳的；1953~2010年样本区间内各变量的一阶差分序列的t统计量值均通过相应显著性水平的临界值，为平稳序列，即原始序列均为一阶单整序列 I(1)，满足进行协整检验的条件；1978~2010年样本区间内各变量的二阶差分序列的t统计量值均通过相应显著性水平的临界值，为平稳序列，即原始序列均为一阶单整序列 I(2)，满足进行协整检验的条件。

(三) 协整检验及回归估计

由单位根检验得知，模型中的各个时间序列均为一阶或二阶单整过程，可以利用由Engle和Granger提出的基于回归残差的协整检验方法来检验模型中因变量和自变量之间的协整关系。因此，首先对模型方程进行普通最小二乘法（OLS）回归，在此基础上分别对其残差进行单位根 ADF 检验。在回归过程中我们采用 White 稳健标准差来得到系数的 t 统计值，同时通过在回归方程中加入 AR 项消除序列自相关，并运用 BG 拉格朗日乘数检验（Breusch – Godfrey Serial Correlation LM Test）来检验模型方程是否消除自相关。另外，在模型回归方程建立过程中，根据实际情况对某些变量进行一定程度的取舍，以更好地拟合模型。具体模型的回归方程及检验结果参见表 3。表中分别给出了样本区间分别为 1953～2010 年和 1978～2010 年，因变量分别为 $lnTCO_2$、$lnPCO_2$ 和 $lnGCO_2$ 的 6 个不同模型。从回归结果的调整后 R^2、F 统计量、D. M 统计量、BG – LM 检验的 F 统计量和概率、回归残差的 ADF 检验等检验结果来看，所有回归模型拟合良好，基本消除自相关，模型的残差均为平稳序列，这说明所有回归模型中涉及的变量之间存在长期协整关系。下面分别考察研究人口、经济增长、能源强度、城镇化和户籍制度对 CO_2 排放的影响。

1. 样本区间为 1953～2010 年的时间序列模型

总体来看，3 个模型中各自变量的回归系数基本显著，说明在长期内人口、经济增长、能源强度、城镇化和户籍制度对 CO_2 排放均具有显著影响。具体来看，人口对 CO_2 排放总量、人均 CO_2 排放量、单位 GDP 的 CO_2 排放量的回归系数为正值，说明人口增加会增加 CO_2 排放，与现有研究结果基本符合；人均 GDP 对 CO_2 排放总量、人均 CO_2 排放量、单位 GDP 的 CO_2 排放量的回归系数在统计上基本满足在 5% 的显著性水平下显著。从模型所刻画的 EKC 曲线来看，说明 EKC 曲线为反 N 形，即在长期内，CO_2 排放总量、人均 CO_2 排放量、单位 GDP 的 CO_2 排放量与经济增长呈现反 N 形关系。能源强度对 CO_2 排放总量、人均 CO_2 排放量、单位 GDP 的 CO_2 排放量的回归系数为正值，均在 1% 的显著性水平上显著，且比较稳定，说明能源强度对 CO_2 排放呈现稳定的正向效应，即随着单位 GDP 能耗的增加，CO_2 排放量随之增加。城镇化对 CO_2 排放总量、人均 CO_2 排放量、单位 GDP 的 CO_2 排放量的回归系数在统计上基本满足在 1% 的显著性水平下显著。从模型所刻画的曲线来看，说明城镇化与 CO_2 排放两者呈现 N 形变动趋势，即在长期内，城镇化与 CO_2 排放总量、人均 CO_2 排放量、单位 GDP 的 CO_2 排放量呈现 N 形关系。政府户籍制度对 CO_2 排放总量、人均 CO_2 排放量、人均 GDP 的 CO_2 排放量的回归系数为负值，均在 1% 的显著性水平上显著，且比较稳定，说明户

表 2 时间序列的单位根检验结果

变量	水平统计量 (t-Statistic)		一阶差分 (t-Statistic)		二阶差分 (t-Statistic)	
	检验类型 (c, t, k)	1953~2010 年	检验类型 (c, t, k)	1978~2010 年	检验类型 (c, t, k)	1953~2010 年	检验类型 (c, t, k)	1978~2010 年

变量	检验类型 (c, t, k)	1953~2010 年	检验类型 (c, t, k)	1978~2010 年	1953~2010 年	检验类型 (c, t, k)	1978~2010 年
$\ln TCO_2$	(c, t, 6)	-2.628734	(c, t, 1)	-2.882926	-4.438930***	(c, t, 0)	-4.997056***
$\ln PCO_2$	(c, 0, 2)	-1.478193	(c, 0, 1)	-2.539757	-4.361324***	(c, t, 0)	-4.974647***
$\ln GCO_2$	(c, t, 7)	-0.889158	(0, 0, 8)	-1.810158	-4.414385***	(c, 0, 8)	-5.818266***
$\ln P$	(c, t, 9)	-0.457669	(c, t, 1)	0.945504	-6.989542***	(c, t, 0)	-3.311638*
$\ln PY$	(c, t, 1)	-1.548040	(c, t, 1)	-2.327472	-3.925699**	(c, t, 0)	-4.743433***
$Ln^2 PY$	(c, t, 1)	-1.419907	(c, t, 1)	-2.536920	-3.859447**	(c, t, 0)	-4.766282***
$Ln^3 PY$	(c, t, 1)	-1.254819	(c, t, 1)	-2.714607	-3.839382**	(c, t, 0)	-4.816787***
$\ln EI$	(c, t, 8)	-3.088033	(c, t, 7)	-1.647620	-4.186027***	(c, t, 0)	-5.656800***
$\ln UR$	(c, t, 5)	-1.662421	(c, t, 2)	-1.492652	-3.730858***	(c, t, 0)	-10.28721***
$Ln^2 UR$	(c, t, 0)	-0.164410	(c, t, 2)	-1.230379	-3.692886**	(c, t, 0)	-9.829306***
$Ln^3 UR$	(c, t, 0)	0.361177	(c, t, 2)	-0.982460	-3.626501**	(c, t, 0)	-9.375443***

注：(c, t, k) 分别代表常数项、时间趋势项和滞后阶数；***、**、* 分别代表在 1%、5%、10% 的显著性水平下拒绝原假设。ADF 检验最优滞后阶数由 SIC 确定。

表 3 时间序列的 OLS 回归

样本区间（年）	1953~2010 年				1978~2010 年			
模型因变量	$\ln TCO_2$	$\ln PCO_2$	$\ln GCO_2$		$\ln TCO_2$	$\ln PCO_2$	$\ln TCO_2$	$\ln GCO_2$
c	-12.11475***	-12.11475***	-5.172714*		-7.469119***	-7.469119***	-7.469119***	-0.433229
$\ln P$	0.010369*	-0.989631***	0.007519		-0.150241	-1.150241***	-0.150241	-0.154512
$\ln PY$	-3.597962*	-3.597962*	-4.289676**		4.934283**	4.934283**	4.934283**	3.887998*
$\ln^2 PY$	0.831788**	0.831788**	0.776869**		-0.563558*	-0.563558*	-0.563558*	-0.556406*
$\ln^3 PY$	-0.050233**	-0.050233**	-0.046964**		0.027272*	0.027272*	0.027272*	0.026908*
$\ln EI$	0.960188***	0.960188***	0.960981***		1.099389***	1.099389***	1.099389***	1.099146***
$\ln UR$	13.35228***	13.35228***	13.31429***		-7.186594***	-7.186594***	-7.186594***	-7.161344***
$\ln^2 UR$	-4.140237***	-4.140237***	-4.128668***		2.249132***	2.249132***	2.249132***	2.240969***
$\ln^3 UR$	0.424271***	0.424271***	0.423008***		-0.235568***	-0.235568***	-0.235568***	-0.234676***
HR	-0.031382***	-0.031382***	-0.031525***		0.005373	0.005373	0.005373	0.005245
AR (1)	-0.132232	-0.132232	-0.119980		-0.183334	-0.183334	-0.183334	-0.192166
AR (2)	-0.116502	-0.116502	-0.123904		-0.509138**	-0.509138**	-0.509138**	-0.498043**
Adjusted R^2	0.999719	0.999779	0.999241		0.99998	0.99997	0.99998	0.999841
F - statistic	17784.66***	18073.05***	5267.683***		86005.44***	56840.86***	86005.44***	10840.35***
BG-LM (2lags)	1.499238 (0.235007)	1.499238 (0.235007)	1.563418 (0.221362)		1.767981 (0.200649)	1.767981 (0.200649)	1.767981 (0.200649)	1.778489 (0.198912)
残差 ADF	-11.85677***	-11.85677***	-12.11335***		-5.887851***	-5.887851***	-5.887851***	-5.831372***

注：***、**、* 分别代表在 1%、5%、10% 的显著性水平下拒绝原假设。残差 ADF 检验类型为常数项和趋势项，最优滞后阶数由 SIC 确定。

籍制度对 CO_2 排放呈现稳定的负向效应，因为政府户籍制度在一定程度上阻碍了农村劳动力转移，不利于工业化和城镇化发展。

2. 样本区间为 1978～2010 年的时间序列模型

总体来看，三个模型中各自变量的回归系数显著程度不同，说明在短期内人口和户籍制度对 CO_2 排放的影响不显著，经济增长、能源强度和城镇化对 CO_2 排放均具有显著影响。具体来看，人均 GDP 对 CO_2 排放总量、人均 CO_2 排放量、单位 GDP 的 CO_2 排放量的回归系数在统计上基本显著。从模型所刻画的 EKC 曲线来看，说明 EKC 曲线为 N 形，即在短期内，CO_2 排放总量、人均 CO_2 排放量、单位 GDP 的 CO_2 排放量与经济增长呈现 N 形关系。能源强度对 CO_2 排放总量、人均 CO_2 排放量、单位 GDP 的 CO_2 排放量的回归系数为正值，均在 1% 的显著性水平上显著，且比较稳定，说明能源强度对 CO_2 排放呈现稳定的正向效应，即随着单位 GDP 能耗的增加，CO_2 排放量随之增加。城镇化对 CO_2 排放总量、人均 CO_2 排放量、单位 GDP 的 CO_2 排放量的回归系数在统计上基本满足在 1% 的显著性水平下显著。从模型所刻画的曲线来看，说明城镇化与 CO_2 排放两者呈现反 N 形变动趋势，即在短期内，城镇化与 CO_2 排放总量、人均 CO_2 排放量、单位 GDP 的 CO_2 排放量呈现反 N 形关系。

（四）Granger 因果检验

协整检验结果表明城镇化与 CO_2 排放之间存在长期稳定的均衡关系，但是它们之间是否构成因果关系，需要运用 Granger 因果关系方法进行检验，具体结果参见表 4。从 1953～2010 年的样本数据来看，城镇化不是 CO_2 排放总量、人均 CO_2 排放量、单位 GDP 的 CO_2 排放量的 Granger 原因，而 CO_2 排放总量、单位 GDP 的 CO_2 排放量是城镇化的 Granger 原因，因此说明在长期内城镇化与 CO_2 排放存在较弱的反向的单向因果关系。从 1978～2010 年的样本数据来看，城镇化是 CO_2 排放总量、人均 CO_2 排放量的 Granger 原因，不是单位 GDP 的 CO_2 排放量的 Granger 原因；CO_2 排放总量、人均 CO_2 排放量不是城镇化的 Granger 原因，而单位 GDP 的 CO_2 排放量是城镇化的 Granger 原因，因此说明在短期内城镇化与 CO_2 排放存在较弱的正向的单向因果关系。

表 4 Granger 因果检验结果

样本区间	检验的原假设	滞后期	F 统计量	概率值	对原假设的判断
1953~2010 年	$\ln UR$ 不是 $\ln TCO_2$ 的 Granger 原因	2	0.74684	0.47897	接受原假设
	$\ln TCO_2$ 不是 $\ln UR$ 的 Granger 原因	2	6.32080	0.00353	在 1% 水平上拒绝原假设
	$\ln UR$ 不是 $\ln PCO_2$ 的 Granger 原因	2	1.75763	0.18274	接受原假设
	$\ln PCO_2$ 不是 $\ln UR$ 的 Granger 原因	2	0.89045	0.41676	接受原假设
	$\ln UR$ 不是 $\ln GCO_2$ 的 Granger 原因	2	0.07011	0.93238	接受原假设
	$\ln GCO_2$ 不是 $\ln UR$ 的 Granger 原因	2	6.71331	0.00258	在 1% 水平上拒绝原假设
1978~2010 年	$\ln UR$ 不是 $\ln TCO_2$ 的 Granger 原因	2	6.55576	0.00495	在 1% 水平上拒绝原假设
	$\ln TCO_2$ 不是 $\ln UR$ 的 Granger 原因	2	0.89466	0.42096	接受原假设
	$\ln UR$ 不是 $\ln PCO_2$ 的 Granger 原因	2	5.44500	0.01059	在 5% 水平上拒绝原假设
	$\ln PCO_2$ 不是 $\ln UR$ 的 Granger 原因	2	0.81674	0.45289	接受原假设
	$\ln UR$ 不是 $\ln GCO_2$ 的 Granger 原因	2	0.13535	0.87402	接受原假设
	$\ln GCO_2$ 不是 $\ln UR$ 的 Granger 原因	2	3.91316	0.03268	在 5% 水平上拒绝原假设

五 主要结论

本文利用中国 1953~2010 年和 1978~2010 年的时间序列数据，选取 CO_2 排放总量、人均 CO_2 排放量和单位 GDP 的 CO_2 排放量 3 个 CO_2 排放指标，建立城镇化和农村劳动力转移对 CO_2 排放影响的实证模型，利用 1953~2010 年和 1978~2010 年的时间序列数据，研究城镇化、经济增长对

CO_2 排放的影响。主要研究结论有以下两点。①利用 1953~2010 年时间序列数据分析发现：在长期内，人口、经济增长、能源强度、城镇化和户籍制度对 CO_2 排放均具有显著影响；人口与 CO_2 排放呈现正向关系；人均 GDP 与 CO_2 排放量呈现反 N 形关系；能源强度对 CO_2 排放呈现稳定的正向效应；城镇化与 CO_2 排放呈现 N 形关系；政府户籍制度对 CO_2 排放呈现稳定的负向效应；城镇化与 CO_2 排放存在较弱的反向的单向因果关系。②利用 1978~2010 年时间序列数据分析发现：在短期内，人口和户籍制度对 CO_2 排放的影响不显著，经济增长、能源强度和城镇化与 CO_2 排放均具有显著影响；人均 GDP 与 CO_2 排放量呈现 N 形关系；能源强度对 CO_2 排放呈现稳定的正向效应；城镇化与 CO_2 排放呈现反 N 形关系；城镇化与 CO_2 排放存在较弱的正向的单向因果关系。

第六篇

生态系统服务与生态补偿专题

流域生态补偿：中国的实践模式与标准设计

董战峰　王慧杰　葛察忠*

摘　要　流域生态补偿是国际上实施流域管理的一种有效手段，我国目前仍主要是政策试点，尚未形成长效机制，在流域综合治理中的效用远未发挥。本文在开展辽河、新安江、东江、太湖等典型流域生态补偿调研的基础上，对我国流域生态补偿实践模式与标准设计进行了系统解析，首先回顾了我国流域生态补偿的实践进展，指出可划分为3个发展阶段，在多年的探索性实践中目前基本形成了以政府性财政转移支付为主的补偿模式和3种补偿标准核算方式，生态补偿主要以省域内补偿为主，而跨省补偿进展缓慢。本文可为我国流域生态补偿政策机制的进一步建立和完善提供技术方法参考。

关键字：中国　流域生态补偿　模式　财政转移支付　标准

引　言

流域是整个生态环境中重要的组成部分，对上下游乃至区域、国家的经济发展、生态安全和社会稳定有决定性的作用。然而，在经济高速发展的同时，我国不少流域面临着水质恶化、水量减少、生物种类锐减等一系列严重的生态环境问题，如何实现流域生态环境保护和经济的协调发展成为各界关注的焦点。在传统的行政命令手段对流域综合治理工作中的作用

---

* 董战峰，环保部环境规划研究院副研究员、主任助理，研究方向为环境经济、环境规划、环境战略与政策；王慧杰，中国环境科学研究院硕士研究生，研究方向为环境经济政策；葛察忠，香港中文大学地理与环境资源管理学系主任，研究方向为环境经济。

有限的情况下，流域生态补偿政策手段日益受到重视。本文在开展辽河、新安江、东江、太湖、淮河、清水河等典型流域生态补偿调研的基础上，对我国现有流域生态补偿试点的总体进展进行了系统分析，并对流域生态补偿政策的两个最基本、最核心的问题，即补偿模式和补偿标准问题进行了深入分析，为我国下一步更好地推进流域生态补偿提供决策的技术基础。

一 流域生态补偿实践发展的三个阶段

我国流域生态补偿的实践最早可追溯至 20 世纪 90 年代末，经过 10 多年的发展，从理论到实践，从地方自发试点到中央制定相关政策共推地方试点，初步形成了具有中国特色的流域生态补偿模式。迄今已有 17 个省份实施了流域生态补偿，涉及全国重要流域。本文认为我国流域生态补偿实践可分为以下 3 个阶段。

（一）起步期：国家以重大生态环境建设工程形式实施流域生态补偿，地方流域生态补偿出现自发试点萌芽

早期的流域生态补偿大多是自发的实践，尽管没有明确提出是生态补偿，但是已经具有生态补偿的意义和作用。在这一阶段，国家的流域生态补偿主要是江河源头的生态工程建设。中央财政设立专项资金支持江河源头的生态工程建设，先后实施了天然林资源保护、退耕还林还草、森林生态效益补偿、重点生态功能区转移支付、草原生态保护补偿奖励及三江源自然保护区建设等一系列生态环境建设重大工程。1999 年，中央启动退耕还林还草工程，在长江流域及南方地区和黄河流域及北方地区的 22 个省实行退耕还林还草。2000 年国家正式启动天然林资源保护工程，黄河上游地区和长江中上游地区是工程的核心区域。三江源自然保护区建设工程是我国流域生态补偿的又一重要实践，2005 年国务院批准《青海三江源自然保护区生态保护和建设总体规划》，国家投资 75 亿元进行三江流域生态环境保护。这些大型生态环境建设工程是中央政府主导下的重要流域生态补偿实践，工程的实施对改善流域生态环境发挥着极其重要的作用。

部分省份开始进行省内流域生态补偿试点，浙江和福建两省是较早进行试点的省份。浙江省金华市和义乌市于 2000 年底达成水权交易协议，义

乌市出资 2 亿元购买东阳横锦水库水资源的使用权，是国内首例跨城市水权交易。2003 年福建省启动实施九龙江、闽江流域水环境综合治理工作，省财政设立专项资金进行流域生态补偿试点。福建省还开展水源地水土保持生态建设试点，从水库税费中提取一定资金用于生态环境保护和人居环境整治等生态工程建设。

（二）摸索期：流域生态补偿试点的流域和省份范围急速扩大，跨省流域生态补偿试点启动

2005 年 10 月，十六届五中全会通过《中共中央关于制定国民经济和社会发展第十一个五年规划的建议》，明确提出了要"按照谁开发谁保护、谁受益谁补偿的原则，加快建立生态补偿机制"，正式将建立生态补偿机制作为国家任务列入"十一五"规划中，这是中央文件第一次明确提出建立生态补偿机制的要求。此后的《国务院关于落实科学发展观加强环境保护的决定》《关于推进社会主义新农村建设的若干意见》等中央文件多次提到建立生态补偿机制，这些政策文件为流域生态补偿机制的建立提供了政策支持。

在这一阶段，流域生态补偿试点蓬勃发展，试点省份达到 17 个，范围包括广东东江流域、江西省内主要河流、河南省辖淮海黄长四大流域、安徽新安江流域、四川岷江和沱江流域、陕西渭河流域、甘肃渭河干流、福建闽江和九龙江、浙江省辖七大流域、湖北省汉江流域、辽宁辽河流域、江苏太湖流域、河北省内七大流域、贵州清水江流域和赤水河、山西省主要河流、山东省辖淮河和小清河流域、北京市密云水库等，各省均制定了专门的规范文件指导试点工作。补偿以省内补偿为主，但跨省流域生态补偿也取得了较大进展。2011 年，环保部、财政部公布《新安江流域水环境补偿试点实施方案》，启动中央主导下的第一个跨省流域生态补偿。由中央政府出资 3 亿元、安徽和浙江两省各出资 1 亿元成立水环境补偿基金，以断面水质监测为依据实施跨省流域补偿。陕西和甘肃于 2011 年签订《渭河流域环境保护城市联盟框架协议》，建立以水质为主要考核依据的跨省流域生态补偿机制。实施效果显著，2011 年和 2012 年连续两年甘肃省出境水质均达标，陕西省共补偿甘肃天水和定西 1400 万元，这是我国第一个自发的流域跨省生态补偿的成功案例。

（三）深化期：将生态补偿纳入国家环保基本法，在一系列关键技术管理问题上深入探索流域生态补偿

2014年新《环境保护法》的制定对我国生态补偿制度的确立具有里程碑的意义，国家首次将生态补偿写入国家法律，明确了生态补偿的法律地位。《环境保护法》规定国家建立、健全生态保护补偿制度，加大对生态保护地区的财政转移支付力度；有关地方人民政府应当落实生态保护补偿资金，确保其用于生态保护补偿。国家指导受益地区和生态保护地区人民政府通过协商或者按照市场规则进行生态保护补偿。尽管目前国家尚未有专门法律对流域生态补偿做出规定，但流域生态补偿作为生态补偿制度的重要补偿部分同样适用于上述规定。《环境保护法》对生态补偿的规定改变了补偿无法可依的局面，为流域生态补偿制度的建立和完善提供了法律基础和保障。此外，经过多年的探索，我国的流域生态补偿在实践模式、标准探索、管理方式等方面均取得很大突破，这可从下文分析看出，这一系列现象均表明我国流域生态补偿的实践进入了深化期。

二　流域生态补偿模式：以财政性转移支付为主

根据生态补偿的理论研究和世界各国的流域生态补偿实践，流域生态补偿大致有两种模式：政府主导型和市场主导型。在产权明晰、市场化程度较高的社会中，基于市场的生态补偿模式更易达到预期效果，如美国纽约Catskills流域、哥斯达黎加以及澳大利亚墨累达令盆地的补偿均采用市场化的补偿模式且取得了良好的效果。我国的流域生态环境作为一种公共物品，供给主体主要是政府，主要采取的是政府补偿模式。中央和各级流域管理政府在补偿实践中起主导性作用，包括制定生态补偿政策、设计补偿标准和实施补偿工作等，流域生态补偿更多的是政府流域管理的一种手段。

生态补偿主要有5种补偿方式：资金补偿、政策补偿、实物补偿、项目补偿、智力技术补偿。在我国的流域生态补偿实践中，各地逐渐形成了以财政转移支付为主、其他补偿方式并存的补偿形式。其中财政转移支付是最主要的补偿方式，中央和省财政设立流域生态补偿资金，根据补偿标准进行补偿资金的拨付。与此同时，其他市场化的补偿方式也被采用，如水

权交易、异地开发等（见表1）。

表1 各地流域生态补偿方式和实践地区

流域生态补偿范围	补偿方式	具体实践
省内跨行政区	财政转移支付、政策补偿、项目补偿等	现有政府主导型的流域生态补偿以财政转移支付为主，以政策补偿、项目补偿等为辅
	设立专项资金	福建闽江、九龙江流域生态补偿专项资金；广东省东江及东深水质保护专项基金；山东大汶河流域生态补偿资金；福建、广东两省共同出资设立汀江流域生态补偿资金
	水权交易	浙江省东阳市和义乌市的水权交易
	异地开发	浙江省金华市的金磐开发区建设
跨省	财政转移支付、政策支持、项目支持等	安徽和浙江的新安江流域生态补偿专项资金；北京和河北省之间的补偿财政资金补偿、环境基础设施建设等
	水权交易	东江源区的东深供水工程水资源费

从实践来看，补偿以财政转移支付为主，财政资金是补偿资金的主要来源。但是这种"输血式"的补偿存在严重的弊端：一是有限的财政投入无法满足实际补偿的需要，存在巨大的资金缺口；二是以财政资金补偿为主的补偿方式往往难以提高补偿地区的自身发展能力。从长远来看，流域生态补偿应该以"造血式"补偿为主、"输血式"补偿为辅的混合模式，提高被补偿地区的自身发展能力和环境保护能力。

三 流域生态补偿标准系统分析

补偿标准是补偿活动中关键的一环，直接涉及补偿政策实施的可行性以及政策公平性，到目前为止尚未形成统一的补偿标准核算体系。根据生态系统服务价值理论，补偿量应该等于生态系统的服务价值，但在实际核算中生态系统的服务价值估算存在困难，同时存在生态环境保护和建设成本以及发展的机会成本，因此在实践中补偿标准比较多样。例如，美国的退耕补偿采用竞价和自愿支付相结合的方式确定补偿标准，欧盟则采用机会成本法并结合不同地区的条件制定差异化的区域生态补偿标准。

我国的流域生态补偿标准可分为3类，分别是：基于环境保护成本核算的补偿标准、基于跨界断面水质核算的补偿标准和基于跨界断面污染物通量核算的补偿标准。这3类补偿标准都被采用，其中以水质为主要的核算依据的补偿标准因与流域水质管理要求有着直接的关系而广泛采用。

基于生态环境保护成本核算的补偿标准是通过核算流域生态环境保护主体的环境保护成本来确定补偿量，这其中既包括直接的环境支出，也包括发展机会成本。辽宁、福建、山东、广东以及北京采用了这一补偿标准，各地在确定补偿量时因地制宜地采用因素法来确定补偿量，如森林面积、水土流失面积以及流量等，不同地区因地制宜、各有侧重。补偿资金的最主要来源是财政资金，既有资金补偿也有项目补偿（见表2）。

表2 基于生态环境保护成本的具体实践

流域	涉及地区	补偿量核算依据	补偿标准
辽河	辽宁	以有林地面积和森林蓄积量作为测算指标，分别设定0.7和0.3的权重	补偿资金＝省财政补偿资金总额×某县森林资源指标占16个县森林资源指标比重－某县水质标准降低核减额－某县水土流失程度加剧核减额。水质达标率每降低2%，扣减10%的补偿资金，土壤侵蚀面积增加率每加剧1%，扣减10%的补偿资金
闽江	福建	水量，占总补偿额的30%	全年流量符合要求的时间达到90%以上的，全额给付补偿金；60%～90%的，按比例补偿；低于60%的，不予补偿
南水北调中线黄河以南及淮河和小清河流域	山东	实施生态环境保护造成的经济损失和治理成本	对农民第一年补偿上年收入的100%，第二年补偿60%；对关闭、外迁的企业由试点市从补偿资金中安排一部分资金，并结合其他资金，统筹给予补助；对污水"深度处理工程"补偿年度污水处理费的50%，"再提高工程"补偿处理成本的50%
密云水库、潮河	北京和河北	生态环境保护成本	财政转移支付，项目支持
东江	广东	生态环境保护成本	财政转移支付，项目支持

流域水质安全对流域生态环境、社会稳定和经济发展影响重大。为了改善流域水质，国家实施了污染物总量控制政策，政府对各流域的管理提出了明确的要求。在国家政策和实际需求的双重压力下，各级政府纷纷把

水质作为确定流域生态补偿量的依据，确立了基于流域跨界断面水质核算补偿标准，即根据实际水质同目标值之间的差额确定补偿量。这是我国目前采用最广泛的标准，大部分试点流域均采用了该标准，如辽宁辽河流域、河北子牙河流域、河南沙颍河流域等（见表3）。由于各流域的污染物和污染程度有较大差别，各流域的污染因子、目标值以及补偿基数有很大差别。同时，各流域的水质功能也存在差异，因此部分省份根据干支流、不同超标倍数、不同入境水质等情况设定了差异化的标准。例如，辽河、岷江等流域的干支流补偿标准有差别，干流要求更高；河南省根据不同水质条件下的达标率实行不同的惩罚标准；河北省、陕西省则区分入境水质是否超标，扣除入境水质对断面水质的影响。

表3 基于流域跨界监测断面水质核算的实践标准

流域	涉及地区	核算因子	补偿标准
辽河	辽宁	COD	干流超标0.5倍及以下，扣缴50万元；每递增超标0.5倍以内（含0.5倍），加罚50万元
			其他河流超标0.5倍及以下，扣缴25万元；每递增超标0.5倍以内（含0.5倍），加罚25万元
子牙河	河北	COD	当入境水质达标（或无入境水流）时，超标0.5倍以下，扣缴10万元；超标0.5~1.0倍，扣缴50万元；超标1.0~2.0倍，扣缴100万元；超标2.0倍以上，扣缴150万元
			当入境水质超标且出境水质继续超标时，同样超标倍数的扣缴量提高一倍
岷江、沱江	四川	高锰酸盐指数、氨氮	干流一级断面扣缴基数为50万元，支流二级断面扣缴基数为30万元，单因子扣缴量=超标倍数×扣缴基数
省内主要河流	山西	COD、氨氮	达标不扣缴；超标时按照水质差的一项扣缴，超标≤50%（含），扣缴50万元；超标50%~100%（含）时，扣缴100万元；超标100%以上时，扣缴150万元。连续3个月维持上年水质目标的，奖励10万元；水质改善跨一级别奖励50万元
渭河	陕西	COD、氨氮	COD：超标≤5mL，扣缴基数为10万元；超标6~10mL，基数为20万元；超标>10mL，基数为30万元。扣缴量=超标量×扣缴基数

续表

流 域	涉及地区	核算因子	补偿标准
闽江	福建	COD、高锰酸盐指数、五日生化学需氧量、溶解氧、氨氮、总磷	水质达标率≥80%或较上年提高5%以上的,给予上游全额补偿;达标率为60%~80%,按比例补偿;达标率低于60%的不予补偿
新安江	安徽	高锰酸盐指数、氨氮、总氮、总磷	中央财政补偿3亿元给安徽,水质变好则由浙江支付安徽1亿元,反之则由安徽支付浙江1亿元,水质没有变化则双方互不补偿
省内八大水系	浙江	水质	水质达标奖励100万元,对Ⅳ类、Ⅴ类和劣Ⅴ类水分别设置系数0.4、0.2和0.1,加权平均后同上年度的总系数进行比较,较上年每提高1个百分点,奖励10万元,反之亦然
五河、东江源	江西	保护区面积、水质	源头各保护区面积占30%;各保护区出境水质占70%。水质每年监测6次,Ⅰ类和Ⅱ类水的系数分别为1和0.5,按6次系数之和奖励
省内主要河流	山西	COD	1. 入境水质达标时,跨水质级别奖励200万元 2. 入境水质超标时,实现水质目标的奖励300万元;跨水质级别改善的奖励500万元
省辖淮海等四大流域	河南	COD、氨氮	1. 优于Ⅲ类时,达标率均大于90%时奖励100万元 2. 优于Ⅴ类时,达标率均大于90%时,达标率每增加1个百分点奖励20万元;连续两年以上均为100%时奖励100万元 3. 考核断面水质当年每提高一个水质类别,奖励200万元
		饮用水源地水质	当水质年达标率大于90%时,由下游根据年用水量×0.06元/立方米补给上游

第三种是基于跨界断面污染物通量核算的补偿标准,采用水质和水量相结合的方式确定补偿额度。这一标准既考虑了主要的污染物,也考虑了水体的纳污能力,既考虑了水质,也把水量包含在内。不同流域补偿的污染因子、补偿标准和补偿力度也有较大差别,这与流域主要污染物、经济发展水平及水质管理目标等多方面有着直接的联系。补偿资金的核算公式为:单因子补偿资金=(断面水质指标值-断面水质目标值)×月断面水

量×补偿标准,补偿资金总量为各单因子补偿金之和。目前有 3 个地区采用了这种补偿标准,分别是江苏省太湖流域、河南省辖四大流域以及贵州的清水江流域,具体见表 4。

表 4 基于污染物通量核算的补偿实践

涉及流域	地区	核算因子	补偿标准
太湖	江苏	COD、氨氮、总磷	1. COD:1.5×10^4 CNY/t 2. 氨氮:10×10^4 CNY/t 3. 总磷:10×10^4 CNY/t
河南省辖淮海等四大流域	河南	COD、氨氮和总磷	1. COD:目标值 ≤ 30 mL/L 时,标准为 0.35×10^4 CNY/t;30 mL/L$<$目标值≤ 40 mL/L,标准为 0.45×10^4 CNY/t;目标值 >40 mL/L 时,标准为 0.55×10^4 CNY/t 2. 氨氮:目标值 ≤ 1.5 mL/L 时,标准为 0.8×10^4 CNY/t;目标值为 2 mL/L 时,执行标准为 1×10^4 CNY/t;2 mL/L $\leq$ 目标值 ≤ 5 mL/L 时,执行标准为 1.4×10^4 CNY/t;目标值 >5 mL/L 时,执行标准为 2×10^4 CNY/t 3. 总磷执行标准为 5×10^4 CNY/t
清水江流域	贵州	总磷、氟化物	1. 总磷:0.36×10^4 CNY/t 2. 氟化物:0.6×10^4 CNY/t

四 结论与展望

同国外其他国家基于市场的、自愿的补偿相比,我国的流域生态补偿是政府协调上下游利益、改善流域生态环境的流域管理手段,尚不是完整意义上的流域生态补偿。但我国流域生态补偿的范围之广、力度之大、资金投入之多是前所未有的,效果也是比较显著的。同时,流域生态补偿探索模式、补偿保准的确定同地方实际需求有着直接联系,差异化和多样性明显。

不可否认,我国的流域生态补偿依然存在不少问题。首先,流域生态补偿政策调节利益相关方的作用还较弱。补偿标准普遍过低且多同水质相挂钩,没有对生态环境保护成本和发展机会成本予以充分考虑,更没有体现生态系统的服务价值,从而影响了保护主体的积极性和主动性。其次,过度依赖财政资金,市场化的补偿方式缺乏,多元化的环保投融资机制比较滞后。财政资金是最主要的资金来源,在财政预算有限的情况下补偿效果必然受限,而水权交易以及发行绿色债券、彩票、基金等市场化手段还很欠缺。最后,跨省流域生态补偿机制远未建立,仅有新安江流域和渭河流域实行了跨省流域生态补偿。我国实行流域管理与行政区划相结合的管理机制,但流域的自然界线和行政区划存在差异,导致各自为政,不健全的横向转移支付机制更加剧了跨界合作的困难,导致跨省流域生态补偿呼声很高却迟迟没有进展,以东江流域最为典型。

流域生态补偿未来的发展方向是要更加重视寻求市场化的补偿,通过市场机制达成补偿协议,并运用市场手段进行补偿。跨省流域生态补偿也应成为流域生态补偿的重点发展方向,加强协商,打破行政区划的限制,实现真正意义上的全流域生态补偿,形成基于流域上下游发展权公平的共建共享长效机制。同时,要加强流域生态补偿理论研究,确定合理的补偿标准核算依据,形成体现生态系统服务价值、生态环境保护成本和发展机会成本的补偿核算体系,为生态补偿标准测算提供科学依据,当然,需要结合管理阶段的需求进行修订调整。国家需要加强流域技术支持能力建设,继续推进省内流域生态补偿试点探索,推动跨省生态补偿试点,促进出台《流域生态环境补偿实施技术指南》。日前颁布的新《环境保护法》明确了生态补偿政策的法律地位,为流域生态补偿制度的建立和完善提供了法律支持,可以预期流域生态补偿会取得较大进展。

城市群湿地可持续利用对策研究

——以长株潭城市群为例

邝奕轩[*]

摘　要　城市群湿地是长株潭城市群重要的生态系统。本文从湿地资源学科角度分析长株潭城市群湿地现状，从发展经济学角度分析长株潭城市群湿地退化的因素，从可持续利用的思路、机构设置、产业结构调整和生态保障支撑体系建设方面设计长株潭城市群湿地可持续利用思路。

关键词　长株潭城市群　湿地　"两型"社会　可持续发展

城市区域内的湿地是城市的"肾"，是城市实现可持续发展的重要战略资源。城市区域内的湿地可持续利用成为学界研究重点，但是当前大量研究文献关注的是单一城市区域内湿地的可持续利用，[①] 对于城市群湿地的可持续利用进行研究的文献不多。本文以长株潭城市群湿地为研究对象，探寻城市群湿地的保护和持续利用对策，具有现实意义和理论价值。

一　长株潭城市群湿地现状

长株潭城市群作为一个快速崛起的中部城市群，属于湿地分布类型较齐、数量较多的地区，长株潭城市群湿地主要包括河流、湖泊、沼泽、库塘、水产养殖场等。按行政区域来看，长沙市湿地资源最为丰富，永久性

---

[*] 邝奕轩，湖南省社会科学院农村发展研究中心研究员，博士，研究方向为资源与环境经济、农业经济。
[①] 邝奕轩、杨芳：《城市湿地可持续利用的经济学分析》，《城市问题》2008 年第 3 期。

河流、洪泛平原湿地、永久性淡水湖、草本沼泽、库塘湿地、运河与输水河和水产养殖场分别占长株潭城市群湿地总面积的 44.24%、65.15%、73.84%、82.23%、51.3%、43.64% 和 94.75%。但是从 1998 年长株潭城市群湿地资源的数据来看，长株潭城市群湿地面积呈现递减态势。以长沙市为例，长沙市永久性河流面积减少了 7068.63 公顷，占原有永久性河流湿地面积的 22.13%。湿地面积减少，湿地蓄积水的功能逐步减弱，所能提供的水资源量持续减少。湿地水环境也在不断恶化，在湘江干流 672 公里评价河长中，全年仅有约 20% 的河长水质达标，长株潭城市群更是污染事故高发区，湿地水环境质量的下降实质上等同于长株潭城市群湿地资源数量的隐性减少。

二 长株潭城市群湿地退化的主要影响因素

长株潭城市群湿地资源的变动既有自然因素也有社会经济因素，但是在相对较短的时期内，对长株潭城市群湿地资源变动起着主导作用的是满足人类不断增长的需求的人类社会经济活动。

（一）人口持续增长是长株潭城市群湿地退化的根本动因

长株潭城市群的城市化率由 1998 年的 27.54% 递增到 2010 年的 55.04%，[①] 人口持续不断增长加剧了对城市群湿地生物资源和水资源的直接消耗，也加剧了湿地水资源向土壤资源转化，进而向城市建设用地和工业用地转化等间接消耗。

（二）经济增长是长株潭城市群湿地退化的主要因素

在长株潭城市群的城市化进程中，政府和企业在保护城市群湿地上目标不一致，政府注重经济的可持续发展和城市群的长期生态安全，而企业则更注重短期的利润。同时，地方政府对短期财政收入和发展地方经济的"政绩"的关注导致地方政府供地行为的非理性，进而导致一级土地市场供给失控，湿地资源被大量浪费，被占用的湿地数量逐年上升。短期趋利性行为和生态安全长期性要求的矛盾影响城市群湿地保护的效果。此外，在

---

① 邝奕轩、杨芳：《城市湿地可持续利用的经济学分析》，《城市问题》2008 年第 3 期。

经济发展过程中，居民生活水平的提高所引致的对长株潭城市群湿地水资源的截取和使用，强化了长株潭城市群湿地水量的变化。粗放利用和掠夺性的开发方式，也影响了湿地资源的质量。

（三）技术滞后是长株潭城市群湿地退化的重要因素

在长株潭城市群建设过程中，来自湿地排水的潜在利益能使土地使用的其他类型更易显现，并能用经济学的方法测算，而湿地维护的功能和利益却是最近才被认识到并很难测量，这就难以与传统的政策制定程序整合。对长株潭城市群湿地价值的全面认识的缺失是城市群湿地损失最为重要的因素。

（四）制度设计缺失是长株潭城市群湿地退化的重要因素

长株潭城市群各市政府试图协调经济发展和湿地保护的关系，但是，政策冲突和机构的缺陷存在于各个层面，尤其是湿地利益分配机制不合理导致湿地利用的成本和利益的不平衡，进而导致湿地损失。而城市群湿地公共资源的特征使人们在湿地周边区域的工业化和城市化进程中，将湿地看成将经济增长内部成本外部化的天然污水池，加剧了湿地退化。由于长株潭城市群湿地资源的许多功能在市场配置资源的体系中缺失，湿地资源的市场价格就不可能真实地反映其价值，就必然出现湿地资源开发利用过程中的湿地资源低效率的市场配置。

三 长株潭城市群湿地可持续利用对策

长株潭城市群各级政府认识到城市群湿地生态系统在城市群生态安全中的重要地位，为了应对城市群湿地退化问题，借助"两型"社会建设契机，通过湿地生态修复、城市湿地公园和湿地保护区建设等形式改进了现行城市群湿地保护和持续利用方式，如长沙市红星公园、株洲市荷塘公园。但在目前，长株潭城市群的首要问题还是"发展"，而长株潭城市群湿地公共资源的特征使人们在湿地周边区域的工业化和城市化进程中，将湿地看成将经济增长内部成本外部化的天然污水池。可见，要有效保护长株潭城市群湿地，就不能将之与湿地周边区域的经济发展割裂开来。长株潭城市群实现湿地可持续利用的关键就在于湿地周边区域要寻找一个经济、社会和生态效益的平衡点,不仅要在具有共同经济利益的方面进行协调,还要在涉及城市群湿地生态系统保护的方面达成共识,将城市群湿地纳入经济发展轨道,建立长株潭城市群湿地可持续利用模式。

(一) 长株潭城市群湿地可持续利用总体思路

长株潭城市群湿地资源要实现可持续利用,就必须遵循"实现一个目标、一个转变,构建三个核心体系,推进五大湿地保护机制设计"的思路。一个目标:建设长株潭城市群全面小康社会,保持经济持续快速增长,不断改善人民的生活水平,并保持良好的长株潭城市群湿地生态系统;一个转变:彻底转变传统、粗放的发展模式;三个核心体系:循环产业体系、都市农业产业体系、生态保障支撑体系;五大湿地保护机制设计:环境影响评价机制设计、生态补偿机制设计、政策体系支持机制设计、市场激励机制设计、鼓励社区参与机制设计。

(二) 建立城市群湿地协调管理机构

长株潭城市群是省级都市圈,按照都市圈规划要求,城市管理主要由都市圈内各市人民政府负责,按照各自的权限实施管理,但不应忽视省级政府的协调管理与监督实施的责任,如跨区域湿地生态系统管理等。因此,省级政府的协调管理与监督实施的力度是长株潭城市群湿地得到有效、系统保护的重要因素。从目前都市圈规划实施中的经验来看,应强化机构建设,设立区域湿地保护的常设管理机构,该机构应是推动城市群湿地生态系统保护和湿地资源可持续利用的实施主体。

(三) 调整产业结构,构建循环经济体系和都市农业产业体系

1. 构建循环经济体系

构建循环经济型生态城市的核心体系,完善循环经济产业体系。[①] 加快建设资源节约型、环境友好型农业科技创新基地和农业科研中心,加快农作物和畜禽水产良种繁育、饲料饲养、疫病防治、资源节约、污染治理等技术的研发和推广,营造良好的农村生态环境。坚持最严格的耕地保护制

---

① 周训芳:《长株潭"两型社会"建设与洞庭湖湿地管理体制创新》,《中国地质大学学报》(社会科学版) 2009 年第 4 期。

度，确保基本农田总量不减少、质量不下降。优化农业产业结构，发展精致、高效的循环型农业。湿地周边产业实施清洁生产，促进企业内部循环；发展生态工业园，建立生态产业链，实现园区间、企业间的经济循环生态链，高效利用资源，降低污染物对湿地的排放。依托湿地公园和保护区的景观资源优势，开展生态旅游、生态管理，采用清洁生产，倡导绿色消费，在湿地公园和保护区内的工业、农业及第三产业之间建立循环链。发展废水再资源产业，实施污水处理及中水回用系统的规划，制定有关经营中水和使用中水的优惠政策，鼓励全社会广泛使用中水，并积极推进行业节水技术改造，加强对农业用水的管理，提高工业用水的重复利用水平。

2. 构建都市农业产业体系

当前长株潭城市群的农业生产广泛使用化学品，最大限度地提高作物产量，具有典型的"石化"农业特征。长株潭城市群将都市农业发展作为湿地保护的措施，优化湿地的农业利用，增加城市区域的植被量，减弱城市热岛效应，改善城市区域的空气质量。此外，都市农业生产的产品可以就近运输、消费，减少了长距离交通运输带来的碳排放。在发展农业生产的同时，还保存了湿地，扭转了湿地面积持续减少和湿地受污染的态势，美化了城市社区，强化了湿地周边区域的社区精神。

长株潭城市群应建立、完善基于湿地优化的长株潭城市群都市农业产业体系。一是要保证湿地的农业利用不以湿地生态系统功能破坏为代价；二是要特别注意结合湿地生态系统的特点，发展具有湿地特色的多元立体化农业生产类型；三是要特别注意充分发挥湿地生态系统的生物多样性特点，开发新型农业产品，培育农业经济新的增长点；四是对于计划中的湿地开发项目或湿地保护区内实验区的土地利用，要特别注意进行土地利用结构和生产方式规划，避免"单一粮食、单一水利、单一水产"的农业结构，并改变单纯种粮、单一农业生产和重视生产建设、忽视生态环境建设的观念，做到垦建结合，针对不同类型的湿地实施不同的生态农业开发模式，如湖盆中心敞水带生态农业模式、湖滨季节性淹没带生态农业模式、湖区外环渍水低地带生态农业开发模式和沿江带、库塘生态休闲观光农业模式；五是对于已开发并且利用不合理的湿地，要特别注意进行农业生产方式、农业生产结构和土地利用结构的调整，调整的目标重在恢复湿地原有的主要功能。

(四) 长株潭城市群湿地生态保障支撑体系建设

1. 环境影响评价机制设计

在长株潭城市群的湿地立法中明确规定湿地环境影响评价制度，并制定一套可行的操作规范。制定长株潭城市群湿地监测的技术流程，确定技术方法和监测指标，对长株潭三市湿地数据以及跨行政区域的湿地区域的湿地类型和面积、气象要素、水文、水质、湿地土壤、湿地植物及其群落、湿地野生动物、外来物种进行监测；建立长株潭城市群湿地资源数据库，掌握湿地资源动态变化；构建长株潭城市群湿地环境影响评价指标体系，制定评价标准，对长株潭城市群湿地区域内的开发活动进行环境影响评价。[①]

2. 生态补偿机制设计

构建包括湿地资源利用收费制度和湿地征用、占用的补偿费制度的湿地生态补偿税费体系，湿地资源利用税（费）制度包括湿地资源利用税和对水费、水电费附加的湿地生态补偿费。在长株潭城市群区域层面，根据长株潭城市群的实际情况，建立湿地生态补偿的法律制度；建立包括湿地权属制度、湿地审批许可制度、湿地土地利用规划制度在内的湿地生态补偿管理制度，明确湿地资源所有权、使用权及湿地资源的专项权益和相邻权益中的捕捞权、取水权等他项权利，将湿地资源开发利用的活动纳入长株潭城市群统一管理的轨道。从湿地生态补偿的法律制度、资源管理、协作制度3个方面制定湿地行政管理部门的协作制度和湿地生态补偿的监督管理制度，完善长株潭城市群湿地生态补偿的保障制度，打破长株潭城市群地资源的条块分割和多部门管理体制，有效监督湿地生态效益补偿行为。[②]

3. 政策体系支持机制设计

长株潭城市群促进湿地资源可持续利用的政策体系主要包括长株潭城市群各级政府的财政政策、价格政策、产业政策、信息公开政策等，借助这些政策调节和影响市场主体的行为，建立自觉保护湿地资源的机制。

[①] 诸大建：《从可持续发展到循环型经济》，《世界环境》2000年第3期；邝奕轩、杨芳：《论建设项目可行性研究中的生态环境质量评价》，《林业经济问题》2005年第3期。

[②] 邝奕轩、刘艳：《建立我国城市湿地生态效益补偿制度的思考》，《湖南城市学院学报》2008年第2期；张明祥、张建军：《中国国际重要湿地监测的指标与方法》，《湿地科学》2007年第1期。

第一，财政政策。政府应加大对循环经济产业和都市农业的投资。政府应运用财政补贴手段对循环型企业和都市农业企业进行适当扶持，如对清洁生产、废物综合利用项目实行贷款贴息，对于污染治理和环保产业，在贷款利率、还贷条件等方面给予优惠政策，对循环经济产品和都市农业产品实行价格补贴。

第二，价格政策。对利于循环经济和都市农业的产品实行价格补贴，以扩大市场需求和产品供给。制定保护价格，维持那些具有潜在价值的绿色农产品的市场，促使产业废弃物不是被倾倒而是被再利用，促使都市农业生产者获得生产绿色农产品的比较利益。

第三，产业政策。加快出台《长株潭城市群都市农业产业发展规划》和《长株潭城市群循环经济产业发展规划》，结合长株潭城市群湿地资源分布特征，有针对性地鼓励适合不同类型湿地的都市农业产业发展，构建绿色、环保、生态的都市湿地农业产业体系，有针对性地调整湿地周边地区的产业发展模式，建立基于生态链的循环产业体系。

第四，信息公开。通过恰当手段（如定级、生态标签）向循环经济产品和都市农业农产品购买方提供为把握该物品或服务等产生的环境负荷所需的信息。

4. 市场激励机制设计

第一，制定项目与产品优惠税费政策。长株潭城市群各级政府应积极鼓励实现湿地保护和产业发展协调进行的项目，对基于绿色立体种养的都市农业发展项目，应给予投资贷款与融资支持、税收优惠与税收反补支持等优惠政策。为实现循环生产的企业提供减免税的优惠待遇。

第二，建立健全各类废物回收制度。一是建立和完善垃圾分拣制度。长株潭城市群各级政府要实行生活垃圾和工业垃圾分别收集的制度，并且对生活垃圾中可循环和不可循环利用的垃圾进行分类收集。由于生活垃圾在长株潭城市群的固体废物中已经占相当大的比重，所以生活垃圾的处理是长株潭城市群循环经济体系的一个重要环节。二是收取污水治理费。长株潭城市群的居民水费中应含有污水治理费，这将增强城乡居民和企业的节约意识，有效地减少城市群生活和生产用水的浪费，而且污水治理没达到要求的企业要承担巨额罚款，这样生产系统和消费系统的水资源将会被循环利用，从而减少水资源浪费。

第三，政府优先购买和奖励政策。都市农业是生态农业在城市区域内发展进化的形态，农业产品是生态、绿色的。政府优先购买政策，就是通过干预政府的购买行为，促进都市农业的有机产品在政府采购中占优先地位。都市农业产品的销路问题解决了，才能促进合理利用湿地、发展都市农业的行为长效性。政府奖励政策包括两个方面：一方面是对有利于都市农业发展并对工业界有实用价值的新工艺、新方法和新技术的奖励政策；另一方面是资源回收奖励政策，资源回收奖励政策的目的是鼓励市民回收有用物质，减少生产、生活废弃物对城市群湿地的污染。

5. 鼓励社区参与机制设计

长株潭城市群各级政府坚持贯彻"善治"原则，其在长株潭城市群湿地可持续利用中的一个重要职能是提供制度，包括建立引导和规范长株潭城市湿地可持续利用行为的政策体系和法律体系，充分发挥政策的激励约束作用。长株潭城市群湿地保护仅仅依赖政府行为是不能从根本上解决问题的，社区的积极参与非常关键，这就要求政府创新公众参与长株潭城市群湿地保护的形式。在常规性参与渠道方面，可以建立城市群湿地环境信访制度和环境听证制度。在随机性参与方面，可以通过多种渠道采取灵活多样的形式建立企业环境表现公布制度，一方面为加强舆论监督和公众参与提供信息基础，另一方面督促企业履行社会责任，发挥新闻媒体的监督作用，及时反映城市群湿地环境信息，并让公众参与其中。进一步推进城市群湿地生态文明建设，加强社区宣传教育，由社区管理机构和企业签订"城市群湿地环保公约"，引导社区居民参与城市群湿地周边企业的环保监督。

四 结束语

长株潭城市群湿地可持续利用应充分考虑城市群湿地周边社区的生存型需求、发展型需求和享乐型需求，关键是要发展经济，货币资本的增加可为长株潭城市群湿地资源环境的改善提供物质支持，促进湿地资源利用技术的创制与革新，并运用经济、政策方式保护长株潭城市群湿地，并使湿地周边社区居民享受发展带来的成果，进而构建一个和谐的、有利于长株潭城市群湿地保护的人文环境。同时，要实现长株潭城市群湿地资源供给福利多元化，不仅提供生物资源等直接物品，还要提供水质净化等生态系统服务，长株潭城市群湿地的利用应具有系统性、综合性，进而获得良好的结构效益。

广西自然保护区生态补偿机制优化研究

凌承海[*]

摘　要　改革开放以来,广西发展迅速,但是在经济快速增长的背后,付出的资源、环境和社会代价巨大。长此以往,环境资源难以为继。随着资源环境价值观的日趋形成,社会各界对生态保护与投资回报的呼声日益强烈,尤其是保护区所在地的政府和群众,普遍希望通过建立和完善生态补偿机制得到相应的经济回报。社会各界为之献计献策,本文对广西建立和完善自然保护区生态补偿机制进行可持续研究,分析广西保护区现有生态补偿机制,提出存在的主要问题,设计优化广西保护区生态补偿机制的形式,促进广西保护区可持续发展,加强广西生态文明建设,甚至推动美丽中国建设与发展。

关键词　林业　自然保护区　生态补偿机制

自然保护区内外之间存在生态环境二元化现象,环境利益及其相关经济利益分配不均,需要进行生态补偿,因此自然保护区生态补偿的实质是生态责任和生态利益的重新分配。研究和探索符合广西实际的保护区生态补偿形式,建立和完善生态补偿机制,有利于维护人民群众的根本利益,实现人与自然的和谐发展,缓解保护区发展不平衡问题,是促进广西环境保护、公平与和谐发展的必然选择。广西自然保护区有效生态补偿机制若能早日确立,生态补偿工作若能落到实处,必定为广西自然保护区可持续发展打下坚实基础。

---

[*]　凌承海,广西雅长兰科植物国家级自然保护区管理局工程师、科员,研究方向为保护区生态经济。

一 广西自然保护区生态补偿基本情况

(一) 广西保护区现状及困境

广西区内各保护区的生态环境目前仍保持良好,但一些主客观因素决定了广西的生态环境十分脆弱,保护区往往和少数民族聚集区、革命老区、边疆地区、相对贫困地区联系在一起,保护施行难度大。广西近年来为努力构建生态文明示范区,打造"山清水秀生态美"品牌,几乎所有的自然保护区都不准许砍树,各自然保护区辖区内的很多部门和群众牺牲、放弃了许多发展机会,局部林业经济比重大的地区基本停止增长或呈负增长,以换取全局的利益。据《2011年广西壮族自治区国民经济和社会发展统计公报》,广西城镇单位在岗职工年平均工资和农民人均纯收入分别为34178元和5231元,分别为全国同期平均水平的80.5%和75.0%。2011年广西林业自然保护区的职工年平均收入为12457元,仅为全区城镇单位在岗职工年平均工资的36.4%;广西林业自然保护区农民的人均纯收入为2359元,仅为全区农民人均纯收入的45.1%,且这差距近10年来呈逐年拉大趋势。自然保护区的干部职工和群众为保护生态环境付出了如此巨大的代价,守着丰富的资源,生活却陷于贫困之中,导致"保护生态不致富、造林护林难脱贫"的观念盛行。各保护区普遍面临着经济总量小、开发程度低、贫困面大、发展速度缓慢、生态环境保护难等问题。

(二) 各级主管部门积极开展保护区生态补偿试点工作

2007年,环保部"建议地方政府优先在自然保护区等四个领域开展生态补偿试点工作";2009年,国务院办公厅发布《关于应对国际金融危机保持西部地区经济平稳较快发展的意见》(国办发〔2009〕55号),提出"研究建立生态补偿机制,先期在生态地位极其重要的区域开展生态补偿试点",还发布了《关于进一步促进广西经济社会发展的若干意见》(国发〔2009〕42号),提出"探索建立流域水资源保护等生态补偿机制,进一步完善生态公益林补偿政策"。2012年,国务院通过的《西部大开发"十二五"规划》中明确提出要"加快建立生态补偿机制,研究制定《生态补偿条例》。进一步完善国家级自然保护区等生态补偿试点,启动桂北等生态补偿示范区建设"。各项政策紧密出台。

广西是国内最早开展生态补偿试点工作的省区之一。1988年，广西区政府最早的试点就落在金秀大瑶山水源林保护区，在《自治区人民政府办公厅关于大瑶山水源林自然保护区经费问题的批复》（桂政办函〔1988〕138号）中确定，"大瑶山水源林保护区年度经费，由广西区林业厅从水源林经费中安排20万元，广西区水电厅从农业投资中安排10万元，其余30万元由以下各县负责：象州县9.5万元，武宣县1.5万元，鹿寨县2万元，荔浦县2万元，蒙山县6万元，平南县3.5万元，桂平县5.5万元"。2002年，广西在花坪国家级自然保护区开展试点工作，特编制了《广西花坪国家级自然保护区森林生态效益补助资金试点实施方案》，其中落实了保护区生态效益补助资金内容、目标及措施，补偿标准为每年每亩3.5元，当年即获得中央财政补助资金83.7万元。经核定，花坪保护区从2010年开始，纳入中央森林生态效益补偿的面积为22.52万亩，2010年至今每年中央财政森林生态效益补偿基金均是136.57万元。

（三）广西保护区生态补偿资金增长缓慢、比重低

目前各自然保护区的资金普遍来源于中央及地方各级财政，渠道有限。尽管各级政府部门逐年加大对保护区建设的投入，但落实至各自然保护区的仍是杯水车薪。

1. 公益林补偿

2006~2009年，广西区划界定自然保护区林445218.0公顷。不分权属，补偿标准为每年每亩5元。2006~2009年，中央和自治区财政安排保护区森林生态效益补偿基金每年3339万元，共13356万元，仅占全广西生态公益林补偿的10.6%。2010~2011年，广西区划界定自然保护区林496767.5公顷。2010年权属为集体和个人的公益林，中央和自治区的补偿标准由每年每亩5元增加到每年每亩10元，但权属为国家的公益林补偿标准不变。中央和自治区财政安排保护区森林生态效益补偿资金为10065万元，仅占全广西生态公益林补偿的7.3%。

2. 财政转移支付

2009年中央财政开始实行重点生态功能区转移支付政策，2009~2011年广西已获得转移支付26.83亿元，但保护区2009~2011年获得转移支付0.77亿元，仅占全广西财政转移支付的2.9%。

3. 以"项目支持"的形式促进项目补偿

自治区财政从 2008 年开始设立了生态广西建设引导资金,到 2012 年 7 月底,共安排资金 1.8 亿元(2008 年、2009 年、2012 年三年各 0.3 亿元,2010 年、2011 年两年各 0.45 亿元,另 2012 年第二批 0.2 亿元未定)重点用于生态产业项目的补助或奖励等,但保护区获得的引导资金仅为 0.05 亿元,仅占全广西生态引导资金的 2.8%。

广西生物多样性林业资金的投入情况如表 1 所示。

表 1　广西生物多样性林业资金投入情况

单位:万元

项目	合计	2006 年	2007 年	2008 年	2009 年	2010 年	2011 年
自然保护区投入	9583	626	1021	2019	2382	1435	2100
财政转移支付	7681	—	—	—	—	2680	5001
生态公益林补偿	263736	21802	34047	34047	36292	68774	68774
合计	281000	22428	35068	36066	38674	72889	75875

二　广西自然保护区生态补偿存在的主要问题

(一) 居民经济来源有限,补偿额度低,保护与利用矛盾激化

保护区居民因建立保护区后受到开发利用的限制,一直处在生活极度贫困的状态。保护区地处偏僻山区,当地居民(约 129 万人)生活的主要来源是种养业,且以林木采伐为主。由于保护区森林严禁采伐,居民的生产生活受到严重制约,基本生活都难以保障,而现行生态公益林补偿标准(每年每亩 10 元)尚不及出租荒山或采伐一株树木的收益。目前,保护区内权属为集体和个人的公益林面积达 261 万亩,居民极力要求采伐集体林以维持生计,部分居民向管理部门提出了调出公益林的申请,不愿意签订管护合同和领取补偿资金的现象相当普遍,资源保护与居民利益的冲突日趋激化。

(二) 保护区的生态保护缺乏有效的补偿机制

一是现行巨额的财政转移支付为有效补偿提供了很好的资金来源,但生态补偿并没有成为财政转移支付的重点;二是用于自然保护区管理的资金相当少,保护与利用分离的开发模式对生物多样性的不利影响日益突出;三是

自治区级保护区只有部分森林能享受国家和自治区提供的森林生态效益补偿金,远不能体现保护区所提供的生态服务的整体功能价值;四是保护区普遍缺乏稳定的资金来源,现有资金供给量不足有效需求量的1/3。有效的补偿机制的缺乏使广西生态保护面临重重危机。

(三) 保护区的补偿基金缺乏弹性

目前广西保护区的生态补偿资金来源于中央和自治区财政,渠道有限,尚未真正建立弹性的生态效益补偿基金。尽管森林生态效益补偿基金相对于其他补偿形式最为成熟,但也没能做到与时俱进。

1. 补偿标准过低

补偿标准低主要表现在两个方面。与商品林比,如营造桉树工业原料林,中等水平每亩可以获利120元,经营商品林所能获得的收益远高于公益林,这挫伤了林农经营公益林的积极性,特别是集体林权制度改革之后,商品林放活经营,公益林补偿标准低的问题更加突出。

2. 补偿标准僵化

重点生态公益林补偿是保护区生态补偿最重要的组成部分,但是从实行试点开始,补偿标准就严重偏低,而且社会平均工资水平、物价水平都不断提高,比较效益偏离大。例如,10年间集体林每年每亩的补偿金额仅从2001年的5元提高到2010年的10元,而广西的造林工价从2001年的每天20~30元提高到2010年的每天70~90元。

3. 补偿标准不公平

现实的森林生态效益补偿实行统一的补偿标准,没有与公益林形成过程的投入和产出的生态效益相挂钩,没有体现优质高价、劣质低价的补偿原则。例如,国有公益林没有按生态区位、机会成本、保护区级别区分补偿标准,即国家和地方重点公益林、石山和土山公益林、国家级和自治区级自然保护区公益林的生态效益虽然不同,但补偿标准均完全一样。

(四) 补偿机制体系研究不透彻

由于生态补偿涉及公共管理的许多层面和领域,关系复杂,头绪繁多,政策性强。目前要真正付诸实施还面临不少问题:一是生态补偿的定量分析目前没有成熟的研究结果;二是生态补偿立法远远落后于生态问题的出现和生态管理的发展速度;三是生态服务功能价值如何评估、生态环境保护的公共财政体制如何制定等需进一步加强研究；四是生态补偿涉及财政、发展改革、水利、林业等多个部门，如何平衡部门利益，需要政府统筹协调。截至目前，广西保护区较为完善的生态补偿政策和机制仍未落实。

三　广西自然保护区生态补偿优化构想

（一）建立完备的自然保护区生态补偿标准体系

一是通过对不同级别、不同保护对象、不同面积的保护区的生态功能、生态价值利用情况、经济社会状况等开展调研，评估细化保护区的生态功能价值和保护所需的机会成本等，构建自然保护区生态补偿标准的测算方法和技术体系；二是充分考虑广西保护区的重要生态地位及其生态保障效益，提高一般性转移支付的系数；三是根据广西保护区的实际情况增加专项转移支付，增加保护区在生态功能区建设上的事权，并形成相匹配的财权；四是生态保护和建设项目资金的核算和拨付多采用"以奖代补"方式而不是"以奖促治"方式。

（二）多渠道融资促进保护区建立综合长效补偿机制

要多渠道融资建立国家补偿、社会补偿、自我补偿和国际资助相结合的多层次的生态补偿体系和运行机制：一是进一步强化政府在生态补偿中的主导作用，中央及广西区财政应安排保护区生态补偿专项资金，使生态补偿成为财政转移支付的重点；二是吸收社会资金，建立市场引导的多渠道的资源有偿使用的补偿机制，让保护区的资源保护受益者直接补偿，如从依托保护区的旅游、水力发电等部门的营业收入中按一定比例征收补偿金；三是自发建立协调机制，引导鼓励生态环境保护者和受益者之间通过自愿协商实现合理的生态补偿；四是加强与国际有关组织的合作，争取国际组织和有关国家政府的援助、贷款、赠款以及合作项目。从而建立以中央财政为主、以地方财政为辅，政府、社会、个人、国际相结合的生态补偿专项基金。此外，还要注重建立融合自然保护区、流域、林业不同生态补偿类型的综合补偿机制，和受益单位签订长期生态补偿协议，建立长效补偿机制。

（三）完善对保护区当地居民的补偿机制

一是根据实际全面提高补偿标准并实施分类管理，将保护区内的林农纳入低保范围,与自然保护区集体林所有者、经营者签订共管协议;二是建立向山区农民倾斜的信贷激励机制,加大政府贷款对农民的支持力度,促进保护区的替代产业的发展,采用"保护区+公司+基地+农户"的方式带动农民脱贫致富;三是给予保护区内为生态保护做出贡献的居民直接的生态补偿,并提供再就业培训的资金支持;四是对集体产权农民实施"造血型"补偿方法,通过等于或高于财政转移支付补偿标准的发展项目提升自我发展能力,形成造血机制。

(四) 进一步完善公益林补偿机制

一是建立公益林分级补偿机制,即通过评价公益林质量和生态服务功能合理划分等级,科学计算分级补偿系数,分区分级予以不同的补偿标准,最低补偿标准应不少于每年每亩30元;二是建立公益林补偿标准动态调整机制,即环比递增10%~30%,不超过生态公益林固有的生态服务价值的5‰,不给财政造成巨大压力;三是建立公益林补偿标准定期调整机制,即根据商品林、公益林的比较效益5年一次调整财政补偿基金标准;四是建立公益林赎买机制,即针对国家和自治区财政逐年购买权属为集体和个人的、生态区位重要的公益林地。

(五) 完善保护区生态补偿的配套政策和制度

对保护区不再考核GDP指标,而是考核生态环境保护成绩,积极探索一条监测、评估、监督生态补偿效果的新道路,防止补偿流失,建立完善的生态补偿机制绩效考核评价制度:一是资金到位考核,主要是确保补偿资金及时准确到达补偿对象;二是补偿成效考核,主要是检查落实保护措施和评估补偿成效;三是奖惩制度制定到位考核,使财政生态补偿资金更好地发挥激励和引导作用;四是监督体制完备考核,监督的主体包括环保、林业和财政等部门,并引入公众参与机制。

四 结论

总之,为了实现自然保护区的可持续发展,作为主观保障的生态补偿机制应随着时间和环境的变化,不断加以发展、优化和完善,并形成有效的、长期的和谐循环。但有效的机制仍需稳定的、规范的法规制度作为支撑,尽早确定生态补偿法规应是当前急需解决的问题。

基于过程模型的新疆草原生态补偿分析

孔令英*

摘　要　在新疆草原生态现状以及草原生态补偿实施现状的基础上，本文运用史密斯政策执行过程模型，对目前实施的草原生态补偿政策进行评估分析，找出政策实施过程中存在的不足之处，为新疆草原生态补偿政策提出科学的意见、建议，为新疆草原生态的可持续发展提供强有力的依据。

关键词　新疆　草原生态补偿　政策

新疆地处我国西北边陲，面积辽阔，资源丰富，草原总面积达8.6亿亩，可利用草原面积达7.2亿亩，占新疆土地面积的34.5%。近年来，由于受气候变化、水位下降、河水干枯等自然因素的影响，加之超载放牧、滥垦乱采乱挖、打井开地、过度抽取地下水及传统生产生活方式等人为因素影响，新疆草原面积的85%有不同程度的退化，其中退化严重的达37.5%。笔者从自治区畜牧厅了解到，2012年，新疆夏季牧场理论载畜量为3390.43万头（只）牛羊，实际放养牲畜数量为4270.89万头（只）牛羊，超载率达25.97%；春秋季节牧场理论载畜量为1742.13万头（只）牛羊，实际放养牲畜量为2718.87万头（只）牛羊，超载率达56.07%。而因为超载放牧，30%的草场在冬季已不能再利用。尽管草原生态补偿政策已在我国多个省份实施，但草原的退化依旧存在，其引发的水土流失、草地沙化、自然灾害等现象日益严重。因此，了解草原生态补偿的现状，对现有的草原生态补偿政策做出评价，并据此建立更加有效的草原生态补偿机制，

---

* 孔令英，石河子大学经济与管理学院副教授，研究方向为农业经济理论与政策。

对于草原的长久发展意义重大。

一 新疆草原生态补偿现状

自 2001 年起，自治区就开始对草原实施"草原置换"的措施，即在水土较好的地区大力发展人工饲料地建设，对天然草场实施禁牧、休牧和轮牧等措施，并对牧民进行定居。之后对新疆 7 亿多亩草原进行重新规划，将 1.5 亿亩已经沙化的草地划分为永久禁牧区，1.5 亿亩严重退化的草地实行 8～10 年休牧，4.5 亿亩草地进行划区轮牧。在"十一五"期间，全区退牧草原 13145 万亩，其中禁牧 4390 万亩，休牧 8095 万亩，划区轮牧 660 万亩。退牧还草工程区植被覆盖度提高 5%～15%，平均地上生物量增加 5%～24%，草原生态恶化趋势得到初步遏制。"十二五"以来，国家和自治区建立了草原生态补助奖励机制。截至 2013 年，新疆全区 150 万亩重点水源涵养区全面实现了禁牧。完成了 3.96 万户游牧民定居住房建设和 1.585 万户游牧民定居生产设施配套建设，实施退牧 1400 万亩，并结合 27 座定居兴牧水利水源骨干工程新建人工草地 11.04 万亩。全区区级、地州级防灾饲草料储备库已储备饲草 2032 万吨、饲料 311.2 万吨。目前，各项草原扶持政策成效开始显现，全疆牧区草原生态发生积极变化。但是全疆已恢复的草原生态仍很脆弱，全面恢复草原生态的任务仍然十分艰巨。我国对草原生态补偿的研究多停留在理论研究的层面，而对政策的评估较少，这样不利于政策的有效实施。本文将结合托马斯·史密斯（以下简称史密斯）的政策执行过程模型展开，对新疆的草原生态补偿政策的实施情况进行评估，进一步为以后的政策改进提供可行性意见。

二 新疆草原生态补偿政策的过程模型分析

草原生态补偿政策是指草原资源的所有者或受益者为保护草原生态环境付出相应的费用，即对为了保护草原生态环境而遭受损失或改变生产方式的牧民给予技术、资金上的相应补偿和政策上的优惠以及帮助，从而实现在保护草原生态环境的前提下，牧民生计得以统筹发展。

从 20 世纪 90 年代起，我国就在一些地区试行生态环境补偿费政策，主要是通过经济激励等手段促使环境的使用者、开发者和消费者保护和恢复生态环境。但因概念和使用途径等不够清晰,在国家清理整顿乱收费项目时被取消。2002年12月,国务院颁布了《退耕还林条例》,在全国实施退耕还林(草)政策,各地方政府采取相应的配套政策和措施。从2003年开始,国家开始重视草原生态,加大对草原生态的建设力度,先后实施了"天然草原保护建设工程"、"退牧还草工程"和"京津风沙源治理工程"等一系列生态保护工程。在这之后,我国就草原生态的保护颁布了一系列政策条例(见表1)。2005年颁布的《关于进一步加强退牧还草工程实施的管理意见》中规定了由县级农牧部门负责退牧还草项目的具体实施。从2011年起,国家将在包括新疆和新疆生产建设兵团在内的8个主要草原牧区全面实施草原生态保护补助奖励机制,中央财政每年投入134亿元,主要用于草原禁牧补助、草畜平衡奖励、牧草良种补助和牧户生产性补助等。2012年,国家将草原生态补偿政策的实施范围扩大到河北等5省的36个牧区半牧区县。2013年,中央财政继续支持包括新疆建设兵团和黑龙江农垦在内的13家单位实施草原生态保护补助奖励机制,并加大财政支持的力度。

表1 我国有关草原生态保护的政策法规

年 份	政策法规
2002	《退耕还林条例》
2003	《退牧还草和禁牧舍饲陈化粮供应监管暂行办法》
2005	《关于进一步加强退牧还草工程实施的管理意见》 《草畜平衡管理办法》
2006	《中国草业可持续发展总体战略》
2011	《2011年草原生态保护补助奖励机制政策实施指导意见》 《关于印发完善退牧还草政策的意见的通知》

史密斯认为公共政策的执行可被视为社会张力的发生源,这种张力产生于政策过程的4个组成部分:理想化的政策、执行机关、目标群体及环境因素。在政策执行过程中,这4个组成部分均会产生张力,并对政策形成反馈,这种对政策制定者与执行者的反馈,形成对制度的进一步支持或阻碍。

(一)草原生态补偿政策本体的状况分析

1. 新疆草原生态补偿政策的实施状况分析

新疆的草原补偿项目主要包括禁牧补助、草畜平衡奖励、牧草良种补贴、牧民生产资料综合补贴和绩效考核奖励。自治区对以荒漠类草原为主的退化草原和退牧还草工程禁牧区每亩每年给予 5.5 元的禁牧补助，对水源涵养地和草原保护区给予每亩每年 50 元的禁牧补助。草畜平衡及牧民生产性补贴标准同国家一致，即按照每亩每年 1.5 元的标准给予奖励，按每亩每年 10 元的标准实施人工种草良种补贴，按每户每年 500 元的标准给予生产资料补贴。除了禁牧区外，自治区其他 5.0262 亿亩草原均实行草畜平衡管理，采取"整体推进、分年达标"的原则，分 3 年完成牲畜转移安置计划，达到草畜平衡，奖励资金由草原使用者享受。①

与其他草原生态保护较好的国家相比，我国需要借鉴的地方还有很多。美国对草原生态的保护更注重个人承包的方式，通过租赁的方式将草原资源市场化，并对私有化业主进行技术培训，从而减少政府的财政支出，将保护草原资源的重任更多地交给个人或企业。澳大利亚则主要是在牧草地的可持续利用上进行改善和加强，并对用于草原生态的技术和物资进行免税。新西兰也是通过市场化的方式，对牧区的生态化发展提供资金支持。

2. 存在的问题

由以上分析可以看出，新疆的草原生态补偿政策在制定方面还存在以下问题。一是补偿标准低，不足以弥补牧民因放牧方式和生活方式的改变而造成的损失；二是补偿范围狭窄，补偿范围包括补偿对象的范围和补偿区域的范围，由前文可知国外的补偿标准涉及的范围较大，而我国的补偿主要集中在牧民上，对私人承包方式、先进的农牧生产技术和物资的补贴都没有明确的形式，另外我国补偿区域的范围没有进行科学规划，区域分散，不易管理；三是缺乏市场机制的介入，我国草原生态补偿政策的主体是政府机构通过仲裁财政下发补偿资金实现的，市场在保护草原生态方面的作用微乎其微。

（二）新疆草原生态补偿政策执行机构分析

草原生态补偿涉及的主要部门有畜牧局、农业局和草原监理所（见图1）。畜牧部门主要负责草原生态保护具体政策的实施工作，会同财政部门编制草原生态补偿的具体实施方案，包括划定禁牧区域、确定草畜平衡区

---

① 侯向阳、杨理、韩颖：《实施草原生态补偿的意义、趋势和建议》，《中国草地学报》2008年第 5 期。

域及面积、核定补助奖励面积变化情况和受益牧户的补助金额等。此外，畜牧部门在落实禁牧和草畜平衡方面责任重大，草原监理所主要负责组织开展草原生态监测和监督管理，监管草原生态补偿的实施过程，对草原生态保护的行为进行宣传。从部门分配中可以看出，新疆执行草原生态补偿政策的机构缺乏系统化管理，没有一个完整的组织体系对各分支机构和部门进行约束管理，政策实施涉及的机构冗杂，功能定位不明确。

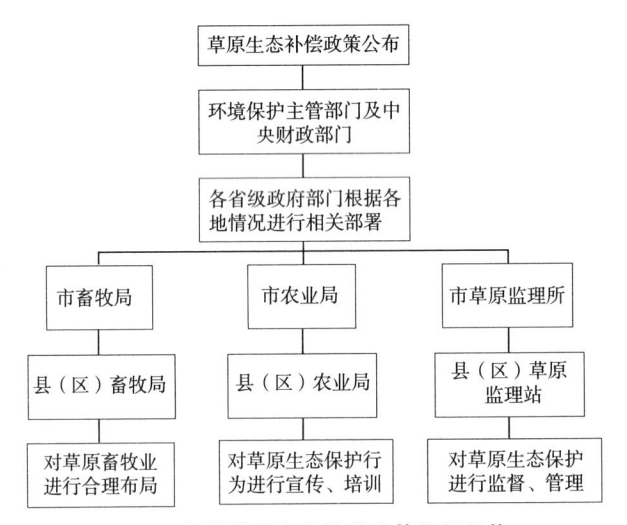

图1 新疆草原生态补偿政策执行机构

在组织人员的配备方面，目前，全疆已有了县（乡、镇归县）、地州、自治区三级草原监理机构588个，其中自治区、地州16个，县（市）级86个，乡（镇）级486个，共有监理人员2300名，依法领取执法证的有1410人。以塔城地区为例，截至2011年，该区共有草原监理站（所）8个，草原监理站（所）在编人数159人，实有人数178人，其中：大学以上学历的有24人，大专学历的有97人，中专及以下学历的有57人。地级草原工作站有1个，县（市）级草原工作站有7个，草原工作站在编人数169人，实有169人，其中：大学以上学历的有40人，大专以上学历的有51人，中专学历以下的有78人。由以上数据可以看出，草原生态保护机构的组织人员文化水平普遍不高，专业技能明显不足。

执行机构的资源配置包括执行机构的资金筹措、信息传递和项目周期等内容。在调研中笔者发现，补偿资金多数是由中央财政筹措的，由于草原产权不明确，市场融资渠道并不畅通。此外，多数草原生态补偿是以工程形式进行的,如"退牧还草工程",大多数是短期机制,而非长效机制。在诸多短期机制之间,还存在重复建设等问题。

另外,在政策监管方面,除了草原监理所对所在地区草原实施监控外,农业部为了加强草原生态补偿信息化管理,开发了草原生态保护补助奖励机制管理信息系统,系统主要包括牧户信息采集、补助奖励补贴信息管理、地块上图、草畜平衡分析、保护效果评价5个方面的内容,通过网站化的系统管理,对草原生态保护补助奖励机制进行电子档案管理和效益评价,强化政策实施过程中的动态监管。政策监管工作对草原生态起到一定的监督作用,但缺乏与草原生态保护其他环节的功能衔接,有待进一步改善。

(三) 草原生态补偿政策执行的目标群体

草原生态补偿的对象,首先是指直接参与草原生态建设并产生正外部效应或者因草原生态建设而利益受损的地方政府和个人。在草原生态补偿过程中,农牧民是最大的利益受损团体,也是草原生态补偿的首要补偿对象。而公共政策是对社会公共利益的权威性分配,草原生态补偿政策作为一项公共政策,就是要将草原生态保护意识传递给生活在草原地区的农牧民。若想使草原生态补偿政策获得更好的效果,执行机构应该从作为理性人的牧民的利益出发,满足他们不同的需求。

草原生态补偿政策实施后,由于天然草场的放牧活动减少,舍饲比重加大,主要依靠自产饲料粮和外购干草、饲料粮饲养牲畜,牧民用于干草和饲料的投入明显提高。由于舍饲比重加大,牲畜圈舍和饲养牲畜的水电成本也相应提高。新疆牧业人均生产费用由2009年的693.42元增加到2012年的1242.77元,涨幅达79.2%;生产资料人均支出由2009年的622.54元增加到2012年的1173.61元,涨幅达88.5%;饲料人均支出由2009年的365.67元增加到2012年的770.18元,涨幅达110.6%。这些投入的明显增加,一方面是由于经济发展水平的提高,另一方面则是由于草原生态保护措施的实施。这些支出的大幅度提高直接造成了牧民饲养成本的增加,而国家财政对牧民的补偿资金明显不能满足饲养成本的增加,这就使得牧民参与草原生态补偿的积极性降低。

此外,草原生态补偿的对象有一定的局限性,森林生态补偿的做法值得借鉴。草原生态的目标群体不应局限于农牧民上,还应对草原专职管理人员给予补助，对从事草原防火、病虫害防治、项目监测的单位给予补贴，对承担草原的区划、界定、宣传、培训、监管、信息系统建设、检查、验收工作的省、县（自治市、直辖区）草原主管部门和乡（镇）草原工作站（或乡镇政府）给予补贴。

（四）草原生态补偿政策执行的环境因素

新疆牧区是一个依靠资源而发展的地方，它的经济产值与投入生态环境的资源是成正比例关系的：投入的资源越多，经济收入就越多，经济发展就会很快；反之，投入的资源越少，经济收入就越少，经济发展就越缓慢。因此，牧业经济发展和草原生态环境保护方面是相互制约的一个过程。首先，国家制定草原生态补偿政策的总方针，地方根据本地具体情况分别实施。新疆正处于经济高速发展时期，在实施国家政策方针的同时更加注重经济的发展，政策实施力度不会太大，致使自治区标准不严格，影响草原生态补偿效果。其次，新疆经济的发展也直接影响地方财政对草原生态的补偿力度，单靠中央财政的补偿不足以满足地方的实际需求。

三　完善新疆草原生态补偿政策的建议

当前草原退化问题已经严重影响草原生态环境的可持续发展，各项草原生态补偿政策相继实施，对于草原生态的治理有一定的积极作用。与此同时，我们也要不断强化政策的实施效应，找出现有政策的不足并改善，以更好地为草原生态保护提供合理的意见和建议。

（一）草原生态补偿向合理方向发展

首先，草原生态补偿涉及的地理范围很广，但从现阶段我国基本情况来看，草原生态补偿的数额和范围都不可能一步到位，因此必须分清主次、突出重点。对新疆来说，补偿政策要针对当前草原状况和影响草原生态环境的关键因素来制定实施，如对重要的草地生态保护区——新疆天山北麓荒漠化草原区、西北荒漠－绿洲区等，要加大草原生态补偿政策的实施力度。其次，为鼓励当地农牧民参与草原生态补偿建设，必须提高农牧民的补偿标准，尽量符合当地经济的发展实际。最后，草场确权工作进一步完善，对正在使用中的草场进行合理化的管理，明确各部门的责任，对人口统计和草原使用证发放等工作进行合理安排。

（二）建立"政府-市场-社会"一体化的草原生态补偿机制

从国外的许多政策来看，国外的草原生态补偿大多数是通过市场机制实现的，只有少部分是靠政府支付的，市场结构的多样性在草原生态补偿方面发挥着巨大的作用。另外，社会的参与对草原生态补偿政策的实施来说也有巨大的推动作用。因此，随着我国市场经济体制的发展和完善，应在确保经济增长的基础上，建立政府引导、市场推进、社会参与的草原生态补偿和草原生态环境建设投融资的机制体系。新疆正处于经济高速发展阶段，市场机制的介入对草原生态的保护以及对经济与环境的协调发展会起到积极作用。

（三）建立较为完善的草原生态补偿系统管理服务体系

首先要界定各职能机构之间的管理范围，明确草原管理中各机构的职能，形成完整的机构体系，对草原生态补偿进行系统化管理。在已有的草原生态保护补助奖励机制管理信息系统的基础上，构建集实施、监察、管理于一体的草原生态补偿系统服务框架，在政策实施的同时对草原进行实时监察，对违反禁牧规定和非法开发草原等行为进行管理和处罚。在草原生态补偿政策实施成熟的区域进行标准化的操作模式，以简化补偿过程，加强草原生态补偿政策实施的可持续性。

（四）拓宽资金来源渠道

新疆地区的经济发展较中东部地区落后，主要以农业、畜牧业生产为主。而支农支牧的资金仅仅来源于国家和自治区，远远不能保证政策的顺利实施。在拓展资金来源渠道，多方面、多主体地筹集补偿资金。新疆地区在这方面可以借鉴锡林郭勒盟草原的经验，由国家、生态收益区域、当地受益企业和个人提供补偿基金，并争取国际资金支持，通过多种渠道获取生态补偿资金。

（五）加强草原生态补偿政策的可持续性

目前我国实施的草地生态补偿机制，大多是针对单一要素或单一工程、项目的补助政策，具有短期性特点，政策延续性不强，仅靠少量的粮食和经济补偿并不能从根本上解决牧民脱贫致富的问题。项目期限过后，为避免前期补偿效果的消失，在效果实施良好的情况下可以适当增加年限，若实施效果不佳，可采取相应措施加大政策实施力度，以获得草原生态可持续的长期效益。

第七篇

现代农业与生态专题

关于我国发展生态农业的再思考

欧阳金芳[*]

摘　要　生态农业在我国离经济社会发展的要求还有很大的差距，生态农业的巨大潜力尚未真正挖掘出来，其在经济社会发展中的应有作用远未发挥。建设美丽中国，实现中华民族伟大复兴的梦想，需要从战略上重新思考生态农业。

关键词　生态农业　战略思考　可持续发展

生态农业在我国已经有30多年的历史，经过学术界的开拓研究、政府的大力倡导和广大干部群众的积极探索与实践，生态农业有了长足的发展。特别是20世纪90年代开始的全国生态农业县建设试点和生态富民家园计划，作为世界上最大规模的开创性工作，成效显著，展示了广阔的发展前景，为我国农业的持续发展提供了宝贵经验。

但生态农业在我国离经济社会发展的要求还有很大的差距，生态农业的巨大潜力并未真正挖掘出来，其在经济社会发展中的作用远未发挥。建设美丽中国，实现中华民族伟大复兴的梦想，不能不从战略上重新思考生态农业。

一　关系农业发展全局，应从农业可持续发展的战略高度定位生态农业

农业其实是一个与生命打交道的产业，不管种植业、养殖业还是农产

---

[*] 欧阳金芳，解放军理工大学理学院教授。

品加工业都离不开生命物质，生命物质与自然环境有机结合并按照自身规律发展带来了经济产量，对生命物质的加工利用产生了使用价值和价值。不管农业内部如何分工，不管农业产业如何细化，不管农业产业链有多长，也不管人们如何快速延伸农业产业链，生命物质及其赖以存在的自然环境始终是农业发展的基础，生命物质与周边环境的有机结合始终是谋划农业的根本，生命系统与环境系统的耦合是农业产业成败的关键。

生态农业强调依据生态学原理和生态经济规律，因地制宜地设计农业产业。要求将粮食生产与多种经济作物生产，大田种植与林、牧、副、渔，及第二、第三产业的发展结合起来，吸收传统农业的精华，利用现代科技成果，进行农业产业的人工生态设计，实现生态、经济的良性循环，以最大限度地获得经济、生态、社会效益。生态农业的核心是遵循自然生态规律，通过优化配置环境、资源要素，实现生命系统与环境系统的有机结合，寓经济、环境、社会效益于一体。

生态农业有以下4个基本特点。一是综合性。强调发挥农业生态系统的整体功能，以大农业为出发点，按"整体、协调、循环、再生"的原则，全面规划，调整和优化农业结构，使农、林、牧、副、渔各业和农村第一、第二、第三产业综合发展，并使各业之间互相支持、相得益彰，提高综合生产能力。二是多样性。针对我国地域辽阔，各地自然条件、资源基础、经济与社会发展水平差异较大的情况，充分吸收传统农业的精华，结合现代科学技术，以多种生态模式、生态工程和丰富多彩的技术类型装备农业产业，使各区域都能扬长避短，充分发挥地区优势，各产业根据社会需要与当地实际协调发展。三是高效性。生态农业通过物质循环和能量多层次综合利用和系列化深加工，实现经济增值，实行废弃物资源化利用，降低农业成本，提高效益，为农村大量剩余劳动力创造农业内部就业机会，保护农民从事农业的积极性。四是持续性。发展生态农业能够保护和改善生态环境，防治污染，维护生态平衡，提高农产品的安全性，变农业和农村经济的常规发展为可持续发展，把环境建设同经济发展紧密结合起来，在最大限度地满足人们对农产品日益增长的需求的同时，提高生态系统的稳定性和持续性，增强农业发展后劲。

不言自明，农业产业的可持续发展解决了古法农业无法解决的产量问题。基于农业产业的污染与转基因问题，许多人向往古法农业，认为在原生态环境中获取农产品就能确保人类的身心健康。应当说人们追求健康的愿望无可厚非，但原生态的脆弱性、多变性与发展的缓慢无法满足人类生存发展对农产品的需求。

农业产业的可持续发展还解决了化石农业无法摆脱的污染问题。为应对人口不断增长带来的农产品需求压力，人类不遗余力地增加农产品的产量，但接下来的问题又让人类社会防不胜防，农药残留、化肥污染和转基因等问题严重影响着人类社会的食物和居住环境安全。人们在讨论如何摒弃化石农业的时候，不得不思考新的替代方法，这就是生态农业。

农业产业的可持续发展还为解决农业产业资源短缺问题敞开了潜力发掘的大门。首先是光合作用的潜力。植物的叶绿素使原本不能被生物直接利用的太阳能转换成了化学能，以碳水化合物的形式固定起来，成为包括人类在内的一切生物最根本的营养物质来源。太阳的光热辐射为地球提供了巨大的能量。据计算，15分钟内太阳投向地球的能量相当于51亿吨石油燃料所产生的能量，几乎等于目前全世界一年所用能量的总和。计算表明，每年进入我国960万平方公里陆地国土的太阳总辐射和光合有效辐射折合标准煤分别达到20000亿吨和10000亿吨。但光合作用中被绿色植物吸收固定的太阳能仅占太阳辐射到地球能量的1%。种什么、怎样种、如何管理直接关系到绿色植物向太阳索取能量的机制；科学的生态农业设计从作物品种改良的内在要素到绿色作物面积的外延扩展提高了人类利用太阳能的概率，可以肯定，随着绿色植物光合作用效率的提高，地球生命系统有可能不会再为能量短缺而担忧。其次是微生物的潜力。在生态系统中，细菌、真菌、放射菌（放线菌）等微生物和土壤原生动物、土壤中的小型无脊椎动物，被称为"还原者""分解者"，这是一个数量惊人的庞大群体，它们在消化吸收动植物排泄的废物和动植物遗体时将养分从机体中释放出来，返回地球无机环境，供"生产者"再利用。由于分解者的作用，自然生态系统中不应该有"垃圾"的概念，一切物质在生态系统内都处于生—长—死—烂（回归无机界）—再生长的循环往复中。生态农业从设计原理到运行机制为微生物在农业产业中的广泛利用提供了巨大空间。

因此，生态农业不只是具体的农业发展模式和生产方法，更是影响农业产业的根本思维方式与科学主张，必须从农业可持续发展的战略高度看待生态农业。

二 关系美丽中国建设的自然环境基础，应从国家发展战略的高度定位生态农业

地球生态系统是一个由无数子系统构成的整体，各系统内部及系统之间存在密不可分的联系。生产者摄取的太阳能量和氮、氧、碳、磷等营养物质在由生物与非生物环境组成的循环系统中时刻不停地运转，为生态系统各有机群体的存在、发展及相互间的联系提供物质支持。这种建立在能量循环基础上的内部联系，使地球生态系统的任何一个部分都处在直接或间接的联系中，都需要以其他部分的存在作为自己存在的条件。与之相应，地球生态系统的任何一个部分被破坏都会或多或少地影响其他部分的存在与发展，严重时甚至会导致整个生态系统的物质能量循环失调，导致地球生态系统的剧烈变动。

地球生态系统的整体性及运动发展的规律表明，农村和城市处于同一个生态大系统，生态系统内各要素的存在及其发展并不因农村和城市的划分而改变。生长在农村的植物、动物相互之间的关系及其与周边环境的关系与城市没有什么不同，其对生态系统的影响也没有根本差别。农村生态系统的植物与植物、动物与动物、动物与植物、动植物与微生物及其与自然环境之间相互依存、相互制约的关系是一个国家生态系统不可或缺的部分。不仅如此，因面积的广阔，动、植物资源的丰富，相关对象的多样性，农村生态环境甚至是国家生态环境不可替代的基础。我们曾经乃至今天都强调农业是国民经济的基础。"民以食为天"，农产品的有效供给是人们安居乐业、社会稳定的根本保证。但农业在生态环境建设中的基础作用并未引起足够的重视。事实上，从人与自然的关系看，无论是采集、渔猎、古法农耕还是现代农业，人类一路留下的对自然生态环境的作用、影响甚至破坏的足迹都与农业有关。令人担忧的人口、资源与环境问题源于农业的非科学掠夺式发展。生态农业是人类为满足农产品需求同时解决资源环境问题而做出的科学选择。

为破解人口、资源、环境日渐突出的矛盾，党的十八大提出了建设"美丽中国"的构想。这是一幅以青山绿水、鸟语花香、幽静宜人为新符号的，人文的、生态的、美丽的、绿色的、文明的、现代的最美画卷。"美丽中国"的构想与发展生态农业的选择几乎不谋而合，生态文明的自然之美、

科学发展的和谐之美、温暖感人的人文之美都需要良好的自然生态环境。生态农业的基础作用进一步凸显，需要从国家发展战略的高度定位生态农业。

三 关系发展全局，应有科学有效的战略措施

生态农业作为关系农业发展全局及影响国家发展战略的巨大工程，仅有一般的号召是远远不够的，必须采取切实有效的措施从战略全局推动其发展。

（一）全国一盘棋的统筹规划

生态农业是一项科学性、系统性、政策性极强的巨大工程，涉及方方面面的切身利益，国家必须从战略全局进行统筹规划。一是从战略高度统一对生态农业的认识，确立生态农业建设的指导思想；二是做好生态资源的普查，进一步丰富完善生态功能区的内容；三是依据生态功能区制定生态农业发展纲要，提出发展生态农业的指导意见。

我国幅员辽阔，气候、地质、地貌差别很大，人们的生活、耕作习惯也很不一样，试图用一个放之四海而皆准的模式搞生态农业是不可能的。不顾实际地推行一种模式在过去、现在乃至今后都不可行。从国家层面对生态农业做统筹规划绝不是要回到计划经济的老路上去，而是强调在科学有序的基础上发展生态农业。

（二）行之有效的科研措施

发展生态农业是一项前无古人的创造性工作，它的技术机制、管理机制和市场经济下的运行机制都有待创新发展。尽管自古就有依托自然环境、利用自然资源发展农业的先例，特别是我国，在利用动、植物间相互依存、互相制约的关系发展种植业、养殖业方面积累了丰富的经验，但这绝不是生态农业。依据生态科学原理，建立人工生态系统，满足农业产业发展的需要才是生态农业的根本。生物、微生物的生态习性，其内部的有机联系，其相互之间的关系，其与周边物理环境的关系，还有许多未被认识的自然王国，需要大量的理论研究与实践。应当设立生态农业科研专项基金，鼓励支持生态科学工作者围绕生态农业进行科研攻关，一些重大课题甚至应

吸收世界范围内的专家进行联合攻关。在国家科研项目的设立方面对生态农业倾斜，在资金投入上予以保障，在实践方面应鼓励支持多种模式的生态农业探索，设立生态农业科研示范基地，积累具有推广价值的经验。

(三) 科学合理的资源整合

随着国民经济的日渐强大，国家开始反哺农业，包括投入大量资金惠农，以及出台不少政策惠民。农机购置、电价优惠、种子化肥补贴、农田基本建设和各种各样的涉农项目，无不体现国家对农业的关怀，为我国"三农"问题的解决发挥了重要作用。

但是，我国涉农投入带来的实际效果与预期仍有差距，在许多地方农民的脱贫致富仍然相当缓慢，生态环境遭到破坏的局面并未得到根本扭转，有的甚至出现倒退。除了项目漏洞导致投入流失外，还存在投入缺乏系统安排的问题。只要到县级各涉农部门了解，便会发现数十个部门都有涉农项目，这种"群龙治水"的状况十分普遍。有限的财力资源蜻蜓点水似的布设在广大农村，很少带来可持续发展的结果。曾经轰轰烈烈的某省新农村环境建设项目，如今除了一块刻着某某项目的石碑孤零零地站在路旁，几乎看不出与原来有什么不同。涉农投入最根本的除了帮助少数确需帮助的农民解决生产生活困难之外，主要应当培育农村发展的内生动力，优化农村可持续发展的外部环境，建立支持农村可持续发展的长效机制。

为了使宝贵的涉农投入真正带来农村经济的可持续发展，促进农村以及整个国家生态环境的根本改善，需要构建科学的吸储机制，发挥生态农业的作用。

(四) 清晰明了的行动路线

目前搞生态农业的地方不在少数，形式多种多样，公众参与的热情空前高涨。不过我国发展生态农业的行动路线依然不清晰。尽管有政府支持的生态农业示范县，有专家设计的生态农业模式，但政府主导、专家设计、公众参与、科学评估、市场化运作的行动路线并不清晰，以致鱼龙混杂，一些所谓的生态农业、农庄其实不过是对其垄断的宝贵自然资源的掠夺式开发，这些人不仅拿到了本该属于国家的被马克思称为级差地租Ⅰ的垄断利润，还得到了涉农投入的项目支持，结果是除了给老板带来滚滚财源、增加局部视觉效果外，几乎与农业的可持续发展无关。只有政府主导把握方向，专家设计防控真伪，公众参与实施监督，科学评估掌握质量，市场化运作培育内力，发展生态农业才能真正落到实处，生根、开花、结果。

(五) 适时有效的政策调整

如前文所述，自然生态运动发展是不以人的意志为转移的，人们必须遵循自然生态规律。但在现实生活中，相互联系的自然资源又因经济所有权而被切割成大小不一的条条块块，人们基于自身利益，对生态资源进行掠夺式索取，生态系统的内在机制常常遭到破坏。发展生态农业首先遇到的问题和困难并不是生态系统，而是人类经济所有权及其利益诉求的牵制力。因此实时有效地政策调整是生态农业顺利发展的关键。例如，生态农业的布局就有土地问题的困扰，尽管国家积极主张土地使用权的流转，各地也有土地流转的成功实践，但大规模土地流转的气候并未形成，生态农业实践不得不高成本地获取农民的责任田使用权，有的甚至因要价过高不得不让项目搁浅。当然，农地使用权的流转完全应当尊重农民的意愿，完全应当由市场机制解决，但不能因此忽略政策导向和约束的作用。事实上，有些涉农政策早就与时代发展的要求不适应，随着实践的发展甚至会越来越不适应。例如，曾经在改变农村面貌方面发挥了根本作用的家庭联产承包经营责任制一定50年不变的政策与发展大农业的要求就有矛盾。受觉悟程度的限制，一些农民宁愿将属于他的责任地抛荒，也不支持生态农业。

(六) 恩威并重的奖惩机制

生态农业是一项前无古人的开拓性事业，在发展中遇到各种困难和挫折是非常自然的。但良好的发展环境是可以创造的，特别是应实时有效地进行奖惩。对积极探索生态农业的努力不仅要有精神上的鼓励，更要有物质上的奖励。有一技之长、勇于思考、勤于实践的能工巧匠在生态农业中的作用不可低估，尤其应当鼓励。对于那些勇于应用生态农业理论并在应用中不断完善的实践者，更要利用媒体进行宣传，并辅以物质鼓励。至于那些在生态农业建设中弄虚作假套取国家项目之徒，则应采取严厉措施，加倍追缴项目资金，甚至加以惩治处罚，对严重者还应追究法律责任。对一些为自己利益肆意破坏生态资源的行为也应采取严厉措施加以制止，不能顺其自然，任其发展。

关于中国生态农业发展的调查研究

——以农村沼气工程和秸秆综合利用项目为例

曹瑞冬[*]

摘 要 可持续发展是既满足当代人的需求,又不对后代人满足其需求的能力构成危害的发展。中国要实现可持续发展,必须保证中国生态农业的发展,而发展沼气和综合利用秸秆是建设生态家园的关键环节。加入WTO后,中国的农业面临着严峻的挑战,需要积极地发展生态农业生产方式。本文紧密围绕农村沼气工程和综合利用这一生态农业的关键环节进行研究,主要对江苏省海安县沼气工程和秸秆综合利用状况进行分析调查,深入分析农村沼气工程和秸秆综合利用状况,分析相关问题并找出解决措施,并在此基础上探索出中国生态农业应当遵循的发展道路以及预测中国生态农业的未来发展趋势。农业是中国的根本,而生态农业是农业最有前景的环节,中国人需要为中国生态农业贡献力量。

关键词 可持续发展 生态农业 沼气工程 秸秆综合利用 绿色环保

一 中国生态农业总体发展情况概述

(一)中国"三农"总体发展情况概述

中国始终把解决"三农"问题放在第一位。"三农"问题是一个整体,因为农业是一种产业,是农民从事的职业;农村是农民聚居生产生活的社区。所以要解决"三农"问题,第一位的是要解决农民问题,只有把农民

---

[*] 曹瑞冬,南京农业大学工学院学生,研究方向为工程管理。

问题解决好，农业、农村问题才能顺利解决。

第一，中国的农业问题。第二，国家要把解决农民问题放在第一位，农民人数太多，农民太穷、太苦、太弱，日益边缘化。农民问题很严重，这也是农村问题难以解决的根本原因。第三，农村要进行第二次经济体制改革，最关键的是要实现农村的可持续发展。①

（二）中国现代农业发展情况概述

我国农业在国际竞争中处于不利地位，农业和农村发展仍然处于艰难的爬坡阶段，我国现代农业发展中的突出矛盾较多，存在资源短缺和提高农业生产综合能力的矛盾、农业小规模生产和农业集约化经营的矛盾、农村大量劳动力富余和提高劳动生产率之间的矛盾、农业投入不足与农村要素外流的矛盾。只有不断推进、建设与发展现代农业，才能解决我国在农业发展中遇到的各种问题，现代农业已经成为农村经济发展的助推器。

（三）中国生态农业发展情况概述

中国生态农业的基本内涵是：按照生态学原理和生态经济规律，根据土地形态设计、组装、调整和管理农业生产和农村经济的系统工程体系。它要求把发展粮食与多种经济作物生产，发展大田种植与林、牧、副、渔业，发展大农业与第二、第三产业结合起来，利用传统农业精华和现代科技成果，通过人工设计生态工程，协调发展与环境之间、资源利用与保护之间的矛盾，形成生态与经济的良性循环，实现经济、生态、社会三大效益的统一。②

中国的生态农业继承了中国传统农业的精华，对废弃资源的再利用，主要体现在沼气工程和秸秆综合利用项目上，但中国生态农业也存在理论基础尚不完善、技术体系不完善、服务水平和能力建设不适应要求、农业产业化水平不高、组织建设不足、推广力度不够等问题，其中推广力度不够与组织建设不足将会直接妨碍沼气工程和秸秆综合利用项目的实施。

---

① 杜斌：《如何建设生态农业》，天地出版社，2010。
② 陈关升：《生态农业》，中国城市低碳经济网，http://www.cusdn.org.cn/news_detail.php?id=222498，2012年10月24日。

二 沼气工程——以江苏省海安县万杨村为例

(一) 中国沼气工程总体状况概述

沼气是有机物质如秸秆、杂草、人畜粪便、垃圾、污泥、工业有机废水等在厌氧环境等一定条件下，经过种类繁多、数量巨大、功能不同的各类厌氧微生物的分解代谢而产生的一种气体。[①]

我国是世界上最早制取和利用沼气的国家之一。一方面，科技的发展和农业的连年丰收，促进了畜牧业的发展，发展沼气的原料——牲畜粪便增多；另一方面，伴随着生活水平的提高，人们对卫生条件和环保日益重视，加上各级政府发展生态农业的需要，沼气事业在全国得到飞速发展，目前迎来了又一个历史发展高潮。

(二) 沼气与生态农业的关系

沼气在生态农业中起到至关重要的作用。我国传统农业早在12世纪就明确提出了"天无废物"的思想。变废为宝，使农业废弃物得到有效的再利用，即废弃资源化的问题，就成为当今可持续发展的重要问题，从而有利于建立生态农业型生产系统。同时，沼气的开发与综合利用具有广阔的前景，无论在消化废物方面，还是在制作再生能源方面都有利于生态农业的发展，而生态农业是今后农业发展的方向。

(三) 江苏省海安县万杨村沼气工程总体情况概述

江苏省海安县万杨村位于海安县曲塘镇，其目标是建成沼气池50个，实际建设30个，建成率达60%，所有建成的沼气池都暂无编号，国家补助金暂未获得，沼气池运行状况良好，环境改善状况大致良好。

(四) 江苏省海安县万杨村沼气工程详细情况

1. 农户沼气池建设状况及分析

2013年下半年建设的沼气池已经大体上实现了改圈、改厕、改厨，沼气运行状况和使用状况正常，其所提供的能源较多，并且已经

---

① 边炳鑫、赵由才：《农业固体废物的处理与综合利用》，化学工业出版社，2005。

应用到广泛的日常生活中去,对此,农户对沼气利用的满意度较高,总体评价较好。与此相反的是,2014年上半年开始建设的,尚未完全实现改圈,因此,所能产生的沼气量不能满足日常生活需要,农户对沼气的满意度较差,总体评价不高。同时,两者都没有编号,都缺少物业服务。

2. 农户沼气池建设存在的问题及需求分析

2013年下半年沼气建设农户希望能够建设更大的沼气池,如建成20平方米的沼气池来提供更大的沼气,而2014年上半年开始建设的由于没有改圈,所能提供的沼气较少,不能满足日常生活需要,迫切需要改圈。两者都存在环境质量未得到改善的问题,不仅防护措施很不完善,易产生有害气体,而且未使家庭的环境卫生真正得到改善。

(五) 沼气工程存在的问题及解决对策

1. 沼气产生不多

还未实现改圈的沼气池应当及时实现,也应当注重家庭是否养殖牲畜。江苏省养殖的牲畜较多,沼气的原料来源丰富,沼气产生不多的重要原因是未及时将沼气池进行改圈,在这个方面,农民需要及时申请国家资助。

2. 需建设更大的沼气池

有的农户需要扩大沼气池,这样沼气池的作用发挥更明显。据观察,实现改厨的沼气池在使用时产生的火焰很大,这个时候防火措施需要更加完善。

3. 环境质量改善有所欠缺

这主要存在于个别农户身上,他们虽然使用沼气池,却并未使沼气池附近的环境有所改善,并且还可能造成安全隐患,因此,村委会需要及时监督其安全状况。农家用沼气池是生产和贮存的装置,直接关系到能否产好、用好、管好沼气。因此,修建沼气池要做到设计合理、构造简单、施工方便、坚固耐用、造价低廉,政府补贴给农户的经费也应尽快下发,这样才能够调动农户建设沼气池的热情与积极性。江苏省农户一般比较响应政府的号召,但是有的时候推广力度有所欠缺,村里的沼气池建设完全由个人负责,需要加强推广。

三 秸秆综合利用项目——以江苏省海安县为例

（一）中国秸秆综合利用项目总体情况概述

近年来，农作物秸秆成为农村面源污染的新源头。每年夏收和秋冬之际，总有大量的小麦、玉米等秸秆在田间焚烧，产生了大量浓重的烟雾，不仅成为农村环境保护的瓶颈问题，甚至成为殃及城市环境的罪魁祸首。解决问题的关键在于提高农作物秸秆的综合开发利用率。因此，秸秆综合利用前景广阔，但是中国的秸秆综合利用状况仍然不太让人乐观，秸秆焚烧污染大气环境，综合开发利用又面临着技术不成熟、投资比较大、效果比较差的窘境。现在是农民急于焚烧，而政府急于封堵，二者就打起了游击战。[①]

在实践中，我国也有不少地方积极探索，创造性地采用了许多有益的办法。例如，利用秸秆造纸，或者利用秸秆生产无甲醛系列秸板，广泛用作高档家具、高档包装、高档建筑材料以及高档音箱等基材，既能增加农民收入，还能出口以增加外汇收入，使秸秆资源转化为经济优势。鼓励农民扩大养殖规模，使秸秆成为牛羊的粗饲料。可喜的是，一些地方已经利用秸秆汽化原理和技术，在农村推行秸秆沼气工程，这是十分有意义的事情。但是，由于秸秆利用的具体工艺还不完善，政策和资金投入不足，市场运作力度还很不够，秸秆加工设备以及相关加工设施有限，秸秆使用技术比较低下，秸秆综合利用的效率和效益有待提高，所以出现了当前的两难困境。

秸秆焚烧与秸秆无关，而与秸秆综合利用效率有直接关系，但综合利用的问题不是依赖农民就可以解决的，政府相关部门及有关企业在这件事情上扮演着至关重要的角色。

（二）江苏省海安县秸秆综合利用总体状况概述

我们对江苏省海安县的 7 个项目进行了调查，主要包括海安县化工园

---

① 顾国标：《在全县 2014 年夏季秸秆禁抛禁烧与综合利用暨防汛防旱工作会议上的讲话》，《海安日报》2014 年 5 月 24 日。

区、海安县墩头镇千步32组、海安县墩头镇长垛9组、海安县海安镇自由村15组、海安县白甸镇白甸村白南6组、海安县海安镇自由村6组、海安县城东镇新立村7组，本次调查的项目主要是秸秆固化成型项目、燃料项目以及秸秆收贮项目。

在全县的7个秸秆处理项目中，效果最为显著的是城东镇和化工园区的2个项目，对资源的利用以及项目建设、运营状况都比较不错。相对有所欠缺的是白甸镇和墩头镇的3个项目，对环境的改善程度一般，同时还存在很大的浪费现象。自由村的2个项目则缺少明确的责任制度和有效的管理。

秸秆固化成型燃料项目是利用机械设备将秸秆粉碎，再压缩制成块状、棒状的燃料。秸秆固化成型燃料项目要求建成后每年生产秸秆燃料3000吨以上。主要建设内容是秸秆粉碎和秸秆固化成型燃料设备、供排水系统、消防设施、电力增容设施等。省财政对每个秸秆固化成型燃料项目补助30万元/处。省级补助金主要用于购置项目建设所需要的仪器、机械设备等。

秸秆收贮项目主要是通过对秸秆的收集、加工、打包，为秸秆用户提供不同用途的原料。秸秆收贮项目要求建成后每处每年收集、加工、打包秸秆1万吨以上。省财政对每个秸秆收贮项目补助10万元/处。省补助资金主要用于项目建设的仪器、机械设备等。[①]

近年来，海安县秸秆综合利用工作取得了"群众满意、上级肯定、实绩证明"的阶段性成效，相关经验做法得到了相关领导的表扬和肯定。但我们也要清醒地认识到，由于少数群众认识不足，加上夏季秸秆综合利用的水平还不高，夏季秸秆禁烧禁抛与综合利用的工作压力依然很大，必须加强宣传引导，严格落实责任，以"堵"为基础，确保全面实现禁烧禁抛。同时，要进一步提高"疏"的水平，着力提升秸秆综合利用的层次。这是全部工作的着力点，也是两个基本的要点。

（三）江苏省海安县秸秆综合利用详细情况

1. 秸秆收贮项目分析

秸秆收贮项目在海安县主要存在6个项目，总体而言，建设时间、新置

---

① 江苏省农业委员会：《关于开展2012年秸秆综合利用示范县推进县考核工作的通知》，2012。

设备、年处理秸秆情况比较一致，但在某些方面存在差异，如城东镇项目存在固化成型项目，但如白甸村、自由村的项目缺少加工的厂房。就项目运行情况、建设情况、管理情况、运行效果而言，城东镇效果最优，而白甸镇的秸秆处理能力比较低，很大一部分秸秆都直接还田了。城东镇整体状况良好，但对资金的需求较大，并且由于人工费、机器维修费逐年上涨，收草与卖草存在亏本问题。

2. 秸秆固化成型项目分析

秸秆固化成型项目在海安县只有一个，在海安县化工园区内，是海安县最大的秸秆处理项目。其主要是将回收的秸秆进行深加工处理，并将其卖给工厂，比如说墩头镇的海燕电器有限公司的一部分燃料就来源于固化成型燃料，而墩头镇的金鑫纸业有限公司则直接将回收的秸秆压块焚烧发电。同时这个项目还回收其他项目的秸秆作为原料，但是由于运费原因，它主要回收的是城东镇、自由村的秸秆，不能充分利用。

(四) 秸秆综合利用状况存在的问题及解决措施

1. 缺少明确的管理制度

这主要体现在自由村、白甸村的管理上，对秸秆处理的职责不明确，从而影响了整体的高效运行，因此，有必要明确职责。这两个村对文档未能做到及时维护与管理，因而对查询其状况造成了影响，而且责任的相互推卸使其无法真正高效地动员农民参与秸秆处理与利用。

2. 缺少加工厂房，对环境的改善程度一般

这主要体现在墩头镇的两个项目上，两者一般采取直接焚烧秸秆的方式发电，并未实现资源的高效利用，这个时候有必要及时转型，须将政府补贴的资金真正用到实处，以改善环境。

3. 设备维修费、人工费太高，因运费原因不能回收全部秸秆

这主要体现在城东镇和化工园区的秸秆固化成型项目上面，由于设备主要依赖进口，因此收草与卖草存在亏本现象，对此政府有必要增加资金，而企业需要及时革新技术，努力发展新型的秸秆处理设备，使其既能满足生产需要，又能够产生较大的收益。

四 中国生态农业发展的突出问题、解决措施以及未来发展趋势

(一) 中国生态农业发展的突出问题及解决措施

1. 理论基础不完善

生态农业是一种复杂的系统工程,它需要包括农学、林学、畜牧学、水产养殖学、生态学、资源科学、环境科学以及社会科学在内的多种学科的支持。比如,秸秆综合利用项目涉及应用技术,而在相关政策的落实上又会存在管理的相关问题。

这种研究应当建立在对现有生态农业模式进行深入调查分析的基础上,必须跨越生物学、生态学、社会科学和经济学之间的界限,应当是多学科的交叉与综合,需要多种学科专家的共同参与,需要建立生态农业自身的理论体系。

2. 技术体系不够完善

一个生态农业系统往往包含多种组成成分,这些成分之间具有非常复杂的关系。在一般情况下,农民并没有足够的理论知识和经验对这一复合系统进行科学的设计,而简单地照搬另一个地方的经验也是非常困难的,往往并不能取得成功。在生态农业的实践中,还缺乏对技术措施的深入研究,如秸秆固化成型燃料设备大多数依赖外国进口,缺少相应的优势,并且维修费用较高。

在这个层面上,生态农业的发展不仅需要提升农民的科学文化素养,使其对生态农业以及更高效地发展生态农业有深层次的认识,同时,不能再依赖外国技术来获得发展,中国需要建设创新型国家,独立自主、自力更生,走出具有特色的生态农业发展道路。这需要长时间的积累和完善,但必须实行。

3. 政策方面存在需要完善的地方

如果没有政府的支持,就不可能使生态农业得到真正的普及和发展。而政府的支持,最重要的就是建立有效的政策激励机制与保障体系。虽然中国农村的经济改革是非常成功的,但是对于生态农业的贯彻,还有许多值得完善的地方。在有些地方,由于政策方面的原因,农民缺乏对土地、水等资源进行有效保护的主动性。政策因素可能是影响生态农业的重要举

措，沼气工程和秸秆综合利用项目二者的稳步发展都是源于政府政策的支持。但是各地的政策不应当相同，江苏省本身经济基础较好，因此政府承担的较少，而对于其他经济欠发达的省份来说，政府提供给农民以及相关项目负责人的补助应相对多一些，但是总体政策是不应当有变化的，所做的任何事情都应当是为了生态农业、绿色环保。

4. 服务建设和能力水平不符合建设要求

对于生态农业的发展，服务与技术是同等重要的。但目前尚未建立有效的服务体系，一些地方还无法向农民提供优质品种、幼苗、肥料、技术支撑、信贷与信息服务。信息服务是当前制约生态农业发展的重要方面，因为有效的信息服务将十分有益于农民及时调整生产结构，以满足市场要求，并获得较高的经济效益。政府与农民缺乏沟通是沼气建设存在困难的重要原因，部分农民对沼气建设或者秸秆回收的项目不理解，这就需要政府加强宣传教育，提供有关生态农业的培训服务。

必要的激励机制是十分必要的，生态农业应当更趋向于开发一种机制，以使农民自愿参与这一活动。要想动员广大农民自觉自愿、自力更生地通过生态农业发展经济，能力建设自然就成为一个十分重要的问题。到目前为止，并没有建立比较有效的能力建设机制，基层农民很少得到培训与学习的机会。

5. 农业产业化水平不高

发展生态农业的根本目的是实现生态、经济和社会效益的统一，但在中国的许多农村地区，促进经济的发展、提高人民的生活水平，仍然是一项紧迫的任务。在一些地方，仅仅依靠种植业的发展，难以获得比较高的经济收益。世界经济的全球化和中国加入WTO，既为中国生态农业的发展提供了新的机遇，也带来了新的挑战。为适应这一新的形势，生态农业的发展还有许多问题有待解决，其中，农业的产业化无疑是一个极为重要的方面。从另外一个方面来看，人口问题一直是中国社会发展中的主要问题之一。

归根结底，这是一个关于生产力的问题，中国农业生产力水平虽然相对于以往有了很大的提高，但相对于其他发达国家仍存在很大的差距。生产力是根本，只有不断提高本国的劳动生产力，才能为实现生态农业的发展打下坚实的基础，这是最为关键的道路，需要全国各族人民共同努力。

6. 组织建设不足，推广力度不够

在生态农业的发展过程中，组织建设是一个重要方面。正如世界环境与发展委员会在其报告《我们共同的未来》中所指出的那样，新的挑战和问题相互综合与相互依赖的特征，与当前组织机构的特征形成了鲜明的对比。因为这些机构往往是独立而片面的，与某些决策过程密切相关。中国当前的生态农业，也同样存在这种组织建设的不足。同时，就总体而言，对自然资源的不合理利用以及生态环境整体恶化的趋势没有得到根本的改变，农业的面源污染在许多地方还十分严重。水土流失、土地退化、荒漠化、水体和大气污染、森林和草地生态功能退化等，已经成为制约农村地区可持续发展的主要障碍。从某种程度上说，生态农业试点只不过是"星星之火"，还没有形成"燎原"之势。

这是迫切需要解决的问题，也是关系到秸秆综合利用和沼气建设能否真正落到实处的关键途径，农民是根本，政府所做的一切都必须是为了农民，从这个方面来说，缺乏政府有效的管理，肯定是不行的。政府需要构建一个完备的组织，同时加大推广力度，这是推动秸秆综合利用的关键措施。农村基础设施建设需要完备，这样才能够及时宣传。

（二）中国生态农业未来发展趋势

中国生态农业的未来发展道路没有人能够预测，但会有一些迹象表明未来生态农业的道路会通向何处。在中国生态农业的道路上，始终有两个至关重要的角色，一个是农民，另一个则是政府。生态农业的发展进步必须依赖中国全体农民的支持，政府只能成为引导者，却无法代其实践生态农业，这是必然的。

难以否认，中国的政治、经济、文化、科技等各方面都存在很大的不足，这些不足给推广生态农业造成了很大的障碍。全国各地的农业发展水平极不协调，在这个阶段，中国想要实现发展，必须综合协调各地农民的利益，政府所推广的生态农业必须与农民的利益相符合，在任何情况下，都不应该脱离农民实际而搞生态农业。

梦想已经存在，但是实现梦想不是一件简单的事情。中国政府和中国农民应当是一体、相互合作、相互信赖的。

这个世界的总体趋势是越来越好的，包括农业和生态农业。我们中国有信心、有能力可以在这个方面赶超发达国家。但这绝对不是一条坦途。我们需要坚定一个信念，为了可持续发展，我们必须发展生态农业。

转变发展方式　做强生态产业

——四川南充转型发展的实践与探索

余培发[*]

摘　要　转变发展方式，做强生态产业，是促进地方经济社会可持续发展的必然选择。近年来，南充在狠抓城乡环境综合治理、大力加强沿江绿化、转变经济发展方式等方面都取得了可喜的成绩。但与建设资源节约型、环境友好型社会的要求和构建产业生态化格局还有一定差距。为此，需采取培育生态意识、优化生态环境、发展生态工业、发展生态农业、发展经济林木、发展生态旅游业等办法来解决。

关键词　转型　发展　实践　探索　南充

转变发展方式，做强生态产业，是促进地方经济社会可持续发展的必然选择。自 2006 年 9 月中共四川省委、省人民政府做出建设生态省决定以来，南充全市按照四川省的统一安排部署，结合本地实际，通过加强生态环境建设，积极发展生态产业，强化环境污染治理，探索低碳发展模式，实现了经济效益、社会效益、生态效益"三效并进"，为构建嘉陵江中游生态屏障奠定了良好基础。特别是近年来，南充在狠抓城乡环境综合治理、大力加强沿江绿化、转变经济发展方式等方面都取得了可喜的成绩。但与建设资源节约型、环境友好型社会的要求和构建产业生态化格局还有一定差距，目前还存在着部分地方环保基础设施建设滞后、工农业发展治污任务繁重、提高生态平衡功能难度较大等问题。为此，需采取培育生态意识、

---

[*] 余培发，四川省南充市嘉陵区政协常委、经济委主任兼中国生态经济学会会员、中国生态经济学会生态经济教育委员会理事。

优化生态环境、发展生态工业、发展生态农业、发展经济林木、发展生态旅游业等办法来解决。

一 初步成效

(一) 生态环境建设形势喜人

近年来，南充不断加大环保投入，落实节能减排措施，不遗余力地推进绿色发展、低碳发展和可持续发展。"十一五"期间，累计投入资金24.6亿元，完成工程造林补植104.14万亩，完成低效林改造30万亩，森林覆盖率达到38.2%。6440平方公里水土流失面积得到有效治理，野生动物种群、数量不断增加。投入工业污染治理资金1.58亿元，工业企业达标排放率达到91.6%，废水排放量减少12.7%，城市生活污水集中处理率提高到70%。万元GDP和工业增加值能耗分别下降20.1%、32.1%。新建污水处理厂6个，实现了县县有污水处理厂的目标。划定饮用水水源保护区392个，建成2个自然保护区。城区环境空气质量平均值达到国家二级标准，年日达标率保持在95%以上。嘉陵江干流水质长期稳定，保持在二至三类标准，生态环境有了较大改善。全市9县（自治市、直辖区）中，南部、顺庆、阆中已被批准为全国农村环保试点县，是全国绿化先进县，其余6县（自治市、直辖区）都被批准为省级生态建设示范县（自治市、直辖区）。按照《南充市林业发展"十二五"规划》安排，到2015年，南充有林地面积要达到750万亩，全市森林覆盖率要达到40%，森林活立木积蓄要达到3000万立方米。自2011年以来，全市在大力加强城乡绿化、扎实推进工业污染物总量减排、狠抓城市污染治理的同时，还加强了乡镇村庄污染治理，共规划乡镇污水处理站232个，现已建成61个，共规划乡镇集中垃圾压缩中转站83个，现已建成35个。目前，南充部分乡镇基本实现了生活垃圾"村收集、乡压缩、县处理、无污染"的阶段性目标。随着全市农村环境污染治理的深化，一幅幅草长莺飞、山川秀美、水清天蓝、林茂粮丰的新农村美景正展现在人们面前。

(二) 沿江生态绿化工程扎实推进

始终坚持"科学规划、因地制宜、群专结合、强化督查"的工作原则，积极争取国、省项目投入。近5年来，在凤仪至河西段80公里重点区域，发动群众和引导业主规模栽植各类苗木 800 多万株，完成造林面积 10.12 万亩，占目标任务 8.6 万亩的 117%。阆中、南部、仪陇、蓬安、顺庆、高坪、嘉陵等县（自治市、直辖区）栽植核桃、枇杷、柑橘 7 万余亩以及红叶杨、巨桉 80.5 万亩，实现了沿江绿化和生态经济效益的"双赢"。目前，沿江 298 公里视野范围内，两岸宜林荒山、荒坡、荒滩、岩坎、道路沿线、房前屋后、溪河两旁的绿化栽植任务已如期完成，森林覆盖率达 40% 以上，形成了四季常绿、浓荫拥江、林相整齐、景致各异的独特嘉陵江沿岸风光。

（三）生态产业发展有了良好开端

"十一五"期间，全市紧紧依托天然林保护、退耕还林、速生林、环城绿化等大工程，初步建立了七大产业框架：以麻竹、楠竹、慈竹为主的竹产业，资源面积达 45 万亩；以核桃、大枣、板栗为主的优质干果产业，资源面积达 15 万亩；以生态旅游为主的森林旅游业，新建景区、景点 30 多个；以黄檗、杜仲等三木药材为主的中药材产业，资源面积达 5 万亩；以种苗、花卉为主的苗木花卉产业，基地面积已达 2 万亩；以木材加工为主的速生林基地，面积达 70 万亩；无公害果品基地面积达 13 万亩，产量近 10 万吨。龙头加工企业不断培育壮大，资源年加工能力达 60 万立方米。2011 年，全市争取到核桃、竹产业等林产业项目 6 个、国家无偿资金 1250 万元，建成一批丰产优质高效的特色经济林基地。国栋、中盐银港、富达竹业、天罡木业等竹木生产加工企业年产值达 9.8 亿元，农民人均林业收入达 700 元；全市完成工程新造林 28.4 万亩，发展速丰林基地 23.6 万亩，完成嘉陵江两岸绿化工程造林 3.6 万亩，西河绿化 0.65 万亩，林业总产值达 55 亿元。2012 年，全市林业项目工程总投资近 8 亿元，完成了速丰林建设 99.84 万亩，建成了 100 亩以上集中成片基地 780 余个，栽植了意杨、桤木、巨桉等各类苗木 1.3 亿多株，奠定了发展短周期工业原料林的良好基础。按照南充市人民政府办公室 2013 年 9 月 30 日出台的《加快丘区林业产业强市建设的意见》的要求，要进一步深入实施速丰林、珍稀树木、核桃产业基地建设，努力扩大林下经济规模，力争到 2015 年，全市林业产业基地突破 200 万亩，林业总产值突破 150 亿元，农民人均林业收入突破 1000 元；到 2017 年，全市林业产业基地突破 250 万亩，林业总产值突破 250 亿元，农民人均林业收入突破 1500 元；到 2020 年，全市林业产业基地达到 350 万亩，林业总产值达到 350 亿元，农民人均林业收入达到 2000 元以上，初步建成四川丘区林业产业强市。

二 主要做法

(一) 坚持统筹规划，做到"四个结合"

在城镇及城郊接合部，坚持以改善城市环境质量为中心，以大气和水污染防控、饮用水水源保护为重点，加强城市环境综合整治；在农村，坚持以控制农业面源污染为重点，加大天然林保护、退耕还林、水土保持、速生林等工程实施力度，突出发展生态绿色产业。在项目实施中，始终做到"四个结合"。一是把生态建设与农业和农村经济战略性结构调整有机结合，加快推动农业产业化进程。重点是将生态建设与农业和农村经济发展"十一五"规划确定的农业产业化基地建设紧密结合，巧打生态牌，推进农业产业化进程，实现生态改善、经济发展、农民增收多赢目标。二是把生态建设与农村基础设施建设等项目工程结合，解决农民的生计、出路和长远发展问题。三是把生态建设与农村能源建设相结合，大力发展沼气，减少薪柴砍伐，节省燃料支出，从而减少对森林资源的破坏。四是把生态建设与小城镇建设和农村剩余劳动力转移结合，鼓励农民进城，实行封山育林，保护生态环境，做到"迁一户农户、退一片林地、封一片山林"。

(二) 健全运行机制，严格项目管理

一是建立生态建设目标责任制，完善环境与发展的综合决策机制。年初由市目标督查办将生态建设任务分解落实到县（自治市、直辖区）党政班子和市级相关部门，年终由市委、市政府统一组织人员对县（自治市、直辖区）党政班子和市级相关部门领导进行严格考核。同时，建立健全项目环境影响评价和听证制度，在研究确定区域开发项目和产业发展项目前进行环境影响预评估，综合核算区域开发和项目实施将会带来的经济效益和付出的生态环境代价。若遇到对生态环境破坏较大的项目，经济效益再好也不予立项。二是加强产业政策指导，建立生态建设激励约束机制。市级相关部门根据经济社会发展目标和生态建设的要求，列出鼓励发展、限制发展、禁止发展三大类产业项目，发挥产业项目政策的引导和约束作用，鼓励企业节能减排、发展无污染或少污染和有利于生态环保的产业，并综合运用计划、财政、信贷、税收、价格等经济手段，以及项目审批、资源利用权审批等行政措施，对鼓励发展的产业加以扶持，对限制发展的产业加以约束，对禁止发展的产业予以阻止。三是加强生态工程管理制度建设，切实加强项目管理。结合国家有关管理办法，制定生态环境建设项目管理实施细则，重点建立和完善审计监察制度、检查考核制度、重点工程建设监理制度、建设资金专款专用制度、项目竣工验收和后评估制度以及项目建成后的管护制度。同时，积极探索和推进生态公益性项目的项目法人制、招投标制和对政府出资的重大建设项目稽查制度，严格基本程序，规范项目管理，确保生态工程建设顺利推进并长期发挥效益。

（三）加大资金投入，强化科技支撑

首先，从4个方面加大资金投入。一是积极争取国家投入，多方筹集地方资金，确保生态建设项目资金投入到位。二是加大财政转移支付力度。在基础设施建设、生态建设、环境保护、农业发展等专项补助资金的安排方面，向生态建设和环境保护重点地区倾斜。三是加大信贷支持力度。引导国有银行、股份制银行、外资银行等各类金融机构加大生态建设和环境保护的信贷投入。四是加大补贴力度。对投资生态建设和环境保护以及资源循环再生利用的企业，减免征收企业所得税，并加大补贴力度。其次，从3个方面强化科技支撑。一是成立生态建设和环境保护专家技术委员会，对全市生态建设和环境保护发展战略、中长期规划编制、重大工程建设等进行决策咨询。二是针对生态环境建设中遇到的重大问题，如污水处理、垃圾处理、生物多样性保护、生态系统重建、珍稀物种保护、灾害预防监测等，积极引进、消化、吸收和推广相关的先进技术。三是坚持自主创新，实行产学研相结合，按照"公司＋基地＋科技"等形式，发展绿色生态环保产业。

三 存在的问题

（一）提高生态平衡功能难度较大

一是水土流失严重。全市轻度以上土壤侵蚀面积占土地面积的一半以上，土壤侵蚀总量达2000多万吨/年。不少地方耕地土层越种越瘦薄，部分耕地失去农业利用价值，面积逐渐缩小，抗灾能力减弱。二是有害生物种类多、危害大。水葫芦、斑潜蝇、蜀柏毒蛾、母猪藤等有害生物常造成环

境灾害。近年来，由于小流域水体的富营养化十分严重，水域面积内的水葫芦泛滥成灾，造成部分地方饮用水水源污染，水质发黑发臭，严重影响当地群众的生产生活。

（二）环保基础设施建设滞后

全市环境基础设施建设滞后于经济社会发展，综合治理能力仍相对薄弱。主要表现为城市污水收集系统尚未完全形成，影响地表水水质的全面改善；未建成规范的危险工业固体废弃物集中处置场；乡镇垃圾处理设施简陋，未能达到无害化处理要求，不同程度地使土壤、地下水受到二次污染。

（三）工农业发展治污任务繁重

2011年以来，南充进一步加大了"工业兴市"力度，但传统工业仍占主导地位，环境结构性污染难以得到有效控制，传统的石油化工、丝绸纺织、食品医药、建筑建材、汽车汽配等行业的许多企业，生产设备已经老化，工艺落后，存在较大的环境安全事故隐患，其排污量占全市工业排放总量的80%，这些企业仍是南充"十二五"期间的排污大户。同时，南充农业面源污染也较为突出。据统计，目前全市耕地平均每亩使用化肥30公斤，多数农田都没有使用有机肥。化肥的过量使用将加剧水体的富营养化，施肥不当还会造成土壤的重金属污染。

四　几点建议

（一）培育生态意识

党的十八大以来，转变发展模式、呵护碧水蓝天、建设美丽中国，成为党和政府的紧迫任务及全体社会成员的共同责任。在当前和今后一段时期，南充各级领导干部要牢固树立保护生态环境就是保护生产力、改善生态环境就是发展生产力的理念，要更加自觉地推动绿色发展、循环发展、低碳发展，绝不能以牺牲环境为代价去换取一时的经济增长。市、县、区环保部门要定期向社会公布环境质量和环境污染信息，提供绿色消费指南。同时，全市应尽快建设生态环境保护和生态产业发展教育培训基地，为广大市民提供公共环境教育场所，并采取多种形式普及生态环保知识，倡导

"保护环境，人人有责"和低碳生活新风尚，推行绿色文明的生产生活方式，推广环境标志产品和绿色生态食品，营造全社会都来关心、支持和参与生态环境建设与生态产业发展的良好氛围，不断提高全市广大干部群众的生态环保意识。

（二）优化生态环境

以构建嘉陵江中游生态屏障为目标，通过进一步实施天然林保护、退耕还林、城乡绿化、湿地保护和恢复等工程项目，提升城乡环境质量。通过继续加大生态保护力度，加强自然保护区建设和生物多样性与野生动物保护，实施一批水土流失治理工程生态恢复工程，有效改善自然生态环境。通过实施林业碳汇项目，促进节能减排，实现生态经济效益。同时，在城镇要通过逐步建立污水处理厂和大中型垃圾集中处理场，来解决人畜排放的废水废物给环境造成污染的问题。在农村，要通过逐步建立大中型沼气池，来解决畜禽规模化养殖场和养殖小区给环境造成污染的问题。要将秸秆统一收购，用于火电厂燃烧发电，或作为生产生态板材的工业原料加以利用，杜绝焚烧秸秆给城乡地面和空气造成污染。要继续抓住城乡环境综合整治的大好机遇，加大各地水污染治理力度，结合村庄建设规划编制环境综合整治工作计划，明确安全饮用水水源保护的范围和措施。继续加强对城镇生活和饮食娱乐服务业的污染治理，特别是对废水排放的管理。同时对有污染的企业要加强督促检查，巩固达标排放成果。对重点污染企业要建立更为严格的监控制度，实行"环境优先"原则，严禁引进、审批和新建对环境有重度污染的企业。

（三）发展生态工业

在南充化工园区和9县（自治市、直辖区）的工业集中区，应规划建设一批生态工业园。对于园区内的企业，要令其应用现代科学技术，建立一种变工业排泄物为原料，实现循环生产、集约经营管理的新型工业生产模式，并要求企业在工艺设计上，力争做到将废物资源化、产品化和废热废气能源化。要把生态环境保护纳入企业的生产经营决策，重视研究企业的环境对策。要责令企业严格按照生态经济规律办事，根据生态经济学原理来规划、组织、管理生产经营。要加大对低碳经济模式下的财政、税收、产业政策体系的研究，加大财政和金融的政策支持力度，引导企业发展低碳产业、低碳产品。对积极发展低碳经济的企业，要分别在土地出让、资金匹配、税收减免等方面给予优惠。

（四）发展生态农业

以农业清洁生产、废弃物资源综合利用为核心，以农民增产增收和可持续发展为目标，构建生态农业产业体系。根据不同区域的自然特征，因地制宜地建立各具特色的生态农业模式。着力开发无公害食品、绿色食品、有机食品，建成一批有规模、上档次的有机食品基地、绿色食品基地、无公害食品基地和农牧业循环经济示范园区。重点要在嘉陵江沿岸、国道212线和318线区域形成一批产业基地，通过强力推进西充有机农业示范区、凤垭山生态农业示范园和高坪区大山坡生态农业示范园等一批农产品加工示范基地的建设，实现农业产业化模式的新突破。各地要在生态农业基地建设中，将资源环境保护与开发技术、废弃物处理技术、无土栽培技术、配方施肥技术、病害虫综合防治技术等与有机肥投入和传统的农业生产实用技术相结合，形成多样性的生态农业技术体系。要推广和改进"猪—沼—菜""猪—沼—果"等生态农业循环发展模式，大幅度减少化肥和农药的使用量，使生产出来的有机农产品完全能够达到绿色、生态、安全、无公害的要求。

（五）发展经济林木

在当前和今后一段时期，南充要大力加强速丰林、珍稀树木、核桃产业基地建设，努力扩大经济林规模，重点在嘉陵江及支流的滩涂地、农村荒山、荒坡、荒地及农民房前屋后大力培植用材速生丰产林，力争5年内新增速丰林基地50万亩。同时，要以万亩种植片为单元，加快国家现代农业示范区、国道212线、漾溪至马鞍线、营山至长乐线、高坪佛门至马家、顺庆华凤至张澜故居、嘉陵李渡至龙蟠、西充至阆中、顺庆漾溪至仪陇马鞍、营山至高坪公路沿线的产业带基地建设。打造顺庆区共兴万亩珍稀树木种植园、高坪区佛门万亩珍稀树木种植观光园、嘉陵区凤垭山万亩红豆杉休闲疗养园、西充县212线百里珍稀树木产业长廊、南部县兴盛珍稀树木博览园、阆中市七里万亩银杏种植观光园、仪陇县赛金万亩香椿种植园、营山县东升万亩桢楠种植园、福源万亩香樟种植园、蓬安碧溪万亩珍稀植物园10个万亩示范园区，辐射带动全市珍稀树木产业发展。要以发展核桃产业为重点，打造顺庆区龙桂、高坪区鄢家、嘉陵区里蟠线、阆中市思依、南部县大桥、西充县祥龙、仪陇县马鞍、营山县大庙、蓬安县新河和利溪10个万亩核桃产业示范基地。因地制宜地发展花椒、板栗、大枣、油橄榄等特色干果产业，不断提升产业综合效益。

（六）发展生态旅游业

首先，全市应按照改善旅游环境质量、整合旅游资源、提升生态文化内涵、构建生态旅游产业体系的要求，把生态旅游业打造成南充经济发展新的增长点和支柱产业。要以嘉陵江为纽带，以沿江旅游城镇为支点，加大旅游基础设施投入。重点规划建设阆中古城、仪陇琳琅山—朱德纪念园区、嘉陵第一江山、嘉陵第一桑梓、嘉陵第一曲流、西山风景旅游区和凌云山风景旅游景区，并对西山、凌云山、锦屏山、金城山、白云山等地的风景名胜区、森林公园加大保护力度，采取封山育林等措施促进植被生态系统的自然恢复，对植被退化较严重的景区，要选用当地物种，人为促进恢复，增加物种多样性，提高景区空气质量，增强其生态系统服务功能。其次，全市9县（自治市、直辖区）应按照"以生态建设为重点，以体制创新为动力，以新村建设为载体，以产业发展为依托，以旅游开发为中心"的工作思路，迅速掀起建设乡村特色旅游景区的热潮。始终坚持以"政府引导、业主投入、社会融资补充"为原则，充分利用国家相关项目的资金投入，吸引一批有较强经济实力的业主到乡村景区投资创业，发展生态特色旅游，尽可能多地给游客提供休闲娱乐的理想场所和旅游观光的美丽景致，满足游客观光、休闲、度假、娱乐、感悟、健身、购物等方面的需求。继续办好农家乐、渔家乐、农业观光园、水果采摘园、生态文化园、民俗体验园等乡村特色旅游项目，吸引更多城市居民到乡村猎奇览胜、休闲度假、观田园风光、赏民俗风情、吃农家客饭、住农家土屋、享农家乐趣。各地在发展乡村旅游业的过程中，要始终坚持以市场为导向、以资源为载体、以农家为纽带、以效益为目标，按照"因地制宜、合理布局"的原则，充分发挥各自的比较优势，打造精品、突出特色、提升档次，尽量避免不必要的重复建设，充分发挥资源开发利用的最大效益，使乡村旅游景区真正成为城乡居民休闲度假的理想胜地。

循环农业的产生、含义及生态经济特征*

黄国勤**

摘　要　近年来，循环农业越来越受到广泛重视。2014年中央一号文件明确提出了"建立农业可持续发展长效机制"和"促进生态友好型农业发展"等循环农业的相关内容。本文在考察循环农业的产生背景和原因的基础上，探讨了循环农业的含义及生态经济特征，对当前及今后我国循环农业的发展具有参考价值。

关键词　循环农业　生态效益　经济效益　社会效益　生态经济特征　农业可持续发展

近年来，循环农业越来越受到广泛重视，尤其是自从2006年中央一号文件明确提出"加快发展循环农业"、"大力开发节约资源和保护环境的农业技术，重点推广废弃物综合利用技术、相关产业链接技术和可再生能源开发利用技术"和"积极发展节地、节水、节肥、节药、节种的节约型农业，鼓励生产和使用节电、节油农业机械和农产品加工设备，努力提高农业投入品的利用效率"以来，循环农业在全国各地得到蓬勃发展。2014年中央一号文件虽然没有直接提"发展循环农业"，但明确提出了"建立农业可持续发展长效机制"和"促进生态友好型农业发展"等循环农业的相关

---

* 国家科技支撑计划课题"鄱阳湖生态经济区绿色高效循环农业技术集成与示范"（编号：2012BAD14B14）资助。
** 黄国勤，男，江西省余江县人，农学博士后。现任江西农业大学生态科学研究中心主任（所长）、首席教授、二级教授、博士生导师，研究方向为耕作制度、农业生态、农业可持续发展等。

内容。① 由此说明，循环农业是我国当前及今后应重点推广的农业可持续发展模式。

基于这种情势和认识，本文拟在考察循环农业的产生背景和原因的基础上，探讨循环农业的含义及生态经济特征，以期为我国循环农业的发展提供参考。

一 循环农业的产生

循环农业一词究竟是什么时候产生的？其产生的背景和原因是什么？笔者通过中国知网（http：//epub.cnki.net/），以"循环农业"为篇名，检索得出："循环农业"一词是1985年山东农业大学学者张元浩在《农业的循环过程和"循环农业"》一文中首先提出来的，由此可以认为张元浩是第一位提出"循环农业"概念的中国学者。②

那么，为什么在那个时候提出"循环农业"这一概念呢？笔者认为主要原因在于20世纪70年代中后期至80年代初期和中期，我国各地出现严重的生态环境问题，水土流失严重、生态破坏加剧（乱砍滥伐）、环境污染扩大、生物多样性锐减、生物入侵日益突出、自然灾害越来越频繁，如不尽快、有效地遏止生态环境恶化的势头，必然影响我国经济社会发展的大局，危及人民生命财产的安全。在这一严峻形势下，政治家、科学家、普通群众纷纷探索缓解我国生态环境严峻形势、解决生态环境问题的对策和途径。从农业生产方面来说，改变传统农业发展模式，走循环农业之路则是一种新的思维、新的探索。或者说，这时提出发展循环农业，对解决农业乃至整个生态环境问题提供了一条有效的途径。

二 循环农业的含义

到底什么是循环农业？目前关于循环农业的含义解释很多，如：①循环农业是指在农作系统中推进各种农业资源往复多层与高效流动的生产实践活动，以此实现节能减排与经济增收的目的，从而促进现代农业和农村

---

① 中共中央、国务院：《关于全面深化农村改革加快推进农业现代化的若干意见》，2014。
② 张元浩：《农业的循环过程和"循环农业"》，《中国农村经济》1985年第11期。

的可持续发展；②循环农业就是运用物质循环再生原理和物质多层次利用技术，实现较少废弃物的生产和提高资源利用效率的农业生产方式；③循环农业是相对于传统农业发展提出的一种新的发展模式，是运用可持续发展思想和循环经济理论与生态工程学方法，结合生态学、生态经济学、生态技术学原理及其基本规律，在保护农业生态环境和充分利用高新技术的基础上，调整和优化农业生态系统内部结构及产业结构，提高农业生态系统物质和能量的多级循环利用，严格控制外部有害物质的投入和农业废弃物的产生，最大限度地减轻环境污染。

显然，循环农业作为一种环境友好型农作方式，具有较好的社会效益、经济效益和生态效益。[①] 只有不断输入技术、信息、资金，使之成为充满活力的系统工程，才能更好地推进农业资源循环利用和现代农业的可持续发展。

本文在循环农业以上含义的基础上，拟从以下3个层面理解循环农业的真谛。

（一）微观层面

如从微观层面来审视循环农业的含义，则可以认为：循环农业就是在"小农业"（种植业）系统内，通过绿肥翻沤归田、作物秸秆还田、作物间混套作和复种轮作，以及豆科作物生物固氮等方式，实现农业资源的循环利用。这就是所谓的循环农业模式。

（二）中观层面

从农、林、牧、副、渔业各个系统来看，中观层面的循环农业，主要是指以上两个系统之间的联结与循环，如农、牧系统的循环，就是种植业为畜牧业提供饲料，畜牧业为种植业提供优质肥料，二者相互协调、相互促进，形成高效循环的农业系统。在我国传统农业生产中，各家各户都种植农作物（包括饲料作物），且同时发展畜牧业（如养猪、养牛、养羊、养鸡、养鸭等），其最终目标就是实现农、牧之间的循环和农、牧业的双丰收。当然，除农牧结合模式外，还有农林、农副、农渔、林牧、林副、林渔等多种结合模式。

---

① 高旺盛：《发展循环农业》，《科技日报》2007年12月11日。

（三）宏观层面

如从宏观层面来考察循环农业，则可以看出：将农、林、牧、副、渔业结合起来形成一个大系统，更有利于资源的循环利用，更有利于提高农业生态经济系统的综合效益；如将"五业"进一步与工业系统结合起来，其循环的路径、模式就更多、更复杂，产生的效益就更大；再进一步将整个农业农村生态经济系统与城市工业生态经济系统结合起来，形成一个良性循环的城乡生态经济系统，则对建设生态文明、构建美丽城乡十分有利。这可成为循环农业发展的重要方向。

三 循环农业的生态经济特征

从生态经济学的角度来看，与一般的农业发展模式相比，循环农业具有以下明显特征。

（一）资源节约性

"减量化"是循环农业原则中的首要原则，其核心是减少购买性资源的投入，走资源、能源节约的路子。

循环农业的资源节约特性，就是指在发展循环农业的过程中，要努力做到节时（节约时间资源，不误农时，充分利用季节，减少农耗时间）、节地、节水、节肥、节药（少施或不施农药）、节种、节材（节约使用农膜、农机等）、节能（节油、节电、节煤、节柴）、节饲（提高畜牧业的饲料利用率和转化率）、节粮（发展节粮型畜牧业，由人畜混粮走向人畜分粮、粮饲分治）、节钱（减少不必要的资金投入，避免农业资金挪用）、节劳（省工节力，农村剩余劳动力向第二、第三产业转移）"12节"技术。只有这样，才能逐步缓解我国乃至世界农业资源短缺和农业能源不足的问题。

（二）排放低碳性

循环农业的资源节约特性，投入农业系统的资源、能源比常规农业大大减少，从而排放到大气中的 CO_2、N_2O、CH_4 等温室气体也相应减少，循环农业的这种排放低碳性，对减缓全球气候变化有利。

(三) 环境友好性

循环农业节约了购买性资源和能源（如化肥、农药、农膜等）的投入，减少了 CO_2、N_2O、CH_4 等温室气体的排放，这实际上就是保护了农业生态环境，就是循环农业的环境友好性的真实表现。

(四) 产品安全性

传统农业生产模式过量使用化肥、农药、饲料添加剂等各种化学制品，往往导致生产出来的农产品含有多种有毒、有害物质，尤其会导致农产品中重金属含量严重超标，不仅给生态环境带来污染，更给人畜健康带来损害，尤其会给消费者的身心健康带来严重伤害，甚至会造成人员中毒、死亡。

与传统农业生产模式相反，循环农业大大减少了化肥、农药、饲料添加剂等各种化学制品的使用，而且对系统输出的"废物""污染物"进行资源化、无害化处理，在保护生态环境的同时，生产无公害产品、绿色产品，甚至是有机食品，其优质性、安全性和保健性是不言而喻、毋庸置疑的。

(五) 社会和谐性

当前，我国社会总体上是和谐的，但各地不乏一些不和谐因素，其中有很大一部分是由农业生态环境问题或农产品污染问题（如农产品的重金属含量超标）造成的。要解决这一问题，在农业生产上必须下决心减少各种化学投入品的使用，做到适时、适地、适量地使用，而这正是循环农业模式所倡导的并且能做到的。一句话，发展循环农业，有利于实现社会和谐，或者说，社会和谐性是循环农业的重要特性之一。

(六) 结构复杂性

与传统农业的单一性、直线性比较，循环农业具有多层性、立体性、复合性和复杂性。传统农业采用的是"资源→产品→废物（排入环境危及生态）"的直线性生产模式，而循环农业采用的是"资源→产品→废物（资源化、无害化）→再生资源→新产品"的多层性、立体性、复合性生产模式，且往往是三大产业交织、融合在一起，形成结构复杂的产业网络。循环农业结构的复杂性，必然产生其功能的多样性和高效性。

（七）模式多样性

由于组成循环农业的生物种类多、产业部门多，加上不同生物、不同产业部门之间存在复杂的能流、物流、价值流、信息流，因而，由此构成的循环农业模式往往是多种多样的和丰富多彩的，且有时还是千变万化的。据高旺盛、陈源泉对全国23个省、区、市循环农业的模式进行了整理和统计，发现各地共有各类循环农业模式89种，且有时每种模式还可分为若干种"亚模式""小模式"。[①] 可见，循环农业模式是十分多的。

（八）技术综合性

由于循环农业不是由单一的产业或部门组成的，因而循环农业的生产技术也不是单一的，而往往是由多项单一的技术组成的复合性、综合性生产技术体系。当前，我国各地循环农业综合技术至少是由以下几种或多种单项技术组成的综合生产技术，包括：绿肥养地技术、秸秆还田技术、粪肥利用技术、垃圾再用技术、污染防治技术、防灾减灾技术、环境整治技术、绿色覆盖技术、间混套作技术、复种轮作技术、生态养殖技术、产品加工技术，等等。

（九）产业融合性

循环农业在产业方面的重要特性之一就是产业融合性，这是循环农业与传统农业的重要区别之一。循环农业之所以资源利用率高、能量转化率高、物质转化率高，根本原因就在于其具有产业融合性。实践证明，现代循环农业，不仅仅停留在第一产业系统内部，更多地表现为第一、第二产业系统之间的融合与循环，第一、第三产业之间的融合与循环，以及第一、第二、第三产业之间的融合与循环，循环农业是种植业、养殖业、微生物产业之间的融合与良性循环，是产、供、销的一体化与高度融合。

（十）经济高效性

与传统农业发展模式相比，循环农业在经济上表现出明显的高效性。

[①] 高旺盛、陈源泉：《我国循环农业发展趋势与科技方向》，《中国循环农业研究进展》（第1辑），中国农业出版社，2010。

根据各地大量生产实践及试验示范研究结果，循环农业的经济效益一般比传统农业模式高 20%～30%。[①] 循环农业的模式越复杂、产业链条越长，产生的经济效益就越高。

循环农业模式的经济效益之所以高，分析起来不外乎以下 3 个原因。一是"节本"增效，循环农业强调资源节约，减少购买性资源投入，显然生产成本下降了，效益提高了；二是"多用"增效，循环农业对同一资源的利用环节增多、利用链条延长，且往往是一物"多用"——多层利用、多次利用、多级利用，经济效益自然提高了；三是"优质"增效，采用循环农业生产技术——清洁生产技术，化学品投入减少，产品质量提高，尤其是循环农业生产出来的产品多为无公害产品、绿色产品、有机农产品，这些农产品优质、安全、健康且有保健作用，在市场上更受消费者欢迎，价格要比普通农产品高 30%～50%。以"质"增"效"将是循环农业今后发展的重要方向，农产品要进入国际市场，必须走这条路。[②]

（十一）管理系统性

农业本来就是一个复杂的生态 - 经济 - 技术复合系统，农业生产系统的管理是一项复杂的系统工程。循环农业具有结构复杂、模式多样的特点，因此，管理起来就要更加讲究系统、科学。要应用系统工程科学的基本原理，对循环农业系统进行分类（分门别类）、分区（生产区域）、分段（生产时序）的系统管理。"管理出效益"，把循环农业系统各个环节、各个产业、各个部门管理好了，循环农业系统的效益自然而然就提高了。

（十二）发展可持续性

自然界的一个普遍规律是：只有循环，才能持续、永久。宇宙中各种天体，年复一年、循环往复地"旋转"——自转和公转，从而"天长地久"。同样，在农业生产中，循环农业模式、循环农业技术是可持续的，是永久的。一句话，循环农业发展具有可持续性，循环农业是可持续农业。

为了进一步了解循环农业的含义及其生态经济特征，笔者将其进行了

---

① 高旺盛：《坚持走中国特色的循环农业科技创新之路》，《农业现代化研究》2010 年第 2 期。
② 黄国勤：《1949 年至今中国循环农业的发展》，《中国人口·资源与环境》2013 年专刊。

归纳和整理（见表1）。

表1 循环农业的生态经济特征

特征类别	特征名称	主要含义与内容
生态特征	资源节约性	节地、节时、节水、节肥、节药、节种、节材、节能、节饲、节粮、节钱、节劳
	排放低碳性	减少 CO_2、N_2O、CH_4 等温室气体排放，减缓全球气候变化
	环境友好性	减污（减少农业面源污染）、减排（减少温室气体排放），保护环境
	结构复杂性	循环农业具有多层性、立体性、复合性和复杂性
	模式多样性	生物种类多、产业部门多，能流、物流、价值流、信息流相互交织，形成多样性网络
	发展持续性	只有循环才能持久，循环农业是可持续发展农业
经济特征	技术综合性	循环农业的生产技术是由多项单一的技术组成的复合性、综合性生产技术体系
	产业融合性	循环农业是第一、第二、第三产业相互融合，种、养、加结合，产、供、销一体的高度融合的产业体系（群）
	经济高效性	"节本"增效，"多用"增效，"优质"增效
社会特征	产品安全性	无公害产品、绿色产品、有机农产品，优质、安全、健康且有保健作用
	管理系统性	分类（分门别类）、分区（生产区域）、分段（生产时序）管理
	社会和谐性	保护环境，减少污染，食品安全，社会和谐

碳排放约束下的中国农业生产率研究*

田 云 张俊飚 李谷成**

摘 要 本文基于合意产出与非合意产出的 DEA – Malmquist 模型，将农业碳排放纳入农业经济核算体系，对 2001~2012 年中国 31 个省（自治市、直辖区）碳排放约束下的农业生产率（TFP）进行了测度并分解。研究结果表明：①2001 年以来我国碳排放约束下的农业经历了略显偏慢的生产率增长，年均增长 1.61%；TFP 累计指数则经历了一个"平稳—上升"的循环变化轨迹；前沿技术进步在促进 TFP 提升方面作用更为明显。②北京 TFP 指数均值最高为 1.1241，海南最低仅为 0.9257；从区域分布来看，TFP 均值较高的省份主要分布于华北、华东和华南地区，而较低的省份则主要集中在东北、西南和西北地区。③现阶段忽视碳排放因素会高估我国农业的 TFP 增长；分区域来看，上海等 6 地农业生产相对低碳环保，北京等 9 地农业生产相对高碳，余下 16 个地区 TFP 增长不受碳排放因素制约。

关键词 农业碳排放 农业生产率 全要素生产率 前沿技术 方向性距离函数

---

* 本研究得到国家自然科学基金重点项目（编号：71333006）、国家自然科学基金面上项目（编号：71273105、71273103）、中央高校基本科研业务费专项基金（编号：2013YB12）和清华大学中国农村研究院博士论文奖学金项目（编号：201306）的资助，特此感谢。

** 田云，华中农业大学经济管理学院博士研究生，研究方向为资源与环境经济；张俊飚，华中农业大学经济管理学院教授、副院长，研究方向为资源与环境经济；李谷成，华中农业大学经济管理学院副教授，研究方向为资源与环境经济、农业技术经济。

一 引言

农业作为温室气体排放的重要源头,每年引发的碳排放量不容小觑。发展低碳农业,在农业领域推行温室气体减排和适应气候变化的战略举措,已成为实现农业可持续发展的重要路径。为了探索农业低碳之路,一些学者从两方面围绕农业碳排放问题展开研究:一是农业碳排放的测算[1]与驱动机理探究[2];二是低碳农业的相关概念界定[3]、发展模式探讨[4]以及评价指标体系的构建。就分析而言,视角多聚焦于农业碳排放本身,而未能与农业经济或农业生产率形成较好的衔接。事实上,当前农业发展不仅要考虑资源刚性约束下的农产品供需基本平衡,还必须兼顾资源承载能力所可能导致的环境损害问题。为此,有必要在考虑农业碳排放的前提下,对我国农业生产率进行一次再测算,换言之,有必要考察我国碳排放约束下的农业全要素生产率。

为此,本文将在传统 TFP 分析的基础上,采用基于方向性距离函数的环境规制行为分析模型,设计考虑非合意产出的 DEA – Malmquist 模型,综合考虑资源节约、环境友好与农业发展。在具体分析中,农业碳排放被定义为非合意产出,从而将资源、环境与发展纳入同一分析框架。首先对我国碳排放约束下的农业生产率(TFP)进行测度并分析其增长源泉,然后基于省域层面探讨碳排放约束下农业生产率的地区差异并确定农业生产"低碳环保"省份与"高碳"省份,最后基于研究结论展开讨论。

二 文献综述

增长理论主要是为了探索经济增长的内在机理及决定性因素。凭借良

---

[1] 李波、张俊飚、李海鹏:《中国农业碳排放时空特征及影响因素分解》,《中国人口·资源与环境》2011 年第 8 期;闵继胜、胡浩:《中国农业生产温室其他排放量的测算》,《中国人口·资源与环境》2012 年第 7 期;田云、张俊飚、李波:《中国农业碳排放研究:测算、时空比较及脱钩效应》,《资源科学》2012 年第 11 期。
[2] 李国志、李宗植:《中国农业能源消费碳排放因素分解实证分析》,《农业技术经济》2010 年第 10 期。
[3] 严立冬、邓远建、屈志光:《论生态视角下的低碳农业发展》,《中国人口·资源与环境》2010 年第 12 期。
[4] 郑恒、李跃:《低碳农业发展模式探析》,《农业经济问题》2011 年第 6 期。

好的系统性与结构性框架，TFP 被广泛应用到经济增长的分析中。McMillan[①]、Lin[②]、Wen[③] 等学者较早对农业 TFP 进行了测算，发现中国农业 TFP 变化呈现一定的阶段性特征：人民公社体制下基本处于停滞状态；家庭联产承包责任制的成功实施带来短期内的快速上升；而从 1984 年开始 TFP 增速明显放缓，步入一个新的波动阶段。总体而言，在早期，我国农业 TFP 变化受体制影响较大。从研究方法来看，以 Griliches 生产函数为代表的平均生产函数为多数研究者所采用，可能是受索洛余值法的影响。

随着研究的不断深入，自 20 世纪 90 年代开始，以随机前沿生产函数（Stochastic Frontier Analysis，SPA）和数据包络分析（Data Envelopment Analysis，DEA）为代表的生产前沿面方法在 TFP 分析中得到了广泛应用。这一时期，围绕中国农业全要素生产率展开的研究也明显增多，主要集中在以下两个方面。一是农业全要素生产率的测算与分解。Mao[④]、Lambert and Parker[⑤]、李谷成[⑥] 等利用 Malmquist 指数分析了改革开放以来中国农业全要素生产率的变化情况，发现其增长较为显著，且呈现较为明显的阶段性波动，从增长源泉来看，主要得益于前沿技术进步贡献，而效率改善的作用相对有限。赵文等[⑦]通过结合索洛余值法与泰尔指数法，重新考察了中国农业全要素生产率，发现 1985～2009 年中国农业 TFP 并未表现出高速增长特征，其增长主要由投入驱动，技术进步贡献较小。二是要素投入与农业全要素生产率的相互关系研究。李谷成探讨了人力资本与中国区域农业 TFP 间的关系，发现考虑人力资本要素对农业增长的作用有助于农业 TFP 估计

---

① J. McMillan, J. Whalley, L. Zhu, "The Impact of China's Economic Reforms on Agricultural Productivity Growth," *Journal of Political Economy*, 1989, 97 (4), pp. 791 – 807.
② Lin, Justin Yifu, "Rural Reforms and Agricultural Growth in China," *American Economic Review*, 1992, 82 (1), pp. 34 – 51.
③ G. Wen, "Total factor Productivity Change in China's Farming Sector: 1952 – 1989," *Economic Development and Cultural Change*, 1993, 42, pp. 1 – 41.
④ W. Mao, W. Koo, "Productivity Growth, Technological Progress, and Efficiency Change in Chinese Agriculture After Rural Economic Economic Reforms: A DEA Approach," *China Economic Review*, 1997, 2, pp. 157 – 174.
⑤ D. Lambert, E. Parker, "Productivity in Chinese Provincial Agriculture," *Journal of Agricultural Economics*, 1998, 49 (3), pp. 378 – 392.
⑥ 李谷成：《人力资本与中国区域农业全要素生产率增长——基于 DEA 视角的实证研究》，《财经研究》2009 年第 8 期。
⑦ 赵文、程杰：《中国农业全要素生产率的重新考察——对基础数据的修正和两种方法的比较》，《中国农村经济》2011 年第 10 期。

的科学性。米建伟等[1]分析了公共投资与农业全要素生产率二者之间的关系,发现农业科研投资、水利灌溉投资能明显促进TFP提升,而教育投资影响不显著。朱喜等[2]探究了要素配置扭曲与农业全要素生产之间的关系,结果显示要素配置扭曲会降低农业TFP,其扭曲程度主要取决于农村非农就业机会、金融市场和土地规模。

上述研究多以中国为实证对象,系统探讨了其农业全要素生产率问题。但稍显不足的是,这些研究几乎都未涉及环境因素,未将环境问题纳入农业全要素分析框架。而在当今大力推进生态文明建设、倡导低碳农业的大背景下,如果单纯追求农业经济增长而完全忽视环境损失,将会极大扭曲农业发展绩效。为此,一些学者开始尝试将传统农业生产效率问题研究转换为环境因素规制下的农业生产效率问题研究。杨俊等[3]、李谷成等[4]及韩海彬等[5]先后分析了环境约束下中国农业全要素生产率的变化情况,其中对于农业面源污染的核算主要利用单元调查评估法,结果表明近年来环境约束下中国各地区农业生产率基本都保持增长态势,但地区间差异明显。王奇等[6]将农业生产中的氮磷流失作为投入要素测算了农业的绿色TFP变化指数,并与传统TFP进行了对比,发现二者基本相同,但纳入环境要素后的技术效率下降趋势和技术进步的增长趋势都有所放缓。潘丹等[7]则考察了资源与环境双重约束下的中国农业全要素生产率,发现考虑了资源环境约束的农业TFP要明显低于传统不考虑资源环境约束的测算结果,表明我国农业经济仍呈现"粗放型"增长特征。

从上述文献可知,目前学者们正努力将环境问题纳入农业全要素生产

---

[1] 米建伟、梁勤、马骅:《我国农业全要素生产率的变化及其与公共投资的关系》,《农业技术经济》2009年第3期。
[2] 朱喜、史清华、盖庆恩:《要素配置扭曲与农业全要素生产率》,《经济研究》2011年第5期。
[3] 杨俊、陈怡:《基于环境因素的中国农业生产率增长研究》,《中国人口·资源与环境》2011年第6期。
[4] 李谷成、陈宁陆、闵锐:《环境规制条件下中国农业全要素生产率增长与分解》,《中国人口·资源与环境》2011年第11期。
[5] 韩海彬、赵丽芬:《环境约束下中国农业全要素生产率增长及收敛分析》,《中国人口·资源与环境》2013年第3期。
[6] 王奇、王会、陈海丹:《中国农业绿色全要素生产率变化研究:1992~2010年》,《经济评论》2012年第5期。
[7] 潘丹、应瑞瑶:《资源环境约束下的中国农业全要素生产率增长研究》,《资源科学》2012年第7期。

率的分析框架，并形成了大量研究成果，这为我们深入探究农业经济增长背后的客观规律与驱动机理奠定了坚实基础。不过，在非合意产出的设置上，仍存在一定改进空间。对于非合意产出的选择，现有研究主要利用单元调查评估法评估农业面源污染量，以此为基础探究环境约束（规制）下的农业全要素生产率问题，这一做法得到了学界的广泛认可。但是，该模式侧重于农业的绿色生产率研究，未考虑碳排放对农业生产率的影响。基于此，本文将引入农业碳排放，将其设置为非合意产出，以此探究碳排放约束下的中国农业生产率增长与分解。具体而言，本文试图对文献进行以下扩展：①科学编制农业碳排放测算指标体系，这既是核算碳排放约束下农业生产率的基础，也可弥补我们在农业碳排放估计上仍存在的一些不足；②沿用方向性距离函数和 Malmquist – Luenberger 指数代表的第二种思路，对碳排放约束下的农业生产率增长进行核算与分解；③在时间层面探讨碳排放约束下农业生产率的演变特征，从空间层面分析其省域差异并确定各省区农业生产类型（"低碳环保"或者"高碳"）。

三 研究方法

（一）环境生产技术

任何一个经济系统的完整生产过程都包括要素投入与产出，农业生产在投入一定的生产要素（如资本、劳动力）后，在获取农作物、畜禽等合意产出（Good Outputs）的同时，往往还伴随着诸如废气、废水、废弃物等不利生态环境的非合意产出（Bad or Undesirable Outputs）。为了减少非合意产出，要么投入更多的生产要素，要么占用一部分资源用于环境治理，但这样做可能导致合意产出减少。这种包含合意产出、非合意产出和投入要素之间的技术结构关系在内的所有生产可能性集合被定义为环境生产技术。[①]

参照 R. Fare 的研究，根据环境生产技术的基本思想，不妨设某地区有 N 种投入要素 x，生产出 M 种期望产出 y，同时有 I 种非期望产出 b（如温室气体排放），公式表达如式（1）：

---

① R. Fare, S. Grosskopf, C. A. Pasurka, "Environmental Production Functions and Environmental Directional Distance Functions," *Energy*, 2007, 32 (7), pp. 1055 – 1066.

$$\begin{cases} x = (x_1, x_2, \cdots, x_N) \in R_+^N \\ y = (y_1, y_2, \cdots, y_M) \in R_+^M \\ b = (b_1, b_2, \cdots, b_I) \in R_+^I \end{cases} \quad (1)$$

则环境生产技术的生产可能性集可表示为：

$$P(x) = \{(y, b): x \text{ can produce } (y, b)\}, x \in R_+^N \quad (2)$$

生产集 $P(x)$ 应满足如下几个方面的条件：①$P(x)$ 是有界封闭集（Closed Set），表示在 $P(x)$ 这个环境生产技术条件中有限投入只能生产出有限的产出；②合意产出的强可处置性（Strong Disposability），意味着合意产出具有完全可处置性，可以任意比例减少其产出量；③非合意产出的弱可处置性（Weak Disposability），表明既定投入下减少非期望产出需要成本，必须以减少一定合意产出为代价；④合意产出与非合意产出的零结合性（Null Jointness），即在生产合意产出的同时，一定伴有非合意产出。如式（3）所示：

$$\begin{cases} P(x) \text{ is compact } x \in R_+^N \\ (y, b) \in P(x) \text{ and } y' \leq y \text{ imply } (y', b) \in P(x) \\ (y, b) \in P(x) \text{ and } c' \leq c \text{ imply } (y, b') \notin P(x) \\ (y, b) \in P(x) \text{ and } b = 0 \text{ imply } y = 0 \end{cases} \quad (3)$$

在实际操作和计算中，利用 DEA 方法进一步将上述思想具体化，即将环境生产技术通过 DEA 表达。假设时期 $t = 1, \cdots, T$，有 $k = 1, \cdots, K$ 个生产单位，投入产出变量为 (x_k^t, y_k^t, b_k^t)，则在规模报酬不变条件下该生产过程可描述为：

$$P^t(x^t) = \begin{bmatrix} (yt, bt): \sum_{k=1}^{K} z_k^t y_{k,m}^t \geq y_m^t, m = 1, \cdots, M; \\ \sum_{k=1}^{K} z_k^t b_{k,i}^t = b_i^t, i = 1, \cdots, I; \\ \sum_{k=1}^{K} z_k^t, n \leq x_n^t, n = 1, \cdots, N; \\ z_k^t \geq 0, k - 1, \cdots, K \end{bmatrix} \quad (4)$$

为表示合意产出与非合意产出的零结合性，假定：

$$\sum_{k=1}^{K} b_{k,i}^t > 0, i = 1, \cdots, I; \quad (5)$$

$$\sum_{i=1}^{I} b_{k,i}^{t} > 0, \ k = 1, \cdots, K; \tag{6}$$

式（5）表示至少有一个单位在生产每一种非合意产出；式（6）表示每一个生产单位至少生产一种非合意产出。

（二）基于径向非角度 SBM 方向性距离函数模型

DEA 模型大多采取径向和线性分段形式，这有效保证了生产可能性集凸性，但当存在投入过度或产出不足时，径向 DEA 会高估生产单位的效率。严格的完全有效率状态应该是既没有径向无效率也没有投入或产出松弛。Tone[①] 通过在目标函数中引用投入和产出松弛量，提出了一个非径向非角度的基于松弛的（Slacks – Based Measure，SBM）效率模型，有效弥补了上述缺陷。他进一步证明 SBM 有效仅当 CCR 有效（松弛为 0）且 SBM 效率值小于或等于 CCR 效率值。借鉴 Tone 的思路，本文在式（4）的基础上，构建生产单位 k' ($x_{k'}^t$, $y_{k'}^t$, $b_{k'}^t$) 在时期 t 包含非合意产出的非径向非角度 SBM 方向性距离函数模型。

$$\vec{S}_{C}^{t}(x_{k'}^{t}, y_{k'}^{t}, b_{k'}^{t}) = p* = \min \frac{1 - \left[\frac{1}{N}\sum_{n=1}^{N} S_{n}^{x}/x_{n}^{k'}\right]}{1 + \left[\frac{1}{M+I}\left(\sum_{m=1}^{M} S_{m}^{y}/y_{m}^{k'} + \sum_{i=1}^{I} S_{i}^{b}/b_{i}^{k'}\right)\right]};$$

$$\text{s.t.} \sum_{k=1}^{K} = z_{k}^{t} y_{k,m}^{t} - S_{m}^{y} = y_{k',m}^{t}, \ m = 1, \cdots, M;$$

$$\sum_{k=1}^{K} = z_{k}^{t} b_{k,i}^{t} - S_{i}^{b} = b_{k',i}^{t}, \ i = 1, \cdots, I; \tag{7}$$

$$\sum_{k=1}^{K} = z_{k}^{t} x_{k,m}^{t} - S_{n}^{x} = x_{k',n}^{t}, \ n = 1, \cdots, N;$$

$$z_{k}^{t} \geq 0, \ s_{i}^{b} \geq 0, \ s_{n}^{x} \geq 0, \ k = 1, \cdots, K$$

在式（7）中，目标函数 $p*$ 的分子、分母分别测度生产单位实际投入、产出与生产前沿面的平均距离，即投入无效率和产出无效率程度。该目标函数值直接包含投入与产出松弛量 s^x、s^y、s^b，分别表示投入过剩和产出不足，有效解决了投入产出松弛的问题。$p*$ 关于 s^x、s^y、s^b 严格递减，且 $p* \in [0, 1]$，当且仅当 $p* = 1$ 时，生产单位完全有效率，此时 $s^x = s^y = s^b = 0$，即最优解中不存在投入过剩和产出不足。$p* < 1$ 表示生产单位存在效率

[①] K. Tone, "A Slacks – based Measure of Efficiency in Data Envelopment Analysis," *European Journal of Perational Research*, 2001, 130, pp. 498 – 509.

损失,在投入产出上存在进一步改进的空间。式(7)除了考虑环境污染损失和松弛量影响外,还具有非角度(Non-Oriented)性质,兼顾投入减少和产出增加。

(三)基于 SBM 方向性距离函数的 Malmquist-Luenberger 生产率指数

基于 Chung 等[①]的研究,可采用 Malmquist-Luenberger 生产率指数测度包含非合意产出的全要素生产率。为此,本文将引用跨期动态概念,参照 Malmquist 指数几何平均值思路,构造从时期 t 到 $t+1$ 基于乘除结构和相邻参比的基于 SBM 方向性距离函数的全要素生产率指数,并定义为碳排放约束下的农业生产率(TFP)指数:

$$TFP(x^{t+1}, y^{t+1}, b^{t+1}; x^t, y^t, b^t) =$$

$$\left[\frac{\vec{S}_C^t(x^{t+1}, y^{t+1}, t^{t+1})}{\vec{S}_C^t(x^t, y^t, b^t)} \times \frac{\vec{S}_C^{t+1}(x^{t+1}, y^{t+1}, b^{t+1})}{S_C^{t+1}(x^t, y^t, b^t)}\right]^{\frac{1}{2}} =$$

$$\frac{\vec{S}_C^{t+1}(x^{t+1}, y^{t+1}, b^{t+1})}{\vec{S}_C^t(x^t, y^t, b^t)} \times \left[\frac{\vec{S}_C^t(x^{t+1}, y^{t+1}, b^{t+1})}{\vec{S}_C^{t+1}(x^{t+1}, y^{t+1}, b^{t+1})} \times \frac{\vec{S}_C^t(x^t, y^t, b^t)}{\vec{S}_C^{t+1}(x^t, y^t, b^t)}\right]^{\frac{1}{2}} =$$

$$EFFCH(x^{t+1}, y^{t+1}, b^{t+1}; x, y, b) \times TECH(x^{t+1}, y^{t+1}, b^{t+1}; x, y, b) \quad (8)$$

在式(8)中,TFP $(x^{t+1}, y^{t+1}, b^{t+1}; x^t, y^t, b^t)$ 表示从 t 期到 $t+1$ 期碳排放约束下农业生产率的变化情况,可分解为技术效率变化指数(EFFCH)和技术进步指数(TECH)。TFP(·)>1 时,表示碳排放约束下农业生产率增长,反之则下降;EFFCH(·)>1 时,表示技术效率得到改善,反之则不断恶化;TECH(·)>1 时,表示农业前沿技术进步,反之则退步。式(8)的计算涉及 4 个 SBM 方向性距离函数,需对应求解 4 个线性规划。

四 变量界定与数据处理

(一)农业投入变量

本文将选取劳动力、土地、化肥、农药、农膜、机械动力、灌溉、役

---

① Y. Chung, R. Färe, S. Grosskopf, "Productivity and Undesirable Outputs: A Directional Distance Function Approach," *Journal of Environmental Management*, 1997, 51 (3), pp. 229-240.

蓄作为农业生产投入变量。相比以往研究,本文增加了农药与农膜投入变量。笔者认为,农药与农膜的广泛使用对农业产出有了显著影响,在实际研究中不应回避二者。

1. 劳动投入

基于数据可得性,本文仍延续其他学者的一般做法,将各省份第一产业年末从业人员作为劳动力投入替代指标,不考虑劳动种类及质量差别,单位为万人。

2. 土地投入

由于不同地区耕地复种指数存在差异且实际生产中还存在休耕、弃耕现象,选取耕地面积作为土地投入变量易使测算结果出现偏差。考虑到指标间的信息重叠,同时也为了消除复种指数影响,参照一些学者的做法,选取农作物播种面积作为土地投入的替代变量,单位为千公顷。

3. 化肥投入

以各年度各省用于农业生产的化肥施用量(折纯量)进行计算,单位为万吨。

4. 农药投入

以各年度各省用于农业生产的农药使用量进行计算,单位为吨。

5. 农膜投入

以各年度各省用于农业生产的农膜使用量进行计算,单位为吨。

6. 机械动力投入

以各年度各省的农业机械总动力进行计算,单位为万千瓦。

7. 灌溉投入

以各省每年的实际有效灌溉面积进行计算,单位为千公顷。

8. 役畜投入

以各省本年度拥有大牲畜数量中包含农用役畜数量进行计算,单位为万头。

(二)农业产出变量

1. 合意产出变量

与农业投入统计口径保持一致,本文采用广义农业总产值,以2000年不变价农林牧渔总产值表示,单位为亿元。

2. 非合意产出变量

选择农业温室气体排放作为非合意产出的替代变量。由于在温室气体排放中以 CO_2 排放量最大,且 CO_2 属于碳化合物,又可称为碳排放。本文将从 3 方面考察农业碳排放量。一是农用物资投入所引发的碳排放,具体包括化肥、农药、农膜、农用柴油直接使用以及农业灌溉耗费电能所导致的碳排放,相关排放系数来自贺亚亚等的研究。二是稻田所引发的甲烷排放,由于我国不同地区水热条件存在较大差异,水稻在同一地区的不同生长周期或者不同地区的同一生长周期的 CH_4 排放系数也不尽相同。为此,本文将参考王明星等所测算的带有地区差异性的 CH_4 排放系数。三是畜禽养殖所引发的碳排放,包括肠道发酵所引起的 CH_4 排放以及粪便管理系统中所导致的 CH_4 和 N_2O 排放。具体到我国,主要涉及牛(分为水牛、奶牛和黄牛)、马、驴、骡、骆驼、猪、羊(分为山羊和绵羊)、家禽等畜禽品种。相关排放系数均源于 IPPC。据此,构建农业碳排放测算公式如下:

$$E = \sum E_i = \sum T_i \times \delta_i \tag{9}$$

在式(9)中,E 为农业生产碳排放总量,E_i 为各类碳源碳排放量,T_i 为各碳排放源的量,δ_i 为各碳排放源的碳排放系数。由于畜禽饲养周期存在差异,本文在实际计算中将参照胡向东等[①]的相关研究对其年均饲养量进行调整。

另外,鉴于碳排放量的增加会使得生态环境越发恶劣,进而影响实际农业生产率,为此需对其排放数据进行负向化处理。同时,考虑到 DEA 模型一般要求数据大于 0,故利用公式分别对 CO_2、CH_4 以及 N_2O 实际排放量进行负向标准化处理,将其转化成 [1, 100] 之间的数值。所用公式如下:

$$\tilde{x}_{i0} = 1 + \frac{\max x_i - x_{i0}}{\max x_i - \min x_i} \tag{10}$$

(三)数据来源

农业碳排放测算所需原始数据、农业投入产出数据以及影响因素相关数据出自历年《中国统计年鉴》《中国农业统计年鉴》《中国农村统计年鉴》《中国农业统计资料》《中国畜牧业年鉴》《新中国六十年统计资料汇

---

① 胡向东、王济民:《中国畜禽温室气体排放量估算》,《农业工程学报》2010 年第 10 期。

编》及一些地方年鉴。农业生产投入、产出数据的一般描述性分析如表1所示。需要说明的是，CO_2、CH_4、N_2O 是经过负向标准化处理后的数值，而非实际排放量。

表1 农业生产投入、产出变量的描述性分析

指标分类		刻画指标	量纲	最小值	最大值	平均值	标准差
投入指标		劳动力	万人	37.09	3564.00	1026.88	781.75
		土地	千公顷	230.9	14262.2	5061.63	3536.52
		化肥	万吨	2.5	684.4	159.65	132.32
		农药	吨	583	173461	49454.87	43039.75
		农膜	吨	128.33	343524	59747.64	59357.73
		农用机械	万千瓦	95.32	12419.87	2407.84	2477.77
		农业灌溉	千公顷	153.7	5205.6	1837.11	1412.03
		役畜	万头	0.01	603.9	178.90	162.15
产出指标	合意产出	农林牧渔总产值	亿元	51.2	3799.14	1095.10	830.95
	非合意产出	CO_2 排放量	—	1	100	71.49	22.85
		CH_4 排放量	—	1	100	66.73	25.64
		N_2O 排放量	—	1	100	71.32	20.55

注：CO_2、CH_4、N_2O 排放量经过了负向化标准处理，故不存在量纲。

五 研究结果与分析

（一）碳排放约束下我国农业生产率增长与源泉变化

从我国农业生产率增长及源泉来看（见表2），在碳排放约束条件下，2001年我国农业经历了一个略显偏慢的生产率增长，年均增长率仅为1.61%。该速度相比同期的农业绿色生产率、宏观经济和工业部门并不突出，可对比王兵等[1]和陈诗一[2]。进入21世纪以来，我国农业不仅获得了较高的产出增长，而且在资源与碳排放的双重约束下，生产率也获得了一定增长，这反映了农业综合产出的增加并非单纯依靠要素贡献。不过，相比

---

[1] 王兵、吴延瑞、颜鹏飞：《中国区域环境效率与环境全要素生产率增长》，《经济研究》2010年第5期。

[2] 陈诗一：《中国的绿色工业革命》，《经济研究》2010年第11期。

宏观经济或工业部门，碳排放约束下的农业生产率增长又带有一定的特殊性。从增长源泉来看，主要依赖于农业前沿技术进步（TECH），其年均贡献率为2.01%，而技术效率（EFFCH）总体处于恶化状态，年均下降0.39%。

表2 我国农业生产率增长与分解（2001～2012年）

年份	考虑农业碳排放			不考虑农业碳排放		
	EFFCH	TECH	TFP	EFFCH$_1$	TECH$_1$	TFP$_1$
2001	0.9210	1.0997	1.0128	0.9178	1.1223	1.0300
2002	1.0396	0.9531	0.9908	1.0469	0.9570	1.0019
2003	0.9919	1.0744	1.0656	0.9884	1.0800	1.0674
2004	0.9898	1.0288	1.0184	0.9912	1.0319	1.0229
2005	1.0033	0.9805	0.9838	1.0071	0.9821	0.9891
2006	1.0074	1.0020	1.0095	1.0052	1.0074	1.0126
2007	1.0101	1.0186	1.0288	1.0053	1.0268	1.0321
2008	1.0095	0.9823	0.9915	1.0088	0.9932	1.0019
2009	0.9852	1.0315	1.0161	0.9866	1.0369	1.0229
2010	1.0022	1.0463	1.0487	1.0046	1.0430	1.0479
2011	1.0114	0.9916	1.0031	1.0021	1.0004	1.0025
2012	0.9863	1.0420	1.0277	0.9862	1.0450	1.0307
年平均	0.9961	1.0201	1.0161	0.9954	1.0263	1.0216

由表2可知，2001年以来我国在碳排放约束下的农业生产率累计指数经历了一个"平稳—上升"的循环变化轨迹。2001～2002年为平稳期，TFP累计指数维持在1.0左右。2002～2004年为上升期，2004年TFP累计指数达到1.0184。2004～2008年再度处于平稳期。2008～2012年再度呈现上升趋势，2012年TFP累计指数达到1.0277。可见，近年我国碳排放约束下的农业生产率虽总体处于上升趋势，但并非每年都保持上升态势，通常还伴随着阶段性调整。

从历年碳排放约束下的农业生产率增长源泉来看，2001年、2003年、2004年、2009年和2012年完全依赖于农业前沿技术的进步，技术效率均处于恶化状态，其中，2001年前沿技术贡献幅度最大，高达9.97%。2002年、2005年、2008年和2011年完全归功于农业技术效率的改善，前沿技术均处于退化状态。不过除2002年（3.96%）之外，其他各年技术效率改善幅度都比较小。2006年、2007年和2010年得益于前沿技术进步与技术效率改进的双重贡献,但前者贡献程度要明显强于后者。

(二) 碳排放约束下农业生产率省域比较

分别计算2001～2012年31个省(自治市、直辖区)在碳排放约束下的农业生产率TFP指数、EFFCH指数、TECH指数的平均值(见表3)。结果表明:在考虑农业碳排放的前提下,北京、天津、河北、山西等24个地区的农业生产率平均值大于1,占我国省级行政区总量的77.42%;内蒙古、海南、贵州、西藏、甘肃、青海、宁夏7个地区的TFP平均值小于1,占我国省级行政区总量的22.58%。对31个地区进行排序可知,北京以绝对优势占据榜首,其TFP均值高达1.1241,表明在过去的11年里其在碳排放约束下的农业生产率以平均每年12.41%的速度递增;上海排在第二位,其TFP均值为1.0630,相比北京差距明显;排在第3～10位的依次是江苏(1.0464)、山东(1.0408)、安徽(1.0403)、陕西(1.0395)、广西(1.0367)、浙江(1.0341)、广东(1.0283)和江西(1.0267)。与之对应,海南排在倒数第一位,仅为0.9257;西藏排在倒数第二位,为0.9425;排在倒数第3～10位的地区依次是青海(0.9498)、贵州(0.9825)、内蒙古(0.9843)、宁夏(0.9943)、甘肃(0.9953)、云南(1.0077)、山西(1.0083)和吉林(1.0129)。从区域分布来看,碳排放约束下农业生产率均值较高的省份主要分布在华北、华东和华南地区,而TFP均值较低的省份则主要集中在东北、西南和西北地区。

表3 中国31个省(自治市、直辖区)农业生产效率指数平均值(2011～2012年)

地　区	考虑农业碳排放				不考虑农业碳排放			
	EFFCH	TECH	TFP	排名	$EFFCH_1$	$TECH_1$	TFP_1	排名
北　京	1.0000	1.1241	1.1241	1	1.0000	1.1453	1.1453	1
天　津	1.0000	1.0219	1.0219	14	0.9985	1.0480	1.0464	4
河　北	1.0098	1.0165	1.0265	11	1.0098	1.0165	1.0265	11
山　西	0.9854	1.0233	1.0083	23	0.9854	1.0233	1.0083	24
内蒙古	0.9674	1.0175	0.9843	27	0.9674	1.0175	0.9843	28
辽　宁	0.9866	1.0331	1.0189	19	0.9866	1.0331	1.0189	20
吉　林	0.9876	1.0256	1.0129	22	0.9876	1.0255	1.0129	23
黑龙江	0.9946	1.0237	1.0181	20	0.9946	1.0238	1.0181	21

续表

地区	考虑农业碳排放				不考虑农业碳排放			
	EFFCH	TECH	TFP	排名	$EFFCH_1$	$TECH_1$	TFP_1	排名
上海	1.0000	1.0630	1.0630	2	1.0000	1.0540	1.0540	2
江苏	1.0000	1.0464	1.0464	3	1.0000	1.0466	1.0466	3
浙江	1.0000	1.0340	1.0341	8	1.0000	1.0353	1.0353	8
安徽	1.0252	1.0151	1.0403	5	1.0243	1.0148	1.0393	7
福建	1.0000	1.0196	1.0196	18	1.0000	1.0203	1.0203	19
江西	1.0191	1.0074	1.0267	10	1.0185	1.0069	1.0257	13
山东	0.9983	1.0424	1.0408	4	0.9983	1.0424	1.0408	5
河南	1.0085	1.0165	1.0250	13	1.0085	1.0165	1.0250	14
湖北	1.0021	1.0241	1.0261	12	1.0018	1.0242	1.0260	12
湖南	1.0091	1.0061	1.0153	21	1.0091	1.0061	1.0153	22
广东	1.0086	1.0196	1.0283	9	1.0086	1.0194	1.0282	10
广西	1.0226	1.0138	1.0367	7	1.0226	1.0117	1.0345	9
海南	1.0000	0.9257	0.9257	31	1.0000	0.9445	0.9445	31
重庆	0.9958	1.0256	1.0213	17	0.9958	1.0256	1.0213	18
四川	0.9939	1.0280	1.0217	16	0.9939	1.0280	1.0217	17
贵州	0.9658	1.0175	0.9825	28	0.9658	1.0175	0.9825	29
云南	0.9756	1.0329	1.0077	24	0.9756	1.0329	1.0077	25
西藏	1.0000	0.9425	0.9425	30	1.0000	0.9784	0.9784	30
陕西	1.0004	1.0391	1.0395	6	1.0004	1.0391	1.0395	6
甘肃	0.9526	1.0448	0.9953	25	0.9526	1.0448	0.9953	27
青海	1.0000	0.9498	0.9498	29	0.9846	1.0119	0.9965	26
宁夏	1.0000	0.9943	0.9943	26	0.9977	1.0263	1.0243	15
新疆	0.9743	1.0487	1.0218	15	0.9743	1.0487	1.0218	16
东部	1.0003	1.0305	1.0308		1.0001	1.0359	1.0360	
中部	1.0039	1.0177	1.0216		1.0037	1.0176	1.0213	
西部	0.9872	1.0123	0.9993		0.9877	1.0185	1.0060	
全国	0.9961	1.0201	1.0161		0.9954	1.0263	1.0216	

从增长源泉来看，在24个TFP均值大于1的省份中，河北、安徽、江西、河南、湖北、湖南、广东、广西、陕西9个地区在碳排放约束下的农业生产率增长源于农业前沿技术进步与技术效率改善的双重贡献，是全国农

业生产的前沿引领者；北京、天津、上海、江苏、浙江、福建6个地区农业生产效率的改善完全依赖于农业前沿技术进步，而技术效率维持不变；山西、辽宁、吉林、黑龙江、山东、重庆、四川、贵州、云南9个地区虽遭受技术效率的不同程度拖累，但得益于农业前沿技术的不断进步，其碳排放约束下的农业生产率仍保持持续改善状态。在农业生产率总体处于恶化趋势的7个地区中，海南、西藏、青海、宁夏主要归咎于农业前沿技术的不断退化，同前沿省份相比差距明显，而技术效率水平则维持不变；内蒙古、贵州和甘肃则完全受累于技术效率的恶化，各要素投入未实现最优配置，其农业前沿技术虽处于进步态势，但所带来的正向效应均不能弥补技术效率的拖累，由此导致综合生产率处于恶化状态。总体来看，大多数省份农业生产率的提升得益于其前沿技术进步与技术效率改善的双重贡献或者前沿技术进步的单独贡献；相比较而言，在推进农业生产率增长上，前沿技术进步扮演着更为重要的角色，技术效率的贡献相对有限。

（三）碳排放因素对我国农业生产率增长的影响

在农业生产过程中，一定量的要素投入在带来合意产出的同时也会伴随着一些非合意产出，如果仅考虑合意产出而忽视非合意产出，可能会对TFP增长情况产生误判。[①] 为了检验碳排放因素对我国农业生产率测度的影响，本文在考察碳排放约束下农业生产率的基础上，计算不考虑碳排放的农业生产率指数（即传统农业生产率指数）TFP_1，并通过对二者的比较判断碳排放因素对我国农业生产率的影响。Fare证明了TFP指数（考虑农业碳排放）与TFP_1指数（不考虑农业碳排放）的差别关键在于合意产出与非合意产出相对增长率的大小，当投入一定时，若TFP指数大于TFP_1指数，则意味着合意产出增速高于非合意产出，该生产单元相对低碳；反之，则相对高碳。

不考虑碳排放因素，我国农业TFP_1在2001~2012年年均递增2.16%，前沿技术进步年均增长2.63%，技术效率以年均0.46%的速率恶化。考虑碳排放因素之后，农业生产率与前沿技术进步年均增速均有所降低，分别减少了0.55个和0.62个百分点；而技术效率虽仍处于恶化态势，但恶化速率有所放

---

① 吴丽丽、郑炎成、李谷成：《碳排放约束下我国油菜全要素生产率增长与分解——来自13个主产省的实证》，《农业现代化研究》2013年第1期。

缓，降为 0.39%。该研究结论表明，就现阶段而言，忽视农业碳排放因素会高估我国农业 TFP 增长。从三大区域来看，中部地区的 TFP 指数大于 TFP_1 指数，农业生产相对低碳；而东部和西部地区的 TFP 指数要明显小于 TFP_1 指数，农业生产相对高碳。具体到各个省，TFP 指数大于 TFP_1 指数的省份有上海（0.90%）、安徽（0.10%）、江西（0.10%）、湖北（0.01%）、广东（0.01%）和广西（0.22%），表明这 6 个地区农业生产相对低碳环保；TFP 指数小于 TFP_1 指数的地区有北京（-2.12%）、天津（-2.45%）、江苏（-0.02%）、浙江（-0.12%）、福建（-0.17%）、海南（-1.87%）、西藏（-3.58%）、青海（-4.67%）和宁夏（-3.00%），这些地区农业生产相对高碳，需优化投入结构，提高农用物资利用效率；余下 16 个省份的 TFP 指数与 TFP_1 指数相等，农业生产率增长不受碳排放因素制约。

六 结语

本文基于含合意产出和非合意产出的 DEA - Malmquist 模型，将农业碳排放纳入农业经济核算体系，对 2001~2012 年中国 31 个省（自治市、直辖区）在碳排放约束下的农业生产率（TFP）进行了测度并对分解。主要结论如下。

（1）2001 年以年我国在碳排放约束下的农业经历了一个略显偏慢的生产率增长，年均增长率仅为 1.61%；TFP 累计指数则经历了一个"平稳—上升"的循环变化轨迹。从增长源泉来看，2001 年、2003 年、2004 年、2009 年和 2012 年完全依赖于农业前沿技术的进步，技术效率均处于恶化状态；2002 年、2005 年、2008 年和 2011 年完全归功于农业技术效率的改善，前沿技术均处于退化状态；2006 年、2007 年和 2010 年得益于前沿技术进步与技术效率改进的双重贡献，但前者贡献程度要明显强于后者。总体而言，农业前沿技术进步在促进农业生产率提升方面发挥的作用更为明显。

（2）北京 TFP 指数均值最高，为 1.1241，上海、江苏、山东、安徽分列第 2~5 位；海南最低，仅为 0.9257，西藏、青海、贵州、内蒙古分列倒数第 2~5 位。从区域分布来看，TFP 均值较高的省份主要分布在华北、华东和华南地区，而较低的省份则主要集中在东北、西南和西北地区。从增长源泉来看，大多数省份 TFP 的提升得益于其前沿技术进步与技术效率改善的双重贡献或者前沿技术进步的单独贡献；相比较而言，前沿技术进步扮演着更为重要的角色,技术效率的贡献相对有限。

(3) 考虑碳排放因素之后,农业生产率与前沿技术进步年均增速均有所降低;而技术效率虽仍处于恶化态势,但恶化速率有所放缓。由此可见,在现阶段忽视农业碳排放因素会高估我国农业 TFP 增长。从三大区域来看,中部地区的 TFP 指数大于 TFP_1 指数,农业生产相对低碳环保;而东部和西部地区的农业生产相对高碳。具体到 31 个省自治区、直辖市,上海、安徽、江西、湖北、广东和广西 6 个地区的农业生产相对低碳环保;北京、天津、江苏、浙江、福建、海南、西藏、青海和宁夏 9 个地区的农业生产相对高碳;余下 16 个地区的农业生产率增长不受碳排放因素制约。

相比以往研究,本文在以下 3 方面有所深化:一是对于农业碳排放,本文考察得较为全面,基本囊括了所有重要的农业碳排放源,不仅包括农用物资碳排放,还涉及稻田甲烷排放以及牲畜养殖所引发的 CH_4 与 N_2O 排放;二是将农业碳排放作为非合意产出在一定程度上丰富了农业全要素生产率研究体系;三是以中国为研究对象,从全国和省域两个层面较为系统地考察了各自碳排放约束下的农业生产率增长,为类似研究指明了方向。当然,本文也存在一些不足,一是农业碳排放指标体系构建虽力求全面但可能仍存在一定欠缺,这也许会影响最终核算的准确性;二是本文采用大农业口径,属于宏观层面讨论,一些微观实证尚不清晰,相关政策建议的提出需采取谨慎态度;三是在技术方法学上,DEA 属于相对效率评价方法,农业前沿技术进步与技术效率变化二者通常存在某种程度的背离,技术进步意味着生产前沿面扩张,即使相邻的两个时间节点的生产未发生变化,其技术效率也会恶化。这是今后需要讨论和解决的问题。

高效生态农业是我国现代农业发展的未来趋势吗

王宝义　张卫国*

摘　要　现代"石油农业"的弊端倒逼农业发展模式做出改变，高效生态农业因兼具生态与经济的双重发展规律成为替代"石油农业"的发展模式，然而这只是一种未来趋势。"石油农业"的比较优势及高效生态农业发展的现实条件缺失，注定高效生态农业的发展将面临一个长期的过程。高效生态农业是一个原则性的模式，在其发展过程中，要因地制宜、点面结合，从宏观、中观、微观三个层面有效推进；要通过制度安排导引利益相关者的行为；要推进供应链体系建设，有效降低生产的机会成本；要构建消费终端拉力体系，缓解信任品特性的弊端。

关键词　高效生态农业　倒逼　信任品　制度安排

一　引言

"民以食为天"，以高投入、高产出为特征的现代"石油农业"带来了农业生产力的巨大提高，极大地满足了人类对物质产品的需求。然而，"石油农业"的高投入模式，除面临自然资源日益稀缺的现实约束外，更造成了环境污染问题，它日益被证实是一种不可持续的模式。于是，寻求"石油农业"的替代模式成为众多农业理论及实践者的任务，生态农业逐渐萌生并发展起来。在实践层面，20世纪20年代生态农业在欧洲兴起，30～40年代在瑞士、英国及日本等国得到发展，80年代在美国得到重视，成为其

---

* 王宝义，山东交通学院讲师，山东农业大学博士研究生，研究方向为高效生态经济理论与实践；张卫国，山东社会科学院经济研究所研究员（二级岗位），博士，博导，山东社会科学院经济研究所所长，研究方向为高效生态经济理论与实践。

农业发展最快的领域之一,目前,生态农业已被世界广泛接受。在理论层面,1970年美国土壤学家威廉·阿尔布瑞奇(William Albrecht)首提"生态农业"(Ecological Agriculture)一词,1981年英国农学家沃什顿(M. K. Worthington)对其进行了定义,20世纪70年代以来,马世骏、张壬午、王兆骞等学者将其引入我国,1982年叶谦吉教授正式提出中国的"生态农业"术语。我国著名生态学家马世骏先生较早地从系统工程角度对其进行了定义,认为:"生态农业是生态工程在农业上的应用,它运用生态系统的生物共生和物质循环再生原理,结合系统工程方法和近代科技成就,根据当地自然资源,合理组合农、林、牧、渔、加工等比例,实现经济效益、生态效益和社会效益结合的农业生产体系。"① 考察众多学者对生态农业的定义,他们无不强调生态农业追求经济、社会和生态效益相统一的目标。翟勇②认为生态农业与可持续农业在内容上并没有本质差别,生态农业实际上是一种追求可持续发展的农业模式。众多学者考证,国外生态农业又称为自然农业、有机农业、生物农业等,产品称为自然食品、有机食品、生态食品等③,虽然称谓不同,目的和宗旨却并无不同。

高效生态农业概念是在生态农业的基础上,于20世纪90年代初明确提出的,其内涵得到进一步扩充。习近平④时任浙江省委书记时曾撰文指出:"高效生态农业是以绿色消费需求为导向,以提高市场竞争力和可持续发展能力为核心,具有高投入、高产出、高效益与可持续发展的特性,集约化经营与生态化生产有机耦合的现代农业。"沈允钢院士⑤认为高效生态农业的"高效",指的是高的社会效益、经济效益和环境效益。汪慧玲、张茂忠⑥认为生态农业也是高效农业。高效是生态农业的愿景,"高效"应该理

---

① 马世骏、李松华:《中国的农业生态工程》,科学技术出版社,1987。
② 翟勇:《中国生态农业理论与模式研究》,西北农林科技大学博士学位论文,2006。
③ 在我国,生态食品、有机食品、绿色食品、无公害食品等概念是有区别的,其认证标准、认证部门等也有所不同,但这些概念都体现了生产或消费的生态理念,所以我们统一理解为生态食品。
④ 习近平:《走高效生态新型农业现代化道路》,《人民日报》2007年3月21日。
⑤ 沈允钢院士认为,人们对现代农业的发展趋向提出了诸如生态农业、有机农业、绿色农业、高值农业等名称,但"高效生态农业"较合适,而"高效"指的是社会、经济、环境三者的高效,这是从著名生态学家马世骏先生的观点引申而来的,详见沈允钢《高效生态农业——现代农业的主要发展趋势》,《中国科学院院刊》2010年第5期。
⑥ 汪慧玲、张茂忠:《西北干旱地区高效生态农业建设的模式选择》,《水利经济》2004年第4期。

解为经济、社会和生态三者统一的高效,从这一角度理解,生态农业与高效生态农业并无本质区别,这也是大多学者并未对两者做明确区分的原因。一方面为了与传统生态农业①相区别,另一方面为了追求高效生态农业的"高效"愿景,本文将研究对象冠以"高效生态农业"的称谓。

温家宝同志曾指出:"21世纪是实现我国农业现代化的关键历史阶段,现代化的农业应该是高效的生态农业。"季昆森、沈允钢、刘玉晓、梁凤莲等认为我国现代农业发展的未来趋势就是高效生态农业。从中国农业政策动向考察,国家在促进现代农业发展的过程中,不断关注和加强生态农业的发展,高效生态农业已上升为国家战略。② 从高效生态农业的区域实践考察,部分地区已取得了高效生态农业发展的良好成果,主要表现在两个方面:一方面,经过长期农业实践积累,我国已形成了众多典型的高效生态农业模式,如颇具代表性的北方稻田养鱼、藕鱼共生、四位一体模式,南方的"猪-沼-果"模式等,且部分模式得到世界认可③,一些地区也结合自身特征形成了符合地域特色的现代生态农业模式④;另一方面,高效生态农业上升为一些地区农业发展的重要战略,区域生态农业发展取得一定成效,如浙江省、上海市、三峡库区、黄河三角洲高效生态经济区等。由此可见,"高效生态农业是我国现代农业发展的未来趋势"已得到认可。然而,从全国实践考察,高效生态农业虽已倡导多年,现实推进却举步维艰,原因何在?基于此,本文拟通过分析"我们为什么需要高效生态农业?为什么高效生态农业'叫好不叫座'?如何有效推动高效生态农业的未来?"3个问题,对高效生态农业的发展进行剖析、梳理和展望,以期进一步加深对"高效生态农业是我国现代农业发展的未来趋势"这一问题的理解和认识,这也是本文的边际贡献所在。

---

① 中国古代农业思想中就闪现着生态的光芒,而我国目前很多典型的生态农业模式也是由古代农业模式发展而来的。季昆森认为,高效生态农业有别于传统生态农业,它是传统生态农业的提高和升华。
② 十七届三中全会明确提出发展节约型农业、循环农业、生态农业。
③ 2002年,联合国粮农组织(FAO)发起了"全球重要农业文化遗产"(GIAHS)保护项目,中国传统稻鱼共生系统被选为首批保护项目,以浙江省青田县龙现村为具体试验点。
④ 如山东省从1985年开始进行生态农业试点建设,结合地理地貌和资源特点,逐渐形成了山区型、丘陵型、平原型、沿海型、黄河三角洲型、湖区水乡型和城郊型等各具特色的现代生态农业模式,详见曹俊杰《山东省几种现代生态农业模式的特征及其功效分析》,《中国软科学》2010年第12期。

二 我们为什么需要高效生态农业

(一) 生态环境恶化的现实"逼迫"

改革开放以来,中国 GDP 的年均增长率超过 9%,创造了"增长的奇迹",与此同时,我国经济粗放增长模式所带来的资源环境问题也日益凸显,我们的可持续增长前景堪忧,生存环境面临巨大挑战。据张彬等[1]统计,2013 年雾霾波及 25 个省份 100 余个大中型城市,全国平均雾霾天数达到 29.9 天,创 52 年之最。在国际社会"可持续发展""低碳经济"等发展理念的推动下,结合中国的现实情况,生态经济日益受到重视并逐渐上升为我国顶层设计的国家战略。农业不仅是国民经济的基础,同时也是与自然结合最紧密的产业,它不仅具有经济功能,还具有重要的生态功能。它一方面为人们提供食物来源,是人类生存的基础,为工业提供原材料,是国民经济的基础;另一方面作为自然生态的基本组成部分,与生态息息相关,因基础庞大,既可能成为生态恶化的重要原因,又可能成为提高生态质量的重大自然改造力。我国生态环境恶化的现实约束及生态经济推行的国家战略,要求农业生产不但要减少本身对环境的负面作用,而且要承担起改造生态的自然力作用。

(二) "石油农业"模式的不可持续压力

现行"石油农业"模式,通过大量投入以石油制品为原料的化肥、农药等农用化学品,大量使用以石油为动力的农业机械,获取高产出,造成了农业发展与生态之间的矛盾。陈锡文[2]指出,我国农业发展与环境之间的矛盾已到了非常尖锐的程度,突出表现在 4 个方面:农业自然资源日益短缺,生态恶化导致农业生产条件恶化,环境污染严重,食品安全问题日益凸显。据《第一次全国污染源普查公报 (2010)》统计,农业污染源已经成为我国的第一大污染源。农业污染突出表现在化肥、农药、地膜等对土壤的污染。据统计,我国每亩农田需要农药近 1 千克,每年施用农药超过 120

---

[1] 张彬、杨烨、钟源:《全国今年平均雾霾天数达 29.9 天——创 52 年来之最》,《经济参考报》2013 年 12 月 30 日。
[2] 陈锡文:《环境问题与中国农村发展》,《管理世界》2002 年第 1 期。

万吨，60%～70%残留于土壤；目前，化肥施用量超过5000万吨，平均超过400千克/公顷，利用率为40%左右，化肥过度使用造成的土壤板结问题已十分严重；每年约有50万吨农膜残留于土壤，残膜率达到40%。2014年发布的《全国土壤污染状况调查报告》显示，全国土壤污染率已达到16.1%。由此可见，我国农业发展条件已遭受严重制约，迫切需要一种新的农业模式来调和资源、环境和发展之间的关系。

(三) 国民食品安全诉求与日俱增

对食品营养和安全问题的呼声日益高涨，生态食品日益成为国民消费的诉求。一方面，过度使用化肥、农药带来食品安全隐患。我国目前化肥施用量为国际安全施用上限的2倍左右，化肥残留在食品中，可转化为具有致癌作用的亚硝胺，危害人们健康；我国农药施用量为世界平均水平的2.5倍左右，农药仅有0.1%左右作用于目标病虫，其余进入生态系统，造成环境危机和食品安全问题。另一方面，食品安全极端事件频发，引起消费者对食品安全问题的担忧。近年来"毒奶粉""毒大米""毒豆芽""毒生姜""速成鸡""瘦肉精""苏丹红""地沟油"[①] 等事件不断被报道出来，持续挑战消费者的神经。这些事件虽不是全出自农业的种养殖环节，且大多事件是不良商家的违法行为所致，但影响了整个社会对食品安全的关注度，"吃得安全、吃得健康"日益成为国民的消费诉求。同时，食品安全具有较高的收入弹性。随着经济发展所带来的人民生活水平的提高，国民对身体健康和生活品质的需求将日益强烈。

石油农业所带来的资源、环境、食品安全问题迫使改变现代农业发展方式，从这一角度而言，高效生态农业是一种"倒逼式"的农业发展模式。农业的生物性特质，注定生产过程必定以遵循自然规律为基础和前提，从这一角度考察，高效生态农业又是农业长期发展的必然趋势，是一种"主动式"的发展模式。由此可见，高效生态农业兼具"主动与被动"两方面的发展诉求，是我国现代农业发展的未来趋势。然而在现实中，高效生态农业发展又遭遇着"叫好不叫座"的尴尬。

---

① 我国每年返回餐桌的地沟油为200万～300万吨，而目前中国每年消费动、植物油总量大约为2250万吨，地沟油占油料总消费量的10%左右。

三 为什么高效生态农业"叫好不叫座"

(一)高效生态农业推进要素分析

高效生态农业的发展依赖生产、消费和政府调控三个推进要素,其中生产、消费是主导,政府调控是辅助剂(见图1)。

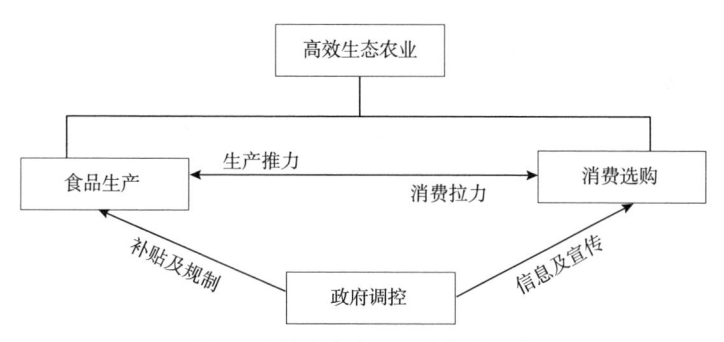

图 1 高效生态农业三个推进要素

高效生态农业的发展过程也是生态食品的基础生产过程,生态食品供给是消费者选购的前提,从"供给创造需求"的角度分析,食品生产带来高效生态农业发展的推力;消费者选购是食品生产的终点,没有市场的产品生产必定是不可持续的,从"需求创造供给"的角度分析,消费者选购带来高效生态农业发展的拉力。生产与消费两者相互影响,脱离任何一方,高效生态农业的发展都难以为继。农产品自然特性、生产的机会主义倾向、市场经济缺陷等问题会造成市场调节的失灵,这要求政府必须担当起高效生态农业的推进者和调控者的身份,通过补贴及规制等宏观政策及制度体系建设增强生产推力,通过信息体系建设及宣传服务等增强消费拉力。

(二)我国高效生态农业发展的推进要素缺失

当前在我国现实中,高效生态农业发展的生产推力、消费拉力以及政府辅助力三方面的力量均不强,大大制约着它的发展,造成了"叫好不叫座"的现状。

1. 生产推力不足

一方面,高效生态农业的社会效益显著,但外部性明显,难以调动生产者的积极性。农业的产出品包括农产品和生态服务等，生产者可以从物质产品中获益，但难从环境服务中获得补偿。李文华等①用生态价值观权衡农业收益，研究发现采用生态耕作模式的稻田的生态系统服务价值大大高于常规单作，具有较强的外部经济性。另一方面，高效生态农业的发展需要投入更高的成本，具有更大的机会成本。高效生态农业的发展依赖劳动投入对农药、化肥等生产要素的替代，这与我国农业发展的现实形成矛盾。据农业部农村固定观察点的数据，2004年农户非农工作时间占总劳动时间的比例为53.96%，2010年这一比例提升到61.11%，这一趋势还可能进一步加剧。② 同时，我国劳动力成本日益提升的趋势，势必进一步推升高效生态农业的成本，加剧矛盾。在高效生态农业发展过程中，化肥投入量的降低势必造成产品产出量及品相的降低，而农药使用量的减少也会带来病虫害加剧问题，这会进一步提升生产的机会成本。

2. 消费拉力不强

一方面，消费者生态意愿支付不足。国内外学者就消费者对食品的生态意愿支付进行了大量调查研究。Boccaletti 和 Nardella 对意大利消费者进行调查发现，70%的消费者愿意为没有农药残留的有机蔬菜支付高于常规蔬菜10%的价格；Cicia 等③的研究结果显示，有机产品的价格高于一般农产品20%以下时，78%的受访者愿意购买有机产品。靳明等④对浙江消费者的研究发现，消费者支付绿色农产品的平均溢价意愿为20%~30%。张海英等⑤对广州消费者的调查结果显示，消费者支付绿色产品的平均溢价水平为22%。刘宇翔⑥的研究结论显示，有机粮食应该定价为普通粮食的1.5~1.8倍。大部分研究认为消费者对生态食品的支付溢价水平在20%左右，而且

---

① 李文华、刘某承、张丹：《用生态价值观权衡传统农业与常规农业的效益——以稻鱼共作模式为例》，《资源科学》2009年第6期。
② 李庆、林光华、何军：《农民兼业化与农业生产要素投入的相关性研究——基于农村固定观察点农户数据的分析》，《南京农业大学学报》（社会科学版）2013年第3期。
③ S. Boccaletti M. Nardella, "Consumers' Willingness to Pay for Pesticide-free Fresh Fruit and Vegetables in Italy," *The international Food and Agribusiness Management Review*, 2000 (3), pp. 297 - 310. [27] G. Cicia, T. D. Giudice, R. Scarpa, "Consumers' Perception of Quality in Organic Food," *British Food Journal*, 2002, 140 (3/4/5), pp. 200 - 213.
④ 靳明、赵昶：《绿色农产品消费意愿的经济学分析》，《财经论丛》2007年第6期。
⑤ 张海英、王厚俊：《绿色农产品的消费意愿溢价及其影响因素实证研究——以广州市消费者为例》，《农业技术经济》2009年第6期。
⑥ 刘宇翔：《消费者对有机粮食溢价支付行为分析》，《农业技术经济》2013年第12期。

这些研究对象大多是城市消费者超市购物群体，这类群体往往具有更高的收入水平，对生态食品更具偏好。

另一方面，生态食品的溢价水平很高。我们通过常规蔬菜与生态、有机蔬菜价格的对比来说明这一问题（见表1）。

表1 常规蔬菜与生态、有机蔬菜价格对比①

单位：元/500 克

蔬菜类别	项目	西红柿	茄子	菠菜	黄瓜	茼蒿	西兰花	韭菜	白萝卜	苦瓜	冬瓜
常规蔬菜	批发价格	1.35	1.28	1.28	0.62	0.94	1.48	0.68	0.45	1.68	0.66
生态蔬菜	零售价格	9.6	9.6	9.5	9.6	9	11.2	10	5	12	4.8
	溢价倍数	6.11	6.5	6.42	14.48	8.57	6.57	13.71	10.11	6.14	6.27
有机蔬菜	零售价格	18.68	15.68	17.48	18.68	18.8	25.7	17.5	9.9	26.4	6.9
	溢价倍数	12.84	11.25	12.66	29.13	19	16.36	24.74	21	14.7	9.45

注：数据来自互联网2014年5月27日报价。

生态蔬菜与有机蔬菜均有很高的溢价水平，且有机蔬菜的溢价水平更高。平谷生态蔬菜较之常规蔬菜，溢价水平均为6倍以上，最低为6.11倍，最高为14.48倍，多为6倍左右，平均达到8.5倍。顺意生有机蔬菜较之常规蔬菜，溢价水平均为9倍以上，最低为9.45倍，最高为29.13倍，平均达到17.1倍。由此可见，消费者对生态食品的意愿支付与生态产品的实际售价存在较大差距，大量的潜在购买者因价格高昂被挡在市场之外，造成了高效生态农业发展消费拉力不足。

3. 政府辅助力缺失

这反映在中央和地方政府两个层面。对于地方政府而言，现行的"为增长而竞争"的地方政府考核体系，使地方政府的目光聚焦于GDP的增长，从而制约了高效生态农业的推行。同时，高效生态农业的生态效益和社会效益显现的滞后性和评价的复杂性进一步弱化了地方的推进动力。对于中

---

① 因数据搜集限制，常规蔬菜取样为山东重要农产品批发市场的平均价格，生态蔬菜取样为专业有机健康食品连锁专营企业北京乐活城所售的平谷生态蔬菜报价，有机蔬菜取样为大型商务网站1号店所售的顺意生品牌有机蔬菜报价，取样考虑3类样本均包含且国民普遍食用的生鲜蔬菜。虽然批发价格与零售价格存在较大差别，但若考虑生态、有机蔬菜消费者个人要承担更高的选购成本，如要去专门的有机蔬菜卖场进行选购，网络购物要承担额外的快递费用等，部分会抵消常规蔬菜批发价格与零售价格的差别影响，因此这种对比也具有相当大的合理性。

央政府而言,其面临发展高效生态农业"心有余而力不足"的状况。中国用占世界7%的耕地,养活了占世界20%的人口,这是我们长期引以为豪的事情。然而,随着经济的发展和人民生活水平的提高,国民对食物的消费结构和品质要求也越来越高,这需要大量的粮食做保障。① 高效生态农业在产出量上的比较弱势,不但会对我国的"粮食安全"②造成影响,还会侵蚀国民消费结构优化提升的基础;高效生态农业的弱质性、正外部性、强机会成本性等均需政府投入大量补贴,这将对公共财政造成很大压力;高效农业发展中的生产和消费信息的强不对称性,会为政府带来规制难题。

4. 信息不对称影响

其一,生产者的机会主义不易被觉察。农业生产过程必须利用土地来转化太阳能,它的生产周期长,受自然规律影响程度高,生产具有天然的分散性,生产过程具有很大的隐蔽性,决定了在生态食品基础生产过程中,生产者的机会主义行为是不易被观察到的。其二,消费者难以衡量产品的生态化程度。生态食品具有信任品特性,一方面,消费者购买前难以对生态食品进行准确辨认。消费者可以通过肉眼辨识生态食品的新鲜程度、个头大小等物理特征,甚至可以通过品尝了解口感等特征,但无法辨识其营养成分、农药化肥残留等化学特征。另一方面,消费者在消费后也难以准确体察。以营养健康为目的的生态消费具有很强的隐蔽性,影响消费者健康的因素复杂,食品对健康的影响又具有积聚作用和长期性,因此生态食品对健康的贡献度难以准确分离。由此可见,在生态食品市场交易中,生产供应商处于绝对的信息长边,倘若缺乏有效的信息传递机制,便会产生高昂的交易成本,滋生机会主义行为,造成"劣币驱逐良币"的市场现实;而有效信息传递机制的建设,需要花费大量成本,这又会加剧生产与消费的脱节。

四 如何有效推动高效生态农业的未来

在现实条件缺失的情况下,只有不断完善高效生态农业发展的基本条

---

① 1978~2006年,全国人均直接粮食消费量增长了98.5%,而同期人均猪、羊、牛肉等消费却增长了155.84%,农产品之间存在质能转化,同样多的肉类需要多倍的粮食做支撑。

② 我国粮食产量虽已实现十连增,但近年来的进口一直屡创新高。要满足我国当前人口消费量,大约需要30亿亩以上的播种面积,而我国目前只有18亿亩耕地,核算复种24亿亩,缺口6亿亩,这些缺口只能通过进口来实现,如目前我国进口大豆占全球贸易量的60%,约为3亿亩量。

件，才能导引利益相关者的行为，进而将高效生态农业发展的未来趋势转变为现实发展。结合第三节的分析，提出有效推动高效生态农业发展的方向性建议。

（一）因地制宜，点面结合

高效生态农业的发展可分为宏观、中观、微观三个层面。就宏观层面而言，高效生态农业的推行要求尽可能减少农药、化肥等生产要素的使用，有效控制污染，为农业的可持续发展创造条件，为国民食品安全、营养健康提供基础保障。就中观层面而言，应通过复合产业体系将种、养、加等产业连成生态循环链条，为物质单元多次经过生产过程创造条件，这一方面要求各地密切结合本地经济发展情况，依据闭环生态链思想，发展适宜地方特色的复合型产业体系，形成各产业相互依存、高效协同的发展态势；另一方面要求各地结合地理环境特色，遵循自然生态规律，发展适宜的农业品种，努力挖掘和扩展农业的多功能性。就微观层面而言，高效生态农业要求结合生态学规律，构建符合现实条件的，能量高效利用、废弃物有效回收的，适合生产个体的，微观"闭合式"协同生产模式。总之，高效生态农业的发展，需要将三个层面的发展结合起来，依据生态学和经济学规律，结合地区自然地理、产业发展等条件，因地制宜、点面结合地推进。

（二）构筑制度环境，强化宏观调控

制度是引导人类行为的重要手段，不同的制度安排会引导农业主体做出不同的行为安排。要充分发挥中央政府顶层设计的重要作用，引导政府自身及其他利益群体的行为。通过制度安排，一方面，鼓励生产者用现代科学技术武装农业，推进农业规模化经营，确保粮食"量"的安全，为推进高效生态农业缓解后顾之忧；另一方面，尽快推进地方政府考核中的发展质量评估、可持续发展评估等体系建设，增强地方发展高效生态农业的动力。通过制度安排，调整生产者的行为。一方面，调整完善"三农"基本制度。根据王跃生的研究，家庭联产承包责任制在提高农民生产积极性的同时，导致了严重的生态环境问题。要结合高效生态农业发展要求完善、调整现行制度，减少小规模生产、土地关系不稳定等带来的农民追求短期利益的行为。另一方面，当前政府对农药、化肥等农资产品的补贴制度会鼓励这些生产资料的过度投入，发展高效生态农业，政府对生产资料的补贴应更倾向于环保型农药和有机肥料等。同时，政府还应加大对高效生态农业发展的补偿和扶持力度，缓解高效生态农业更高的机会成本、更强的外部性及更弱的风险抵御能力的弊端；还应提升规制力，发挥有效的监管责任，尽量减少高效生态农业发展中的机会主义行为；还应加大宣传力度，培养消费者的生态食品消费偏好。

（三）推进供应链体系和终端拉力建设

一方面，从生产角度出发，鼓励构建以农产品加工企业、销售企业或生态农业合作组织为核心的生态食品供应链体系。这不但能降低农民发展高效生态农业的机会成本，更好地获取技术支撑、降低生产风险、保障收益稳定，还能发挥生态农业经营的规模经济特性，降低高效生态农业总的交易成本。另一方面，从销售角度出发，构建渠道-品牌-追溯检测三位一体的终端拉力系统，缓解信任品特性的弊端。其一，加强和推进生态食品的系列认证体系，奠定生态农业品牌建设的基础，加强生产经营者的自主品牌建设，为消费者传递有效的产品选购信号；其二，构建生态食品销售的放心渠道，渠道是品牌的重要保障，它不但能提供生态食品品牌的保真性，而且能与产品品牌形成协同效应，产生合力；其三，推进追溯检测体系建设，有效降低生态农业生产经营者的机会主义倾向，减少消费者生态食品选购的担忧。

目前，我国生态农业还处于小规模、低转换、微效益的传统生态农业阶段。虽然农业发展现实倒逼农业向高效生态农业转变，但当前我国的总体经济条件支撑不起高效生态农业的全面推行，这也意味着高效生态农业的未来还有很长的路要走。虽然我们希望高效生态农业模式尽快得到全面实施，但仅仅尊重生态规律而违背经济规律的强行快速推进容易造成"拔苗助长式"的危害。高效生态农业是一个原则性的模式，在农业生产可持续性诉求及食品安全呼声日益高涨的情况下，中央政府有效调控、地方政府发展因地制宜、生产主体因势而发、消费水平日益提高，我们有理由相信，高效生态农业将得到有力、有序的发展。

泰安市岱岳区高效生态农业发展研究

张文华[*]

摘　要　当前我国由于人口压力大和不重视生态平衡，资源遭到破坏，水土流失严重，土地质量下降，环境污染问题日趋严重。我们要把建设生态农业作为发展农村经济、实现农业现代化的发展方向。要强化对高效生态农业基本知识的宣传普及，进一步调整优化农业产业结构，全面推进农业生态体系建设，切实增强农业科技支撑能力，继续加大政策扶持力度，推进我国生态农业建设。

关键词　生态农业　对策研究

生态农业是符合我国国情的新型农业。我国是一个人口众多、资源偏少、经济基础薄弱的国家，农业生产力水平比较低。长期以来，由于人口压力大和不重视生态平衡，资源遭到破坏，土地质量下降，环境污染问题也日趋严重。面对这一现实，我国农业的发展必须走一条符合我国国情、具有自己特色的新路。生态农业是以生态原理和生态经济规律为指导而建立起来的新型农业，它是对现代农业的扬弃，摒弃了"石油农业"的弊端，同时也吸取了我国传统有机农业的精华，是有机和无机相结合的农业。生态农业建设的目标是建立高功效的生态系统，实现农业的良性循环，为人类提供丰富的产品和优美的生活环境，我国已把建设生态农业作为发展农村商品经济、实现农业现代化的发展方向。

---

[*] 张文华，泰安市委党校副教授，研究方向为宏观经济学。

一 泰安市岱岳区高效生态农业发展的SWOT分析

(一)岱岳区高效生态农业发展的比较优势

1. 自然条件优势明显

片区坐落在五岳独尊的泰山脚下,位居济南、泰山、曲阜"一山一水一圣人"黄金旅游线的中点,属暖温带大陆性季风气候区,四季分明,雨热同季,常年平均降水700mm,光热充沛,年均日照时数达2647小时,年平均气温为12.9℃,无霜期在200天左右,适宜小麦、玉米、林果、蔬菜等多种农作物的生长。片区属水资源相对丰沛的地区,拥有石汶河、牟汶河、瀛汶河、茅茨河等大汶河支流,现有彩山、角峪、山阳中型水库3座,小Ⅰ型水库6座,小Ⅱ型水库37座,拥有万亩以上灌区4处,其中万亩以上扬水站灌区1处,现有小型泵站270座,机电井3250眼。片区为低山丘陵,属沙石山地,母质以花岗岩、片麻岩为主,土壤类型为棕壤。片区北距泰山20公里,南临曲阜30公里,泰楼路、泰新路、209国道、京沪高速、枣徐公路穿境而过,500公里经济圈内辐射3个直辖市、10个省、65个地级市,拥有4.5亿人口,几乎涵盖了中国最富裕的地区。

2. 林果产业资源丰富

片区徂徕山周边以生产黄金梨、樱桃、核桃、板栗等杂果为主,共有经济林面积92777亩,其中,徂徕镇有34193亩,化马湾乡有46975亩,良庄镇有7756亩,角峪镇有3853亩。片区内果品总产量达60410吨,其中,徂徕镇有23750吨,化马湾乡有21330吨,良庄镇有5780吨,角峪镇有5240吨。基本形成了以大樱桃、日本甜柿、黄金梨、葡萄为主的杂果生产基地,以及以徂徕山国家森林公园、徂徕山滑雪场、徂徕温泉城、岱青世界、龙湾地质公园为主的休闲旅游胜地。

3. 农副产业基础较好

一是畜禽产业稳步发展。片区年产各类秸秆1.5亿千克,其中小麦、玉米秸秆约1.1亿千克。牧草种植面积达2万亩,占全区牧草种植面积的2/3,饲草、饲料资源相当丰富。畜牧业发展基础较好,畜禽养殖规模较大,建有国家级标准化示范场2处,省级标准化规模场1处,市级标准化示范场7处,占全区标准化示范场总数的1/2左右,是全区奶牛养殖、生猪生产、家禽生产集中区,规模较大,标准化程度较高,畜牧业收入占农民总收入比重较大,是发展现代畜牧业的理想之地。二是桑蚕产业基础较好。现代农业发展片区4个乡镇均有发展桑蚕产业良好的基础和典型,均由区丝绸公司下属的蚕茧站负责桑蚕生产管理和服务,片区内现有桑园达6287.9亩,占全区桑园面积的19.6%,蚕茧产量和蚕农收入占全区的17.6%,其中角峪镇和徂徕镇的桑园面积分别在2000亩以上,良庄镇和化马湾乡则分别在1000亩左右。4个乡镇的桑园基本分布在丘陵和平原的贫水区,所处土壤瘠薄、肥力低、水浇能力欠缺,属于中低产地块,多为不适应种植高产值农产品的地块,但桑蚕生产的比较效益优势明显。

4. 设施农业快速发展

片区内蔬菜面积达7.8万亩,涉及4个乡镇53个行政村,约6万人。其中,良庄镇素有"山东省蔬菜第一镇"的美誉,蔬菜种植基础好,农民发展蔬菜的积极性高、接受能力强,特别是20世纪90年代起,全镇大力发展设施蔬菜生产,共发展大中拱棚蔬菜面积5万亩,冬暖式大棚1.8万座,面积达1.5万亩,瓜菜产业收入占人均收入的比重达到60%,连续多年被评为市、区"瓜菜生产冠军",现已成为全省最大的保护地蔬菜生产基地之一。1992年良庄镇投资建设了良庄北宋蔬菜批发市场,并被农业部命名为全国菜篮子工程鲜活农产品中心批发市场、第三批农业部农产品批发市场信息网信息采集点、山东省消费者满意单位、省级重点龙头企业。

(二) 岱岳区高效生态农业发展的比较劣势

1. 农业面源污染严重

农业面源污染,是指农药、化肥的不合理使用对土壤造成严重破坏,破坏了土壤结构,土壤变得贫瘠,肥力下降,同时,土壤中重金属严重超标,汞、镉、铅、砷、铬、铜对土壤危害极大,土壤中硝酸盐含量提高,土壤pH酸碱度改变。特别是农药的滥用,加上生活、工业垃圾的乱排乱放,致使岱岳区境内水体质量整体有所降低,既污染了地表水,又污染了地下水,个别区域氟化物COD超标,粪便大肠杆菌群超标,使得大气中的二氧化硫、氮氢化物总悬浮物含量增加。

2. 农业基础底子薄

农业生产仍以传统耕作方式为主,物质技术装备水平较低,农业综合生产能力不高。目前,仍有13个村的0.83万人的饮水问题未能解决。环徂徕山部分行政村的道路通行条件较差,徂徕镇、良庄镇、房村镇、化马湾乡的74.1公里环山路仍未贯通,近6.6万人出行困难,在很大程度上制约了环徂徕山历史文化底蕴的发掘、特色产业的培育和休闲观光产业的发展,以徂徕山为核心集聚发展、融合发展的作用亟待拓展提升。

3. 农业科技水平低

生态农业的技术要求高,属于技术密集型产业。目前岱岳区生态农业发展仍然离预期有较大差距,主要体现在科技含量低,生态农业研究还停留在较低水平,生态农业技术的研发、推广未全面展开,等等。上述问题的存在,使岱岳区生态农业发展的水平和效益不高。一是从片区发展情况来看,工业经济整体实力较弱,共有民营企业146处,其中规模工业企业有33处,主要为汽车配件加工业、纺织服装业、机械制造业、房地产业等。二是片区内农产品加工业整体水平不高,产业聚集度低,产业雷同化现象突出,龙头企业总体规模偏小,档次偏低,产业链条短,竞争能力不强,缺少核心竞争力强、在全国叫得响的大龙头企业。三是农产品基地品种多、产量高、效益低,生产基地规模小、布局散、产业聚集能力弱、科技含量低,特别是林果加工业和休闲观光产业发展滞后,丰富的资源优势还未形成真正意义上的产业优势和增收优势。四是农业龙头企业在促进现代农业科技推广应用中的载体作用体现不明显。

(三) 岱岳区高效生态农业发展面临的机遇

1. 人们的食品安全意识提高

近年来,人们生活水平的提高,以及我国频发的食品安全问题,使全国广大消费者对食品安全问题愈加敏感。农业生产中对农药、化肥的过量使用,工业生产中的"三废"对环境的污染,生态环境中水土流失造成的环境恶化,食品生产加工环节中对添加剂的过量使用以及不符合要求的食品包装物等对食品安全产生了重大影响。人们在呼唤食品安全的同时,把目光转向了无公害食品、绿色食品和有机食品。特殊的国情决定我国必须首先满足人民的基本食品需求,在保障食品安全的前提下,向安全、优质、营养食品过渡,不能走高投入、高产出、先污染后治理的路子,更不能效仿近似于纯天然的以减少食物产量为代价的低投入、低产出的传统农业方式,在这种情况下,实施生态农业就成为岱岳区农业发展的必然选择。

2. 政府重视政策扶持

党中央连续将农业、农村问题作为中央一号文件的内容下发,使农业和农村经济发展的方向和目标任务更加明确，宏观经济和社会发展政策、各种资源的配置更多地向农业、农村领域倾斜，解决"三农"问题真正成为全社会的共同任务。经过多年的科学研究和广泛的农业实践，我国已经基本解决了温饱问题，农业综合生产能力提高，农产品基本实现了总量平衡，且丰年有余。加大政策扶持力度，使政策具有连续性、长期性和稳定性，是生态农业持续健康发展的持久推动力。岱岳区政府也看到了这一点，特别是近年来，岱岳区加大政策扶持力度，整合农、林、渔业的产业发展资金以及小型农田水利和农林生态环境建设资金，统筹用于园区内项目建设，将有力地推动生态农业又好又快发展。

3. 生态农业技术水平显著提高

生态农业技术是指根据生态学、生物学和农学等学科的基本原理及生产实践经验而发展起来的有关生态农业的各种方法和技能。岱岳区有实行有机农业的悠久传统，经过多年的发展，岱岳区农业的基础设施条件、组织形式、产业发展水平及外部支持环境都有了较大提高和改善，突破了传统农业的束缚，向生产、加工、销售各环节联动发展转变，培育了一大批龙头企业、专业合作社、专业农户等新型市场经营主体，为加快城乡产业对接和要素流动，积极发展农产品加工、营销服务等后续产业，促进先进适用技术向农业渗透，逐步构建现代农业产业体系创造了较好的条件。

（四）岱岳区高效生态农业发展面临挑战

1. 农业发展方式依然粗放

近年来，岱岳区农业出现了耕地面积和农作物的种植面积大幅度减少的态势，总结起来主要有以下3个方面的原因：其一，近年来，政府为了保护生态环境，积极推行退耕还林和退耕还草等生态退耕政策，致使一些地区农作物的种植面积大幅度减少；其二，由于经济发展和人民生活需要，新增建设用地占用了大量耕地；其三，目前从事农业生产所能获得的利益十分微薄，影响了部分农民从事农业生产的积极性，先富起来的一些农民主动退出农业生产领域，从而造成不少耕地撂荒，减少了农作物种植面积。淡水资源的超量采挖以及恶化的气候条件，使原本就经不起天气折磨的农业更加脆弱，落后生产方式的弊端日益显现，对生态农业生产造成了极大冲击。同时，越来越多的农村年轻劳动力不再守着土地生活，大量农民工拥入城市，留在农村的只剩下孤寡老人和妇女，劳动力整体素质不断下降。

2. 先进生产技术推广较难

其一，目前大部分地区农村的农民仍然沿用祖辈传授下来的传统方法从事农业生产，先进的农业生产技术的推广受到习惯势力的影响。其二，大部分农民的受教育程度比较低，文化素质比较差，接受新事物的能力比较弱，从事农业生产时在种什么、种多少、怎么种等一系列问题上习惯于效仿别人，随大流，难以做到科学决策。其三，大部分地区的农村农业技术人员奇缺，对农民的日常农业生产活动缺乏必要的技术帮助和指导，对农民缺乏系统的农业生产知识培训。其四，生态农业生产周期比较长，农业生产的成果又受到许多方面因素的影响，任何一项先进的农业生产技术的推广需要的时限都比较长，其好处在短期内难以明显地显现出来，对先进的农业生产技术的推广造成了障碍。

3. 外部环境竞争压力加大

进入21世纪特别是我国加入世界贸易组织以后，我国生态农业的发展面临着前所未有的挑战。

二 推进泰安市岱岳区高效生态农业发展的对策

（一）强化对高效生态农业基本知识的宣传普及

在控制人口、保护资源的前提下，良好的生态环境是农业可持续发展的首要基本条件。如果生态环境遭到严重破坏，再好的政策，再多的投入，再先进的农业技术，都不能使农业连年丰收。所以，良好的农业生态环境应该是生态农业生产力诸多要素中的第一要素。必须深入开展宣传教育，提高全民的农业环境意识，广泛动员公众参与农业生态环境保护，把加强农业环境保护和改善农业生态环境等内容列入每年农业干部和"绿色证书"培训的重要内容。同时，通过各种新闻媒体，深入广泛地开展多层次、多方位、多形式的农业环境保护的宣传，每年在"六五"世界环境日期间开展农业环境保护的宣传教育活动。增强全民保护农业生态环境的紧迫感和责任感。目前，全区对发展高效生态农业虽有一定认识，但要使之深入人心并变为自觉行动，还需进一步加强宣传教育。

（二）进一步调整优化农业产业结构

生态农业是在农业环境出现问题、农业可持续发展受到制约的情况下，应用系统工程方法建立和发展起来的农业体系。其核心是：强调以经济、社会、环境三个效益统一为目标，因地制宜，使现代科学技术与传统农业精华相结合，使物质多次循环得到有效利用，提高产出率和效率，减少污染物排放。

1. 农业产品优质化

一是推广新品种、新技术。以利益为纽带，以市场为导向，遵循"先进性、实用性、效益性"原则，围绕粮食、蔬菜、水果、花卉、中医药等重点，大力引进推广新品种、新技术，努力推动农业品种和技术的跨越，加快由传统农业向生态农业的转变。二是培育地方特色品牌。以发展"一村一品"特色经济为主攻方向，充分发挥资源比较优势，因地制宜地大力发展特而专、新而奇、精而美的各种特色农产品，围绕优质桑蚕、有机蔬菜、绿色瓜菜、特色林果等主导品种，培优扶强一批特色明显、类型多样、竞争力强的知名品牌和专业村、专业乡镇，加快培育特色农产品知名品牌和优势产区，打造现代特色农业产业链。三是强抓源头治理。以区农产品质量检测中心为平台，引导农业龙头企业、龙头市场提高质量检测水平，不断完善农业标准体系和农产品全程质量监控体系建设，完善检测和管理手段，有针对性地改进生产管理措施，不断提高农产品品质，努力培育知名品牌。

2. 农业产业规模化

农业产业规模化经营是实现农业由传统走向特色、由粗放走向集约、由分散走向规模化的必由之路。一是积极推行土地集约化经营。积极探索土地集约化利用的有效途径，鼓励种粮大户和各种专业户把分散在农民手里的耕地集中起来，以承包租赁的方式进行规模化生产，通过土地整合，增加对土地的资本、技术投入，以达到提高土地利用效率、增加经济效益、节约用地的目的，推动农业经营上规模、上水平。二是扶持农业龙头企业发展。不断优化农业内部发展环境，引进与扩建并举，壮大龙头企业群体，并鼓励其到优势产区建立原料基地，密切与农户的经济联系，带动农业专业化生产基地规模的扩张，促进农民增收。三是大力发展各种农村合作经济组织。鼓励有影响、有实力、信誉好的农产品加工企业、农产品经纪人、种植大户、营销大户，领办生产、加工、销售、资本、资产、技术、服务等各种类型的合作经济组织，有效解决农业生产、加工、流通中的矛盾，提高农民进入市场的组织化程度，增强农业抵御自然灾害和市场风险的能力,促进农民增收和农村经济发展。

3. 农业结构优良化

一是发挥比较优势。以"产量调增、质量调高、效益调好、经济调活、农民调富"为目标,充分发挥区域比较优势,进一步做大做强优质粮食、有机蔬菜、绿色瓜菜、优质桑蚕、干鲜林果、中草药等特色产业基地,全力打造岱岳特色经济产业带,使农业主导产业优势更优、强项更强。二是建设示范园区。选择夏张、下港、徂徕、良庄等立地条件较好、交通方便、有一定旅游资源的地区,积极开展绿色农业、设施农业、生态农业、观光农业示范园区建设,通过引进新品种、新技术、新模式、新经验进行示范带动,促进高值高效农业和高新技术的普及和推广,努力培育农业产业新格局。三是加速发展外向型农业。树立既为农民服务,也为农业产业化龙头企业服务的思想,从资金、信息、技术等方面为龙头企业搞好服务,支持龙头企业建立农产品生产、加工和出口基地,引进、开发和推广新品种、新技术,增强企业的市场竞争力和对农民的带动力,鼓励龙头企业与农户建立稳定的购销关系,逐步形成利益共享、风险共担的经营机制,使龙头企业与农户相互依存、共同发展。

(三) 全面推进农业生态体系建设

1. 推行绿色生产

加强农业环境保护和治理,广泛推广绿色种植、养殖和加工,实现农作物的绿色生产,使农产品从种植到餐桌的全过程披上绿色外衣,确保产品安全。在绿色种植领域,大力推广高新技术,实现绿色施肥、土壤改良、农作物病虫防治新技术,保护和持续利用生态环境和资源。在绿色养殖方面,实现健康养殖,运用环保饲料,将牲畜养殖与农作物种植相结合,并最终提高畜禽产品质量。对于绿色加工行业,重视对农副产品的再加工、包装、运输等技术的研究开发,慎用添加剂,切实保障农副产品在加工、运输、流通环节的安全性。

2. 采用循环模式

循环农业是生态农业系统的基本构成要素,一个生态循环农业产业一般由众多的循环链构成。岱岳区要切实根据全区的种植业、养殖业、水产业等情况,发挥优势资源,发展类型各异、优势突出的循环农业。一是补缺利用型,利用油菜—蚜虫—瓢虫的食物链关系,先播种油菜招引、繁殖瓢虫，然后转移到棉田，控制棉田蚜虫。二是多层利用型，如云南西双版纳的橡胶林—肉桂、萝芙木—大叶茶—砂仁组合的多层利用类型。三是综合利用型，如江苏省太湖地区的农民根据不同地理、地貌状况采取不同形式的综合利用类型：湖荡洼地的"粮油、水产、蚕桑、畜牧、蘑菇"结构模式，丘陵地区的"林、茶、猪、羊、粮"结构模式等。四是净化利用型，如利用氧化塘通过对水生生物的综合利用净化污水，并转变成水生作物、鱼、虾、蚌、鹅等产品。尽管类型划分的原则和标准各不相同，发展的途径和模式各异，但从生态农业系统的整体来看却有共同的理论依据，扩大了产业链物质能量的大循环，实现了各循环链条之间物质、能量、信息的互通，资源共享，共生共荣。

（四）切实增强农业科技支撑能力

农业科学技术是农业生产发展的助力，更是主力，倡导高效生态农业，实现农业稳增的发展势头，确保农产品长效供给，关键在科技。"火车跑得快，在于车头带"，保持国家粮食产量的连增，关键在于将科技成果作为农业发展的车头，增强农业发展的动力，真正将农业带入高速运行的轨道。

1. 努力建立农业科技资源体系

立足于"科教兴农"，充分利用现代电子设备，丰富农业科技信息资源，拓宽农科信息传输途径，将搜集的农业科技含金量高的信息如农科成果转化信息、农业先进管理理念通过农科信息网络平台、信息服务平台、信息服务数据库等信息网络系统实现高效传播，建立农科资源体系，如科技分类数据库、科技最新成果数据库、农产品国家标准数据库等农业发展常用资料库，大量应用于农业生产，指引农业发展方向。充分发挥资源共享优势，实现农业现代化，促进农业生产发展。发掘大众传播媒介的新意，创新农业科技的发展平台。扩大农业信息的范围，降低生产成本，提供更高的经济效益。将现代远程教育深入各村，丰富远程教育网站栏目，实现网络管理接地气，建立惠民生、贴民意的信息系统，如农村供求信息系统、农产品市场前景系统、农产品预测分析系统、农技专家服务系统，真正使农业科学技术应用于农业生产，产出农技的硕果。

2. 加强农业科技人才的培养

人才是农业科技进步的第一要素。要对基层农技人员开展知识更新培训，开展基层农技人员定向培养试点，鼓励涉农专业高校毕业生到农业公共服务机构就业。要加强中青年农业科技人才培养（创新团队）。努力营造宽松自由、开放合作、鼓励创新的科研环境，要支持农业教育发展和学科建设。要针对岱岳区农业教育资源短缺的现状，依托山东农业大学等高等院校，着力培养具有创新意识和创新能力的学科带头人、科技管理专家、技术专家；依托各高职院校的优势学科，培养专业人才和基层农技人员。农业科技入户，既是适应家庭承包经营的重大科技推广制度创新，也是大力提高农民科技文化素质和科学种田水平的重要举措，还是当前加速农业科技步调、转变农业增长方式的杠杆，农科工作者要充分发挥科研成果和育才方面的优势，鼓励农科工作者生产工作在第一线，到田间地头推广示范新农技，将农业新成果推向市场，探索市场检验的新机制，将科技融于经济发展，创新农业科技服务"三农"的方式。

（五）继续加大政策扶持力度

疏通传统农业的投融资渠道，大力推动农村信用合作社的中流砥柱作用，要做到"四要"：一要调动投融资部门工作人员为"三农"服务的积极性，树立正确的经营理念；二要将农村产业结构调整的要求落到实处，做到农业贷款足额按时发放，发展绿色农业、高附加值农业和订单农业，推动农业产业化发展，建成有一定规模的高效农业加工园区；三要控制大额贷款，将新增农业贷款占比等指标纳入金融部门主要责任人的绩效考核体系，并将最终结果作为工作人员使用和奖惩的重要依据；四要把信贷投向作为监管的重要条目，将监管目标责任化，将农贷投放占比等指标，分解细化，落实到具体个人，实行良性管理的循环。农业发展银行是政策性支农的中坚力量，应优化农业发展银行对农业的支持引导作用。

龙头企业带动型农业产业化经营的风险及其防范*

——基于新疆玛纳斯县的调查

王　岩**

摘　要　龙头企业带动型农业产业化经营作为我国最典型的农业产业化组织形式，在带动农户增收以及龙头企业发展壮大等方面均发挥了较大的作用。但任何一项制度设计和组织形式都不可能尽善尽美，结合对新疆玛纳斯县的调研，笔者认为龙头企业带动型产业化经营存在着自然风险、市场风险以及契约风险三重风险。针对龙头企业带动型产业化经营存在的风险，龙头企业、农户、中介组织以及政府职能部门应多管齐下、统筹兼顾，共同对风险进行防范，从而使龙头企业带动型产业化经营真正实现风险共担、利益共享。

关键词　龙头企业　产业化经营　风险　防范

一　引言

农业产业化经营是实现我国农业现代化的有效途径，是涉农多元主体结成的利益共同体，并以契约为纽带，通过风险共担、利益共享的利益分配机制使制度变迁的潜在收益得以实现。① 其特征是以提高经济效益为中

---

* 国家社会科学基金项目（编号：10BJY063）；新疆维吾尔自治区高校科研计划重点项目（编号：XJEDU2011I26）。
** 王岩，男，河南商丘人，南京农业大学土地资源管理专业博士研究生，研究方向为土地经济理论与政策。
① 孙良媛：《农业产业化的经营风险与风险控制》，《华南农业大学学报》2003 年第 2 期。

心,对当地农业的支柱产业和主导产品实行区域化布局、专业化生产、一体化经营、社会化服务和企业化管理,把产－供－销、贸－工－农紧密结合起来,形成一条龙的经营体制。

我国最典型的农业产业化发展模式是龙头企业带动型[1],其通过订单农业、签订产销合同和土地入股等方式进行市场化运作。一方面,使农业产业化龙头企业生产所需的原材料得到了有效保障;另一方面,有效减少了农户在大市场与小生产对接过程中产生的交易费用。实践证明:通过龙头企业带动的农业产业化经营对推动农业的市场化进程、促进农业生产结构优化转型、提高农业专业化和规模化经营水平、实现农业技术进步、增加农民收入、分散和规避部分风险均发挥了很大作用。基于此,不少学者谈及农业产业化经营时多是乐观多于理性,似乎形成一种共识:龙头企业带动型产业化经营可以解决农业发展中的诸多矛盾与困境,可显著提高农产品的效益,增加农民收益,只要使各经营主体做到利益共享,便无其他后顾之忧。但任何一项制度设计和组织形式都不可能尽善尽美,在龙头企业带动型农业产业化经营取得较大成效的同时,有必要对其面临的风险进行深入剖析。

玛纳斯县作为新疆经济强县,辖区内有中粮屯河等大型农业产业化龙头企业,并形成了以制酱番茄、制种玉米等为特色农产品的订单农业,该县乐土驿镇还被农业部以及自治区选为土地流转和农业产业化发展的试点乡镇,具有较强的代表性。笔者通过对玛纳斯县龙头企业带动型产业化经营进行调研,分析了其运行过程中面临的风险类型,并提出了防范风险的对策建议。

二 龙头企业带动型农业产业化经营风险分析

不少学者通过调查研究,认为当前对龙头企业带动型农业产业化经营影响最大、最普遍的风险可以分为3类:自然风险、市场风险和契约风险。杨明洪[2]将3类风险描述为一种圈层结构(见图1),即自然风险作为"外围圈层",市场风险属于"中间圈层",而契约风险构成了"核心圈层"。自

---

[1] 李克:《农业产业化龙头企业带动农户形式比较》,《中国市场》2011年第22期。
[2] 杨明洪:《"公司＋农户"型产业化经营风险的形成机理与管理对策研究》,经济科学出版社,2009。

然灾害导致农产品减产，反映在市场上表现为价格波动，而价格波动一旦超出龙头企业或农户忍耐的最大限度，就会导致违约的发生，这是一种从自然风险过渡到市场风险、再由市场风险传导至契约风险的集合结构。

笔者通过对玛纳斯县的调研，认为这3种风险都客观存在，但3种风险并非完全的包含关系，造成市场风险的因素除了自然风险还有其他若干因素，比如"热钱"涌入以及国内外游资对农产品的炒作都会对市场风险造成影响。而契约风险除了受到自然风险以及市场风险影响外，还受到道德等因素的制约。

在图2中，①指因自然灾害对农产品造成影响所引发的自然风险；②指由自然风险导致价格变动而引起的市场风险；③指因游资以及"热钱"涌入而引起的市场风险；④指通过自然风险、市场风险的传导而引起的契约风险；⑤指因产业化经营主体的道德因素对契约风险造成的影响。

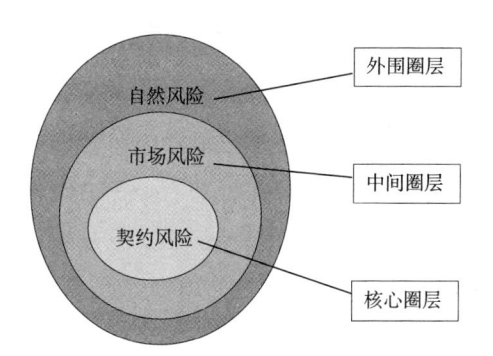

图1　农业产业化经营风险圈层结构

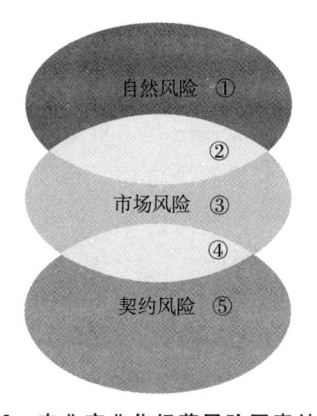

图2　农业产业化经营风险因素结构

(一)自然风险

自然风险是指来自自然界的干旱、洪涝、冰雹、霜冻、大风等自然灾害,也有部分来自生物机体的入侵,比如植物病虫害、牲畜瘟疫等对农业的危害。农业生产受自然的制约程度远比其他产业高,自然条件的变化给农业生产造成极大的不稳定性。龙头企业带动型产业化组织,其原材料生产过程势必暴露在自然界的这种不确定性之下,因此会面临自然风险。

一方面,自然风险存在于龙头企业与农户之外,是单独的龙头企业和农户不可控制的。以玛纳斯县的中粮屯河制酱厂为例,作为该县乃至自治区典型的龙头企业,中粮屯河制酱厂与农户签订种植制酱番茄合同,并因此形成利益联结机制,农产品种植受自然灾害的影响较大,近年来玛纳斯县受冰雪、霜冻等极端恶劣天气影响的现象时有发生,因此农户每年的收成都会有所不同。当自然风险发生后,作为龙头企业的屯河制酱厂与农户只能在小范围内进行自救,进而将损失降为最低,在大范围内,龙头企业与农户基本没有办法控制自然灾害带来的影响。另一方面,笔者认为自然风险对龙头企业带动型产业化经营组织的影响是间接的,必须通过市场风险进行转化,才能进一步转化为契约风险,进而危及龙头企业带动型产业化经营组织的正常运行。简言之,自然灾害导致农产品价格发生波动,而价格波动一旦超出龙头企业或者农户忍耐的最大限度,就会导致违约的发生。

(二)市场风险

市场风险外在的突出表现就是价格的上下波动。龙头企业与农户通过契约将农产品生产、加工、农资供应以及销售等过程中两个或两个以上前后不同阶段的经营主体有机结合在一起,形成龙头企业带动型一体化经营。这种经营无时无刻不暴露在市场竞争之中,由于市场的不确定性一直存在,价格始终处于上下波动的状态,并与这种一体化经营相伴共生。

一方面,由于自然风险的存在,农产品价格势必不稳定,而市场风险最显著的特征就是价格波动对龙头企业和农户造成影响,因此,自然风险必须通过市场风险这一环节转化;另一方面,市场风险作为一种普遍存在的风险形式,先于龙头企业带动型产业化经营而存在,虽然对产业化经营存在着不可忽视的影响,但由于龙头企业与农户之间存在着契约关系,而契约存在的价值就在于签约双方对市场风险在一定程度上的规避，因此契约风险必须通过市场风险对其产生作用，并只有达到一定程度，才会对整个龙头企业带动型产业化经营组织造成破坏。总的来看，当农产品供不应求或供过于求时，潜在的供求均衡势必先于市场实现供求均衡，此时就一定有供给大于或小于需求的可能。然而，对生产进行调整需要一定的周期，在这种情况下价格调整的滞后性无法从根本上得到消除，价格调整的滞后是造成农业生产周期波动的根源。

除此之外，龙头企业带动型农业产业化经营的市场风险还容易受到国内外游资炒作以及"热钱"涌入等因素的影响，而这些因素在近几年表现得尤为活跃。"热钱"（Hot Money），又称游资，或叫投机性短期资金，热钱的目的在于用尽量少的时间以钱生钱，是只为追求高回报而在市场上迅速流动的短期投机性资金。热钱的目的纯粹是投机盈利，而不是创造就业、商品或服务。热钱炒作的对象包括股票、黄金、其他贵金属、期货、货币、房产乃至农产品如棉花、绿豆、大蒜等。

仍以玛纳斯县屯河制酱厂为例，由于近年来该龙头企业通过示范带动作用，使越来越多的农户种植制酱番茄，企业通过与农户签订产品种植与收购合同，让农户尝到了丰产丰收的甜头。但是，随着制酱番茄种植规模的日益扩大以及市场同类产品的增多与饱和，市场价格随之发生波动，作为龙头企业的屯河制酱厂对制酱番茄这一产品的加工能力有限，当企业不能加工全部产品时，通过变相压价等方式对农产品进行收购的现象就时有发生。通过调查发现，2011年玛纳斯县制酱番茄获得丰收，而龙头企业对制酱番茄的加工能力有限，因此龙头企业对制酱番茄的平均收购价仅为0.42元/公斤，大大低于上年同期收购价格，有些乡镇甚至只有0.35元/公斤，尽管如此，农户还要承担运输费用，并排队等候龙头企业收购。

以上是龙头企业带动型产业化经营中农户所面临的市场风险。作为龙头企业的屯河制酱厂同样面临着市场风险，笔者了解到，2010年玛纳斯县制酱番茄的市场收购价格接近0.5元/公斤，最低也达到了0.47元/公斤，在这种情况下，有些之前与屯河制酱厂签订产品购销合同的农户，在利益的驱使下，纷纷将制酱番茄卖给市场上出价较高者，致使屯河制酱厂因原料供应不足而蒙受损失。

除了传统的价格因素对市场风险构成较大威胁外，国内外游资炒作对产业化经营中市场风险的影响与日俱增。目前，世界上有三大番茄主产区：

美国、意大利和中国。美国所产的番茄酱主要提供美国国内食用，其出口量仅占全球贸易总量的6%~7%；意大利和中国的出口量各占全球贸易总量的30%。近年美国番茄大幅减产，欧盟番茄种植加工量急剧下降，中国番茄酱市场占有份额逐年加大。年产能占全国90%的新疆番茄产业，在以中粮屯河、中基实业、新疆天业3家上市公司为主体的番茄酱加工出口企业群的带动下，制酱番茄年加工能力超过110万吨，成为世界第一大出口加工基地。根据对玛纳斯县的调查，近年来"热钱"的不断涌入，使得市场交易的稳定性大大降低，利用游资炒作对市场进行操控在很大程度上增加了龙头企业带动型产业化经营的市场风险，这是企业与农户都要面对的风险。

(三) 契约风险

契约是连接龙头企业与农户的纽带，依托契约，龙头企业与农户形成了一种契约关系。契约关系是龙头企业带动型农业产业化经营的本质特征。契约关系不仅贯穿于农业产业化经营的全过程，而且是农业产业化经营的基石，可以说，没有契约关系就没有农业产业化经营。契约风险实质上是龙头企业或农户存在违约行为的潜在可能。不履行契约的行为是契约当事人在有能力履行契约的前提下，为了追逐自身利益的最大化而主动采取的违约行为。

一方面，龙头企业与农户之间进行合作的基础是创造"合作剩余"，当契约风险出现后，龙头企业与农户退出合作，"合作剩余"存在的基础消失，同时龙头企业与农户还要承担先前所花费的谈判、签约成本等一系列交易费用；另一方面，当其他风险出现时，如果没有造成契约风险，一般不会对龙头企业带动型产业化经营造成根本性的威胁，即使出现损失，也可以从龙头企业与农户的"合作剩余"中得到弥补，对双方而言仍有净收益。

在契约风险中，违约收益高于违约成本是违约行为发生的根本原因。在龙头企业带动型产业化经营模式下，龙头企业与农户都是理性的经济人，都存在利己主义倾向，作为不同的利益主体，在利益分担和风险防范机制不完备的大环境下，受机会主义行为的驱使，加之契约双方道德因素的影响，存在比较明显的违约倾向，违约的基本动机在于对个体利益的最大化追求。

玛纳斯县屯河制酱厂隶属中粮集团，属于大型农业产业化龙头企业，在自治区内外均有一定的知名度,在农产品的市场价格低于合同价格时尚存在将农户种植的制酱番茄变相压价等有违契约精神的行为;而农户在制酱番茄的市场价格高于合同价格时也存在将产品卖给出价较高者的倾向,这对契约的履行同样构成了较大风险。根据调研,笔者了解到契约当事人在有能力履行契约的前提下拒不履行契约的现象经常发生,无论是龙头企业还是农户,从根本上讲这是受利己主义的支配,在利益面前,道德约束显得苍白无力,因此道德因素在契约风险中所扮演的角色不容忽视。

中粮屯河制酱厂作为龙头企业与农户联合的典型,形成龙头企业带动型产业化经营,具有一定的代表性,对于其他中小型龙头企业与农户而言,有违契约的行为也是难以避免的,必须予以重视。

三 风险的防范

根据龙头企业带动型产业化经营面临的不同风险及其表现,结合农业产业化发展的实践,笔者认为对龙头企业带动型产业化经营风险的防范应从龙头企业、农户、中介组织以及政府等层面着手,做到多管齐下、统筹兼顾。

(一) 龙头企业层面

首先,龙头企业与农户必须遵循相关法律规定,本着自愿、平等、互利的原则订立合同。要加强对合同的管理,规范现有合同,明确合同的条款、内容,减少人为疏忽,尤其应明确农产品收购价格、产品数量、质量、双方权利义务、履约方式、违约责任等有关规定。

其次,要完善利益分配机制。实践证明,农户违约最主要的一个原因是利益分配机制不合理,企业如果能够牵头建立比较合理的利益分配机制,使农户可以获得较为稳定的收益,必将在很大程度上降低农户的违约风险。具体来讲,龙头企业可以适当提高合同价格,创新利益联结机制,探索以股份合作制为特点的利益分配模式,以土地、资本、劳动、技术等生产要素为纽带,吸纳更多农户以土地、资金、劳动等形式入股,如采取反租倒包的土地流转形式,有效将龙头企业与农户的利益进行联结,农户不仅可以通过劳动获取收入,还可按照土地折成股金进行收益分配,从而结为更密切的利益共同体,共同防范市场风险。

最后，龙头企业应牵头设立风险基金。为应对价格波动对龙头企业与农户的影响，促进龙头企业与农户进行长期合作，龙头企业有必要牵头设立风险基金。农户与龙头企业在签订契约的同时，双方可按约定比例向银行的专门账户支付履约保障金，从而增强抗击自然风险和市场风险的能力，稳定双方的合同关系，减少风险对龙头企业和农户的影响。倘若一方违约，则可以随时从保障金中按比例拿出一部分用来支付利益受损方。

（二）农户层面

不可否认，不少农民由于受教育程度不高、法律观念落后等原因，在与龙头企业签订合同时常处于劣势地位。农户对合同的格式、条款、权利、义务等更是不甚了解，调研中笔者发现有些合同就是由村干部代签的。

鉴于此，广大农户应提高文化素质，增强诚信与法制意识。农户要防范风险，就要熟悉合同内容、范式，明确规则、条款。广大农户应该通过对法律制度的学习，形成一种积极的法律意识，如有必要，农户还可以请求对合同进行司法公证，保障合约的有效履行。市场经济是法制经济、信誉经济，农户只有不断提高自身素质，正确认识到所面临的风险及其具体表现形式，才能做到未雨绸缪，进而有效地规避风险或将因风险造成的损失降至最低。

（三）中介层面

在龙头企业带动型产业化组织中，在利己主义的驱使下，龙头企业与农户都存在违约倾向，因此在产业化经营链条中应该引入新的要素，如农民专业合作社、专业协会等中介组织，即把"龙头企业＋农户"拓展为"龙头企业＋合作社（中介组织）＋农户"，这在很大程度上延长了产业化经营的链条，稳定了龙头企业与农户之间的契约关系。

对单个农户来讲，应对各类风险的能力总是十分有限，通过加入合作社这类中介组织，由中介组织出面与龙头企业谈判，可以有效提高农户在市场主体中的谈判地位，维护农民切身利益。对于龙头企业来讲，不必面对一家一户的小农户进行单独谈判，只需与农户的代言人——农民专业合作社这类中介组织谈判即可，大大提高了效率，并节约了交易成本。

农民专业合作社这类组织作为一种重要的中介组织制度，成为连接契约两端龙头企业与农户的天然缓冲地带，可以有效敦促龙头企业与农户履约，共同防范自然风险以及市场风险，有利于减少机会主义的行为和降低契约双方的交易成本。

（四）政府层面

龙头企业带动型产业化经营是市场行为，政府部门作为管理、调控和公共服务的主体，应在龙头企业与农户这一利益共同体中发挥协调与制衡作用。

针对龙头企业带动型产业化经营面临的自然风险，政府可以通过兴修水利、改善农田基本灌溉条件等措施来应对由于自然界不确定性而造成的风险。对于市场风险，政府可以通过稳定价格措施予以规避，例如对大宗农产品制定最低收购价格等。此外，政府还应在农产品价格、农业投入、良种等信息方面充分发挥其职能，通过农业技术推广站、无线广播、散发宣传册等形式及时向龙头企业与农户传达最新市场信息。对于契约风险，政府部门要运用法律和政策工具对契约合同加大管理力度，认真处理龙头企业与农户之间的经济纠纷，切实保护好利益主体的正当利益，将利益分配机制建设纳入正规化、制度化的轨道；要通过政策积极引导，大力推动中介服务组织建设；对龙头企业采取大力扶持的优惠政策，促使其正确处理与农户之间的利益分配关系。

四　小结

通过上述对龙头企业带动型产业化经营所面临风险的分析，我们认为风险可分为三大类，即自然风险、市场风险以及契约风险。针对龙头企业带动型产业化经营中面临的风险，龙头企业、农户、中介组织以及政府应统筹协调，切实做好对风险的防范，从而使风险共担、利益共享这一龙头企业带动型产业化经营的核心价值理念得以彰显。

"益贫式"农业生态资本运营模式研究[*]

邓远建　朱邦伟　陈光炬　严立冬[**]

摘　要　生态化发展的核心是生态经济，生态经济的支撑是生态产业，生态农业是第一生态产业，是国民经济与自然生态的双重基础。如何发展生态农业？农业生态资本运营为其提供了可供选择的现实路径。为了充分发挥农业生态资本的"益贫"效应，本文以绿色发展、循环发展、低碳发展理论为指导，构建了"益贫式"绿色农业生态资本运营模式、循环农业生态资本运营模式、低碳农业生态资本运营模式。3种农业生态资本运营模式的侧重点各异，在实践中需因地制宜，以全面发挥农业生态资本运营的"生态益贫"、"经济益贫"和"社会益贫"效应。

关键词　农业生态资本运营　模式　绿色农业　循环农业　低碳农业

一　农业生态资本运营及其"益贫"价值

在生态文明时代，生态生产力水平客观上制约着经济生产力水平，生

---

[*] 国家自然科学基金项目"生态脆弱地区生态资本运营式扶贫研究"（编号：71303261）；国家社会科学基金项目"浙闽赣粤畲族山区生态文明建设路径研究"（编号：14BMZ108）；教育部人文社会科学基金项目"生态资本运营的安全问题研究：基于生态脆弱性的分析"（编号：12YJC790029）。

[**] 邓远建，中南财经政法大学工商管理学院副教授，研究方向为农业可持续发展、区域生态经济；朱邦伟，中南财经政法大学工商管理学院硕士研究生，研究方向为农业生态经济；陈光炬，丽水学院商学院副教授，研究方向为生态哲学、农业生态经济；严立冬，中南财经政法大学工商管理学院教授，研究方向为农业可持续发展、城乡经济。

态环境承载力与生态资源贡献率直接影响农业生产率的提高。与此同时，现代农业的多功能性则要求农业生产必须兼顾生态环境保护与农业经济增长，实现生态效益与经济效益、社会效益的统一。由于农业生产具有自然再生产和经济再生产的双重特性，农业经济系统对自然生态系统客观上存在着全面持久而深入的影响。农业已不仅是国民经济的基础，更是自然生态系统安全稳定运行的基础，农业的生态与经济双重基础地位决定了其必然选择生态化发展道路。在现代农业生态化发展过程中，先后出现了"可持续农业"、"生态农业"、"自然农业"和"有机农业"等多种发展模式。这些模式旨在克服"石油农业"的种种弊端，寻找农业可持续发展的方向和道路，经过近半个世纪的探索，生态农业因其涵盖范围的广泛性和发展方向的明确性而被广泛接受和认同，作为一类农业形态，生态农业包含了多种农业发展模式，其中影响较大的有"绿色农业"、"循环农业"和"低碳农业"。

有关研究表明，第一产业和第三产业增长对减少贫困的作用明显大于第二产业。因此，促进第一产业和第三产业的健康发展将有助于提高贫困人口的收入水平和减少贫困。[①] 建立农业生态资本运营机制，有助于利用经济激励和社会宏观管理手段，促使农业生态资本的开发利用过程与一般商品农产品再生产过程相结合，从而达到在整体上对全社会的生产活动进行宏观调节，对农业生态破坏、环境污染及生态功能的恢复与治理进行系统管理的目的。农业生态资本运营是指在农业生态化发展过程中，农业生态资本的所有者或经营者将农业生态资产作为一种具体的生产要素，投入农业自然再生产和经济再生产过程，利用现代生态农业技术实现农业生态资产的形态变换，通过农业生态产品与农业生态环境服务实现农业生态资产的价值转化，依靠农业生态市场实现农业生态资本的保值增值，科学设计并全面实施对农业生产过程的计划、组织、管理和控制，为最终实现农业生态资本长期收益整体最大化而进行的全部经营活动和管理过程。[②]

农业生态资本运营作为一种农业生产过程和方式，具有明显的生态价值、经济价值、社会价值和文化价值。首先，农业生态资本运营是一种自

---

① 张萃：《中国经济增长与贫困减少——基于产业构成视角的分析》，《数量经济技术经济研究》2011年第5期。
② 严立冬、孟慧君、刘加林、邓远建：《绿色农业生态资本化运营探讨》，《农业经济问题》2009年第8期。

然生产过程,反映的是人与自然的生态关系,其价值体现为生态价值;其次,农业生态资本运营是一种经济生产过程,反映的是人与人之间的商品交换关系,其价值体现为经济价值;再次,农业生态资本运营是一种社会生产方式,反映的是生产过程中人与人之间结成的一种社会关系,体现出其特有的社会价值;最后,农业生态资本运营将自然生态因素和社会经济因素有机结合起来,反映出人对待自然和社会的伦理道德和文化价值取向,体现出其独特的文化价值。从人们认识的递进顺序来看,随着农业生态资本运营实践活动的深入,农业生态资本运营的价值也就随之逐步显现和确立,综合主体需求的层次性和主体对客体认识的阶段性,农业生态资本运营的价值由浅及深依次体现为生态价值、经济价值、社会价值和文化价值。因此,从"益贫"的角度来看,农业生态资本运营具有"生态益贫"、"经济益贫"和"社会益贫"等多方面效应,而具体模式就集中体现为绿色农业生态资本运营模式、循环农业生态资本运营模式和低碳农业生态资本运营模式。

二 "益贫式"绿色农业生态资本运营模式

绿色农业是指充分运用先进科学技术、先进物质装备和先进管理理念,以促进农产品安全、生态安全、资源安全和提高农业综合效益的协调统一为目标,以倡导农产品标准化为手段,推动人类社会和经济全面、协调、可持续发展的农业发展模式。绿色农业是以绿色食品产业为主线的安全、优质、高效、生态、高产的农业发展模式,是在绿色食品基础上的扩展和提升,是绿色经济的重要内容,绿色农业侧重于产地环境保护、农产品数量安全与质量安全和可持续发展。

绿色农业生态资本是指在确保农产品安全、确保农业生态安全、确保农业资源安全以及提高绿色农业综合经济效益的基础上,在自然因素和人为投资双重作用下,实现绿色农业生态环境的生态价值及其经济价值。从生态建设的角度看,绿色农业生态资本运营体现了绿色农业生态环境的功能,表现为绿色农业生态服务功能、绿色农业生态环境功能与绿色农业生态资源价值;从经济发展的角度来看,绿色农业生态资本是稀缺的,特别是在绿色农业生态环境状况不佳的地区更是如此。实际上,绿色农业生态资本是通过自然因素和人为投资双重作用形成的资本,从这个意义上说,绿色农业生态建设投入是生产型支出。

绿色农业生产与生态资本运营方式具有一致性，是一种典型的增量型农业生态资本运营模式。绿色农业生态资本运营是一种通过对绿色农业生态资本使用价值的有效运用过程，即对其运营过程进行有效的计划、组织、实施和控制，依据绿色农业生态资本的消费及其形态的变化，实现绿色农业生态资本长期收益整体最大化而进行的活动。绿色农业生态资本运营的核心是立足于本地的绿色农业生态资本，开发各种高生态质量附加值的产品和服务，经营这种高品位的产品和服务，实现绿色农业生态资本货币价值的转化。绿色农业生态资本运营的内容是绿色农业生态资本的运营过程和运营系统。运营过程是一个对绿色农业生态资本进行投入、转换、产出的过程，是一个劳动过程或者价值增值的过程（见图1）。

绿色农业的直接目标是实现农业生态资本的货币化，获取远高于常规农业的经济效益，从而使得绿色农业生态资本运营就具有明显的"经济益贫"效应。为此，绿色农业必须努力增加农业生态资本的数量，全面提高农业生态资本的质量，通过农业生态资本的增量投入和增量运营来提高绿色农业的经济效益，在绿色农业生产过程中，通过生态技术将农业生态资本的价值转移到绿色农产品中，生产出更多优质、安全、高生态附加值的绿色农产品，通过提高产品的生态位来获取高额利润，在实现绿色经济价值以后，又反过来投资绿色农业产地环境建设，获取更多更好的农业生态资本，在更大规模上进行下一轮绿色农业生态资本运营，实现农业生态资本的增量投入与循环运营。

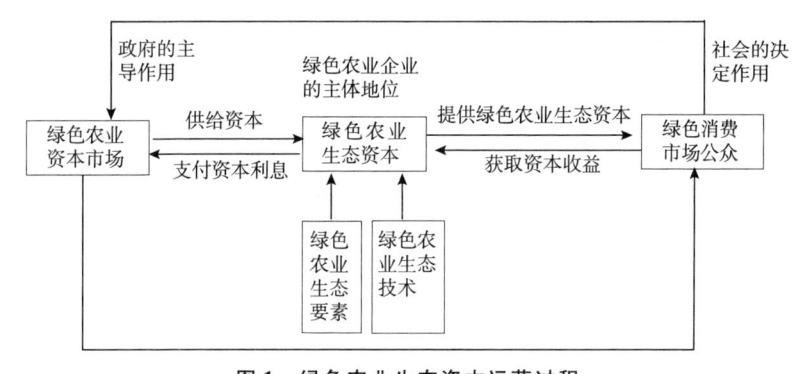

图1 绿色农业生态资本运营过程

绿色农业生态资本投入的措施主要包括两个方面。一是绿色农业产地环境建设，通过农业生态保护、农业生态修复等措施，全面改善农业生态环境质量，提高农业生态环境对绿色农业生产的支持功能，如通过实施水生态修复提高水质标准，确保农业用水的数量和质量；通过土壤修复技术恢复土壤活性，提高有机质含量，提高绿色食品的营养，农业生态环境建设和认证制度从源头上保障了绿色食品的质量安全，其背后起关键作用的是农业生态资本的数量增加与质量提高。二是绿色农业生态补偿，通过绿色农业生态补偿激励绿色农业生产者调整种植结构，改进耕作方式，自觉进行农业生态环境保护，减少农业面源污染，弥补绿色农业生产者转产的直接损失和机会成本，绿色农业生态补偿的直接目的虽然是维持绿色农业的可持续发展，但在客观上促进了农业生态资本的增量投入，为绿色农业生态资本积累奠定了良好基础。①

三　"益贫式"循环农业生态资本运营模式

与生态系统的其他生态资源一样，农业生态资源同样具有稀缺性、阈值性和地域分布不均衡性等特征。因此，农业生产活动要求在农产品生命周期内减少稀缺或不可再生农业生态资源的投入量，节约农业生态资源。根据循环经济中减量化原则的要求，在农业生态资本运营过程中，应当在农业生产的全过程乃至农产品生命周期中减少农业生态资源的投入，节约农业生态资源，实现农业生态资本的减量投入，即大力发展循环农业和农业循环经济。

农业循环经济最本质的特征是农业资源的循环利用。农业循环经济产业链条由种植业、林业、渔业、畜牧业组成并延伸至农产品加工业、农产品贸易与服务业和农产品消费领域。通过废弃物交换、循环利用、要素耦合和产业对接等方式形成相互依存、密切联系、协同作用的农业产业化网络体系，各产业通过中间产品和废弃物的相互交换而互相衔接，从而形成一个比较完整和闭合的产业网络。与传统农业经济相比较，农业循环经济是通过废弃物资源化利用、要素耦合等方式，按照反馈式流程组织农业生产，实现资源的循环利用和高效利用（见图2）。

---

① 严立冬、邓远建、屈志光：《绿色农业生态资本积累机制与政策研究》，《中国农业科学》2011年第5期。

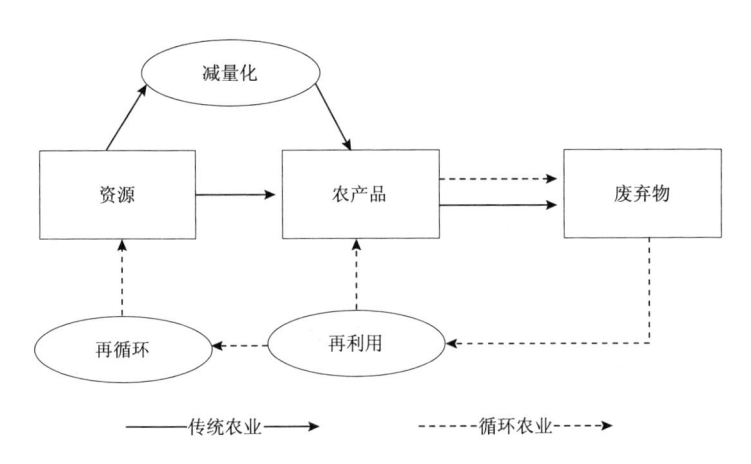

图 2　农业生态资源利用的"反馈式"流程

农业生态资本的循环运营不仅包括农业生态资源的循环利用，还包括农业生态环境质量要素和农业生态系统整体服务功能的循环运营，具体体现在3个方面。一是农业生态环境中的全部生物和微生物均参与到农业生产过程中，以生态食物链的形式循环，使得农业生态环境资本中的各个主体互补互动、共生共利。二是农业生态环境质量要素参与循环，包括大气循环、水循环、土壤有机质和养分循环等。三是农业生态信息和生态文化参与循环，通过农业生态制度建设，拓宽农业生态系统服务功能循环的范围。不仅包括农业内部生产方式的循环，而且包括农业与工业和服务业的耦合共生、循环互动，如通过农业生态文化旅游、农业体验教育、农产品展销交易会等方式循环利用农业生态系统的整体服务功能。

农业生态资本循环运营要求实现农业资源环境的代际公平，这是农业生态资本可持续运营的关键，即当代人对农业生态资本的利用应以不降低后代人利用农业生态资本的能力为前提，在保证农业生态环境资源不贬值的基础上界定农业经济活动的边界。这包括使用可再生资源的速度不超过其再生速度，使用不可再生资源的速度不超过其可再生替代物的开发速度，农业生产污染物的排放速度不超过农业生态环境的自净能力，以保持农业生态资源的非减性与非缺性为前提，重点关注代际公平权利在农业自然资源中的行使，把农业经济发展建立在农业生态资本的稳定持续供给能力的基础之上。

循环农业的实质是将传统农业的"资源—产品—废弃物"的线性物质流动方式转变为现代生态化农业的"资源—产品—废弃物—再生资源"的

循环流动方式，把简单的自然种养模式转变为规模化科学种养模式，把粪便、秸秆和生活垃圾等农业废弃物变成农业生产的肥料、饲料和燃料，从而实现农产品、中间产品和废弃物交互利用、互相衔接，使资源得到最佳配置，使废弃物得到有效利用，并使环境污染降到较低水平（见图3）。①

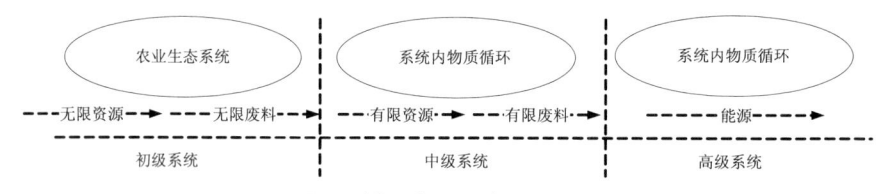

```
农业生态系统       系统内物质循环      系统内物质循环

--无限资源--→--无限废料--→|--有限资源--→--有限废料--→|--能源--→
    初级系统             中级系统             高级系统
```

图3　循环农业系统运行机理

循环农业是一种以农业资源的高效利用和循环利用为核心，以"减量化、再利用、资源化"为原则，以低消耗、低排放、高效率为特征的农业发展模式，是循环经济理论在农业领域的具体实践，循环农业侧重于农业资源的减量投入和循环利用。因此，循环农业生态资本运营模式更多地体现为通过节本增收来发挥其"益贫"效应。

四 "益贫式"低碳农业生态资本运营模式

农业生态系统既是主要的碳源又是重要的碳汇，气候变化使得农业生产的不稳定性增加，产量波动也随之增大。这就需要调整农业的产业结构以适应现行生态环境的变化，推行以低能源消耗、低环境污染、低排放量为基础的低碳农业发展模式，这是现代农业发展的内在要求。与此同时，在当前全球气候变化与生态环境不断恶化的背景下，减少农业温室气体的排放量，提高农业碳汇功能，加快农业由高碳经济向低碳经济转变，是应对气候变化的必然选择。大力发展低碳农业，促进现代农业的低碳化发展具有极为重要的现实意义。

低碳农业是在应对全球气候变化的过程中发展起来的新型农业模式，是低碳经济在农业领域的具体实现形式。与绿色农业和循环农业等生态农业模式相比较，低碳农业是为维护全球生态安全、改善全球气候条件而在农业领域推广节能减排技术和固碳技术以及开发生物质能源和可再生能源

---

① 李燕凌、李大志：《论农业循环经济体系及其技术构建》，《湖南农业科学》2007年第3期。

的农业,是以"低能耗、低排放、低污染"为主要特征,具备"农业生产、安全保障、气候调节、生态涵养"多元功能的新型农业模式。

低碳农业的实质内涵包括两方面:一是减少农业温室气体排放,二是利用农业绿色植物光合作用进行固碳。通过"一减一固"实现农业生态经济系统碳平衡,低碳农业的核心是通过农业生态系统的碳汇功能进行固碳,具体模式包括土壤碳汇模式、植被碳汇模式和其他农业碳汇模式(见图4)。①

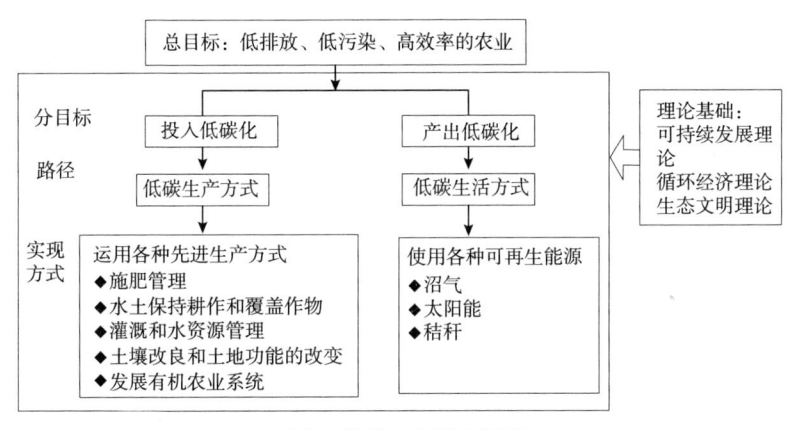

图4 低碳农业运行机理

低碳农业通过投入低碳化和输出低碳化来实现现代农业的低碳化发展,具有其他农业模式所不具备的多元化功能,突出地体现在生态生产功能、环境保护功能、气候调解功能、生态涵养功能等方面。生态生产功能通过调整农业结构、转变农业生产方式,在不增加气候变化压力的前提下提供生态农产品。环境保护功能通过节能减排技术,发展生物质能源,改善农业生态环境,保障农业安全。气候调节功能通过减少使用化石燃料,减轻农业生产对气候变暖的压力。生态涵养功能通过湿地固碳、净化水源等功能,保护水资源,减少面源污染,改善农业生态环境,保护自然生态资源。

低碳农业是在应对全球气候变化的过程中发展起来的新型农业模式,以低能耗、低排放为主要特征,旨在节约能源、减少农业温室气体排放、发挥农业生态系统的固碳功能,是低碳经济理论在农业领域的具体运用。从可持续发展的角度看,低碳农业生态资本运营模式更多地侧重于实现农

---

① 罗吉文:《低碳农业发展模式探析》,《生态经济》2010年第12期。

业生态系统的碳平衡,其发挥的代际效应和代际价值更明显,"社会益贫"效应比较突出。

五 结论

进入21世纪以来,人们在不断阵痛中反思觉醒,进而全面探索"拯救地球、延续文明"之道,环境保护应运而生,绿色浪潮席卷全球,循环经济方兴未艾,低碳发展热潮迭起。当代中国与当今世界正处在一个绿色大转型、绿色大变革的特殊阶段,人类文明正在实现从工业文明到生态文明的历史演替,一个崭新的生态文明时代正在到来。在生态文明时代,生态生产力水平在客观上制约着经济生产力水平,生态环境承载力与生态资源贡献率直接影响经济增长的速度与质量,生态化发展已经成为世界经济发展的主旋律。生态化发展的核心是生态经济,生态经济的支撑是生态产业,生态农业是第一生态产业,是国民经济与自然生态的双重基础。如何发展生态农业?农业生态资本运营为其提供了可供选择的现实路径。本文根据农业生态资本运营的一般原理,在系统总结国内外绿色农业、循环农业、低碳农业实践的基础上,以绿色经济理论、循环经济理论、低碳经济理论为指导,按照农业生态资本投入的数量变化与目标功能关系,尝试提炼构建了农业生态资本运营的3种基本模式,分别是绿色农业生态资本运营模式、循环农业生态资本运营模式和低碳农业生态资本运营模式。虽然3种农业生态资本运营模式的特点各异,但是在"益贫"效果方面可谓殊途同归,都不同程度地具有良好的生态效益、经济效益和社会效益,是现代农业生态化发展的典型模式。

图书在版编目(CIP)数据

生态经济与美丽中国 / 陈建成，于法稳主编 . —北京：
社会科学文献出版社，2015.9
 ISBN 978 - 7 - 5097 - 7882 - 1

Ⅰ.①生… Ⅱ.①陈… ②于… Ⅲ.①生态经济 - 研究 -
中国　Ⅳ.①F124.5

中国版本图书馆 CIP 数据核字（2015）第 182498 号

生态经济与美丽中国

主　　编／陈建成　于法稳
副 主 编／张　元　王昌海

出 版 人／谢寿光
项目统筹／恽　薇　颜林柯
责任编辑／颜林柯

出　　版／社会科学文献出版社·经济与管理出版分社（010）59367226
　　　　　地址：北京市北三环中路甲29号院华龙大厦　邮编：100029
　　　　　网址：www.ssap.com.cn
发　　行／市场营销中心（010）59367081　59367090
　　　　　读者服务中心（010）59367028
印　　装／三河市尚艺印装有限公司
规　　格／开　本：787mm×1092mm　1/16
　　　　　印　张：23.5　字　数：397千字
版　　次／2015年9月第1版　2015年9月第1次印刷
书　　号／ISBN 978 - 7 - 5097 - 7882 - 1
定　　价／89.00元

本书如有破损、缺页、装订错误，请与本社读者服务中心联系更换

▲ 版权所有 翻印必究